旅游城市

每个城市都包括城市解读、旅游片区、旅游资源三大板块。

旅游片区

每个城市划分为若干旅游片区，全面介绍。同时突出重要旅游点。

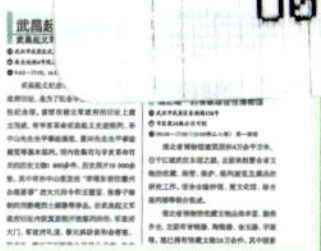

旅游景点

每个旅游景点包括介绍、攻略、链接等板块，力求景点收录全面。

旅游资讯

每个城市旅游资讯板块包括住宿、就餐、购物、娱乐等内容。

如何使用本书

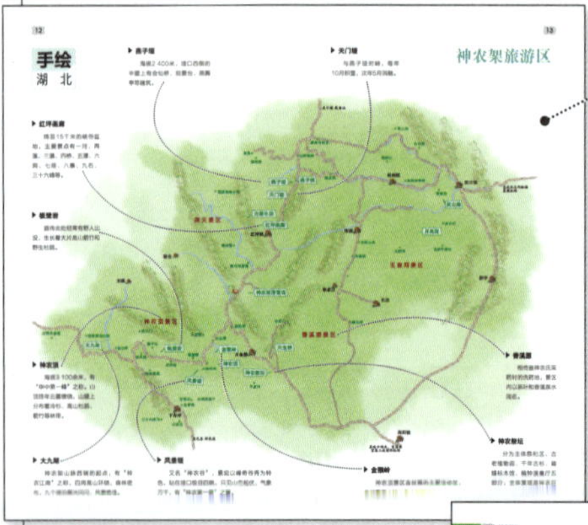

1 **多角度解读** 全书从地理、历史、文化等多个角度解读湖北。包括主题地图、分类景观、精美图片等形式，力图给读者呈现出一个更直观、更丰富的湖北。

主题地图 精美而实用的地图，是了解湖北的最好窗口。书中还有大量的区域旅游地图、景区导览图。

分色标签 每个城市都有一个特定的检索色，便于翻阅。

2 **专题知识** 对于认识湖北具有重要意义的关键词条，书中特设专题，图文并茂，让读者迅速读懂词条。

3 **精华景点** 三维立体图更深度地引导读者鉴赏那些特别重要的必游的景点。

4 **攻略** 大部分景点配有位置、交通、门票、链接等丰富的实用攻略。

5 **资讯** 每个城市都包括交通、美食、住宿、购物、娱乐等资讯。

发现者旅行指南

湖北（第2版）

北京·旅游教育出版社

目录
CONTENTS

地图目录

专题目录

手绘 湖北

▶ **五龙河**

因境内五条水域狭长似龙而得名，被誉为“鄂西北的九寨沟”，由龙门、龙潭、龙峡、龙女、龙宫等景区组成。

▶ **西陵峡口**

三峡中最为神奇壮丽的峡谷，据三峡之门户，扼川鄂之咽喉，区内山峰雄峙、滩险水急、壑幽洞奇，被誉为“活的巴风楚韵”。

▶ **武当山**

道教名山，国家级风景名胜之一，景区内峰奇谷险、风景秀丽，有著名的72峰、36岩、24涧等，其中武当山古建筑群还被列为世界文化遗产。

▶ **神农架**

相传神农氏在此架木为屋，遍尝百草。境内群峰耸立，主峰神农顶被誉为“华中屋脊”。神秘的野人之谜更是为其增添了几许迷人的色彩。

▶ **神农溪**

发源于神农架主峰，典型的峡谷溪流。流经绵竹峡、鹦鹉峡、龙昌洞峡，最狭处两岸相距仅7米，沿溪漂流惊险刺激。

▶ **东湖风景区**

湖泊类型的风景区，由听涛、磨山、珞洪、落雁、吹笛等特色景区组成，面积广阔，湖光山色，不一而足。

湖北山水

▶ 大洪山

又名绿林山，有“楚北第一峰”的美称。景区内主要景点有“九洞十八泉”、洪山禅寺等。山上溶洞众多，有“群洞奇异冠天下”之说。

▶ 白兆山

又名碧山，相传是李白“酒隐安陆，蹉跎十年”之地。景区内有读书台、笔架山、桃花岩等景点，还有与李白有关的诸多遗迹。

▶ 木兰风景区

包括木兰山、木兰天池、木兰草原、云雾山等景区，自然风光优美，文化底蕴深厚，是武汉旅游的一道亮丽风景线。

▶ 雷山

景区辖小雷山、大泉沟、天台山等，集森林公园、山水风光、温泉度假于一身，是鄂东南重要的风景名胜。

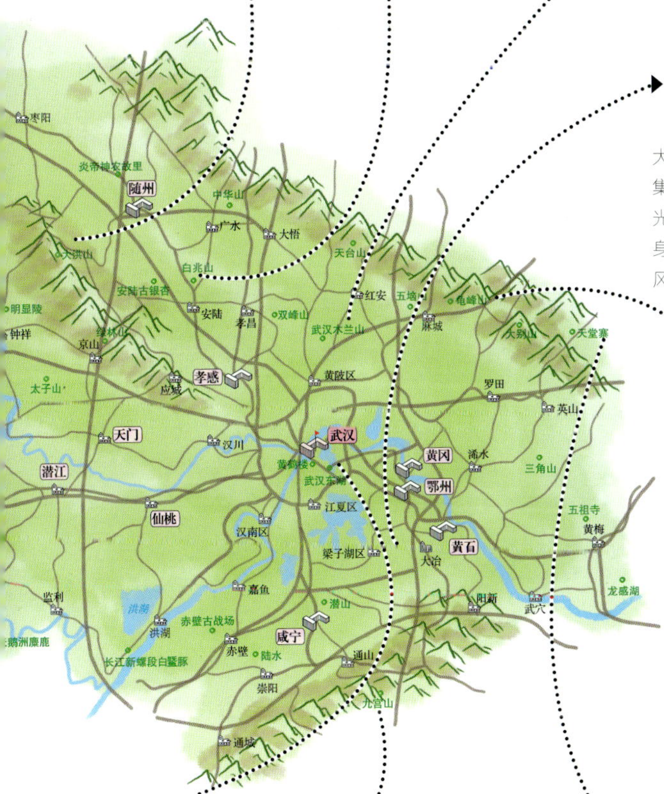

▶ 龟峰山

龟峰山因其外形远看如昂首翘尾的巨龟而得名。山上盘松虬柏、怪石险径，景色绮丽雄伟，颇有奇趣，有“天下第一龟”的美誉。

▶ 九宫山

景区内奇峰耸立、幽谷纵横，有奇松怪石、云海温泉和瀑布。位于云中湖凤凰岭上的真君石殿曾得到六个皇帝的敕封。

▶ 罗田天堂寨

景区内群峰耸立，主峰海拔1 729米，号称“中原第一峰”。每当雨过天晴，早晨登主峰观云海更是气象万千，无比壮观。

手绘 湖 北

▶ 水镜庄

又称白马洞，相传是三国名人水镜先生司马徽的隐居地。主要景观有司马徽隐居茅庐、珍珠泉、水镜遗址等。

▶ 古隆中

以诸葛亮故居为主体的文物风景区，是传说中诸葛亮躬耕务农的隐居地，已有1 700多年的历史，主要景点有三顾堂、武侯祠、三义殿等。

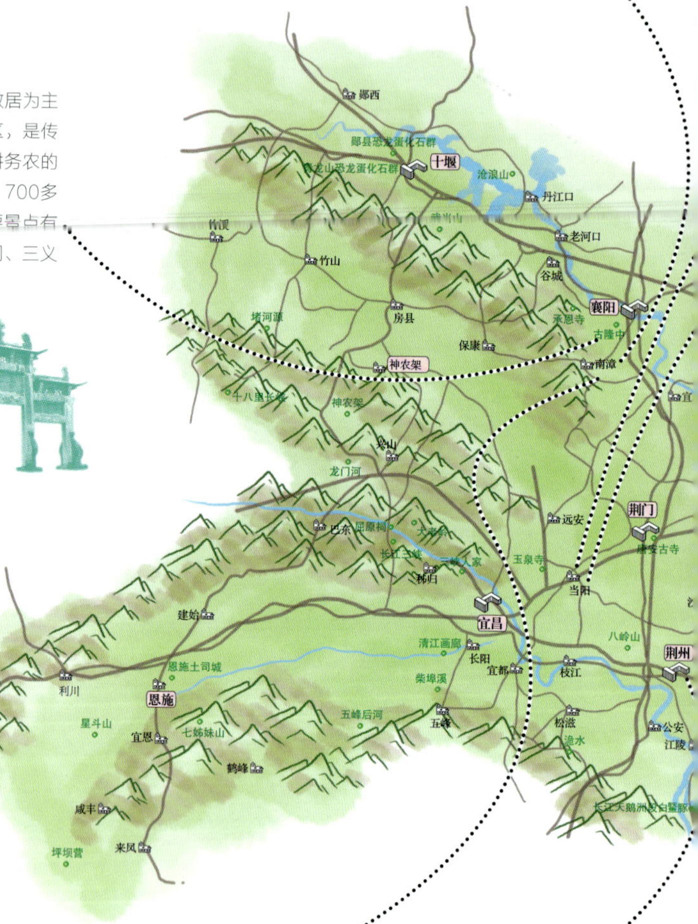

▶ 三国公园

为寓史于景的大型民众游乐园。占地26万平方米，其中水域面积17万平方米。分为东苑、西苑、珠岛、中岛四片。主要景点有桃园、煮酒亭、孔明桥等。

▶ 徐庶庙

又称单公祠，建于清嘉庆元年（1796），坐北朝南。现存3间正殿和左右两庑。殿内有徐庶塑像。

湖北三国遗迹

▶ 长坂坡

三国古战场长坂坡，乃三国时代赵子龙宣威之地。现立有“长坂雄风”碑供世人凭吊，此外还建有长坂坡公园。

▶ 当阳关陵

全国三大关帝庙之一，相传葬有关公骸骨。陵园内布局谨严，现有牌坊、马殿、正殿、寝殿、启圣宫、春秋阁等建筑。

▶ 龟山

古名翼际山，是三国时期的军事要塞和著名游览胜地。山顶上矗立着湖北广播电视塔，另有三国城、向警予烈士墓等景点。

▶ 西塞山

又名道仕洑矶、矶头山，著名的“周瑜破曹操”战役就发生在这里，主要景点有北望亭、双观亭、桃花亭等。

▶ 荆州古城

又名江陵城，三国文化诞生和繁衍的历史圣地，是国家首批公布的历史名城之一。现存的荆州古城墙还是我国南方保存最为完好、规模最为宏大的一座古代城垣。

▶ 赤壁古战场

我国古代著名战役中唯一尚存原貌的古战场。主要景观有赤壁摩崖石刻、望江亭、周瑜塑像、赤壁碑廊等。

手绘
湖　北

▶ 武当山金顶

位于海拔1 612米的武当天柱峰之巅，又名大岳太和宫。宫内金殿建于明永乐年间，是罕见的铜建筑精品。

▶ 屈原祠

始建于唐，为纪念屈原而建，又名清烈公祠。大殿后的屈原墓是衣冠冢，墓前的门阙、石坊为清道光年间原物。

▶ 恩施土司城

仿古土司庄园的建筑群，建有土家族、苗族、侗族的传统建筑。分为民族文化展示区、宗教展示区和娱乐休闲区。

▶ 天然塔

相传为晋代郭璞始建，现存建筑为清乾隆年间重建。塔身呈八棱锥柱形，高约42米。塔座有石雕八大金刚负塔。

▶ 广德寺

原名云居寺，始建于唐，现存大殿和多宝佛塔。多宝佛塔通高17米，塔座上建有5座塔峰，主塔为典型的喇嘛塔。

湖北古建

▶ 明显陵

明世宗嘉靖皇帝父母的合葬皇陵，一陵双冢的格局使它成为建筑结构最为独特的明代帝王陵墓。

▶ 黄鹤楼

江南三大名楼之一，始建于公元223年，曾有“天下绝景”之称。楼高51.4米，共有5层，通体建有60个翘角，下挂风铃。

▶ 晴川阁

又名晴川楼，始建于明代嘉靖年间。北临汉水，东濒长江，由晴川阁、禹稷行宫、铁门关三大主体建筑和禹碑亭等十几处附属建筑组成。

▶ 归元禅寺

武汉著名佛教禅宗寺院，香火旺盛且富有园林特色。罗汉堂和藏经阁是不容错过的精华部分。

▶ 观音阁

被誉为“万里长江第一阁”，阁内自西向东，分别是观澜亭、东方朔殿、观音殿、老君殿和纯阳楼等建筑。

▶ 五祖寺

又名东山寺，始建于唐代，为佛教禅宗五祖弘忍所创建。现存麻城殿、圣母殿、释迦牟尼如来佛塔等建筑。

手绘 湖北

▶ 船游三峡

游览三峡，多数游客会选择从重庆港朝天门码头乘坐游轮，最终抵达宜昌。一般来说，行程多为4天，游客沿途能欣赏到丰都鬼城、三峡移民区新貌、石宝寨、白帝城、瞿塘峡、大宁河小三峡、巫峡、三峡大坝等风光。

▶ 白鹤梁水下博物馆

以刻石鱼为“水标”记录水文的水文站，有“世界第一古代水文站”之称。

▶ 瞿塘峡

又名夔峡，全长约8千米，在长江三峡中虽然它最短，却最为雄伟险峻。

▶ 小三峡

是大宁河下游流经巫山境内的龙门峡、巴雾峡、滴翠峡的总称。

▶ 巫峡十二峰

巫峡中巫山十二峰分布在巫峡两岸。江北由西向东依次为登龙、圣泉、朝云、神女、松峦、集仙六峰。南岸也有六峰，但在江中能见到的依次为飞凤、翠屏、聚鹤三峰，其余净坛、起云、上升三峰并不临江。

▶ 天坑地缝

不仅是构成地球第四纪演化史的重要例证，更是探寻长江三峡成因的“活化石”。

▶ 白帝城

因三国时刘备在此托孤而被载入史册，有“诗城”之美誉。

▶ 巫峡

又名大峡，两岸青山连绵，群峰如屏，江流曲折，幽深秀丽，宛如一条天然画廊。

长江三峡旅游区

▶ **丰都鬼城**

是传说中人类亡灵的归宿之地，集儒、佛、道文化于一身的民俗文化艺术宝库。

▶ **张飞庙**

庙内保存了大量珍贵的字画碑刻、稀世文物200余件，被誉为“巴蜀胜景，文藻胜地”。

▶ **石宝寨**

是中国目前仅存的几座木结构建筑之一，被称为“世界八大奇异建筑之一”。

长江三峡位于重庆市和湖北省境内的长江干流上，西起重庆市奉节县的白帝城，东至湖北省宜昌市的南津关，全长200千米左右，是瞿塘峡、巫峡和西陵峡三段峡谷的总称，为长江上最奇秀壮丽的山水画廊，也是世界著名的旅游胜地、世界大峡谷之一。

▶ **三峡移民**

流连忘返三峡景，热情豪爽重庆人。三峡工程给重庆带来机遇，三峡美景也让重庆名扬四海。三峡库区的人们为了三峡大坝的修建付出了背井离乡的代价，由此形成的三峡移民精神也将永放光芒。

▶ **三峡大坝**

世界上最大的水电工程，位于西陵峡中段的湖北省宜昌市境内的三斗坪。

▶ **九畹溪**

是长江三峡中为数不多的支流大峡谷之一，是传说中屈原魂归故里所在地，也是高峡平湖最佳观景点之一。

▶ **巫山的云**

巫峡谷深峡长，日照时间短，峡中湿气蒸发不散，容易形成雾气，云雾千姿百态。唐代诗人元稹留下了“曾经沧海难为水，除却巫山不是云”的千古名句。毛泽东也曾用“更立西江石壁，截断巫山云雨，高峡出平湖”这样的词句来描绘巫山的云。

▶ **西陵峡**

以宜昌市的西陵山得名，是三峡中最长的一段峡谷。

手绘湖北

▶ 燕子垭

海拔2 400米，垭口西侧的半壁上有会仙桥、观景台、燕舞亭等建筑。

▶ 红坪画廊

绵亘15千米的峡谷盆地，主要景点有一河、两溪、三瀑、四桥、五潭、六洞、七塔、八寨、九石、三十六峰等。

▶ 板壁岩

据传此处经常有野人出没，生长着大片高山箭竹和野生杜鹃。

▶ 神农顶

海拔3 100余米，有“华中第一峰”之称。山顶终年云雾缭绕，山腰上分布着冷杉、高山杜鹃、箭竹等林带。

▶ 大九湖

神农架山脉西端的起点，有“神农江南”之称，四周高山环绕，森林密布，九个湖泊粼光闪闪，风景绝佳。

▶ 风景垭

又名“神农谷”，景观以峰奇谷秀为特色，站在垭口极目四眺，只见山峦起伏，气象万千，有“神农第一景”之誉。

神农架旅游区

▶ 天门垭

与燕子垭对峙，每年10月积雪，次年5月消融。

▶ 香溪源

相传是神农氏采药时的洗药池，景区内以茶叶和香溪泉水闻名。

▶ 神农祭坛

分为主体祭祀区、古老植物园、千年古杉、蝴蝶标本馆、编钟演奏厅五部分，主体景观是神农巨型牛首人身雕像。

▶ 金猴岭

神农顶景区金丝猴的主要活动区，生长着巴山松、华山松等植物。

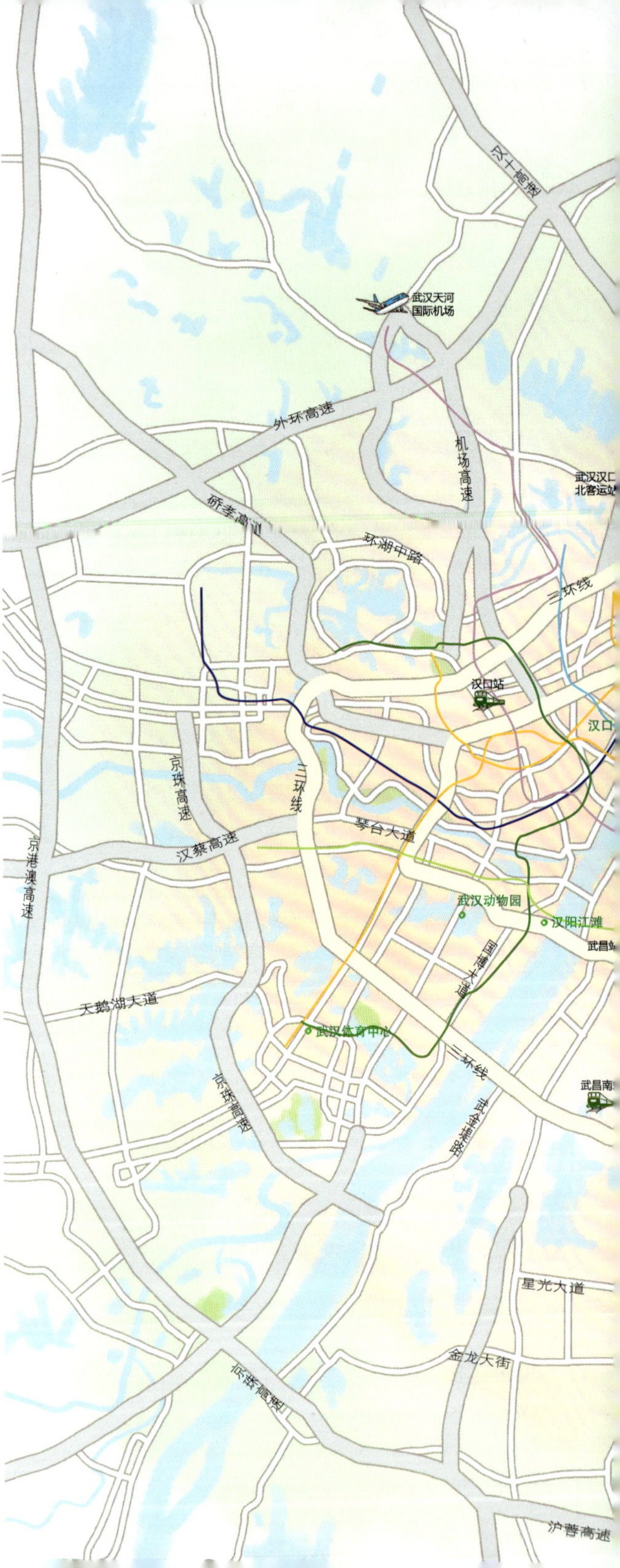
武汉天河
国际机场
外环高速
机场高速
武汉汉口
北客运站
硚孝高速
环湖中路
三环线
汉口站
汉口
京珠高速
三环线
琴台大道
汉蔡高速
京港澳高速
武汉动物园
汉阳江滩
武昌站
国博大道
天鹅湖大道
武汉体育中心
三环线
武昌南
京珠高速
武金堤路
星光大道
金龙大街
京珠高速
沪蓉高速

武汉城区

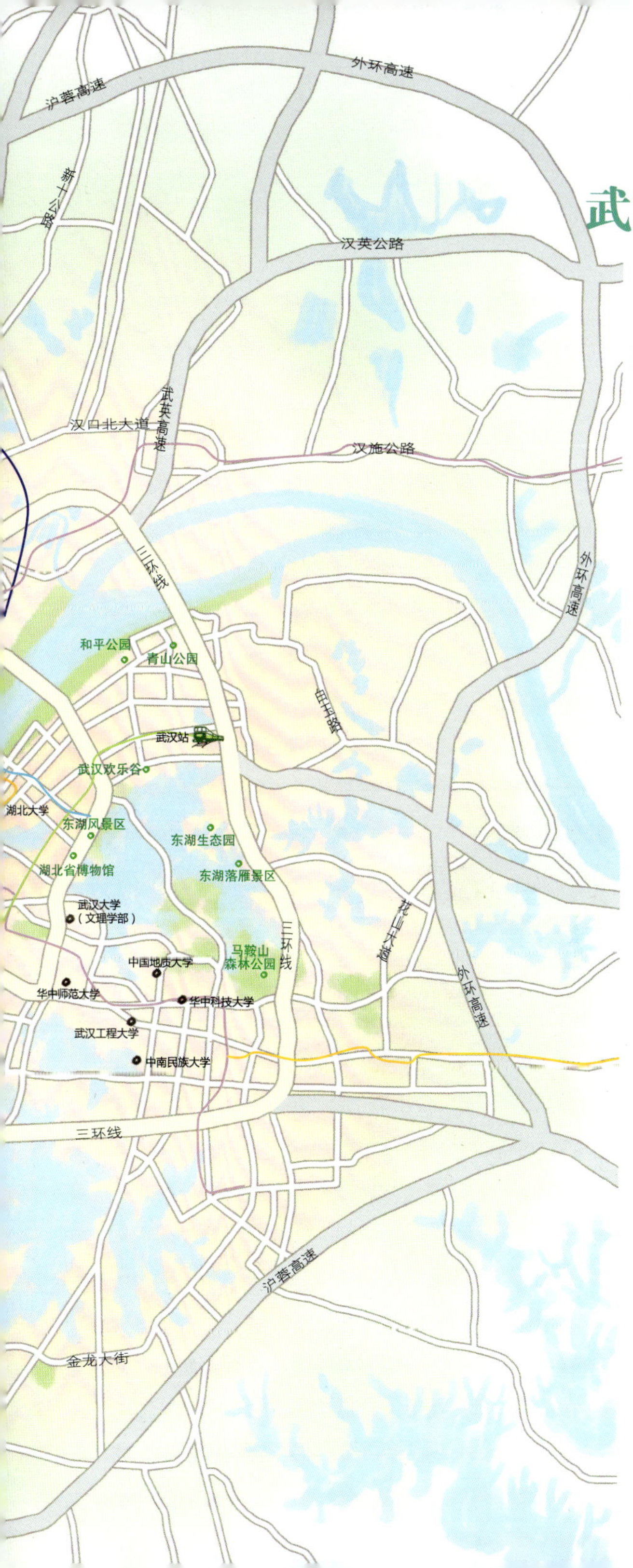
外环高速
沪蓉高速
新十公路
汉英公路
武英高速
汉口北大道
汉施公路
三环线
外环高速
和平公园
青山公园
武汉站
武汉欢乐谷
湖北大学
东湖风景区
东湖生态园
东湖落雁景区
湖北省博物馆
花山大道
武汉大学
（文理学部）
中国地质大学
马鞍山
森林公园
三环线
外环高速
华中师范大学
华中科技大学
武汉工程大学
中南民族大学
三环线
沪蓉高速
金龙大街

神秘神农架

曾经走过许多山山水水，人们说熟悉的地方没有风景，但如这般绮丽神秘，一次两次又怎能看透。如果你还纠结于世俗的烦扰，那么不妨投向这片土地的怀抱，也许神农百草的余韵，正是大自然赋予你的一剂对症灵药。

摄影

湖 北

幽人采摘日当年

文化是历史的沉淀，茶之神韵，文化为魂。利川大片的茶园郁郁葱葱，茶香园静，清山秀水。身着华美民族服饰的土家人，在白云深处采下的茶树新芽，在紫砂壶中舒展开历史的韵味，也散发着时代的气息。

摄影
湖 北

人在画中游

百里绝壁、千丈瀑布、傲啸独峰、原始森林、远古村寨……恩施大峡谷的美非常丰富。千百年来的风雨侵蚀带来最生动的喀斯特地貌，它们掩映在如梦如幻的缭绕云雾中，让人仿佛置身于雄奇的水墨画中，胸有沟壑，恣意潇洒。

问道武当山

武当山山势奇特，一峰擎天，众峰拱卫，既有泰山之雄，又有华山之险，悬崖、深涧、幽洞、清泉星罗棋布。自古以来，武当山便是道家追求仙境的理想之地，道教建筑遍及全山，规模宏伟，掩映在翻腾的云海之中，古朴厚重。

千里江陵一日还

四百里的险峻通道和三个动听的名字，容纳了无尽的旖旎风光，是长江上最为奇秀壮丽的山水画廊。长江三峡也是中国古文化的发源地之一，这儿有许多名胜古迹，它们同山水风光交相辉映，名扬四海。

摄影
湖 北

桨声灯影的梦乡

“水色清明十丈，人见其清澄，故名清江。”清江作为土家族的母亲河，宛如一条蓝色飘带，穿山越峡，养育了无数“靠山吃山，靠水吃水”的土家人。泛舟清江水上，两岸青山如画，人在画中游。

印象 湖北

文化符号

武当山

道教圣地，明代被封为“太岳”，被称为“亘古无双胜境，天下第一仙山”。

汉剧

湖北地方戏曲剧种，长于文戏，巴山气息浓郁，音调幽雅，唱腔婉转。

荆楚文化

春秋战国时期在江汉流域兴起的地域文化，是中国浪漫主义文学的源头。

黄鹤楼

武汉市标志性建筑，中国三大名楼之一，有“天下江山第一楼”的美誉。

三国遗迹

荆楚大地是历史上三国逐鹿的重要战场，保留着无数英雄胜迹。

武汉大学

历史悠久的学府，民国四大名校之一，校园内的樱花闻名遐迩。

印象
湖 北

山水胜景

西陵峡

三峡的重要组成部分，以其怪石林立、滩多水急、行舟惊险而闻名。

汉江

长江最长的支流，常与长江、淮河、黄河并列，合称“江淮河汉”。

九宫山

横亘于鄂赣边陲，是中国负氧离子含量最高的天然大氧吧。

洪湖

湖北省第一大湖，境内河渠纵横交织，湖泊星罗棋布。

神农架

以秀美的亚高山自然风光和多样的物种闻名，还有神奇的“野人”传说。

大洪山

山势雄伟，古木参天，奇花异卉，素有“楚北天空第一峰”的盛誉。

印象
湖　北

湖北风物

劲酒

以清香型小曲白酒为基酒，精选地道中药材酿制而成，具有保健功能。

孝感麻糖

以精制糯米、优质芝麻和绵白糖为主料制成，色白如霜，甘甜可口。

园林青酒

是荆楚地区的一种古老名酒，其酒液晶莹透明、清香醇正、幽雅芳香。

孝感米酒

以孝感出产的优质糯米为原料，经蜂窝酒曲发酵酿制而成，甜润爽口。

毛坝漆

我国三大名漆之一，是建筑、家具、工艺品行业的上乘材料。

江陵荆缎

使用著名的河溶生丝制成，图案与色块的组合具有浓郁的楚文化特征。

印象
湖 北

湖北美味

热干面

武汉的特色美食，面条纤细筋道，色泽黄而油润，味道鲜美。

清蒸武昌鱼

选用鲜活的武昌鱼为主料，配以冬菇、冬笋，并用鸡清汤调味而成。

精武鸭脖

武汉最有名的汉族小吃，味道麻辣，香味扑鼻，口感刺激，鲜美无比。

红烧瓦块鱼

鄂菜中的代表菜之一，以青鱼为主要材料，软嫩透味，醇香滑爽。

蒸珍珠丸子

湖北沔阳著名的汉族小吃，以糯米和肉制成，风味独特，鲜香可口。

东坡饼

又名空心饼、千层饼，饼呈淡黄色，玲珑剔透，香甜酥脆，口味极佳。

自驾湖北

线路 1

鄂东环线之旅

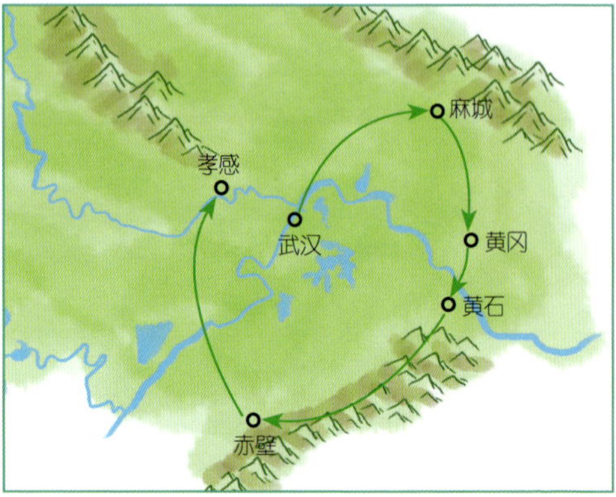

- 武汉　黄鹤楼
- 麻城　龟峰山
- 黄冈　东坡赤壁
- 黄石　黄石国家矿山公园
- 通山县　九宫山
- 赤壁　赤壁古战场
- 孝感　白兆山

这是一条景点丰富的线路，一路前行，既可以感受到现代化城市的鲜活气息，又可以品味积淀深厚的历史遗迹。黄鹤楼、赤壁古战场、白兆山等各类景点不一而足，一定让您不虚此行。

第一天 武汉。第一天上午游览东湖景区，感悟楚文化之魅力。午后前往黄鹤楼欣赏其名胜美景，夜宿附近宾馆。

第二天 从武汉出发前往麻城。到达后，先前往龟峰山，看漫山杜鹃花开。下午前往杏花村，游览后前往黄州区住宿。

第三天 上午前往黄冈市的东坡赤壁景区，看碑刻，览美景。下午前往遗爱湖游玩。

第四天 前往黄石，沿途可游览梁子湖美景。到达黄石后，先前往黄石国家矿山公园参观，然后去雷山游览。夜宿市区。

第五天 上午前往仙岛湖，欣赏千岛风光。下午前往通山县九宫山，观奇峰耸立、幽谷纵横。

第六天 前往赤壁市，先参观赤壁古战场，遥想周郎风采。接着前往陆水湖。晚上在附近住宿，还可以顺便泡个舒服的温泉。

第七天 孝感。上午前往白兆山，感受李白“酒隐安陆，蹉跎十年”的心路历程。下午前往双峰山游览。

线路 2

鄂中古城之旅

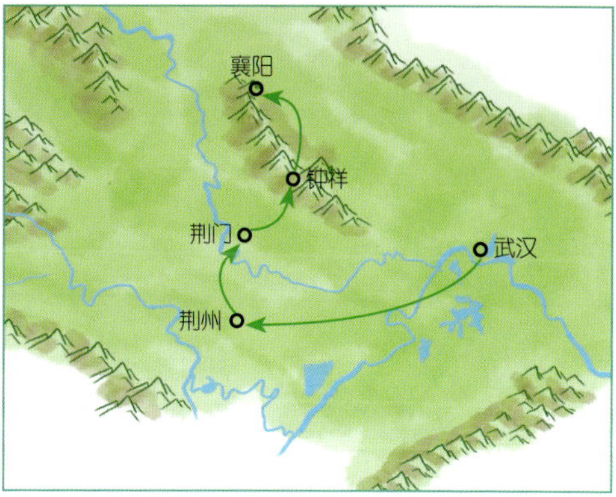

荆州 洪湖蓝田风景区

公安 三袁故里

荆州 荆州古城

荆门 绿林山

钟祥 明显陵

襄阳 武侯祠

这条路线以体验古城文化为主要特色，一路经过许多古城，无不历史悠久，积淀深厚。荆州、襄阳，这些听起来就让人怀古的名字，一定让您对这次旅行充满期待。古隆中、明显陵等景点也不会让您失望而归。

第一天 早上从武汉市区出发，先前往荆州的洪湖蓝田风景区，欣赏自然纯朴的原始生态美。下午前往石首麋鹿自然保护区。

第二天 上午前往公安县三袁故里，参观明朝文学家袁宗道、袁宏道、袁中道三兄弟的家乡。下午前往参观万寿园和章华寺。夜晚前往荆州区住宿。

第三天 花一天时间在荆州古城里游览荆州市博物馆、张居正故居、三国公园等景点。

第四天 前往荆门，先去绿林山，感受历史上绿林起义军的豪情。接着去鸳鸯溪体验漂流的畅快。晚上在京山县住宿。

第五天 前往钟祥，参观明显陵、莫愁湖、黄仙洞等景点。晚上前往襄阳市区住宿。

第六天 襄阳。上午游览古隆中景区，参观武侯祠、三顾堂等景点，感受诸葛亮的非凡魅力。下午前往襄阳古城。

自驾湖北

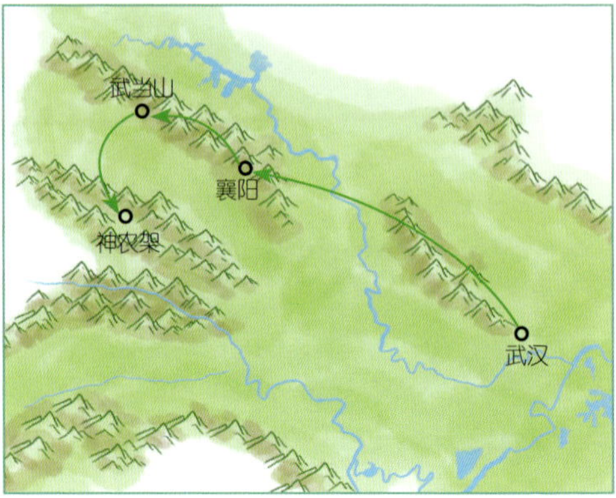

线路 3

鄂西北山水之旅

- 襄阳 襄阳古城
- 十堰 武当山风景区
- 神农架 红坪景区
- 神农架 华中屋脊
- 神农架 香溪源

绝世的风景、优美而古老的传说和古朴而神秘的民风民俗以及深厚的道教文化积淀，共同构成了这条丰富精彩的旅游线路。神秘的神农架、雄奇的武当山，让您尽情感受畅快的旅游体验。

第一天 从武汉市沿G70行驶至襄阳市，参观襄阳古城墙和古隆中后，沿G70行驶至武当山景区。夜宿景区附近。

第二、三天 游览十堰市的武当山景区。参观金殿，享用清淡可口的斋饭。下午游览朝天门、榔梅祠、南岩宫等景点。夜宿景区。次日，可起早观看日出，其后游览紫霄宫、太子坡、磨针井等景点。下午从武当山出发前往神农架。夜宿景区附近。

第四天 早上前往红坪景区，漫步在画廊里，看奇峰林立，嶙峋峻峭。午后前往燕天景区，走进燕子洞，听洞内潺潺流水声，妙趣无限。还可以去体验惊险刺激的漂流。

第五天 早餐后前往神农顶，观雄伟的华中屋脊，走进神秘的动物王国，亲近小动物。随后前往板壁岩。下午可去大九湖湿地公园。夜宿附近宾馆。

第六天 早餐后来到香溪源，这里泉流清澈，瀑布壮观，山花烂漫，相传昭君就出生在这里。午后在这里闻香品茗。接着前往神农坛，祭拜神农，感受神秘的神农文化。

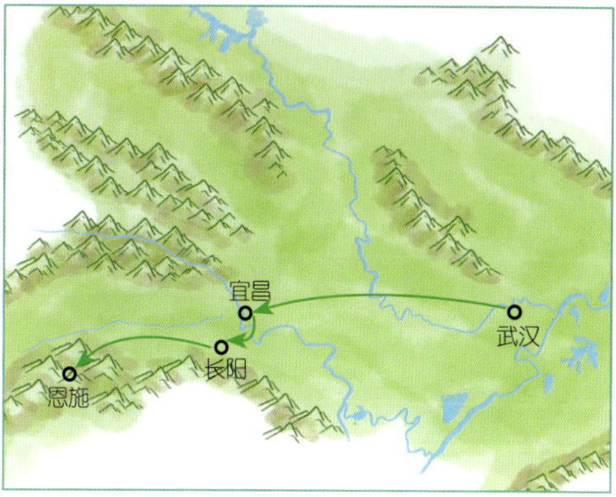

线路 4

鄂西南风情之旅

宜昌 三峡大坝

长阳 清江画廊

恩施 恩施土司城

恩施 梭布垭石林

这条线路主要穿行在湖北西南部，一路上山水如画，人文风情浓郁，既可以欣赏长江三峡的瑰丽壮观，又可以体验恩施土家族的独特文化，是一次难得的旅游体验。

第一天 从武汉市区出发，前往宜昌，参观三峡大坝、三峡人家等景点。夜宿宜昌市区。

第二天 前往长阳，游览清江画廊。下午前往柴埠溪大峡谷参观。

第三天 早上前往恩施，先去恩施土司城，了解土司制度，体会土家文化。随后前往腾龙洞，观赏洞中有山、山中有洞的奇特景观。午后前往恩施大峡谷。

第四天 早餐后前往梭布垭石林，看四周翠屏环绕，群峰竞秀，感受奇岩怪石的万种风情。随后去神农溪，可以体验特色漂流，尽情领略两岸山水美景，聆听高亢激昂的纤夫号子。

解读湖北

地理

土家族

面积和区划

湖北省位于长江中游、洞庭湖之北的中部地区，简称鄂，春秋战国时为楚国地。全省东、西、北三面环山，中部为“鱼米之乡”的江汉平原，东西长约740千米，南北宽约470千米。全省国土总面积约19万平方千米，占全国总面积的1.94%。

湖北省有武汉、十堰、襄樊、随州、荆门、孝感、宜昌、黄冈、鄂州、荆州、黄石、咸宁12个省辖市、恩施土家族苗族自治州1个自治州、38个市辖区、24个县级市（其中3个省直辖市）、37个县、2个自治县、1个林区。省会武汉。

人口和民族

截至2018年末，湖北省全省常住人口5917万人，其中：城镇3567.95万人，乡村2349.05万人。城镇化率达到60.3%。

湖北省少数民族人口273万人，占全省总人口的4.66%，其中土家族人口最多，占少数民族人口的77%，主要分布在恩施土家族苗族自治州和长阳土家族自治县、五峰土家族自治县。除土家族外，其他人口较多的少数民族还有苗族、回族和侗族。

神农架风光

地形

湖北省处于中国地势第二级阶梯向第三级阶梯过渡地带，全省地形呈三面高起、中间低平、向南敞开、北有缺口的不完整盆地。地貌类型多样，山地、丘陵和岗地、平原湖区各占湖北省总面积的56%、24%和20%。

全省地势高低相差悬殊，西部号称“华中屋脊”的神农架最高峰神农顶，海拔达3 105米，为湖北最高峰。湖北省西、北、东三面被武陵山、巫山、大巴山、武当山、桐柏山、大别山、幕阜山等山脉环绕，山前丘陵岗地广布。中南部为江汉平原，地势平坦，土壤肥沃。

湖北素有“千湖之省”之称，长江从西向东，流贯省内26个县市，流程1 041千米。境内的长江支流有汉水、沮水、漳水、清江等，其中汉水为长江中游最大支流，至武汉汇入长江，流程858千米。湖北省较大的湖泊有洪湖、长湖、梁子湖、斧头湖等。

气候

湖北地处亚热带，位于典型的季风区内。全省除高山地区外，大部分为亚热带季风性湿润气候，光能充足，热量丰富，无霜期长，降水充沛，雨热同季。

全省降水地域分布呈由南向北递减趋势，夏季多冬季少，6月中旬至7月中旬雨量最多，强度最大，是湖北的梅雨期。

荆江九曲回肠

荆江是长江中游自湖北枝江到湖南洞庭湖口的城陵矶段的别称，全长420千米。长江冲出三峡后，在湖北中南部和湖南北部

长江三峡

长江三峡西起重庆奉节县白帝城，东至湖北宜昌市南津关，全长193千米。沿途两岸奇峰陡立、峭壁对峙，自西向东依次为瞿塘峡、巫峡、西陵峡。长江三峡还保存着众多的人文胜迹，如屈原祠、张飞庙、白帝城等。

瞿塘峡位于重庆奉节县境内，又名夔峡，全长8千米，是三峡中最短的一个峡，两岸如削，岩壁高耸，有"险莫若剑阁，雄莫若夔"的美称。

巫山小三峡由大宁河上的龙门峡、巴雾峡和滴翠峡组成，与大三峡相比显得秀丽别致，精巧典雅。

西陵峡位于湖北宜昌市秭归县境内，西起香溪口，东至南津关，长约66千米，在长江三峡中最长，以滩多水急闻名。

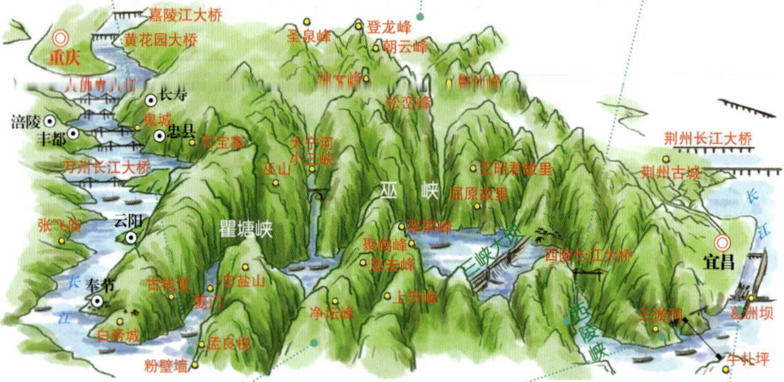

巫峡位于重庆巫山县和湖北巴东县两县境内，绵延45千米，以幽深秀丽著称，是三峡中最可观的一段。巫山十二峰被称为"景中景，奇中奇"，其中以神女峰最著名。

三峡大坝位于西陵峡三斗坪，是世界上最大的水坝。大坝为混凝土重力式，混凝土基础2 794万立方米，金属结构安装25.65万吨，均位居世界第一。三峡水电站年均发电量约847亿千瓦时。

葛洲坝水利枢纽位于长江三峡出口南津关下游2.3千米处。是长江上第一座大型水电站。最大坝高47米，总库容15.8亿立方米。年均发电量140亿千瓦时。

三峡船闸

三峡双线五级船闸，规模举世无双，是世界上最大的船闸。它全长6.4公里，其中船闸主体部分1.6公里，引航道4.8公里。船闸的水位落差之大，堪称世界之最。三峡大坝坝前正常蓄水位为海拔175米高程，而坝下通航最低水位62米高程，这就是说，船闸上下落差达113米，船舶通过船闸要翻越40层楼房的高度。

西陵峡口

三峡中的瞿塘峡全部在重庆境内，巫峡地跨重庆和湖北两地，而西陵峡则全部在湖北境内。

三峡大坝位于西陵峡北。大坝以西部分受蓄水影响，景观变化较大。大坝以东部分，现在已经大力开发旅游，形成了规模宏大的西陵峡口、三峡人家、三游洞、石牌要塞等著名风景区。

三峡人家

荆江夜景

边缘一带浩浩荡荡东去，河曲十分蜿蜒，素有“九曲回肠”之称。仅下荆江（藕池口至城陵矶）江段，就有16个大小弯道，其直线距离只有80千米，而河长竟有247千米，堪称奇观。

荆江一带地处我国地势的第三级阶梯，平均海拔在50米以下，地势低平。荆江把辽阔的两湖平原一分为二：江北是江汉平原，江南是洞庭湖平原。两湖平原大多是由泥沙淤积而形成的，土质极为疏松，因而极易受到流水的冲刷，塌方、崩岸事件时有发生。崩岸的发展又导致河床横向变形，凸岸、凹岸此起彼伏，河道愈来愈曲折。江水在这样坦荡的地形上流动，加上地球旋转偏向力的作用，几乎不受到任何约束，江流左摆右摇，宛若游龙。这样的地势和地形条件，成就了荆江“九曲回肠”的神奇。

但历史上荆江的曲折对于湖北人来说并不算是一件好事。由于长江出三峡后河道变宽，带来大量的泥沙淤积，荆江本已弯曲的河道更有利于泥沙的沉积，导致河床抬升。泥沙有时甚至淤塞河道，溃堤成灾。每到汛期，荆江洪水水位能够高出地面10~14米，形成地上“悬河”，险象环生。因此，荆江两岸人民称荆江大堤为“保命堤”。新中国成立前，荆江地区水灾不断，“万里长江，险在荆江”之说由此而来。

1966年和1968年，当地政府在石首县中洲子和监利县上车湾两地，对荆江进行了人工裁弯取直，缩短河道约60千米。同时在公安县修建了宏伟的荆江分洪工程，为治理大江大河积累了丰富的经验。而今，荆江两岸绿树葱茏，坚固的江堤紧束洪流，波澜不兴。两岸人民安居乐业，田园如画，一派欣欣向荣的景象。

长江最大的支流——汉江

汉江又称汉水，是长江最大的支流，在历史上占据重要地位，常与长江、淮河、黄河并列，合称“江淮河汉”。汉江发源于陕西宁强县秦岭南麓大安镇的嶓冢山，干流长1 577千米，其中陕西境内657千米，湖北境内920千米。汉江的最长支流为丹江。

汉江干流经白河县后，自郧西县进入湖北，到了丹江口以下，干流折向东南，沿途经襄阳、宜城、钟祥、天门、潜江、仙桃、汉川等县市，最后由武汉市汉口龙王庙汇入长江。汉江干流丹江口以上为上游，河谷狭窄，长约925千米；丹江口至钟祥为中游，河谷较宽，沙滩多，长约270千米；钟祥至汉口为下游，长约382千米。汉江流经江汉平原一带，两岸筑有堤防，河道婉蜒曲折。

丹江口水库位于汉江中上游，分布于湖北省丹江口市和河南省南阳市淅川县，水域横跨鄂、豫两省，是亚洲第一大人工淡水湖。丹江口水库是著名的南水北调中线工程的水源地，2012年丹江口大坝加高后，丹江口水库水域面积达1 000多平方千米，蓄水量近300亿立方米，被誉为“亚洲天池”。2014年12月12日，南水北调中线工程正式通水，丹江口水库内储存的汉江水开始向北出发，沿京广铁路西侧北上，最终一路到达北京。

汉江

汉江还是南方重要的航道之一。汉江干、支流的航线很长，分布于陕西、河南、湖北三省70多个县市，在这一广大区域内的经济和文化的交流方面，几千年来曾经作出巨大的贡献。在中国最早的地理著作《禹贡》上，记录了在2 000年前汉江已是湖北、湖南和四川、陕南向中原运输贡赋的航道。

千湖之省和江汉平原

湖北省素有“千湖之省”的美称，这里的湖泊星罗棋布，如珍珠一般散落在辽阔坦荡的江汉平原，镶嵌于纵横交错的水网之间，统称为江汉湖群。这些湖泊是整个长江中下游湖泊群中的一个重要组成部分。在“千湖”和长江、汉江的滋润下，江汉平原沃野千里，成为了著名的鱼米之乡。

湖北众多的湖泊大都是古代云梦泽淤塞分割而成，集中分布于长江与江汉之间。长江在这里摆动很大，经过自然截弯取直，从而形成了众多的弓形湖泊。20世纪50年代，湖北全省有1 106个大小湖泊，“千湖之省”名不虚传。到现在，湖泊数量虽有所减少，但仍有900多个。湖北省的湖泊具有密集成片分布的特点，绝大多数属浅平宽广型，湖底泥沙淤积较厚，水深一般只1~2米，最深处也只有3~5米，较深的梁子湖，最深不到5米，洪湖只有3.5米左右。

千湖润泽的江汉平原位于长江中游，平原上河流纵横交错，湖泊星罗棋布，是长江中下游平原的重要组成部分，与洞庭湖平原合称两湖平原。整个江汉平原平均海拔只有27米左右，是中国海拔最低的平原之一。

江汉平原物产丰盛，“人人都说天堂美，怎比我江汉鱼米乡”是其真实写照。这里是我国少有的稻、麦、粟、棉、麻、油、糖、菜都能大量出产的地区，主要以种植水稻、棉花、油菜为主，水稻产量高，为当地人民生活提供了有力的物质保障。

湖北的自然景观

国家级自然保护区

青龙山恐龙蛋化石群国家级自然保护区
神农架国家级自然保护区
五峰后河国家级自然保护区
石首麋鹿国家级自然保护区
长江天鹅洲白鳍豚国家级自然保护区
长江新螺段白鳍豚国家级自然保护区
星斗山国家级自然保护区
九宫山国家级自然保护区
七姊妹山国家级自然保护区
洪湖湿地国家级自然保护区
龙感湖国家级自然保护区
赛武当国家级自然保护区
木林子国家级自然保护区
堵河源国家级自然保护区
十八里长峡国家级自然保护区
洪湖国家级自然保护区
南河国家级自然保护区
大别山国家级自然保护区
巴东金丝猴自然保护区
咸丰忠建河大鲵自然保护区
湖北大老岭国家森林公园
长阳崩尖子自然保护区

国家地质公园

长江三峡国家地质公园
木兰山国家地质公园
神农架国家地质公园
郧县恐龙蛋化石群国家地质公园
武当山国家地质公园
大别山国家地质公园
五峰国家地质公园
咸宁九宫山-温泉国家地质公园
恩施腾龙洞大峡谷国家地质公园
长阳清江国家地质公园

国家森林公园

九峰国家森林公园
鹿门寺国家森林公园
玉泉寺国家森林公园
大老岭国家森林公园
大口国家森林公园
神农架国家森林公园
龙门河国家森林公园
薤山国家森林公园
清江国家森林公园
大别山国家森林公园
柴埠溪国家森林公园
潜山国家森林公园
八岭山国家森林公园
沧水国家森林公园
三角山国家森林公园
中华山国家森林公园
太子山国家森林公园
红安天台山国家森林公园
坪坝营国家森林公园
吴家山国家森林公园
千佛洞国家森林公园
双峰山国家森林公园
大洪山国家森林公园
虎爪山国家森林公园
五脑山国家森林公园
沧浪山国家森林公园
安陆古银杏国家森林公园
牛头山国家森林公园
诗经源国家森林公园
九女峰国家森林公园
偏头山国家森林公园
丹江口国家森林公园
素山寺国家森林公园
湖北百竹园寺国家森林公园
岘山国家森林公园
西塞国国家森林公园
汉江瀑布群国家森林公园
崇阳国家森林公园

历 史

荆楚雄关

楚国的崛起

在中国历史上的春秋战国时代，楚国一直傲然耸立在中国中南部的土地上，它不仅跨过长江奋力南进，将其开疆拓土的战刀威风凛凛地砍向南越民族，而且携强势北上，欲与气数渐尽的东周王朝和纷纷迭起的中原霸主们一决高低。楚国的诸君们或僭号称王，或问鼎中原，或北上争雄，一度发展成为当时疆域最大、人口最多、势力最强的国家。

楚国由居住于荆山（今湖北省南漳县）的楚族发展而来，商朝末年，楚人首领鬻熊协助周文王姬昌起兵灭商，成为功臣，周朝的国君后来封鬻熊的后代熊绎于楚蛮，为楚国国君，居丹阳（在今湖北省南漳县境内），楚国正式建国。

楚国立国后贫穷落后，十几代君王带领臣民披荆斩棘，开疆辟土，甘苦与共，建设国家。楚国君王具有强烈的忧患意识，特别注重以先王艰苦创业的事迹对臣民进行传统教育，凝聚人心，鼓舞士气。公元前740年，蚡冒之弟熊通自立为楚武王，这在楚国发展史上具有划时代的意义，也是春秋初期的一件大事，它宣告了一个南方大国的崛起。

楚国虽然逐渐强大，但是与中原一带的诸侯国相比，仍然显得落后，于是在中原一带夺得一席之地，提高楚国的政治、经济地位，成为历代楚王的梦想。从公元前740年到公元前614年，楚国消灭了周边的十几个小诸侯国，疆土不断扩大，楚文王于是将都城从丹阳迁到了郢（今湖北省江陵市西北），楚国从此走上了争霸中原的道路。

公元前613年，后来的“春秋五霸”之一楚庄王即位。公元前597年，楚军围困郑国，晋国派兵救援，楚晋两军在邲（今河南荥阳以北）大战，晋军大败，楚庄王威名远扬。此后不久，中原各国除晋、齐、鲁等国以外，都尊楚庄王为霸主，楚国终于实现了称霸中原的愿望，实现了真正的崛起。

公元前223年，秦王派王翦、蒙武率领秦军向楚国纵深进

历史大事记

远古时期

湖北京山县的屈家岭文化遗址出土了蛋壳彩陶，距今已有4 000多年的历史。

先秦时期

春秋时期，今湖南、湖北地区的楚国在南方诸国中最为强盛，楚庄王曾经问鼎中原，是“春秋五霸”之一。

公元前223年，秦国大将王翦攻破楚国，俘获楚王负刍，楚国灭亡。

秦汉时期

公元17年，王匡、王凤发动起义，以绿林山（今湖北大洪山）为根据地，故称“绿林军”，后被刘秀军击败。

208年，孙权、刘备联军在长江赤壁（今湖北省赤壁市西北）一带大破曹军，史称“赤壁之战”。

229年4月，孙权在武昌称帝，同年9月又将都城迁至建业（南京）。

攻，一举攻破楚都寿春（今安徽寿县西南），俘楚王负刍，楚国就此灭亡。楚国虽然灭亡了，但是在其存在的800年里，对于南方民族的融合、对江南的开发和南方的统一都作出了巨大的贡献。

三国时的荆州

古荆州城位于长江中游，地处江汉平原，南临长江，北依汉沔，东俯广袤的江汉平原，西托长江三峡，自古就是重要的巴蜀门户，素有“南国门户”之称。在中国历史上的三国时期，荆州是三国争夺的焦点，荆州之争是决定国家分、合命运的关键。从三国形成之初到国家重新统一之时，围绕荆州归属展开的三国争夺一直没有停息，一些脍炙人口的三国故事，诸如刘备借荆州、关羽守荆州、吕蒙袭荆州等，都发生在荆州。

东汉末年，天下大乱，群雄并起，此时的荆州由刘表所控制。公元200年，官渡之战后，刘备受到曹操攻击，不得已投奔刘表，刘表接纳了刘备，以上宾礼待之，使屯驻新野，不久又让刘备移驻樊城。208年，曹操率军南下攻打刘表，刘备与曹操围绕荆州展开激战，结果刘备大败，曹操夺得荆州城，并控制了荆州江北三郡。正是由于曹操南取荆州，迫使刘备与孙权联合起来共同抵抗曹操，引发了奠定三分形势的赤壁之战。

赤壁之战后，曹操留下人马守卫江陵、襄阳等地，联军乘胜追击，重点进攻南郡

荆州古城

首府江陵，继续展开荆州之争，结果曹、刘、孙三分荆州，标志着三分形势基本形成。210年，刘备从东吴借到荆州（以江陵为中心的南郡），刘备集团才真正成为一方重要势力。

荆州如此重要，刘备认为只有关羽才能担当守荆州的大任。219年，关羽率军攻曹，攻至樊城，与曹军对峙，荆州空虚给了孙权以可乘之机，吕蒙一举袭取了荆州，关羽则因失掉荆州而被擒斩首。

在三国荆州之争中，作为当时三个政治集团的代表人物曹操、刘备、孙权，都亲临荆州，一决雌雄，以图结束战乱，实现国家统一。他们的理想、抱负能否实现，他们事业兴衰成败的结局如何，都在荆州这个大舞台经受检验，留下了耐人寻味的历史启迪。

宋元襄阳之战

襄阳之战是元朝统治者消灭南宋、统一

隋唐时期

589年，江夏郡曾一度改称鄂州，今湖北的简称“鄂”即源于此。
689年，孟浩然出生于湖北襄阳，后在荆楚地区写下了大量的诗篇。

宋元时期

1048年，北宋平民发明家毕昇发明活字印刷术，成为“四大发明”之一。
北宋末年，由于北方战乱不止，人口南迁，湖北逐渐繁荣，成为重要的粮食产地。
1267年，宋元开始了历时6年的襄阳之战，成为宋朝灭亡的关键一战。

明清时期

1565年起，李时珍遍游湖北、江西等地，于1590年完成了医学巨著《本草纲目》。
1643年，明末起义军领袖李自成于襄阳创建“大顺”政权。
1664年，湖广分治，洞庭湖南为湖南省，北为湖北省，为湖北建省之始。

荆州古城

中国的一次重要战役，是中国历史上宋元封建王朝更迭的关键一战。这次战役从1267年蒙将阿术进攻襄阳的安阳滩之战开始，其间经过宋吕文焕反包围战、张贵援襄之战、龙尾洲之战和樊城之战等，最终襄阳孤城无援，吕文焕力竭降元，整个战役历时近6年，以元军占领襄阳而告结束。

1268年，忽必烈命令刘整、阿术开始围困襄阳和樊城，此时的襄阳守将为吕文德。蒙古军在襄阳、樊城二城四周修筑城围，并封锁汉水。得知襄、樊被围后，南宋王朝急忙下令四川和两淮的援军增援襄、樊，同时襄阳知府吕文焕也几次主动出击，力图打破蒙军的包围。

1269年3月，两淮都统张世杰率军最先赶到襄、樊地区，与蒙军在襄阳东南的汉江上进行了一场大战，经过激战，张世杰不敌蒙军，被迫退回。随后赶到的四川安抚制置使夏贵则利用春季汉水暴涨，以战船将粮草等物资送入襄阳城内。同年7月，夏贵率5万军队、3000艘战船，再度增援襄阳，却遭沿江堡垒蒙军的猛烈阻击，增援未果。

元军的"围点打援"战术延续了数年，等到1273年时，襄阳城已经面临着巨大的困境。特别是樊城失陷后，襄阳再无所恃，城中也早已粮草短缺，士气低落。在这个时候，元军派人劝降，吕文德之弟吕文焕于1273年2月献城投降，襄阳保卫战正式结束。

在襄阳之战中，宋军巧妙利用了地形优势，成功地阻止了蒙古军的投石兵器的猛烈攻击，使得襄阳保卫战坚持了6年之久。但襄阳苦于外无援兵，内无粮草，最终不得不宣布投降。中国历史上有名的守城持久战的战例之一。

十 江西填湖广，湖广填四川

江西填湖广和湖广填四川是发生在元末明初和清朝的两次大规模的移民，两次移民都是由于受到了大规模战争的影响，为了应对人口大量减少而作出的"人口补充"措施。在历史上，两次移民给黎民百姓带来了数不尽的苦难，但也在一定程度上促进了经济、文化的交流，影响十分深远。

元朝末年，湖广地区是红巾军与元朝军队以及朱元璋厮杀拉锯的主要战场，由于社会动荡，生灵涂炭，田畴荒芜，十室九空，无论是北方移民还是土著居民已经寥寥无几，人口随农民逃荒外省和大量死亡而急剧减少，并允许"插标占地"，因此而开启了历史上有名的"江西填湖广"的移民壮举。朱元璋统一长江流域之后，于洪

近现代时期

1860年，第二次鸦片战争后，汉口被辟为商埠，设立了汉口英租界。
19世纪60年代，洋务运动兴起，湖广总督张之洞在湖北兴办了大量洋务企业。
1911年10月10日，武昌起义爆发，辛亥革命开始，推翻了清朝政府。
1927年8月7日，中共中央在汉口召开了八七会议，毛泽东提出了"枪杆子里面出政权"的论断。
1938年，中日双方进行了规模宏大的武汉会战，给日军以有力打击。
1957年10月15日，武汉长江大桥通车，成为连接中国南北的大动脉之一。

武年间下令组织人多地少的江西人迁往湖南、湖北，一时间长江上西行的移民船只一艘挨着一艘，陆路上拖家带口的移民也络绎不绝。今天湖北一些地方还流传着“洪武开坎”的传说，两湖的家族中有50%就是洪武年间迁来的。

经过明朝的“江西填湖广”，湖北地区的经济得到了发展，社会面貌欣欣向荣。然而好景不长，明末清初，重庆、四川经过张献忠等战乱，导致人口急剧减少。清政府统一中国后，实行了一系列“填四川”政策，鼓励外省移民入川垦荒，湖广地区的百姓再次被卷入这一历史人潮当中。整个明末清初前往四川一带的移民达100多万人，有一半来自湖北、湖南，其中湖北约有30万人左右。“湖广填四川”给四川带来了不同地域的文化和生活方式，为四川注入了新鲜的血液，对四川经济、文化的发展带来了深远的影响。

武汉三镇的光辉史

武汉位于中国华中地区，由中华民国的诞生地“武昌”、繁华的国际化大都市“汉口”、中国近代工业的发祥地“汉阳”三大城市合并而成，被称为“武汉三镇”。三镇发展的历史、规模、速度各有不同的特色，武昌兴起最早；汉口在明朝开始强势崛起，20世纪初期成为全国仅次于上海的国际大都市；汉阳则是在近代“洋务运动”中开始兴起。

中华民国诞生地——武昌

武昌最早有城始于三国时期，223年，吴主孙权在江夏山（今蛇山）东北筑土石城，取名夏口城，该城方圆仅二三里，是一个地形险要的军事堡垒。1371年，时任明朝江夏侯的周德兴增拓武昌府城，明代的武昌城，里巷阡陌，衙署丛集，府学、贡院、文庙等文化建筑遍布，文人学士荟聚，俨然是一座文化中心的城市景观，为当时南方的重要城垣。1911年，辛亥革命第一枪在这里打响，武昌也因此划时代事件名扬海内外。武昌各类历史遗存众多，有起义门、红楼、放鹰台、无影塔等文物古迹100余处，居武汉市之首。

东方芝加哥——汉口

今天的汉口始于明代成化年间的汉水改道，汉水改道后的低洼荒洲地带，至清嘉庆年间发展成为与河南朱仙、江西景德、广东佛山并称四大名镇的汉口。1860年第二次鸦片战争后，汉口被开辟为通商口岸，各国开始在汉口设立租界，西方列强凭借种种政治特权和经济、技术优势，纷纷来汉口开设洋行，创办工厂，汉口成了帝国主义经济侵略的中心，被称为“东方芝加哥”。直到现在，汉口仍然是“武汉三镇”中经济最为发达的地方，是武汉市的经济中心。

赤壁之战

赤壁之战是东汉末年，孙权、刘备联军于建安十三年（208）在长江赤壁一带大破曹操大军、奠定三国鼎立基础的一场以少胜多、以弱胜强的著名战役。这场战争是中国历史上以少胜多的经典战例之一，也是三国时期“三大战役”中最为著名的一场。孙刘联军最后以火攻大破曹军，曹操北撤，孙、刘各自夺去荆州的一部分。

战役过程

208年1月
曹操回到邺城，开始准备南征。

208年7月
曹操挥军南下。

208年8月
荆州刘表病死，蔡瑁、张允拥立刘琮继任荆州牧，刘琮投降曹军。

208年9月
曹军与刘备军在长坂坡激战，刘军败退，孙刘结盟。

208年10月
孙刘两军逆水而上，行至赤壁，与曹军对峙，曹军因不习水战，将战船用绳索连在一起。

208年11月
周瑜采纳部将黄盖所献火攻计，大破曹军，曹军死伤过半，向北退却，联军乘胜扩战果，孙刘两军分占荆州要地。

周瑜

是赤壁之战的主要指挥者，图为位于赤壁矶头长江边上的周瑜雕塑。

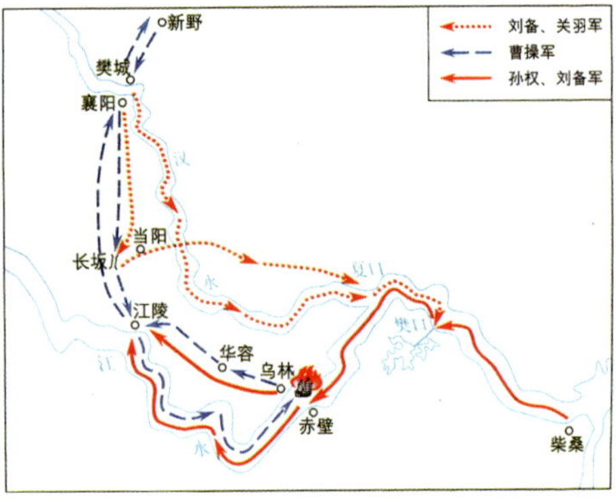

战役小档案

参战双方：曹军、孙刘联军

兵力对比：曹军20余万（号称80万）

孙刘联军5万

主要指挥官：曹操；周瑜、刘备

作战地点：赤壁、乌林

时　　间：建安十三年（208）七月

结　　果：孙刘联军胜利，形成三国鼎立局面

古华容县城在现湖北监利县城以北约60里的周老咀附近，今华容县则属于湖南。华容道是赤壁之战中曹军逃入华容县界后向华容县城逃跑的路线。“诸葛亮智算华容，关云长义释曹操”成为世人皆知的一个故事。后来，华容道被开发成一种民间益智游戏，关羽与曹操是解开这一游戏的关键。

赤壁古战场

位于湖北省赤壁市西北长江之滨的南岸，图为保存完好的赤壁摩崖古石刻。

近代工业发祥地——汉阳

汉阳是中国近代工业的发祥地，是武汉的工业中心。汉阳历史悠久，源远流长，在武汉三镇城邑建制中名位最早，自汉末以来就是历代风景胜地。汉阳的真正辉煌始于清末洋务运动，1893年，时任湖广总督的张之洞一手创建了汉阳铁厂；1894年，张之洞筹办的湖北枪炮厂即后来的汉阳兵工厂建成，这两大企业奠定了武汉的工业都市地位，汉阳也成为了当时全国著名的工业重地之一。

共和号角——武昌起义

武昌起义是发生于湖北武昌的一场旨在推翻清朝统治的兵变，也是辛亥革命的开端。中国社会进入20世纪后，人民群众的反抗斗争持续不断，受到国外共和思想影响的革命党人不断发动武装起义。广州黄花岗起义失败后，一部分革命党人决定把目标转向长江流域，准备在以武汉为中心的两湖地区发动一次新的武装起义。

武昌起义前夕，文学社和共进会两个革命团体在湖北新军中开展革命宣传工作，在新军中发展革命力量。1911年9月14日，文学社和共进会在同盟会的推动下，建立了统一的起义领导机关，决定联合反清，积极准备起义。

1911年10月9日，孙武等人在汉口俄租界配制炸弹时不慎引起爆炸。俄国巡捕闻声而至，搜去革命党人名册、起义文告等，秘密泄露。湖广总督瑞澄下令关闭城门，四处搜捕革命党人。10月10日晚，新军工程第八营的革命党人打响了武昌起义的第一枪，夺取位于中和门附近的楚望台军械所，吴兆麟被推举为临时总指挥。缴获步枪数万支、炮数十门、子弹数十万发，为起义的胜利奠定了基础。起义军经过反复的进攻，在天亮前占领了督署和镇司令部，整个武昌都掌控在了起义军的手中，武昌起义取得胜利。

起义军掌控武汉三镇后，湖北军政府成立，黎元洪被推举为都督，改国号为中华民国，并号召各省民众起义响应。武昌起义胜利后的短短两个月内，湖南、广东等13个省纷纷宣布脱离清政府独立。1912年1月1日，中华民国临时政府在南京成立，孙中山被推举为临时大总统。1912年2月12日，清帝溥仪退位，清朝灭亡，中国二千多年的封建帝制也宣告结束。

中日武汉会战

武汉会战是抗日战争时期中国军队在武汉地区同日本侵略军展开的一场大规模会战。从1938年6月~10月，中国第5、第9战区部队在武汉外围沿长江南北两岸与日军展开争夺，战场遍及安徽、河南、江西、湖北4省广大地区，是抗日战争战略防御阶段规模最大、时间最长、歼敌最多的一次战役。

武汉位于长江中游，是当时中国第二大城市，人口超过200万，它是中国内陆的重要交通中心，同时也是将南方港口运来的外援物资运往内陆的枢纽。南京失陷后，日本御

武昌红楼

武昌起义楼

前会议决定，迅速攻取武汉，迫使中国政府屈服，尽快结束战争。

1938年6月中旬，国民政府军事委员会制定了保卫武汉的作战计划，蒋介石自任总指挥，调集第5、第9战区全部兵力和海空军各一部，沿大别山、鄱阳湖和长江两岸，组织防御，准备持久作战。从6月到10月底，国民党军同日军展开了一系列激烈的作战，包括长江南岸作战、长江北岸作战、大别山北作战等重要战役，使敌在推进途中付出重大代价。其中在万家岭战役中，中国军队几乎全歼日本第106师团，给日军以沉重打击。

整个武汉会战，中国军队浴血奋战，进行大小战斗数百次，以伤亡40余万人的代价，毙伤日军25.7万，大大消耗了日军的有生力量，日军虽然最终攻占了武汉，但其速战速决、逼迫国民政府屈服以结束战争的战略企图并未达到。武汉会战后，中国抗日战争进入战略相持阶段。

湖北历史名人

伍子胥（前559—前484）：名员，字子胥，楚国椒邑（今湖北监利县黄歇口镇）人，春秋末期吴国大夫、军事家。吴国倚重伍子胥，西破强楚，北败鲁、齐，成为诸侯一霸。

屈原（约前340—约前278）：战国时期楚国诗人、政治家，是中国历史上第一位伟大的爱国诗人、中国浪漫主义文学的奠基人，被誉为“中华诗祖”、“辞赋之祖”。

伍子胥

屈原画像

王昭君（约前52—15）：名嫱，字昭君，南郡秭归（今湖北省宜昌市兴山县）人，西汉元帝时和亲宫女，与貂蝉、西施、杨玉环并称中国古代四大美女，因昭君出塞的事迹而闻名。

庞统（179—214）：字士元，号凤雏，汉时荆州襄阳（治今湖北襄阳）人。东汉末年刘备帐下重要谋士，与诸葛亮同拜为军师中郎将。

孟浩然（689—740）：名浩，字浩然，号孟山人，襄州襄阳（现湖北襄阳）人，唐代著名的山水田园派诗人，有《孟浩然集》三卷传世。

陆羽（733—804）：字鸿渐，复州竟陵（今湖北天门）人，是唐代著名的茶学家，一

陆羽雕像

生嗜茶，精于茶道，以著世界第一部茶叶专著《茶经》闻名于世，被尊为“茶圣”。

毕昇（？—1051）：湖北英山县人，他根据实践经验，发明胶泥活字印刷技术，是印刷技术史上的一次质的飞跃，成为后来的中国古代四大发明之一。

陈友谅（1320—1363）：湖北沔阳人，农民起义领袖，元朝末年群雄之一，中国元末大汉政权建立者，后来在与朱元璋的鄱阳湖之战中大败，陈友谅也在突围时中流箭而死。

李时珍（1518—1593）：字东璧，湖北蕲春县蕲州镇人，明代著名医药学家。一生历经27个寒暑到各地采药调查，完成了192万字的巨著《本草纲目》。

张居正（1525—1582）：湖北江陵人，时人又称张江陵。明朝中后期政治家、改革家，万历时期的内阁首辅，辅佐万历皇帝朱翊钧开创了“万历新政”。

董必武（1886—1975）：中国共产党的创始人之一，出席了中国共产党第一次全国代表大会，新中国成立后在政府中身居要职。

项英（1898—1941）：中国共产党和红军早期的领导人之一，新四军的创建人和主要领导人之一，后在“皖南事变”中被叛徒杀害。

李先念（1909—1992）：生于湖北黄安（今红安），积极投身农民运动，参加过著名的黄麻起义，参与创建鄂豫皖革命根据地和川陕革命根据地。

湖北的人文景观

全国重点文物保护单位

武汉市：武昌起义军政府旧址、八七会议会址、盘龙城遗址、武汉国民政府旧址、湖泗瓷窑址群、明楚王墓、武汉农民运动讲习所旧址、大智门火车站、江汉关大楼、武汉大学早期建筑、詹天佑故居、汉口近代建筑群、汉口中华全国总工会旧址、无影塔、胜像宝塔、槐山矶驳岸、禹稷行宫、古德寺、起义门、京汉铁路总工会旧址、汉口中共中央宣传部旧址、中共中央领导人汉口住地旧址、中国共产党第五次全国代表大会旧址、武汉中央军事政治学校旧址、武汉中共中央机关旧址、湖北省立图书馆旧址、汉口新四军军部旧址、八路军武汉办事处旧址、武汉长江大桥

黄石市：铜绿山古铜矿遗址、鄂王城城址、龙港革命旧址、汉冶萍煤铁厂矿旧址、大冶兵暴旧址、红三军团革命旧址、大路铺遗址、华新水泥厂旧址

十堰市：武当山金殿、紫霄宫、“治世玄岳”牌坊、南岩宫、学堂梁子遗址、玉虚宫遗址、武当山建筑群、慈孝沟“采皇木”摩崖、梅铺猿人遗址、黄龙洞遗址、七里河遗址、甘氏宗祠、大丰仓、上津古城

荆州市：楚纪南故城、湘鄂西革命根据地旧址、八岭山古墓群、鸡公山遗址、荆州城墙、走马岭遗址、阴湘城遗址、鸡鸣城遗址、荆州三观、荆州万寿宝塔、荆江分洪闸、桂花树遗址、马山墓群

宜昌市：玉泉寺及铁塔、关庙山遗址、磨盘山遗址、季家湖城址、青山墓群、关陵、黄陵庙、凤凰山古建筑群、三游洞摩崖、杨守敬故居和墓、长阳人遗址、南襄城遗址、李来亨抗清遗址、杨家湾老屋、百宝寨岩屋

襄阳市：广德寺多宝塔、雕龙碑遗址、襄阳“古隆中”、楚皇城城址、襄阳城墙、襄阳王府绿影壁、邓国故址、九连墩墓群、茨河承恩寺、米公祠、郭家岗遗址、南漳山寨群、安乐堰墓群、霸王坟墓群、李曾伯纪功铭

鄂州市：怡亭铭摩崖石刻、鄂州观音阁、郢城遗址、吴王城遗址

荆门市：屈家岭遗址、明显陵（含元佑宫）、纪山楚墓群、马家垸遗址、钟祥文风塔、城河遗址、龙王山遗址、苏家垄墓群、中共豫鄂边区委员会旧址

孝感市： 新四军五师司令部旧址、门板湾遗址、陶家湖遗址、中原军区旧址、叶家庙遗址、草店坊城遗址

黄冈市： 李时珍墓、红安七里坪革命旧址、四祖寺塔、柏子塔、五祖寺、陡山吴氏祠、东坡赤壁、李先念故居、董必武故居、毛家咀遗址、双城塔、郑公塔、万年台戏台

咸宁市： 北伐汀泗桥战役遗址、李自成墓、孙郭胡城址、新店土城遗址、沈鸿宾故居、王明璠府第、赤壁摩崖石刻、向阳湖文化名人旧址

随州市： 擂鼓墩古墓群、安居遗址

天门市： 石家河遗址、白龙寺

潜江市： 龙湾遗址

恩施州： 大水井古建筑群、建始直立人遗址、施州城址、唐崖土司城址、容美土司遗址、鱼木寨、仙佛寺石窟、五里坪革命旧址、彭家寨古建筑群

国家历史文化名城

荆州
襄樊
钟祥
武汉
随州

中国历史文化名镇

荆州市监利县周老嘴镇
黄冈市红安县七里坪镇
荆州洪湖市瞿家湾镇
荆州市监利县程集镇
十堰市郧西县上津镇
咸宁市咸安区汀泗桥镇
黄石市阳新县龙港镇
宜昌宜都市枝城镇
潜江市熊口镇
荆门钟祥市石牌镇
随州市随县安居镇
黄冈麻城市歧亭镇

中国历史文化名村

武汉市黄陂区木兰乡大余湾村
恩施州恩施市崔家坝镇滚龙坝村
恩施州宣恩县沙道沟镇两河口村
咸宁赤壁市赵李桥镇羊楼洞村
恩施州宣恩县椒园镇庆阳坝村
恩施州利川市谋道镇鱼木村
黄冈麻城市歧亭镇杏花村

湖北博物馆

文 化

神农祭坛

瑰丽的荆楚文化

荆楚文化因楚国和楚人而得名，是以当今湖北地区为主要辐射地的古代历史文化。荆楚文化是华夏民族文化的重要组成部分，继承了许多商周文化特点，它源远流长，博大精深，具有鲜明的地域特色，包括炎帝神农文化、楚国历史文化、秦汉三国文化、清江巴土文化、名山古寺观文化等，对于整个中华文化有深远的影响。

炎帝神农文化

湖北随州、谷城和神农架是炎帝神农的主要活动区域，有许多民间传说和文化遗址。在这里，炎帝神农遍尝百草，为民治病，发明农业，教民耕种，其深厚的历史文化底蕴标志着中华文明从渔猎时代向农耕时代过渡。

楚国历史文化

湖北是楚文化的发祥地，楚国作为春秋战国时期的大国和强国之一，在800多年的历史长河中创造了灿烂辉煌的文明成果。楚国独步一时的青铜铸造工艺、领袖群伦的丝织刺绣工艺、巧夺天工的漆器制造工艺、义理精深的哲学、汪洋恣肆的散文、惊彩绝艳的辞赋、五音繁会的音乐、翘袖折腰的舞蹈等，都是十分宝贵的文化财富。

秦汉三国文化

秦汉时期的湖北地区是当时重要的文化中心之一，云梦古泽、睡虎地和龙岗秦简、张家山汉简、汉明妃王昭君、汉光武帝刘秀等都是重要的文化资源。湖北境内还是魏、蜀、吴三国犬牙交错、激烈争夺的“四战之地”，政治、经济、军事、外交的联合与斗争波谲云诡，惊心动魄，古隆中、赤壁、乌林、长坂坡等著名文化景区是三国文化的重要载体。

清江巴土文化

湖北清江流域的土家族是古代巴人的后裔，他们热情、质

湖北卷轴

《楚辞》：中国文学史上第一部浪漫主义诗歌总集，全书以屈原的作品为主，运用了楚地的文学样式、方言声韵和风土物产等，具有浓厚的地方色彩，对后世诗歌产生了深远影响。

《荆楚文化》：对荆楚文化的生态环境、移民史、教育、语言文字、文学、艺术、生活习俗、哲学思想等诸多方面进行了深入的研究，观点独到，系统地阐述了荆楚文化在中华文化历史过程中的地位和影响。

《武汉故事》：作家池莉的作品，书中介绍了很多武汉的风土人情、地方美味，通过街头巷尾的简单场景，描绘了武汉这座城市独特的韵味。

《汉口的沧桑往事》：书中以纪录片式呈现出了“汉口的沧桑”，记录了这座城市的过往和它的旧事，全书既不失史之真凿和厚重，又不乏诗的温情与浪漫。

朴、勤劳、善良、勇敢，代表了土家人优良的民族素质。其婚丧习俗、歌舞曲艺、饮食服饰、建筑交通等构成了清江巴土文化的鲜明特色。

名山古寺观文化

湖北的名山古寺观众多。武当山是道教名山，经过几百年的发展，形成了具有丰富内涵的武当文化。此外，荆山、大别山、大洪山、齐岳山、九宫山和黄梅五祖寺、当阳玉泉寺、来凤仙佛寺、汉阳归元寺、武昌宝通寺以及荆州天星观、武昌长春观等众多的名山古寺观以及钟祥明显陵等名胜古迹，都有着较高的知名度和独特的文化内涵。

九头鸟的传说

九头鸟是一种汉族神话传说中的不祥怪鸟，传说当中，九头鸟有九个头，色赤，外形像鸭子，人首鸟身。在中国，“天上九头鸟，地上湖北佬”的俗语广为流传，特指湖北人在现实生活中脑子灵活、聪明。

九头鸟的传说与古老的楚国文化息息相关，在中国古代文学作品《楚辞》和《山海经》中都有关于九头鸟的记载。九头鸟形象最早源于楚人的九凤神鸟，九头鸟在战国时期被楚国人当做神鸟图腾来崇拜。后来楚国兵败被秦国所灭以后，九头鸟的形象也演变成了带有妖气色彩的神话动物。

九头鸟在楚地的历史当中是“美丽之鸟、吉祥之鸟、生命之鸟、智慧之鸟”，被湖北人当成知识和智慧的象征。从历史和现实看，湖北人重视教育，家里再穷再苦，也要把孩子送到学校读书，在传统思想影响下，尤其重视男孩的教育。从古至今，湖北人才辈出，屈原、陆羽、李时珍、李四光、闻一多、董必武等都是这片土地走出的天之骄子，在他们身上都体现了古老而神秘的“九头鸟”精神。

武当山

真武道场，武当福地

武当山是我国著名的道教圣地，宋代道经尊此山为真武修炼之地，武当山道教正式形成。明代，皇室长期奉行扶持武当山道教的政策，使其呈现出200余年的鼎盛局面。在漫长的历史演变进程中，武当山道教创造、包容了丰富多彩的文化内容，至今仍在中国社会中有着广泛而深刻的影响。

武当山道教在兴起和发展的过程中，传入或产生过许多道派。六朝时在武当山活动的高道多属上清派。到宋代，以武当山为本

湖北影像

《洪湖赤卫队》（1961年）：中国电影的经典之作，仅映了洪湖赤卫队在乡党支部书记韩英和队长刘闯的带领下，与敌人展开艰苦曲折的斗争的故事。

《江城夏日》（2006年）：是王超执导的一部家庭剧情电影，讲述了发生在武汉的一个荡气回肠、耐人寻味的亲情故事。

《赤壁》（2008年）：由吴宇森执导的一部史诗电影，影片以历史上三国时期的赤壁之战为主题，描绘了这场战役的全过程，场面宏大，对古代兵器和古代战术的展现很精彩。

《辛亥革命》（2011年）：讲述了晚清中华民族到了危亡之际，以孙中山为首的革命派发动武昌起义、推翻清政府、建立共和的故事。

楚辞

楚辞是战国后期以屈原为代表的诗人在楚国民歌的基础上开创的新诗体。西汉末年，刘向辑录屈原、宋玉等人的作品为书，题做《楚辞》，是继《诗经》以后我国古代又一部具有深远影响的诗歌总集。屈原的《离骚》作为楚辞的代表，包含有大量的比喻和丰富的想象，表现出积极浪漫主义精神，开创了中国文学上的“骚”体诗歌形式，对后世文学有深远影响。

《楚辞》的特征

地域色彩浓郁：《楚辞》运用楚地（今湖南、湖北一带）的方言声韵，叙写楚地的山川人物、历史风情，具有浓厚的地域文化色彩。

形式浪漫奔放：全书以屈原作品为主，其余各篇也都承袭屈赋的形式，感情奔放，想象奇特，在节奏和韵律上独具特色，更适合表现丰富复杂的思想感情。

影响广泛：《楚辞》对整个中国文化系统有不同寻常的意义，在文学方面开创了中国浪漫主义文学的先河，盛唐时流入日本，16世纪后传入欧洲，在国际汉学界一直是研究热点之一。

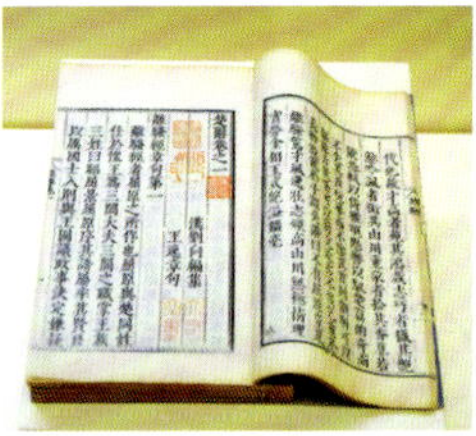

《楚辞》名篇

《离骚》：屈原的代表作，以理想与现实的冲突为主线，以花草禽鸟进行比兴，以瑰奇迷幻的“求女”神境作象征，倾诉了对楚国命运和人民生活的关切。

《九歌》：原为汉族神话传说中的一种远古歌曲的名称，屈原据汉族民间祭神乐歌改作而成，大多描写神灵间的眷恋，表现出深切的思念或所求未遂的伤感。

《天问》：屈原除《离骚》之外的另一篇长诗，有浓厚的道家色彩，通篇是屈原对于天地、自然和人世等一切事物现象的发问。

湖北天籁

《洪湖水浪打浪》：一首经典老歌，传唱四海，歌剧《洪湖赤卫队》的主题曲，富于民歌特色，是湖北民歌的象征。

《纤夫的爱》：曾响彻中国大江南北的一首歌曲，风格通俗直白，生活气息浓郁，深受群众喜爱，表达三峡纤夫与峡江妹子浓烈质朴的情爱，真实反映了底层劳动人民的爱情生活。

《龙船调》：原名《种瓜调》，流行于湖北省恩施土家族苗族自治州，旋律美妙而动听，曾被评为世界最流行的歌曲之一。

汉剧：湖北地方戏曲剧种之一，主要流行于湖北省境内长江、汉水流域，传统剧目有《英雄志》、《祭风台》、《李密投唐》等。

武当武术

山，以信仰真武上帝、重视内丹修炼等为主要特征的武当道正式形成。元末明初，张三丰到武当山修炼，收授弟子，传三丰派，后分衍为十余个支派。清代以来，全真龙门派在武当山占主导地位。千百年来，各派道士在武当山结友修炼，互相影响，武当山成为各道派交流融合的中心。

武当山历代皆有隐居学道之士，宋代以后著名者尤多。据统计，自先秦到清末，在武当山隐居修炼的著名道士多达100余人，南宋有房长须、田蓑衣等，元代有汪真常、鲁洞云等，明代有张三丰、邓青阳、丘玄清等，清代有白玄福、杨常炫等。这些高道奇人，或隐居炼丹，或博学多识，或行医采药，或潜心著述，多以遗世独行知名于世。

武当武术是武当山道教文化的重要组成部分。据文献记载，元明之际，武当山道士张三丰是武当武术承上启下的关键人物，由于他及徒弟的创新和传授，武当功夫逐渐传入民间，繁衍出多种拳种和门派，成为中华武术一大名宗。明清以来，武术界素有“北宗少林，南尊武当”之称。

武当山保存有众多历史久远的道教建筑。宋朝皇帝崇奉道教真武神，武当山道士积极兴建宫观，先后建成五龙灵应观、紫霄宫、佑圣观、王母宫、云霞观等。元代武当山道教的发展，使宫观建筑规模日益扩大。明代是武当山道教的鼎盛时期，明永乐帝遣亲信贵戚率军民工匠30余万，营建了众多的武当山宫观庵庙，至今，这些古老的建筑仍然散发着浓厚的历史气息。

湖北地方名剧——汉剧

汉剧旧称楚调、汉调，又名楚腔、楚曲，初步形成于清代康乾年间，至嘉道年间进一步成熟，至今已有300多年的历史。汉剧是湖北地方戏曲剧种之一，主要流行于湖北省境内的长江、汉水流域以及湖南、陕西南部、四川和广东部分地区。

汉剧声腔以西皮、二黄为主，首创皮黄合流，丰富和完善了板腔体音乐的表现功能。其曲牌有400余首，包括唢呐、笛子、丝弦3类。伴奏乐器有胡琴、二胡、月琴、三弦、笛子、琵琶、唢呐、锣、钹等，并夹用马锣的“川打”，形成了一定的特色。汉剧剧目丰富，号称八百出，现在尚存六百五十余出，较流行的约三百多出，主要取材于历史演义和传说故事，其中的代表性剧目有《双尽忠》

汉剧

《两狼山》《生死板》《打花鼓》等。

汉剧的角色行当较为完整，共分末、净、生、旦、丑、外、小、贴、夫、杂10大行。各行都有自己的表演程式，对其他剧种行当的丰富和发展有较大影响。汉剧在发展中先后涌现出米应先、余三胜、董瑶阶、李彩云、吴天保、陈伯华等众多杰出的艺术家，尤其是新中国成立后形成的吴（天保）派和陈（伯华）派，其表演艺术代表了汉剧发展的高峰，在全国影响很大。

在中国戏曲发展历史上，汉剧为京剧的形成作出过特殊的贡献，对川剧、滇剧、桂剧、湘剧、粤剧、赣剧等地方戏曲剧种也有不同程度的影响，是研究戏曲板腔体系、戏曲音乐结构演变的重要史料。

十 湖北的文化景观

▼ 国家级非物质文化遗产

民间文学：董永传说、伍家沟民间故事、下堡坪民间故事、青林寺谜语、屈原传说、王昭君传说、炎帝神农传说、木兰传说、都镇湾故事、禅宗祖师传说、李时珍传说、黄鹤楼传说、黑暗传、三国传说、尹吉甫传说、伯牙子期传说

民间音乐：兴山民歌、宜昌丝竹、枝江民间吹打乐、武当山宫观道乐、马山民歌、潜江民歌、吕家河民歌、啰啰咚、长江峡江号子、老河口丝弦、宜昌堂调、利川灯歌、天门民歌

传统舞蹈：土家族撒叶儿嗬、肉连响

曲艺：鼓盆歌、汉川善书、湖北评书、湖北大鼓、湖北小曲、南曲、恩施扬琴、说鼓子、三棒鼓、跳三鼓

杂技与竞技：武当武术、岳家拳、武汉杂技

传统手工技艺：铅锡刻镂技艺、土家族吊脚楼营造技艺

民俗：端午节、武当山庙会

传统戏剧：汉剧、楚剧、荆州花鼓戏、黄梅戏、花鼓戏、南剧、武当神戏

传统美术：大冶石雕、武汉木雕船模、汉绣、红安绣活、天门糖塑

少数民族歌舞

行走湖北

带什么

旅行者

常规必带

服装、鞋袜

湖北多数地区气候四季分明，衣物选择上可以根据出行的季节携带，一般春秋服装即可。但若是前往神农架等高山地区，最好携带一些保暖衣物。

旅行鞋子首选运动鞋和中低帮登山鞋，在湖北大部分地区一双舒适的运动鞋即可。袜子方面，选择弹性较好、排汗良好的运动袜即可。

药品、食品

常规旅游准备一些感冒药品、胃肠类药品和一些祛热止痛的药品就可以了，如感冒片剂、感冒冲剂、复方阿斯匹林、抗生素等。

湖北美食很多，路上只需简单携带一些喜欢的食品即可，纯净水、饮料视消耗情况，可在路上随时补充。

三峡人家

洗漱用品

毛巾、牙膏、牙刷、香皂、护肤霜、洗发水、梳子、剃须刀，手纸、湿纸巾等。

特殊选带

防晒霜、太阳镜、帽子、旅行水壶

外出旅行时携带一些防晒霜可以减弱紫外线的影响，一副好的太阳镜和一顶带有边檐的帽子也起着相同的作用。随身带个水壶对于饮水来说十分方便。

摄影器材

前往多姿多彩的湖北，相机是一件必不可少的装备。普通旅游需求下，家用卡片机基本满足需要。若是想拍摄高质量的自然美景和当地风土人情，镜头中带上一支广角镜头和一支中焦变焦镜头基本满足需要。一支轻便的三脚架也十分有必要。多带几颗电池和几张容量大点的SD卡是明智之选，此外偏振镜、uv镜、清洁套装、防尘防御塑料袋等设备也十分有用。

相机

何时去

桃花盛开

湖北地处亚热带，位于典型的季风区内。全省除高山地区外，大部分为亚热带季风性湿润气候，热量丰富，无霜期长，降水充沛，雨热同季。

春、秋季是到湖北旅游的最佳时间，7、8月份全省大部分地区高温酷暑，不适宜旅游。

春季是百花盛开的季节，此时正是去武汉大学校园赏樱花的最好时间。樱花花期仅为一周，樱花败落，大地又仿佛铺上了一层浅浅的花毯。此季又恰逢东湖梅花节，可前往武汉磨山梅园观赏梅花以及各流派的梅花桩。

秋天，城市的街道里处处有大排档和火锅，可从中感受到湖北人“火辣辣”的热情。

当然，想要体验惊险刺激的漂流项目，夏季前往也是不错的选择。

月份	节日
1月	咸宁民间社火
2月	孝感龙灯会
3月	东湖梅花节
4月	朝武当 三月三
5月	牛王节 神农架杜鹃花节 烈山炎帝神农节
6月	武汉渡江节 龙舟节 关帝庙会
7月	雷祖寿辰 能仁寺庙会
8月	女儿会 中元节 纳顿节
9月	中国武汉国际旅游节 神农架国际生态旅游节
10月	武汉国际杂技艺术节 梁子湖捕鱼节 武汉赛马雷祖寿辰节 长江三峡国际旅游节
11月	五脑山茶花节
12月	神农架滑雪

吃什么

热干面

湖北的传统美食是鄂菜，更有各种口味独特的风味小吃。旅游者到此，一定要将地道的湖北美味好好品尝一番。

热干面

热干面是武汉一张名片，它既不同于凉面，又不同于汤面，面条爽滑有筋道，酱汁香浓味美，让人食欲大增。

武昌鱼

“才饮长沙水，又食武昌鱼”，这是毛泽东的诗句。武昌鱼的烹饪方法有许多种，以清蒸最佳。清蒸时辅以火腿、冬菇和鸡汤，成品鱼形完整、色白明亮、晶莹似玉，吃起来还有浓浓的香味扑鼻。

广水滑肉

广水滑肉为随州广水市的一道传统名菜，已有1 000多年的历史。主料选用猪脯肉，经精心烹制而成。其质嫩味鲜，入口滑润，油而不腻。

糍粑鱼

糍粑鱼是具有浓厚的湖北乡土气息的地方风味名菜。是以鱼肉为主料，经过腌渍、晾干后煎烧而成的。其口味咸辣、香气扑鼻，有“闻则臭，吃则香”之说。

皮条鳝鱼

皮条鳝鱼属鄂菜，已有数百年历史。鳝鱼味美，且有补五脏、疗虚损的功效。皮条鳝鱼是用两道不同温度的油炸至皮酥，再挂上糖醋黄汁，色泽金黄，外酥里嫩，十分可口。

杜婆鸡

杜婆鸡为荆州松滋市杜姓家族世传，采用清廷内方精制，已有200年的历史。此菜以20多种名贵中药材为配料，通过独特工艺精心烹制而成，香味浓郁，余味悠长。

白剁肥鱼

肥鱼又称回鱼，主产于宜昌虎牙滩到南津关一带，刺少肉多，是宜昌的特色鱼种。白剁肥鱼即是采用这种肥鱼同肥膘肉同蒸，鱼肉肥嫩，鱼汤鲜美，入口即化，香气四溢，实为极品佳肴。

香菇炖土鸡

神农架林区的招牌美食，将本地土鸡切成小块，与野生香菇一起放入沙锅拌入佐料清炖，出锅后香气扑鼻，味道鲜美，让人回味无穷。

住哪儿

武汉青年路

湖北的旅游业十分发达，住宿选择相对来说也十分广泛，像武汉、黄石等地，无论是青年旅舍、客栈，还是宾馆、酒店，都随处可见，十分便利。若是前往一些偏远的县城及城镇，也有一定数量的宾馆可以入住。

星级酒店

湖北的星级酒店数量较多，主要分布在武汉、宜昌及省内各热门旅游景点附近。湖北星级酒店的服务设施十分完善，游客可根据需求，放心选择入住。

快捷连锁酒店

如家、汉庭等连锁酒店在湖北绝大多数的地级市区均有分布，各处著名的景区也有分布。需注意的是，若是遇上节假日，往往需要提前预订。

普通宾馆及客栈

湖北各个大城市及县城广有宾馆分布，除去节假日，价格都较为合理，但住宿条件各有不同。此外，湖北著名的旅游景区附近往往分布有众多的客栈，可选择入住。

青年旅舍

湖北以其丰富的旅游资源吸引了数量众多的背包青年，踏上这片乐土。同样，湖北也不枉青年们的厚爱，为他们提供了众多的青年旅舍，价格低廉的普通床位足以满足以探奇为主的青年们的需求，而且还提供做饭、洗衣等设施。具体可参见YHA的中国官网：www.yhachina.com。

野外露营

酷爱户外旅行的游客也能够在湖北找到大量的露营之地。优美的自然风光和独特的人文风情，一定让您流连忘返。一般情况下，只需携带适合春、秋季的野外露营帐篷、睡袋和衣物即可。

露营

怎么走

武汉站

前往湖北的交通方式有多种。在湖北省内旅行时，选择的交通方式不同，可以领略到不同的湖北风貌，带给我们的人生体验与感受也大不相同。

在湖北坐火车旅行是最为经济安全的选择，湖北的铁路交通十分发达，已形成了武汉、宜昌等铁路中心，出行十分便利。

湖北省的武汉、荆州、宜昌、恩施等地都有民用机场，其中武汉天河国际机场开辟有多条国内和国际航线，游客可根据旅游目的地作出最佳选择。

湖北省公路网较为完整，公路交通十分发达，以大城市为中心的公路四通八达，可一直延伸到深山之中，同时也将铁路和水路运输连接起来。因此乘坐汽车或自驾在湖北旅游也颇为便利。

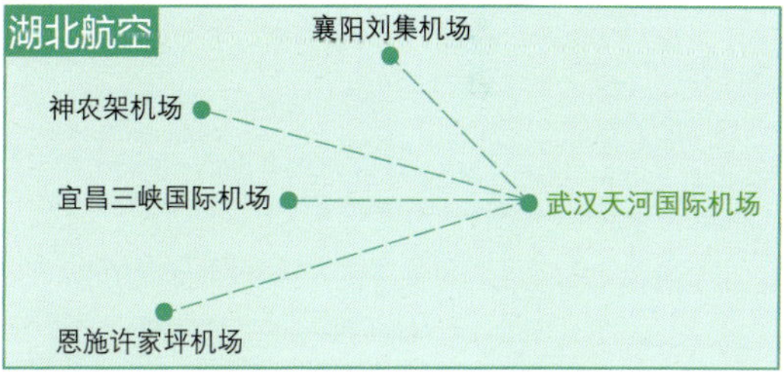

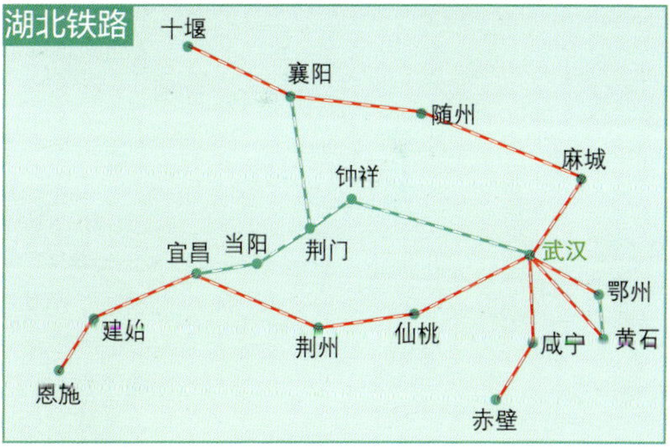

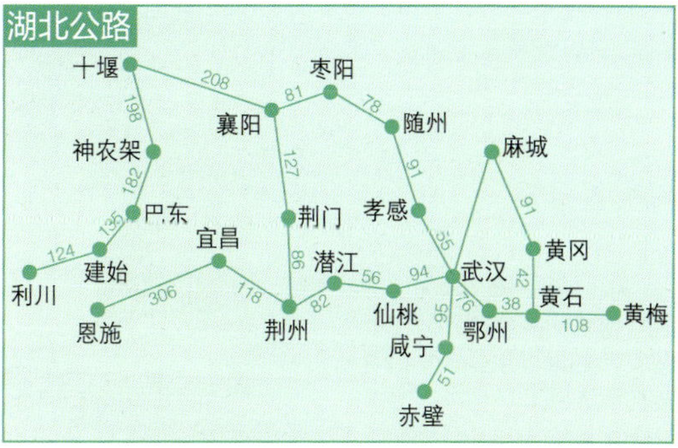

有用信息

旅游通信

通信

湖北全境基本都通手机，信号覆盖全面广泛，从信号强度上来说，三家运营商的信号均良好，偏远地区则是移动最强，电信次之，联通最弱。一般除非进入深山之中，否则无须担心通信问题。

银行

湖北的众多城市商业银行设施齐备，一般持具有银联标志的银行卡即可使用。但在小城镇，多是农业银行、邮政储蓄及农村信用合作社等机构，若是持有农行银联卡或是邮政绿卡前往，则较为便利。

节约技巧

1.选择入住品牌连锁酒店时，除了订房网站外，不妨到团购网站和酒店官网看看，往往有更多惊喜。此外，数量众多的客栈及青年旅舍，往往是比较实惠的选择。

2.要善于利用淘宝、大众点评及各种团购APP应用，不仅方便，还能得到众多优惠。

3.合理安排行程，不仅可节省时间，而且能减少交通费用，可参考“第一步”等网站的行程攻略。

4.在城市内，尽量选择公共交通。前往较为偏远的地区时可拼车同行。

神农架山路

田园风光

5.淡季出行是省钱的杀手锏。淡季不仅门票价格减半，避开众多的游人，也可以欣赏到别样的风光。

6.在湖北购买旅行纪念品，大可不必非去商业街区的各种店铺。在当地人开的店铺或是从村民手中，不仅能买到理想的纪念品，而且价格便宜。

突发状况

旅途中总是会出现一些意想不到的情况，但只要做到“事前认真准备，事后冷静处理”，一切都会迎刃而解的。

汽车抛锚：开车自驾游之前您应当掌握一些简单基本的维修技术，若是途中出现汽车抛锚，先依据经验，判断是否可以自己解决。不能解决或无法判断，则要打电话给保险公司，寻求帮助，或拨打114查询最近的修理厂。

钱物丢失：在旅途中钱物丢失是一件十分重要的事，无论损失大小，总会给美好的旅行蒙上一层阴影。为避免财务损失，应以预防为主。最好做到少携带现金，把现金放到贴身衣物中，只把零钱放在包里。银行卡不要与身份证放在一起。若是钱物丢失，马上联系可以联系的朋友获得及时帮助，切不可拖拉；并准确找到丢失地点，对相关人员进行考察以期获得合适的证据资料。

水土不服、食物中毒或生病：因为水土不服、食物不洁或者天气因素，生病也是可能会发生的事情。特别是一个人的话，更是需要时刻注意。因此，旅途中应带足相关药品（如感冒类、胃肠类药品等），不随便吃东西、避免在太阳下暴晒、少在雨里蹚行等。不幸生病的话，要及时吃药或到医院就诊，若是严重的话要联系朋友及家人。

请爱护美丽的湖北

湖北自然风光优美，我们前往湖北获得了旅行带来的快乐，也有义务注意带去的影响。每个人都应做到不随便破坏或是占有当地的各类资源，旅途中尽量减少垃圾的产生，更不能乱丢垃圾，尤其是在名胜古迹和偏远地区，应将其带回城市中，进行回收处理。景致绝伦的湖北值得我们每个人的爱护。

发现者旅行指南

武汉

概览

亮点

东湖风景区

景区内碧波万顷，青山环绕，花木品种繁多，一年四季皆有美景可赏，是武汉市民休闲踏青的首选之地。

黄鹤楼

武汉的城市符号，黄鹤楼内大量的石碑、石刻，都是历代名人的真迹，极具艺术价值。

武汉大学

百年名校，拥有众多的中西合璧风格的优秀民国建筑，每年举办的樱花节更是全国闻名。

湖北省博物馆

我国重要的国家级博物馆，馆藏文物丰富，四大镇馆之宝战国编钟、越王宝剑、元代青花、原始人头骨化石十分珍贵。

武汉长江大桥

昙华林

拥有几十座中西风格多元性的优秀民国建筑，是颇具文艺气息的街区。

武汉长江大桥

新中国成立之后在长江上修建的第一座大桥，古色古香，风景秀丽。

必逛街道

江汉路：武汉百年商业老街，曾有诗形容其为“车马如梭人似织，夜深歌吹未曾休”。在街上还可见20世纪30年代遗留下来的西洋建筑，是著名的商业门点集中区。

线路

武汉市区三日游

第一天上午游览武汉大学，在樱花下寻梦；下午前往东湖览胜。第二天参观湖北省博物馆，登黄鹤楼，探寻历史往事。第三天逛江汉路和吉庆街，寻找舌尖上的美味。

武汉北郊一日游

早上从武汉市区出发赴木兰山，参观“七宫八观三十六殿”宗教建筑，体会“佛中有道，道中有佛”。下午来到木兰湖，泛舟、垂钓、观鸟，享受闲情野趣。

木兰湖

为何去

城楼

东湖

武汉位于华中腹地，是一座文化底蕴深厚、古典与现代并存的城市。千年岁月悠悠，留给武汉的是白云黄鹤的灵动飘逸，是知音琴台的古朴坚贞，是战火纷飞后的沧桑凝重。武汉犹如一位兼具江南灵秀与北方热情的女子，掀开巫楚的神秘面纱，向你招手。

何时去

黄鹤楼

武汉大学樱花

武汉四季分明，号称长江沿岸三大“火炉”之一，夏天闷热，冬天阴冷。去武汉旅游的最佳时间是每年的春、秋两季，即3、4月和9、10月。

春季是百花盛开的季节，此时武汉大学校园内樱花满枝，十分悦目。此季又恰逢东湖梅花节，可前往磨山梅园观赏梅花。武汉的秋季落叶缤纷，处处都有的大排档和火锅便是武汉秋季的味道。秋季也适合到东湖湖畔的行吟阁下缅怀大诗人屈原。

武汉旅游示意图

区域解读

区号：027

面积：约8 494km²

人口：约1089.29万

地理 GEOGRAPHY

区划

武汉市有13个辖区，其中江岸区、江汉区、硚口区、汉阳区、武昌区、洪山区、青山区7个为中心城区，东西湖区、蔡甸区、江夏区、黄陂区、新洲区、汉南区6个为新城区。

地形

武汉位于湖北省东部，地形以平原为主，兼有少量丘陵以及岗地。黄陂区和孝感市交界的双尖峰，海拔873米，是武汉最高点。武汉是全世界水资源最丰富的特大城市之一，境内主要有长江、汉江等河流。武汉又被称为“百湖之市”，境内著名湖泊有东湖、汤逊湖等。

气候

武汉属亚热带季风性湿润气候区，这里雨量充沛、日照充足、四季分明。一年中，1月平均气温最低，为3℃；7月平均气温最高，为29℃。武汉初夏梅雨季节雨量较集中。武汉还是全国著名的“火炉”，夏季炎热难耐，选择去武汉旅游最好避开这段时间。

江城明珠——东湖

东湖因位于武昌东部而得名，其水域面积达33平方千米，是杭州西湖的6倍，也是中国水域面积最为广阔的城中湖之一（东湖现为中国水域面积第二大的城中湖，仅次于同在武汉的汤逊湖）。依托东湖丰富的自然风光和深厚的人文积淀建设而成的东湖风景区，现已成为武汉最为著名的旅游胜地之一。

木兰草原风光

东湖位于长江南岸，是由长江淤塞而形成。东湖在100多年前曾和武昌其他湖泊相通，与长江相连，水患频繁。1899年至1902年，时任湖广总督张之洞下令在长江与东湖之间修建了武金堤和武青堤，并在堤防上修建武泰、武丰二闸，于是东湖从此与长江分离。

东湖自古以来便是游览胜地，湖畔留下无数名人足迹。屈原在东湖"泽畔行吟"；楚庄王在东湖击鼓督战；刘备在东湖磨山设坛祭天；李白在东湖湖畔放鹰台题诗；毛泽东主席也先后视察东湖40余次，在此接待了60多个国家的政要。近现代还有九女墩、陶铸楼、屈原纪念馆等历史文化遗址。屹立在东湖之滨的湖北省博物馆，馆藏文物20余万件，文化遗珍荟萃，曾侯乙编钟、越王勾践剑、郧县人头骨化石为镇馆之宝。

东湖还拥有梅园、荷园、樱园等十多个植物专类园。其中东湖梅园是中国梅花研究中心，拥有梅花品种320余种，居全球第一。东湖荷园也是世界规模最大、品种最全的荷花品种资源圃。东湖樱花园种植樱花50多种10 000余株，与日本弘前樱花园和美国华盛顿樱花园并称为世界三大赏樱胜地。

植物区丰富的水生植物资源在维护景区生态稳定性方面发挥了重要作用，使东湖成为鸟儿的天堂。这里有珍稀鸟类230余种，是观鸟的绝佳场所。

历史 HISTORY

历史大事记

●远古文明

武汉的历史可以上溯到距今6 000年前的新石器时代，其考古发现有东湖放鹰台遗址。市郊黄陂境内的张西湾古城遗址为4 300年前古人类生活的重要遗存。盘龙城遗址是距今约3 500年前的商朝方国宫城。

●中国古代

东汉末年，在今汉阳先后兴建"却月城"和"鲁山城"，在今武昌兴建夏口城。"却月城"为武汉已知的最早城堡。

武昌起义纪念馆

223年（吴黄武二年），东吴孙权在武昌蛇山修筑夏口城，同时在城内的黄鹄矶上修筑瞭望塔，取名黄鹤楼。

两宋时武昌属鄂州，南宋抗金将领岳飞驻防鄂州（今武昌）8年，在此兴师北伐。

1281年（元至元十八年），武昌成为湖广行省的省治。这是武汉第一次成为一级行政单位的治所。

明末清初，汉口与朱仙镇、景德镇、佛山镇同称天下"四大名镇"，成为全国性水陆交通枢纽，享有"九省通衢"的美誉。

●近现代

1858年，清政府与英国签订的《天津条约》中增辟的11个通商口岸中包括汉口。1861年3月，汉口正式开埠。在老汉口镇先后开辟了英、德、俄、法、日五国租界。

1911年10月10日，辛亥革命首义于武昌，宣布推翻清朝，成立中华民国，建立中华民国军政府，武汉成为革命中心。

1926年，北伐军攻占武汉三镇。

1927年，国民政府自广州迁至武汉，将汉口、武昌两市划为京兆区，武汉成为国民政府首都。

1945年，抗日战争胜利后，汉口、武昌两市恢复建制。同时，汉口日、法租界正式被中国政府收回。

1949年5月，武汉解放，合原汉口市、武昌市和汉阳县为武汉市。

文化 CULTURE

不让须眉的木兰

2008年6月7日，木兰传说被列入第二批国家级非物质文化遗产名录。而在此之前，"花木兰替父从军"的故事也可谓家喻户晓。

木兰传说始于西汉，流传广泛，但至今人们对于她的姓氏、出生年代等仍然众说纷纭，莫衷一是。明代徐渭在《四声猿传奇》中说她姓花，名木兰，父亲是一名后备役军官，这也是至今为大家所普遍接受的一种说法。

木兰传说以早期民间口头语言的流传为主要特征，后来出现完整简练的文字记录。传说共有9个情节，蕴含了2 000多年来各个历史阶段的历史信息，涉及民俗、宗教、文学、艺术等多个方面的内容，具有珍贵的历史研究价值。一首民歌《木兰辞》，让花木兰女扮男装替父从军的传奇故事代代流传。

作为民间文学作品，木兰传说在黄陂独特的历史文化氛围中不断发育成熟，其颂扬的以家国情怀为核心的"忠孝勇节"精神，在建设社会主义精神文明、构建社会主义和谐社会的今天，也极具现实意义。

鄂东花鼓天下名——楚剧

楚剧，原是流传于黄陂、孝感一带的汉族传统戏曲剧种之一，原名黄孝花鼓。1926年9月，由汉剧艺人傅心一提议，黄孝花鼓正式定名为楚剧。2006年5月20日，楚剧被列入第一批国家级非物质文化遗产名录。

楚剧的历史可以追溯到100多年以前，清道光三十年（1850）叶调元所著《汉口竹枝词》中即有"土荡约看花鼓戏，开场总在两三更"的描述。文中所提到的花鼓戏即为黄孝花鼓（楚剧前身）。

楚剧形成初期，只在农村元宵节赏灯时演唱，因此又俗称"灯戏"。后来逐渐发展出现农闲时演出的麦黄班和常年演出的四季班。其最早的戏班是光绪年间黄陂的艾九爹和黄陂横店张面糊筹组的两个戏班。当时的唱腔只有哦呵腔、悲腔、四平等小调。一个戏班只有几个人，演的剧目也较少。光绪二十六年（1900），原在农村演出的戏班开始进入汉口附近的沙口、水口两镇演出。1902年，楚剧戏班进入汉口德租界的清正茶园，开创了楚剧进城演出的先河。最先演唱黄孝花鼓戏的租界戏园有四海升平楼、共和升平楼、玉壶春等，常演剧目有《张德和辞店》《蔡鸣凤辞店》《云楼会》《花楼会》《西楼会》等。

楚剧由农村进入城市演出是其发展史上的重大转折。为了适应城市观众的观赏要求，它广泛地吸收本地其他剧种的剧目来充实自身，从演单边戏、小戏，转为演出故事连贯、情节曲折的连台本戏，如《卖花记》《合同记》《蝴蝶杯》等。

楚剧贴近生活，表现手法丰富，具有很强的包容性，充分显示了鄂东一带地方文化的特色。但随着时代的转变，如今的楚剧却不得不面对诸如演出人员老化、后继乏人，观众萎缩、经济困难等诸多难题，迫切需要有关方面加以关心扶持。

汉绣

汉绣，汉族传统刺绣工艺之一，是以楚绣为基础，融南北诸家绣法之长，糅合而出的一种富有鲜明地方特色的新绣法。汉绣主要流行于湖北的武汉、荆州、仙桃等地，其作品曾多次在京展出，还参加了巴黎、华沙等国际展览，颇受好评。1915年，汉绣制品在巴拿马国际博览会上荣获金奖。

关于汉绣的起源至今仍无定论，但依据汉绣与楚绣在文化内涵、技术特色及艺术风格等方面的渊源，人们普遍认为汉绣的源流可以追溯到战国时期。楚绣又称楚地刺绣，源于战国时期楚国境内。其绣工精美、纹样华丽、构思设计独特，堪称我国丝织业最高水平的代表。而汉绣设计的大胆多变、大雅若俗的艺术风格更是继承了楚绣的诸多特性，其纹样也不乏许多艺术特色的呈现。

清末民初是汉绣发展的鼎盛时期，此时荆州江陵是湖北地区政治、经济、文化的中心所在。汉口镇作为军事重地在明清时期发展迅速，商家云集，成为湖北新的政治、经济、文化中心。此时，汉绣已经不仅仅用于民俗服饰和宗教祭祀，同时还被应用于地方戏剧的服装之中。汉剧的发展给汉绣的发展创造了有利条件，武昌也最终成为汉绣的生产基地之一。

清末时绣铺多开于武昌的营坊口、塘角和汉口的黄陂街、大夹街等地，当时还成立了一个专门管理汉绣的绣局。这些汉绣店铺集中在汉口万寿宫一带，形成了一个有名的绣花街，绣工有近2 000多人，汉绣发展也在此时被推至鼎盛。当时还出现了大批的名重花稿画师，如童玲桥、张进前及擅长龙凤图案的杨新阶等。在浓厚的艺术氛围影响下，汉绣业将培养重点放在画工和设计人员身上，这也是汉绣技艺得以良性发展的关键所在。

随着电动绣花代替手工绣花，汉绣也风光不再，但汉绣身上承载着的荆楚地区的文化内涵和文化底蕴，远远超越了技巧的界限。在我们惊呼于科技带来的方便快捷的同时，更应该考虑的是什么让平凡的事物变得如此瑰丽珍贵。

汉绣

景点推荐 东湖风景区 AAAAA

东湖因位于武昌东部而得名，现为中国水域面积最为广阔的城中湖之一。

东湖风景区面积88平方千米，由听涛、磨山、落雁、吹笛和湖北省博物馆等片区组成。东湖湖岸曲折，碧波万顷，青山环绕。区内花木品种繁多，一年四季开放，春赏樱花、夏赏荷花、秋赏桂花、冬赏梅花。这里楚风浓郁，楚韵精妙。武汉大学和华中科技大学等全国重点大学坐落在东湖湖畔，更成为一道绝佳的风景线。

玩家 解说

东湖景区内建成楚风园、沙滩浴场、亲水平台、东湖新三景、刘备郊天坛等多处新景观，其中疑海沙滩浴场为全国最大的内陆海沙泳场。风景区的配套基础设施、服务设施和娱乐设施完善，构成了景区内游、行、吃、住、娱、购一条龙的完善体系，在发展大东湖景区的同时，形成了有区域特色的听涛水上娱乐游览区、磨山楚文化游览区、落雁生态休闲游览区，以及环东湖文化景观群等。

听涛景区

东湖第一个开放的景区

武汉市武昌区东湖路　免费

听涛景区位于东湖最大的湖泊郭郑湖的西北岸，其前身是民族资本家周苍柏先生的私家花园——“海光农圃”，这里也是东湖风景区的第一个开放景区。主要景点有行吟阁、长天楼、九女墩、楚风园和沙滩浴场等。湖滨平坦的草地和广阔的湖面相连，特色景点与多种名贵花木相映成趣，构成了东湖听涛景区这一道亮丽的风景线。

行吟阁

位于东湖西北岸中部的小岛上，1955年修建，它四面环水，由荷风、落羽两桥与陆路相连。行吟阁雄健俏丽，颇富民族风韵。阁高22.5米，平面呈正方形，三层四角攒尖顶，古色古香。阁前立屈原全身塑像，高3.6米，造型端庄凝重，屈原翘首向天，款款欲步。

长天楼

一所具有民族特色的宫殿式建筑，为砖木水泥结构，翠瓦飞檐，分上下两层，面阔七间，进深两间。全楼可容纳千人同时就餐品茗。游人凭窗远眺，碧波万顷，有“落霞与孤鹜齐飞，秋水共长天一色”之感。

楚风园

楚风园占地面积3.16公顷，建有“五十一兽屏”、鸳鸯豆、乞天求雨等楚文化雕塑，植有荷、橘、桑、薇等湖北乡土植物，景色优美，风光宜人。

九女墩

位于东湖西北小山丘上，为纪念太平天国时期九位牺牲于东湖边的女英雄而建。碑高8米，为花岗石砌成。顶端悬挂6个铜铃，正面、侧面有董必武、宋庆龄等人题写的碑文。

沙滩浴场

沙滩浴场面积约7万平方米，湖中置有海中礁石、情侣岛和园林观赏小品等景点，配有沙滩排球、沙滩摩托车等游乐项目，欧式服务区为游客提供舒适的配套服务。

行吟阁屈原塑像

吹笛景区

“武汉后花园”

武汉市武昌区东湖路

乘公交14路、市区旅游专线1路可到达

免费　7:00～19:00

是大型综合性森林风景区，植被丰富，总面积达713公顷，是九峰城市森林保护区的核心景区之一，也是东湖生态旅游风景区的重要组成部分。拥有6个自然村湾散落园，最高马鞍山海拔136米，有大小山峰17座。相传姜太公、楚庄王、赵子龙、朱元璋等历史名人曾在这一带留下足迹和美丽的传说，公园内的太渔山、吹笛山、子龙山等因此而得名。主要有猴山、松鹤坪、野营烧烤区等景点。

玩家解说

据民间传说，早在春秋时期，立志成为诸侯霸主的楚庄王率兵与秦军在此会战，留下“擒贼擒王”“百步穿杨”的故事。唐贞观年间，太渔山上建有云岩寺，与宝通禅寺和九峰寺齐名，香火旺盛，遗憾的是在太平天国年间毁于战乱。

落雁景区

落雁景区
坐拥八大景点的自然生态园

武汉市武昌区东湖路　乘513路公交至青王路落雁景区下车

10元　7:00~19:00

位于东湖东段团湖水域的沿岸，南缘九峰马鞍山森林公园山谷，与磨山景区隔湖相望。拥有古树名木及其后续资源30多株，是武汉市古树名木资源最集中、最具观赏价值的群落。由于生态环境优越，众多鸟类在此栖息。

玩家 解说

自2000年起，东湖风景区管理局利用三期旅游国债资金开发建设落雁景区自然生态园，先后建成了清河古桥、鹊桥相会、雁洲索桥、芦洲古渡、赵氏花园、古树奇观、雁栖坪沙、芦洲落雁八大景观。自然生态园总面积345亩，由四个伸向水中的半岛组成。该园植被茂盛、风动林涛、港汉交错、水鸟众多，东湖风景区得天独厚的自然风光造就了它秀美的生态环境和景观，同时园内还集中修建了一批体现楚地民俗文化的雕塑和建筑，使您在欣赏旖旎景色、回归自然的同时走进历史长廊，领略楚地民俗文化的经典。

磨山景区
有“绿色的宝库”之誉

武汉市武昌区东湖路

可乘401路公交至“磨山”站下车即可　60元

磨山景区三面环水，六峰逶迤，自然风光优美，楚地人文景观丰富，是武汉最亮丽的旅游休闲胜地之一。秀丽的山水、丰富的植物、别致的园中园和浓郁的楚地风情是磨山景区的四大特色。这里生长着各种观赏树种达250多种，共200余万株，在武汉有“绿色宝库”之誉。

玩家 解说

磨山景区分为楚文化游览区和植物专类园游览区。楚文化游览区景点主要有楚城、楚市、楚天台、凤标等。植物专类园游览区有梅园、樱花园、盆景园、杜鹃园、竹园等。此外，中国梅花研究中心、中国荷花研究中心也设在此地。

玩家 攻略

景区每年都会举办中国武汉梅花节、东湖荷花节、东湖樱花节等节日。节日期间，以花为主题，配以特色歌舞表演、摄影比赛等丰富多彩的活动，热闹非凡。

磨山景区

景点推荐

武汉城区东北景点

黄鹤楼 AAAAA

"天下江山第一楼"

武汉市武昌区蛇山西端　80元

乘电车1路到"黄鹤楼"站下

4～10月：07:00～18:30　11～3月：07:30～17:30

黄鹤楼始建于三国时期吴黄武二年（223），与岳阳楼、滕王阁并称"江南三大名楼"，更享有"天下江山第一楼"之美誉。现在的黄鹤楼于1985年建成，外形雄伟壮观、古朴典雅，是武汉的标志建筑。

现在的黄鹤楼飞檐5层，攒尖楼顶，金色琉璃瓦屋面，通高51.4米，全楼各层布置有大型壁画、楹联、文物等。主楼周围还建有白云阁、胜像宝塔、碑廊、山门等建筑。整个建筑具有独特的民族风格，散发出汉族传统文化的精神、气质、神韵，与蛇山脚下的武汉长江大桥交相辉映。

玩家 解说

黄鹤楼第一层大厅的正面墙壁，是一幅以"白云黄鹤"为主题的巨大陶瓷壁画。四周空间陈列历代有关黄鹤楼的重要文献、著名诗词的影印本，以及历代黄鹤楼绘画的复制品。2至5层的大厅都各有其不同的主题，在布局、装饰、陈列上各有特色。走出5层大厅的外走廊，举目四望，视野开阔。这里高出江面近90米，大江两岸的景色历历在望。黄鹤楼所在的蛇山一带辟为黄鹤楼公园，种植了许多花草树木，还有一些牌坊、轩、亭、廊等建筑。有一个诗碑廊，收藏着许多刻有历代著名诗人作品的石碑。蛇山一带的古代景点都将陆续修复，成为武汉的一个

黄鹤楼

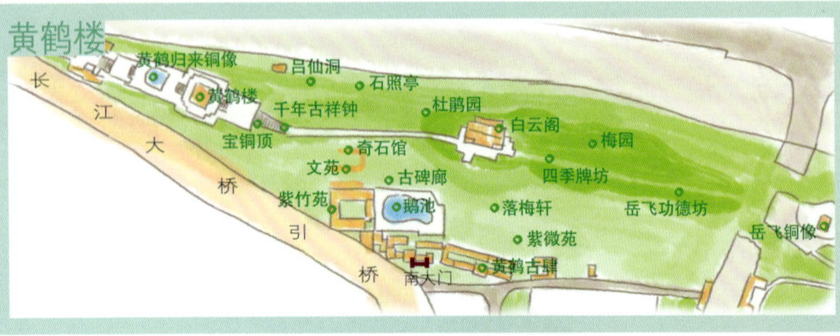

标志。

在主楼周围还建有胜像宝塔、碑廊、山门等建筑。整个建筑具有独特的民族风格。黄鹤楼内部，层层风格不相同。底层为一高大宽敞的大厅，两旁立柱上悬挂着长达7米的楹联：爽气西来，云雾扫开天地撼；大江东去，波涛洗净古今愁。二楼大厅正面墙上，有用大理石镌刻的唐代阎伯理撰写的《黄鹤楼记》，它记述了黄鹤楼的兴废沿革和名人逸事；《黄鹤楼记》两侧为两幅壁画，一幅是《孙权筑城》，另一幅是《周瑜设宴》，反映三国时期与黄鹤楼有关的活动。

武昌起义纪念馆

黄鹤楼

武昌起义纪念馆

武昌起义军政府旧址

✉ 武汉市武昌区武珞路1号首义广场

🚌 乘坐地铁4号线在首义站下车，步行十分钟即可

🕘 9:00～17:00，16:00起停止入馆，周一闭馆

武昌起义纪念馆又名红楼、武昌起义军政府旧址，是为了纪念辛亥革命而建的专题性纪念馆。该馆在湖北军政府的旧址上建立而成，有辛亥革命武昌起义史迹陈列、孙中山先生生平事迹展览、黄兴先生生平事迹展览等基本陈列。馆内收集有与辛亥革命有关的历史文物1 000多件、历史照片10 000余张，其中有孙中山签发的“李翊东前往赣州办理要事”的大元帅令和王霞宙、张善子绘制的刘静庵烈士画像等珍品。在武昌起义军政府旧址内恢复原貌开放陈列的有：军政府大门、军政府礼堂、黎元洪卧室和会客室、秘书处、黄兴召开军事会议的会议室、孙中山会见湖北军政人员的会客室等。

玩家 解说

武昌起义纪念馆因其建筑红墙红瓦，又称红楼。红楼原为清朝政府设立的湖北咨议局局址。1911年10月10日，湖北革命党人打响了辛亥革命的“第一枪”，并一举光复武昌。次日在此组建中华民国军政府鄂军都督府，宣告废除宣统年号，建立中华民国。随即，辛亥革命领袖之一黄兴赶赴武昌，领导了英勇悲壮的抗击南下清军的阳夏保卫战。武昌义声赢得全国响应，260余年的清朝统治顿时瓦解，2 000多年的封建帝制随之终结。武昌因此被誉为“首义之区”，红楼则被尊崇为“民国之门”。

湖北省博物馆

湖北唯一的省级综合性博物馆

✉ 武汉市武昌区东湖路156号

🚌 市区乘14路公交可到

🕘 09:00～17:00（15:00停止入场）周一闭馆

湖北省博物馆建筑面积4万余平方米，位于江城武汉东湖之滨，主要承担着全省文物的收藏、保管、保护、陈列展览及藏品的研究工作。馆舍由编钟馆、楚文化馆、综合陈列楼等部分组成。

湖北省博物馆收藏文物品类丰富，器类齐全，主要有青铜器、陶瓷器、金玉器、字画等。现已拥有馆藏文物26万余件，其中国家一级文物800多件、国宝级文物16件。曾侯乙编钟、越王勾践剑为该馆镇馆之宝。

玩家 攻略

湖北省博物馆内的曾侯乙编钟为不可错过的稀世珍品。这套编钟之大，足以占满一个现代音乐厅的整个舞台。演奏时乐队由几个人组成，用6只“丁”字形木槌敲高、中音，用两根长形棒撞低音。经声学专家研究，编钟中的每只钟

曾侯乙编钟

湖北省博物馆的镇馆之宝

湖北省博物馆的四大镇馆之宝为：越王勾践剑、曾侯乙编钟、郧县人头骨化石、元青花四爱图梅瓶。

越王勾践剑：时期为春秋晚期，千年不锈，由许多小暗格组成。1965年江陵望山1号墓出土，长55.7厘米。

曾侯乙编钟：时期为战国时期，1978年湖北随县曾侯乙墓出土。钟架长748厘米，高265厘米，重4.5吨左右。全套编钟共65件，分3层，8组悬挂在呈曲尺形的铜木结构钟架上。每件钟均能奏出呈三度音阶的双音，全套钟十二个半音齐备，可以旋宫转调。音阶为现今通用的C大调，能演奏五声、六声或七声音阶乐曲。

郧县人1号头骨化石：时期为旧石器时代。1989年郧县曲远河口学堂梁子出土，颅长26厘米，颅宽19厘米，颅高12厘米，是湖北首次发现的古人类头骨化石。

元青花四爱图梅瓶：2006年钟祥市郢靖王墓出土，高38.7厘米，口径6.4厘米，底径13厘米。瓶身肩部饰凤穿牡丹；腹部饰青花“四爱图”，即王羲之爱兰，陶渊明爱菊，周敦颐爱莲，林和靖爱梅、鹤；足部饰仰覆莲纹。三层纹样以卷草纹、锦带纹为界。白釉泛青，色彩青翠艳丽，是罕见的经科学发掘出土的元青花精品。

都可以发出两个不同的乐音，只要准确地敲击钟上标音的位置，它就能发出合乎一定频率的乐音，整套编钟能奏出现代钢琴上的所有黑白键的音响。

玩家 解说

馆区内绿荫掩映，综合陈列馆、楚文化馆、临时展览馆等高台基、宽屋檐、大坡面屋顶的仿古建筑三足鼎立，构成一个硕大无比的“品”字。整个建筑风格突出了楚国多层宽屋檐、大坡式屋顶等楚式建筑特点，建筑外墙为浅灰色花岗石装饰，屋面采用深蓝灰色琉璃瓦铺装。室外环境按景观式、园林式的特点进行布局，通过雕塑小品、休息庭院、园林绿化等形式，营造出与博物馆主体建筑和谐配套和浓郁的历史文化氛围，给观众提供一个休闲舒适的室外游览空间。

武汉植物园 AAAA

中国核心科学植物园之一

武汉市武昌区鲁磨路　40元

乘401路公交可达

08:00~17:00

中国科学院武汉植物园创建于1956年，是集科学研究、物种保存、休闲旅游等功能于一身的植物园。植物园内收集、栽培有各类植物万余种，是华中地区最丰富的植物物种多样性与种质资源保存基地，拥有全球最大的水生植物资源圃和猕猴桃种质资源圃。

武汉植物园也是全国科普教育基地、全国青少年科技教育基地和林业科普教育基地，湖北省和武汉市科普教育、环境教育、爱国主义教育基地，湖北省禁毒科普教育基地。

玩家 解说

武汉植物园为全国三大植物园之一，该园历时3年建设完成了八大新景点：景观温室、湖北省现代化植物科普馆、花径广场、华中地区最大

武汉植物园

的水云涧景区、岩石植物区、三峡消涨带植物群落景观、日式庭院——怡思源、东亚最大的人工“水下森林”。

武汉大学

拥有众多优秀民国建筑

📧 武汉市武昌区珞珈山路16号

🚌 乘317路公交可达

武汉大学始于1893年清末湖广总督张之洞创办的自强学堂，历经传承演变，1928年定名为“国立武汉大学”，是近代中国第一批国立大学。武汉大学濒临东湖，环抱珞珈山，占地面积5 167亩。校园内绿树成荫，中西合璧的宫殿式建筑群古朴典雅，巍峨壮观，26栋早期建筑被列为“全国重点文物保护单位”。此外校园内还有桂园、枫园、樱园、梅园四大名园。来此可漫步樱花大道，参观老图书馆，感受牌楼古韵。

玩家攻略

3月下旬是樱花最盛的时节，建议在樱花盛开的前两周来到校园，可以自在地欣赏美景。其

武汉大学

中樱园顶部老斋舍为最佳观赏点，可观望樱花全景。武汉大学每年3月或4月还会举办樱花节，时间随花期不同而改变。

昙华林

百年老建筑物集中地

📧 武汉市武昌区花园山附近

🚌 乘地铁2号线在“螃蟹岬”站下车，然后步行至昙华林

这条长江边的普通街区长仅1 200余米，

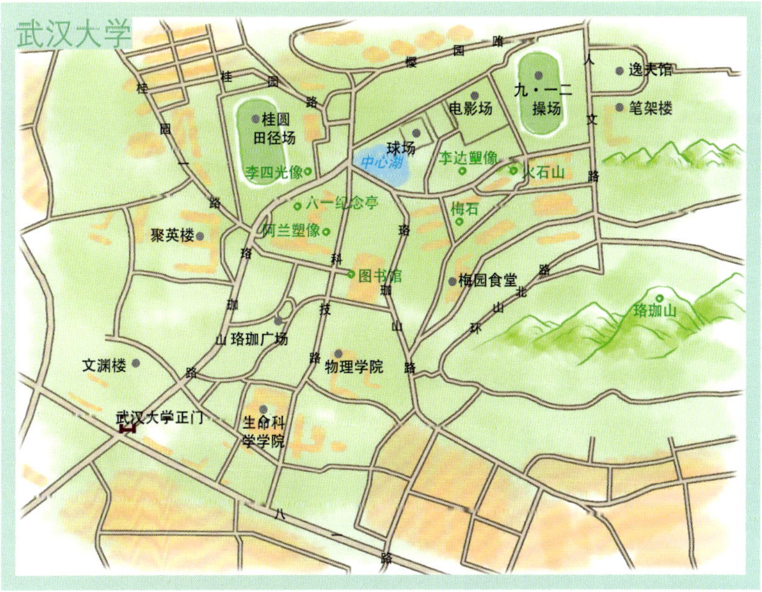

昙华林

但却集中了数十处近百年的老建筑。众多的西洋建筑、名人别墅、教堂、老园子等错落有致，幽静安逸。因此，这里也被称为“武汉的历史博物馆”，是武汉文明的记载地。

玩家 攻略

来到昙华林可以前去拜访武汉最古老的街道——德胜桥，这条狭长的街道是最具老武汉味道的地方。街道两边旧楼林立，各种小卖店鳞次栉比，来到这里更能真正地领略武汉独特的味道。

昙华林还有许多新生的文艺小店，喜欢小清新文艺范儿的话，这里是一个不错的拍照地点。下午店铺开门后，可以逛逛小店，喝个下午茶。

武汉长江大桥

万里长江第一桥

武汉市武昌区临江大道与滨江大道之间

乘11路公交至“临江大道平湖门”站下车即达

武汉长江大桥兴建于1955年9月，1957年10月13日全部建成通车。它是我国在万里长江上修建的第一座铁路、公路两用桥。

整座大桥异常雄伟，上层是公路，下层是铁路。桥身共有8个桥墩，每孔跨度128米，可让万吨巨轮通行无阻。底层有电梯可直达公路桥面。站在桥上眺望四方，大江东去，武汉三镇尽收眼底，豪迈之情油然而生。

玩家 解说

武汉长江大桥是新中国成立之后在长江上修建的第一座大桥，它将武汉三镇连成一体，形成了“一桥飞架南北，天堑变通途”的立体交通格局，成为武汉江城的一道壮丽景观。

其正桥八墩九孔，正桥钢梁由平弦菱形连续梁组成，钢梁设计三联，每联三孔。几十年来，历经风雨沧桑的武汉长江大桥巍然屹立在大江之上。它也是武汉众多桥梁之中最可靠、维修最少的桥梁。

武汉长江大桥夜景

景点推荐 武汉城区西部景点

归元禅寺 AAAA

武汉四大丛林之一

- 武汉市汉阳区翠微街西端　¥ 10元
- 乘坐401路公交车在归元寺门口下车
- 08:30～17:00 每年春节期间会延长开放时间

归元禅寺始建于清顺治十五年（1658），以其建筑精美、雕塑绝妙、珍藏丰富而名扬佛门。这里还是湖北省佛教协会和武汉市佛教协会的所在地。

归元禅寺属于曹洞宗（该宗系禅宗五家七宗之一），它与宝通寺、溪莲寺、正觉寺今称武汉的四大丛林。寺庙以弘扬佛法闻名于世，几百年来一直是佛教信徒朝拜的圣地，香火鼎盛。寺庙由藏经阁、大雄宝殿、罗汉堂三座主体建筑构成，其中尤以罗汉堂供奉的500尊金身罗汉为显著特色。

玩家 解说

寺名“归元”出自佛经《楞严经》“归元无二路，方便有多门”。归元即归真，就是超出生灭之界、还归于真寂本原的意思。

归元禅寺建筑紧凑合理，坐西朝东，分前、后两区，前区由北院、中院和南院三个各具特色的庭院组成，分别拥有藏经阁、大雄宝殿和罗汉堂三组主体建筑群。

在前区三圣殿的旁边，有一所全国首家完全由寺院发起、信众共建的现代化佛教主题图书馆——归元正藏图书馆。图书馆建筑面积近14 000平方米，为6层仿清式徽派建筑，面向公众免费开放。

链接

归元史话

明朝万历年间，浙江长兴县雉城的一户人家，有

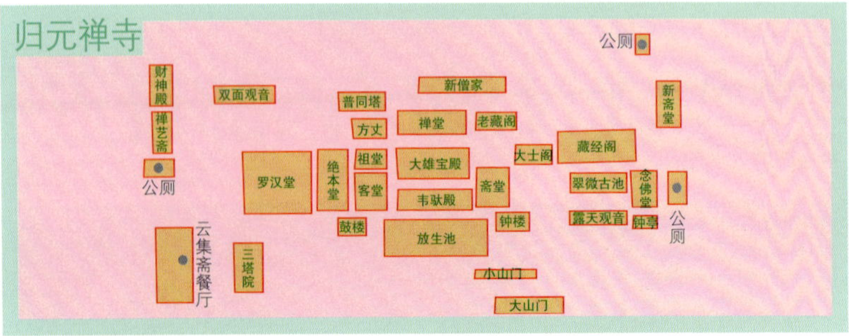

两个儿子，一个叫殷德明，一个叫殷德昆，兄弟俩同时同师出家，法号为白光、主峰。兄弟俩经过多年的修行，得到禅宗曹洞宗三十世克归智宗禅师的真传，禅师嘱咐，要他们往西边弘法。

白光、主峰兄弟俩按照禅师的嘱托西行弘法，准备前往广西，但由于中途遇大风雨，不得不停泊汉口，挂单汉口十方庵（现汉口佛教正信会附近）。庵内监院慈悲与白光、主峰一见如故，留他们在庵内充任园头（种菜）之职。

白光、主峰兄弟俩在十方庵住了半年。一天，兄弟俩参访龟山脚下兴国寺（唐朝李旦所创），拜阅了藏经，见藏经破损严重，感到很可惜。于是发愿修补残藏，移住兴国寺，随时募缘，将募得的银两购买笔墨纸张，一边阅藏，一边修补残藏。经过3年的努力，把破损的残藏修补好了。

在募缘修补残藏的3年里，他们走遍了汉阳山山水水。因那时没有兴修水利，没有腰路堤，每年春、夏季节洪水上涨，汉阳到处是水。长江、汉水在龟山脚下汇合，形成回流，上游漂下来的各种杂物填满各处水湾，其中也有遇难者的尸体，在杂物中上下浮动，有的面部表情和身体姿态十分痛苦，有的尸体腐烂漂在岸边，臭不可闻。白光、主峰兄弟俩在化缘的路上，一遇到无人收拾的尸骨便就地掩埋，但是有些掩埋不深的尸骨，有的被水冲出，亡者尸骨仍得不到安宁。这时，兄弟俩考虑这不是个办法，生起了慈悲心，决定修一个普同塔，安葬尸骨。

普同塔修在哪里好呢？两兄弟在沉思中不自觉地走出了兴国寺，站在高处西望，见翠微峰处祥云高照，两兄弟心喜，信步来到翠微峰的一棵大树下，夜观饿殍遍野，白骨成堆，急需搭救，于是他们就选定翠微峰下的葵园。

再说王氏葵园原本是一座小庙，他们在这里重建道场，得到四方支持，很快建起了普同塔，收拾安放无主尸骨。之后，经过多年扩建，建起殿、堂数百间，到清顺治十五年（1658），才使这个道场初具丛林规模，归元禅寺由此而成。

晴川阁

武汉三大名胜之

武汉市汉阳区滨江大道洗马长街86号

乘30、108路公交到晴川阁下车即达

晴川阁位于武汉城内汉阳龟山东麓长江边的禹功矶上，北临汉水，东濒长江，始建于明代嘉靖年间。晴川阁其名，取自唐代诗人崔颢诗句“晴川历历汉阳树”，有“楚四名楼”之誉。因与对岸黄鹤楼隔江对峙，相映生辉，被称为“三楚胜境”。由晴川阁、禹稷行宫、铁门关三大主体建筑和禹碑亭等十几处附属建筑组成。

玩家 解说

晴川阁建筑群占地约1万平方米，由晴川阁、禹稷行宫、铁门关三大主体建筑和禹碑亭、朝宗亭、禹碑等十几处附属建筑组成。晴川阁景区的整体建设从1984年开始，历时5年多时间完成。复建后的晴川阁，以南方建筑风格为主，融合南北建筑风格之长，使楼阁的雄奇、行宫的古朴、园林的秀美浑然一体，成为武汉著名的旅游景观。

古德寺 ㊫

极具特色的禅宗建筑

武汉市江岸区解放大道黄浦路75号

乘地铁1号线在“头道街”站下，然后步行前往

古德寺始建于清光绪三年（1877），寺庙建筑融合欧亚宗教建筑的特色，集大乘、小乘和藏密三大佛教流派于一身，为汉传佛

古德寺

教唯一此类风格的佛教建筑，具有很高的建筑、文化和历史研究价值。

古德寺的核心建筑圆通宝殿为古罗马建筑结构，内外墙之间的回形步廊和许多方柱依稀可见希腊神庙的风韵。立面墙上的圆窗和长窗是基督教堂的建筑样式。其9座佛塔的塔刹，既像风向标又像十字架，在中国塔文化中独树一帜。

武汉科技馆 AAAA

了解科学知识的场所

武汉市江岸区赵家条104号

地铁2号线、6号线江汉路站　30元

武汉科技馆始建于1987年，占地面积38 000多平方米，主要分为科普展览、科技培训、学术报告厅、青少年科技实验、天象馆等。科技馆设置了儿童乐园、机器人世界、科学与生活等展区，展出科普展品300多件。武汉科技馆不仅是公众学习了解科学技术、参加科技活动的绝佳场所，同时也是武汉科技、文化、经济和社会发展的形象体现，是现代化文明城市的一扇窗口。

汉口江滩

市民休闲场所

武汉市江岸区沿江大道

乘1路公交到“沿江大道三阳路”站下车

汉口江滩是公园性质的市民休闲场所，面积160万平方米，与沿江大道相邻，和龙王庙、江汉路步行街、黄鹤楼等构成了武汉市中心区独具魅力的景观。

江汉关大楼

武汉标志性建筑之一

武汉市江汉区沿江大道与江汉路交汇处

全天开放（参观外部）

免费

江汉关大楼是武汉市的标志性建筑之一，落成于1924年，占地1 499平方米，建筑面积4 009平方米，为英国建筑形式。主楼4层，底层为半地下室，钟楼4层，总高度46.3米，为武汉当时最高建筑。

江汉关大楼

景点推荐

木兰旅游区 AAAAA

木兰文化生态旅游区由木兰山、木兰天池、木兰草原、木兰云雾山四大景区组成，占地面积18.6万平方千米。这里北枕大别山，南临长江水，已形成集食、住、行、游、娱等多功能于一身的旅游服务体系。

景区内有千年宗教名胜木兰山、拥有浪漫山水的木兰天池、华中唯一的草原风情景区木兰草原以及拥有万亩杜鹃花海的木兰云雾山。木兰文化生态旅游区以其优美的自然风光和深厚的文化底蕴，成为武汉旅游的一道亮丽的风景。

武汉市黄陂区

80元

木兰天池 AAAA

"湖北的九寨沟"

武汉市黄陂区以北石门山

市内有专线车直达木兰天池

7:00~18:00

木兰天池属大别山南麓一脉，占地面积达9 000亩，湖泊平均深度50多米，是武汉知名森林峡谷生态旅游区。木兰天池景区由山水浪漫园区和高峡风情园区组成。

山水浪漫园区以峡谷景观为主，一条10华里大峡谷两头挑着明镜一般的高山湖泊，上托连天碧水的天池，下起波平如镜的龙池堰。高峡风情园区，以木兰外婆文化为主题，由朱家寨、木兰草原、动感河湾等五大游览区组成，五大游览区呈线状分布，过渡和谐，相得益彰，宛如五颗璀璨明珠点缀在峡谷溪之上。

玩家 攻略

1.景区最为有名的是天池峡谷中的“上八潭”“下三潭”、大瀑布、喋血溪等景点。这里的风光特点与九寨沟、庐山有诸多相似之处，不可错过。

2.景区现已开发的大峡谷游览线，下起小天池，上接大天池，共分四个景段：小天池景段、野马沟景段、道士冲景段和大天池景段。该游线贯穿怪石、溪潭、飞瀑、奇木等40多个景观。

3.最大的景观为大天池，即朱家山水库，游人从山下景区大门进入后，沿石阶一路观景，一条溪泉相伴，走在林间时闻潺潺溪水声，间或可见飞瀑。在山顶水库观景台需购船票、索道票（30元），方能继续游玩外婆家。

玩家 解说

木兰天池有一条长达5千米的大峡谷，由飞瀑、溪潭、怪石、奇木构成的自然景观达200多处，可谓十步一景、百步一绝。峡谷两头挑着明镜一般的高山湖泊，大、小天池的上下落差约380米。据当地百姓相传，这里是木兰将军的外婆家，是木兰将军小时候生活、习武的地方。也有太平天国洪秀全时期的许多古寨遗址。

木兰天池

链接

木兰传说

据县志记载，古代有位叫朱异的千户长，住在山北的双龙镇，因年逾半百无后，常登木兰山求嗣，后来生了一个女儿就取名木兰。

相传木兰18岁那年，羌胡侵犯边关，木兰父亲连接12道兵书，但老将军年老体弱，木兰削发女扮男装代父从军。12年后，木兰已是一个赫赫有名的将军了，唐太宗要封她为昭烈将军，木兰请求回到父母身边，尽女儿的孝心。远近的乡亲们为木兰的事迹所感动，在木兰山刻了木兰将军坊。

木兰山的石雕都采用了本地的石料绿帘石镌刻

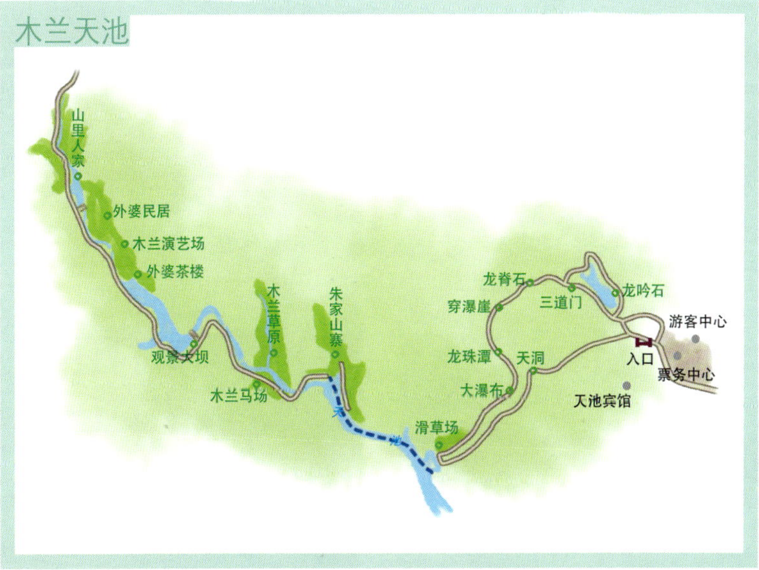

而成。"唐木兰将军坊"高5米，下刻二龙戏珠的浮雕，双凤在上，双龙在下，是寓意很深的佳作，也是尊重女子气节的真实写照。

坐落在千尺峰上的玉皇阁，始建于唐代，相传是木兰将军凯旋后朝廷赐冠的地方。整个建筑没用片瓦寸木，都用大小石块交错干砌而成，十分壮观。

木兰草原 AAAA

华中顶级的草原

武汉市黄陂区王家河街道聂家岗

汉口火车站乘292路公交车，终点站下车转乘木兰草原公交专线

木兰草原位于荆楚名山——木兰山东面，属"木兰八景"之一。木兰草原景区规划面积4 800亩，分为草原风情旅游区和休闲度假区，融草原风情观光、户外拓展、水上游乐为一体，是华中地区唯一以草原风情为主题的顶级景区。它以草原民族活动与风俗为素材，以木兰文化为品牌，打造以"木兰文化""草原文化""马文化"为主题的旅游景区，是草原旅游观光、风情度假的绝佳去处。

玩家 攻略

草原上有很多娱乐设施，十分适合一家大小前来娱乐休闲。在广袤的草原上可以骑马、滑草，还可以带上烧烤工具、风筝增添乐趣，最好带上帐篷体验在草原上露营。到了晚上一定要参加篝火晚会，体验草原活动的丰富多彩。

木兰草原

玩家 解说

木兰草原属典型的草原特色景区。景区内芳草遍地，一望无际，绿茵如毯，湖水碧透，清溪蜿蜒曲折。岸边草丛中鲜花盛开，引得蝶舞蜂飞。景区内既有草原部落、草原敖包、草原人家、草原风情长廊等，又有草原滑索、草原跑马、草原射箭、草原篝火晚会等游乐项目。集草原特色、木兰文化于一身，呈现独特的风情。

木兰山 AAAA

国家地质公园

武汉市黄陂区胜景大道77号

武汉客[illegible]1[illegible]

9:00~17:00

木兰山自古以来便是佛教、道教荟萃之圣地。这里山势峭拔，松柏叠翠，寺庙林立，一派名山光景，被誉为"西陵最胜，盖三楚之极观"。整个风景区分为古寨区、石景区、花苑区、山庄区四区，建有"七宫八观三十六殿"宗教建筑物。木兰山宗教建筑的特点：一是"佛中有道，道中有佛"，把佛教与道教建筑融为一体；二是寺庙建筑注重结构，用石块交错嵌压而成，不用泥浆，即干砌石墙，颇具特色。

玩家 解说

山上有木兰山古建筑群，建有"七宫八观三十六殿"，形成规模宏大的宗教建筑群，占地3

木兰山古建筑

万余平方米。自前向后有南天门、回光殿、木兰殿、斗姥宫等建筑。山上现存"木兰将军之墓"碑。这里的山水、花木、宫殿等，几乎都和千古流芳的木兰将军息息相关。

古寨区

古寨区蜿蜒起伏于主峰祈嗣顶，最早为烽火台，清咸丰三年（1853）为防太平军加修炮楼，是一座名副其实的军事防御性古寨。其后，随着宗教活动的盛行，寺庙逐年兴建，形成不少有神奇色彩的景点建筑。古寨区内有一天门、南天门、木兰坊、玉皇坊、灵霄街、狮鼻洞等主要景点。

石景区

此山奇石颇多，形态各异，加上民间古老的传说，身在其中颇有形神兼备的韵味。整个石景区，通过步行1 090个石阶与各个石态各异的景观相串联，令游人一面登石梯，一面观赏铠甲面、人面石、白云洞、太子洞等景点。

云雾山 AAAA

"西陵胜地，汉地祖山"

武汉市黄陂区李家集境内

从汉口头道街坐到泡桐的巴士，至泡桐后坐三轮车到云雾山

7:00~19:00

云雾山以重峦叠嶂、气势雄伟而闻名江汉，是大别山脉与江汉平原的过渡地带，也是武汉市绵延最长的山脉，享有"西陵胜地，楚北名区，陂西陲障，汉地祖山"等诸多美誉。

山内四季分明、雨量充沛、气候宜人。植物种类丰富，有各种树木150余种、中草药材600余种，奇花异草，四时交替。环境幽静，野趣弥漫，现已发现的兽类和禽类就有20多种。水体资源更是丰富，河溪纵横，泉瀑相间，滩潭点缀，是木兰旅游区中最幽深原始、最神秘纯粹的生态森林风景区。

玩家攻略

木兰云雾山人称"十里花山，八里柳溪，一山两教，四季香火"，还有非遗泥塑、白鹭林、花语山。云雾山蕴藏着千万株形态各异的杜鹃，是全国著名的杜鹃花研究基地。恐龙谷、冰雕展现已开放。

玩家解说

云雾山风光宜人、水质清澈，集峰、谷、洞、潭、瀑、泉、寺观、古寨和高大山体于一身，主要景观有：八里柳溪、仙人洞、茶园、千年古寨、万亩野生杜鹃花等。山中四季之景，季季不同，各有特色。

云雾山

景点推荐 武汉近郊景点

清凉寨 AAAA

"木兰八景"之一

📍 武汉市黄陂区蔡店乡西北部 ¥ 50元

🚌 武汉港乘市郊一日游专线车可直达木兰清凉寨

清凉寨景区总面积6000余亩，平均海拔600余米，辖区内的刘家山是武汉市海拔最高的自然村。该村地貌独特，年平均温度低于武汉市中心城区4℃~6℃，是一处天然的避暑佳地。这里山体高大陡峭，植被丰富，层峦叠嶂，壮美非凡。主要景点有油茶园、银杏山寨和高山古森林等。

玩家 攻略

游览：峡谷风景区以通天湖、酒醉湖为轴心，将牛郎河、飞流谷、清香谷一线串珠，给人以流连忘返之感。古寨游览区是绝佳的登高览胜之地，极目远眺，无限风光尽收眼底。民俗风情区内的刘家山村，民居建筑古朴，村中的古银杏群、翠竹园林风韵典雅，值得一看。

玩家 解说

景区内群山环抱，风光秀丽，气候宜人，一年四季皆有美景可赏。依托得天独厚的生态景观和极具传奇色彩的人文景观，向游人充分展示"高山情怀，清凉世界"的宜人风姿。因此，也被誉为武汉最美的山寨。

清凉寨

农耕年华生态农业园 AAAA
多功能生态科普园

武汉市黄陂区武湖农场汉施公路旁

旺季70元，淡季60元。

武汉火车站乘234路公交下天兴洲大桥转232路公交即到

农耕年华生态农业园占地面积3 000亩，园内农业旅游资源丰富，景色秀丽。园内草原、丘陵、湿地、湖泊错落有致，瓜果花木满园飘香，更有数目繁多的珍稀动植物。各类建筑巧夺天工，农耕文化源远流长，系国家级生态农业观光园。

农业园已建成金牛广场服务区、农业科普示范区、农事农活体验区等12个功能区，是游客旅游观光、普及农科知识、体验农家生活的绝佳去处。

玩家 解说

农业园内自然环境保持完好，景色秀丽，风光旖旎。园内农耕作物品种齐全，五谷蔬菜应有尽有，家禽牲畜兴旺。彩树竹林色彩斑斓，青藤缠绕果实累累，花草瓜果香飘满园。园内乡村木屋别致大方，还有各式各样的桥梁，五级宝塔巍峨壮观。呈现出农耕园、植物园、动物园、园林园的特色。

锦里沟 AAAA
“改土归流”缩影

武汉市黄陂区蔡店乡道士冲村

80元

锦里沟景区生态环境优美，民族特色鲜明，是武汉不可多得的民族文化展示窗口和旅游度假胜地。景区内青山相偎，溪流环绕。锦里沟主要由环湖风情体验区、峡谷游览区和寨王文化展示区3个部分组成，游线全长12千米，樱花、杜鹃、兰花漫山遍野、竞相开放，与景区内的土家吊脚楼、风雨桥等交相辉映，展现出一幅水墨丹青的优美画卷。

玩家 解说

“改土归流”是指改土司制为流官制，始于明代中后期，是指将原来统治少数民族的土司头目废除，改为朝廷中央政府派任流官。锦里沟即是土家族地区忠峒土司第十七代土司在清朝雍正年间从鄂西恩施州宣恩县迁到黄陂区蔡店街道，经过近300年的发展而成的土家山寨。

锦里沟

锦里沟水车

武汉民族文化村

合资兴建的主题公园

武汉市江夏区汤逊湖

30元

武汉民族文化村占地面积1 000余亩，是湖北省第一家中日合资兴建的主题公园。傣族、佤族等多个民族在此安家，每当节庆都会举办各类特色活动。这里还有独特的娱乐项目，如帐篷旁自炊烧烤、篝火晚会等，让人流连忘返。

中山舰博物馆

藏品丰富的博物馆

武汉市江夏区金口街中山舰路特1号

武昌火车站乘910路公交可抵达

中山舰博物馆总建筑面积约为11 000平方米，由中山舰博物馆核心区、武汉会战纪念园区、胜利广场、和平家园等部分构成，景区内汇集了诸多名人创作的雕塑作品供游人参观。馆内常设有三大基本陈列"中山舰复原陈列""一代名舰——中山舰史迹陈列"及"中山舰出水文物精品陈列"。馆内还会不定期举办各类临时展览。

玩家攻略

博物馆一楼设有观影区，定点播放有关中山舰的历史影像资料（上午9:30，下午2:30）。此外，展厅内禁止使用闪光灯拍照，游客参观需注意。

玩家解说

中山舰博物馆现有藏品5 000余件，主要来源是随舰出水文物和社会征集文物。其中一级文物50余套，文物藏品时间跨度长、地缘广泛、历史名人遗物众多。藏品涉及历史、政治、军事、经济等各个方面，不仅特色鲜明，而且文物价值颇高。

中山舰博物馆内景

攻略资讯

- 交通
- 住宿
- 美食
- 购物
- 娱乐

武汉市区风光

交通

飞机

武汉天河国际机场位于武汉市黄陂区天河机场路，距市中心约26千米。机场有国际航线30多条、国内航线240余条，通达国内城市和地区92个，通航国家和地区13个。

从机场前往市区有机场大巴，武汉市内有多处机场旅客大巴停靠点（民航小区、航空路、长江广场、傅家坡长途汽车站、海怡锦江人酒店、国宾大酒店、金家墩长途汽车客运站、光谷广场、武汉火车站、青山大洲商城），方便旅客就近乘车。

火车

武汉是华中地区重要的铁路交通枢纽，铁路交通网络四通八达。乘火车来武汉，按乘坐的车次可分别抵达武汉三镇的汉口、汉阳、武昌火车站，然后乘出租车或公共汽车可到达市区。

汉口站：国内最大的欧式火车站。位于武汉市江汉区发展大道，市内乘坐9路公交可达。

武昌站：武汉目前客流量最大的火车站。位于武汉市武昌区中山路，市内乘坐66路公交可达。

武汉站：被誉为“世界最美火车站”，主要营运高铁和动车。位于武汉市青山区青山

京广高铁武汉站

与洪山区交界的杨春湖东侧，市内乘坐108路公交可达。

汽车

武汉市公路交通发达，每天有超过4 000班次的长途客车进出武汉市区，有开往北京、上海、南京等大城市的，也有开往三峡、张家界、黄山等著名旅游地的，省内各大旅游景点均有班车可达。

武汉汽车客运总站：位于武汉市汉口区汉口发展大道170号，毗邻汉口火车站，车站日发班次1 000多班，营运线路辐射全国大部分省市。

武昌傅家坡汽车客运站：位于武汉市武昌区武珞路358号，班线网络覆盖湖南、安徽、浙江、江苏、河南等地区，是全国最大的公路客运枢纽站之一。

武昌宏基长途汽车客运站：位于武汉市武昌区中山路519号，经营客运线路通达上海、温州、深圳、珠海、郑州等地。

市内交通

轨道交通：武汉目前已开通的轨道交通有1、2、3、4、6号线，1号线是轻轨，运营线路贯穿汉口的繁华地段，在循礼门站可以换乘轨道交通2号线，2号线运营线路横跨武昌和汉口，并且经过江汉路步行街和汉口火车站等重要设施；在洪山广场站和中南路站可以换乘4号线，4号线运营线路横跨武昌和汉阳，沿线有武昌火车站和武汉火车站（高铁站）等交通设施。3号线一期工程横跨汉江，贯穿汉口、汉阳南北，是第一条连接汉口和汉阳的轨道交通线路。6号线是一条跨越汉江，连接汉阳、汉口的轨道交通骨架线路。武汉轨道交通的运营时间一般在6:00～22:00，票价在2～6元之间。

轮渡：武汉市重要的交通方式之一，目前的轮渡线路有：武汉关至中华路、龙王庙至汉阳门、青山至天兴洲、王家巷至曾家巷、晴川至黄鹤楼等。普线航班票价1.5元，20分钟一班。

住宿

武汉住宿

作为热门的旅游城市，武汉的住宿业也十分发达，宾馆、酒店随处可见。武昌和汉口火车站附近有很多经济实惠的旅馆、招待所，汉口金融中心集中了很多高档酒店。一般游客为了游玩方便多会选择在武汉大学、户部巷、江汉路等周边住宿，当然价格也比较便宜，而且周边餐饮、购物、交通都很方便。

●凯莱熙酒店

武汉凯莱熙酒店位于武汉繁华而古老的传统文化中心城区，毗邻汉味早点美食街户部巷，周围历史古迹、人文景观皆近在咫尺，位置优越，交通四通八达。✉ 武昌区解放路456号，近户部巷 ☎ 027-50705777

武汉青年路

●亚贸恒升大酒店

武汉亚贸恒升大酒店位于繁华的武昌亚贸商圈，临近地铁2号线，是城市商业、文化、交通、金融的中心。酒店配备具有现代风格的缘味餐厅，为您提供来自世界各地的风味美食。✉ 武昌区武珞路628号，地铁2号线“宝通寺”站B出口200米 ☎ 027-87371668

●安华酒店

安华酒店毗邻武昌火车站，离旅游观光胜地黄鹤楼、东湖风景区仅一步之遥。酒店至武汉长江外滩仅5分钟车程，地理位置优越，交通便利。✉ 武昌区紫阳路281号，武昌火车站附近 ☎ 027-88308999

美食

武汉地处华中，其美食也具有兼容并包的特点，各式各样混杂其中，尤其是大量的小吃汇聚，享誉全国的热干面以及极受当地人欢迎的豆皮、汤包和煨汤代表小桃园瓦罐鸡汤号称武汉四大小吃。除此之外，武昌鱼、油焖大虾等也丰富了美食爱好者的食谱。

户部巷是武汉最具人气的美食街，也是每个来武汉旅游的人必去之地。这里每天门庭若市，熙熙攘攘，街上云集了几乎所有的湖北特色小吃，热干面、豆皮、米酒让人大饱口福。

户部巷

●热干面

热干面既不同于凉面，又不同于汤面，面条爽滑有筋道，酱汁香浓味美，令人胃口大开。热干面是武汉一张名片，对武汉人来说，它不仅是一种小吃，更是一种情怀。

热干面

●豆皮

武汉著名的小吃，常作为早餐在街头巷尾各个摊位供应。豆皮外脆内软、油而不腻，吃起来香酥嫩脆。

●糊米酒

武汉的特色小吃，有米酒，还有小小的汤圆，酸甜黏滑。低廉的价格和甜蜜浓稠的口感赢得了所有人的热爱。

●武昌鱼

武昌鱼以清蒸最佳。清蒸时辅以火腿、冬菇和鸡汤，成品鱼形完整，色白明亮，晶莹似玉，吃起来还有浓浓的香味。“才饮长沙水，又食武昌鱼”，毛泽东的这句词句使得武昌鱼更是声名在外。

清蒸武昌鱼

●油焖大虾

油焖大虾如今已经流行全国，味辣、油厚、口味重是它的特点。每当夏季，武汉的大街小巷都可以看到油焖大虾的招牌，武汉人对这道美食也尤为热衷。

油焖大虾

●鲜鱼糊汤粉

历史悠久的武汉特色小吃，糊汤粉的汤汁，是用野生的小鲫鱼熬制成的，鱼肉、鱼骨几乎全部熬到融于汤里。用来做糊汤粉的米粉是用籼稻米磨成浆而制成，比一般吃的米粉更细，口感也更加爽滑。

购物

武汉三镇以汉口最为繁华，是购物的天堂，比较热闹的江汉路步行街和吉庆街就坐落于此。武汉当地的特产，如麻烘糕、孝感麻糖、鸭脖等，都是值得购买回去与亲朋好友分享的好东西。

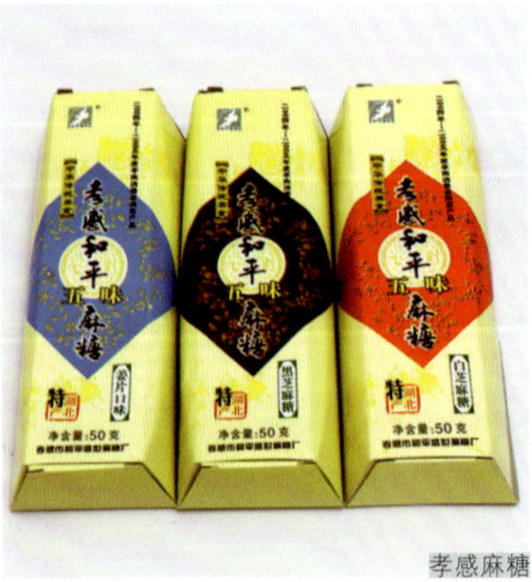

孝感麻糖

武汉特产

●鸭脖

武汉的鸭脖分“精武鸭脖”和“周黑鸭”两种。精武鸭脖是将川味卤方改进后制成，具有四川麻辣风格，口感刺激。周黑鸭则以入口微甜爽辣，吃后回味悠长的独特口味赢得了广大吃货的认同。另外，还有鸭锁骨、鸭掌、鸭腿等品种。

鸭脖

●麻烘糕

糕片呈长方形薄片状，白线边，边白如雪，黑麻芯黑白相映，形成鲜明对照，各显自身特色。既有米烘糕香松脆爽的特点，又有云片糕甜润易溶的风味，其浓郁的芝麻香味、桂花清香浸入肺腑。

麻烘糕

武汉购物场所

汉正街：汉正街位于汉口的中心地带，自古便是当地的商业购物街。近年经过整顿，汉正街小商品批发市场焕然一新，喜欢淘一些实惠经济商品的游客可以来这里看看。

楚河汉街：这是条具有古代人文风情的购物街，街上餐厅、店铺云集，艺术氛围浓郁，是一个吃喝玩乐完美结合的商业热点。

江汉路步行街

江汉路步行街：江汉路步行街是武汉著名的百年商业老街，也是“武汉20世纪建筑博物馆”。路面与两边店铺落地橱窗连为一体，行人观景、行走、购物，犹如走进一家巨型的露天商场。

娱乐

武汉的娱乐活动丰富多彩，这里的各类酒吧、KTV和众多的咖啡馆，是放松的好去处。你也可以乘着夜色，乘着轮渡在长江上畅游。当然，每年如期举办的樱花节更是一场不可错过的节日盛典。

汉剧：汉剧是湖北省地方戏曲剧种之一，俗称“二黄”。汉剧传统剧目有600余个，多是表现历史演义故事和民间传说的，如《英雄志》《祭风台》《李密降唐》等。汉剧还有很多杂腔小调和丰富的曲牌。其中专唱曲牌的剧目有《大赐福》《草场会》《五才子》等。

武汉樱花节：武汉樱花节大约在每年3月中下旬开始，持续半个月左右。清明节前后来武汉踏青同时观赏樱花是一个理想的选择。武汉大学校园和东湖樱花园是人们观赏樱花的最主要去处。

夜游长江：武汉是具有滨江滨湖特色的旅游城市，在这里游客可以乘坐游船，与长江亲密接触，欣赏大江两岸流光溢彩的绚丽夜景，美不胜收。

汉剧

发现者旅行指南

武汉周边

[含黄冈、鄂州、黄石、咸宁、潜江（直管市）、天门（直管市）、仙桃（直管市）、孝感、随州]

概览

亮点

大洪山

大洪山主峰海拔1 636米，素有“楚北天空第一峰”之盛誉。山上溶洞众多，有“群洞奇异冠天下”之说。

白兆山

白兆山曾是大诗人李白“酒隐安陆，蹉跎十年”之地。景区以秀丽的山川景色和浓郁的李白文化吸引着无数海内外游客前来观光游览。

天堂寨

罗田天堂寨区内群峰耸立，其主峰天堂寨海拔1 729米，号称“中原第一峰”。登上主峰可北望中原，南眺荆楚，云海景观更是气象万千，无比壮观。

黄石国家矿山公园

毛泽东生平视察过的唯一一座铁矿山。这里历史悠久，古迹众多，落差444米的世界第一高陡边坡为景区内核心景观。

罗田天堂寨

仙岛湖

仙岛湖水域面积广阔，上十个岛屿似群星璀璨，点缀在湖面上。这里植被优良，物种群集，湖岸岩洞成群，洞内成溪，与杭州千岛湖、加拿大千岛湖并称“世界三大千岛湖”。

隐水洞

湖北省首个地质公园，溶洞全长约5 000余米，规模庞大，气势雄伟。洞内林立的钟乳石形态各异，令人浮想联翩。

线路

黄冈经典三日游

第一天早上前往麻城龟峰山景区，看奇峰怪石，赏绚丽杜鹃。午后来到麻城烈士陵园，缅怀先烈。第二天前往罗田，在天堂寨尽情畅玩一天。第三天先去东坡赤壁，游览完后前往遗爱湖。下午前往五祖寺。

咸宁休闲二日游

第一天早上先去隐水洞，看百变溶洞奇观。下午前往九宫山。第二天早餐后前往赤壁古战场，追忆历史，感受赤壁大战之遗风。下午前往陆水湖，看湖光山色，怡然自得。然后前往龙佑温泉，泡个温泉，洗去旅行的疲倦。

九宫山

为何去

柏子塔

仙岛湖

武汉周边地区地域辽阔，历史文化积淀深厚。龟峰山、天堂寨、大洪山等奇峰凌云，气势不凡。遗爱湖、仙岛湖等水色潋滟，让人迷醉。这里不仅有美丽的湖光山色，更有着丰厚的人文资源，如赤壁遗风、革命遗址等。无数英雄儿女在这片大地上留下了诸多可歌可泣的故事传说，让人心向往之。

何时去

三国青釉熏笼

杜鹃花开

武汉周边地区由于地域广大，旅游资源十分丰富，四季前往，皆有景致可赏。每年的4月，麻城万亩杜鹃开放，漫山遍野红艳似火，十分壮观。夏季的大洪山林木葱郁，是一处避暑佳地。每年9月至10月间，咸宁会举办温泉旅游节，届时会举办文艺晚会和开展花卉展、摄影大赛等精彩纷呈的活动。

区域解读

随州区号：0722
孝感区号：0712
咸宁区号：0715
鄂州区号：0711
黄石区号：0714
黄冈区号：0713
面积：约59 201km²
人口：约2360万人

地理 GEOGRAPHY

区划

黄冈市下辖黄州区、麻城市、武穴市、团风县、浠水县、罗田县、英山县、蕲春县、黄梅县、红安县。

黄石市下辖黄石港区、西塞山区、下陆区、铁山区、大冶市、阳新县。

咸宁市下辖咸安区、嘉鱼县、通城县、崇阳县、通山县、赤壁市。

孝感市下辖孝南区、孝昌县、大悟县、云梦县、应城市、安陆市、汉川市。

随州市下辖曾都区、随县、广水市。

仙桃市、潜江市、天门市为湖北省直辖。

地形

武汉周边区域地貌多样，大部分地区位于江汉平原之上，地势平坦。境内山脉主要有大洪山、大别山、九宫山，分别分布在随州、黄冈及咸宁境内。九宫山主峰铜鼓峰海拔1 583米，为区内最高点。武汉周边地区水系发达，湖泊众多，主要有梁子湖、磁湖、大冶湖等。

气候

武汉周边大部分地区属亚热带季风性气候，光照充足，降水丰沛，雨热同季。部分

高山地区又表现出明显的高山垂直气候特征。区内降水主要集中在夏季6、7月间，降水量由南向北递减。年平均气温15℃~17℃，夏季较为炎热，极端气温可达40℃以上。

历史 HISTORY

黄冈历史大事记

黄冈早在旧石器时代即有人类居住。

夏商时代，禹“封皋陶之后于英、六”，本地域即为皋陶后人的封地（英、六即英山、六安一带）。

楚汉之际，楚项羽以衡山郡立衡山国，

赤壁

国都郑城（今黄州禹王城）。

1927年黄麻暴动，成立黄安县农民政府。

1931年，红四方面军攻克黄安，改黄安县为红安县。

黄石历史大事记

周夷王七年（前886），楚王熊渠攻杨粤至鄂（今鄂州、大冶），封熊红为鄂王，市地为楚国鄂王辖地。

唐代黄石分属鄂州武昌、永兴两县。唐末，南方九国兴起，市地在吴国境内。

唐哀帝天祐二年（905），吴王杨行密将永兴县和武昌划出一块地盘置青山场院，进行大规模采矿、开炉冶炼。

宋乾德五年（967）以前，李煜为南唐主时，以境内矿产丰富，冶炼业发达，升青山场院为大冶县。

1927年，大冶县是湘鄂赣革命根据地的一部分，1930年成立大冶县苏维埃政府。

1938年大冶沦陷，日军在大冶建立伪政权，伪称“中华民国湖北省大冶县政府”。

1945年8月15日，日本宣布投降，国民党大冶县政府接管，复置石灰窑和黄石港两镇，隶属大冶县辖。

1949年5月1日，中国人民解放军解放黄石。

鄂州历史大事记

鄂州有着5 000多年的历史。据考古发现，公元前3000年前后，鄂州境内就有人类繁衍生息。

西周中期，鄂王熊红在境内西南（今属大冶）修筑鄂王城。

公元前522年，伍子胥奔吴，旧传县东三里有接渡石。

公元前221年，秦置鄂县，属南郡。

公元前201年，汉高祖刘邦封大将樊哙于鄂县，灌婴筑鄂县城。

公元221年，孙权改鄂县为武昌，并在此建都。

西晋太康元年（280），龙骧将军王濬率军克武昌，进逼建业，吴亡，三国归晋。

隋大业元年（605），县令羲仕暄在葛店白浒镇筑城塘城。

1949年5月14日，中国人民解放军四野四十三军渡江，鄂城解放。

咸宁历史大事记

咸宁市行政建置比较晚，但境内各县（市、区）历史悠久，源远流长。

咸市域夏商属荆楚，秦属南郡，汉属江夏郡。

东汉建安十三年（208），孙刘联军在赤壁一带打败曹操，是为赤壁之战。

唐代宗大历三年（768）置永安镇，南唐保大十三年（955）升为永安县。

宋真宗景德四年（1007）为避宋太祖永安陵讳，按《易经·乾象》“万国咸宁”与“永安”近义，取名咸宁县（今咸安区）。

孝感历史大事记

孝感历史源远流长。今孝感市境内各县（市、区），夏商时代为古荆州之地。

周为楚、郧、轸等诸侯国割据地，且轸国、郧国均建都于此。

随州历史大事记

随州是中华民族最早的发祥地之一。作为炎帝神农故里，这里开启了华夏五千年的农耕文明。

以西周封国随为名，春秋分属随、厉、唐三国。战国末属楚，置随县。

晋太康九年（288），武帝司马炎封司马迈为随郡王，置随国。

西魏大统元年（535）置随州。

北周保定二年（562），杨坚任随州刺史，韬光养晦，后代周建隋。

唐乾符四年（877）八月，王仙芝义军克随州，俘唐随州刺史崔休徵。

宋建炎元年（1127），史斌率宋江余部再次起义；次年四月，义军孙琦部焚随州城。

元至正十一年（1351），梅丘里人明玉珍集里中千余人于现光山、青林山筑寨起义。

明洪武元年（1368）七月，朱元璋部将邓愈领兵攻随，元右丞相王诚投降。

清咸丰四年（1854），太平军由应山进入随州，攻破州城，后转安陆府（今钟祥县）。

1978年，随州擂鼓墩发掘曾侯乙墓，出土了大量精美的文物，以曾侯乙编钟最为珍贵。

赤壁之战

赤壁之战，是指孙权、刘备联军于建安十三年（208）在长江赤壁（今赤壁市西北）一带大破曹操的以少胜多、以弱胜强的著名战役。这是中国历史上以少胜多的著名战争之一，也是三国时期“三大战役”中最为著名的一场。

曹操自官渡一战后，基本上统一了北方，随后经过一系列的准备，于建安十三年七月出兵南征荆州，欲一统南北。此时东吴孙权与依附荆州牧刘表的刘备鉴于与曹操实力相差悬殊，遂合兵一处，联合抗曹。

周瑜塑像

曹操乘胜取江陵后，以刘表大将文聘为江夏太守，益州牧刘璋也遣兵给曹操补军，曹操更加骄傲轻敌。建安十三年冬，曹操亲自统军顺长江水陆并进。孙刘联军在夏口部署后，溯江迎击曹军，遇于赤壁。两军隔江对峙。

曹操军队多北方人，不善水性，于是曹操下令将战船相连，以减弱风浪颠簸。东吴都督周瑜采纳黄盖建议，决定火攻"连环船"。于是黄盖立即遣人送伪降书给曹操，随后带船数十艘出发，前面10艘满载浸油的干柴草，以布遮掩，插上与曹操约定的旗号，顺东南风驶向乌林。接近对岸时，戒备松懈的曹军皆争相观看黄盖来降。此时，黄盖下令点燃柴草，火船乘风闯入曹军船阵，顿时一片火海，迅速延及岸边营屯。孙刘联军乘势攻击，曹军伤亡惨重，曹操无奈只得下令退走，赤壁之战以孙刘联军的胜利而告终。

赤壁之战后，刘备乘胜取得武陵、长沙等四郡，次年又任荆州牧，奠定了壮大发展、进据益州的基础。曹操则大兴水军，进控江淮，继续与孙权对峙，三国鼎立的格局逐渐形成。

文化 CULTURE

黄梅采茶戏

黄梅采茶戏是湖北黄梅的采茶歌与高跷等汉族民间歌舞相结合，经长期发展演变，于清嘉庆年间形成的汉族地方戏种。

黄梅采茶戏曲调主要来源于安徽桐城歌、安徽青阳腔、安徽凤阳花鼓调以及江西彩灯调等，并且与大别山地区的原始唱腔相结合。其唱腔有七板、二行、火攻、高腔、花腔、还魂腔等，还有丰富的小调。传统剧目有《私情记》《告经承》《告堤霸》等，主要反映当地人民的生产生活场景。

黄梅县的紫云、龙坪等山区，早在唐宋

黄梅采茶戏

时就盛产茶叶。每年春天采茶时，茶农们习惯于一边采茶一边唱着山歌小调和民歌。就在这种漫山遍野的不绝歌声之中，黄梅采茶戏逐渐孕育成熟，并在自身不断发展的过程中积极向外地拓展。约在清朝康熙、乾隆年间，黄梅采茶戏随着黄梅县的逃荒难民和说书艺人大量入皖而流传到安徽，并发展为成熟的黄梅戏。

黄梅采茶戏被田汉誉为"中国戏曲百花园中的一朵奇葩"，它由民间歌舞发展而来，内容贴近生活，语言诙谐幽默，表演时，演员在伴奏音乐中灵巧地运用独特的矮子步、扇子花、单长水袖及模仿动物的一些动作，载歌载舞，显示出浓郁的乡土气息。

黄梅一带是茶乡人的聚居区，黄梅采茶戏作为当地家喻户晓、人人喜爱的地方戏种，已成为凝聚、团结黄梅乡亲的艺术纽带，是研究黄梅本土语言、艺术及民俗文化的重要材料。目前，黄梅大部分采茶剧团人员、资金匮乏，一些黄梅采茶戏全靠老艺人传唱，会唱采茶戏的年轻艺人越来越少，亟须采取措施予以保护。

盛世强音——曾侯乙编钟

1978年，湖北省随县（今随州市）爆出

一条轰动世界的新闻，在城西2 000米一个叫擂鼓墩的地方，发掘出一座战国早期的大型木椁墓葬——曾侯乙墓，墓中出土了大量精美的文物，其中许多造型奇特、工艺精湛的文物是前所未见的珍品，在这些文物之中，又以曾侯乙编钟最为珍贵。

编钟在春秋战国时期风靡一时，和琴、笙、鼓、编磬等物成为王室显贵的陪葬重器。曾侯乙编钟出土自随州曾侯乙墓，其墓主为战国早期曾国的国君。此编钟铸造工艺高超，音乐性能良好，其音域跨五个半八度，十二个半音齐备，被中外专家、学者称为“稀世珍宝”。

曾侯乙编钟是由65件青铜钟组成的庞大乐器，按大小和音高为序编成8组悬挂在3层钟架上。最上层3组19件为钮钟，形体较小，有篆体铭文，只标注音名。中、下两层5组共45件为甬钟，有长柄，钟体遍饰浮雕式蟠虺纹，细密精致。另有一件镈钟，位于下层甬钟中间，形体硕大，上有铭文，记述此镈钟乃楚惠王赠送的殉葬品。

钟架为铜木结构，呈曲尺形。横梁木质，绘饰以漆，横梁两端有雕饰龙纹的青铜套。中、下层横梁各有3个佩剑铜人，以头、手托顶梁架，中部还有铜柱加固。铜人着长袍，腰束带，神情肃穆，是青铜人像中难得的佳作。以之作为钟座，使编钟更显华贵。

作为珍贵的历史文物，曾侯乙编钟出土后曾3次被奏响：

第一次：1978年建军节，刚出土不久的曾侯乙编钟在驻随炮兵师某部礼堂被敲响。

第二次：1984年，为庆祝新中国成立35周年，湖北省博物馆演奏人员经特批随编钟进京，在北京中南海怀仁堂为各国驻华大使演奏了《春江花月夜》《楚商》《欢乐颂》等中外名曲。

第三次：1997年，著名音乐人谭盾为庆祝香港回归创作大型交响乐《天·地·人》时，由国家特批再次敲响了曾侯乙编钟。

曾侯乙墓编钟的出土，使世界考古学界为之震惊。它的铸成，表明中国青铜铸造工艺的巨大成就，更表明了我国古代音律科学的发达程度，是中国古代人民智慧的结晶。如今，曾侯乙编钟被陈列在东湖之滨的湖北省博物馆内，有机会前往的游客千万不要错过。

曾侯乙编钟

景点推荐 麻城周边景点

龟峰山 AAAA

鄂东著名风景区

黄冈麻城市龟山乡

75元 07:30~17:30

从麻城市包车前往景区

龟峰山由9座山峰组成，因其外形远看如昂首翘尾的巨龟而得名。山上盘松虬柏、怪石险径，景色绮丽雄伟，颇有奇趣，为鄂东著名风景区，有“天下第一龟”“中国杜鹃第一山”和“第二庐山”等美誉。

龟峰山拥有丰富的人文资源，古有唐太宗李世民登临龟尾御笔题写的“能仁寺”、一代文豪曹操亲临龟头题写的对联，今有1958年董必武视察龟山的题诗。这里地势险要，自古为军事要地。相传春秋末年吴楚曾在此交战，东汉末曹操曾在此练兵，南宋初年牛振曾在此安营。这些历史传闻，亦为此山增添了不少情趣。龟峰山的主要古建筑有化主庙、无梁殿和亭台等，主要名胜有人迹石、棋盘石和升子井等。人迹石相传为唐高僧真应禅师“立化”之地，棋盘石传为南极老人和北极老人弈棋的遗址。这些民间传闻，也为此山增添了不少神秘色彩。

玩家攻略

龟山风景区是一处旅游胜地，春季满山杜鹃似火，兰草花吐蕊，是春游的好地方；夏季白

天苍松翠竹蔽日，夜晚凉气袭人，是避暑的好去处；秋季山上野果遍地，山下一派丰收景象，正好参与农家乐；冬季满山银装素裹，松涛之声不绝入耳，可尽心探古访幽。

龟峰山内物产丰富，产有“龟山云雾茶”、远销各国的白厂丝和真丝绸，还有800多种野生中药材，以及苦菜、竹笋、蕨菜等野生绿色食品，都是极好的旅游纪念品。

玩家解说

龟峰山一年四季有景，春天山花烂漫，兰花飘香，杜鹃花开红艳艳，“人间四月天，麻城看杜鹃”便是对龟峰山春景的最好写照；夏季绿树成荫，清凉宜人，山上雾气弥漫，凉风透爽，令人心旷神怡，为一处避暑胜地；秋季层林尽染，果树飘香，金黄的柿子、挂满枝头的板栗和银杏果让你尽享野趣；冬季这里又是雾凇遍岭，一片雪白纯洁的世界。

能仁寺

能仁寺又名化主庙，建在龟山头部，主庙已毁，现存有观音殿、无梁殿等建筑。据史载，该寺始建于汉桓帝年间，是我国最早的佛教寺庙之一。当时主要建筑有山门、天王殿、大雄宝殿、藏经阁及斋堂等。鼎盛时期，寺内有100多名僧人，香客遍及全国，尤其是从每年六月一日起，香客如云，敲锣打鼓，旌旗遮日，大有佛声嘹亮遏行云之势。原能仁寺大门两旁有曹操所题的石刻对联，今保存在能仁寺侧门石柱上。

原生态古杜鹃群落

龟峰山风景区内的原生态古杜鹃群落面积达10万亩，是我国迄今发现的较大的古杜鹃原始群落之一，其面积之大、年代之久、保存之好、花色之美，堪称华中一绝。龟峰山“杜鹃花王”树龄300多年，树冠冠茎达6

龟峰山杜鹃

米，覆盖面积达35平方米，让人惊叹不已。

升子井

升子井位于龟峰山山腰悬壁之下，其奥妙难解，堪称一奇。升子井虽深不及尺，但晴旱水不干涸，雨涝则水不满溢，而且逢夏则水凉，遇冬则水温，可谓变化尽随人意，故又称如意泉。

麻城烈士陵园 AAAA

红色旅游经典景区

黄冈麻城市陵园路75号

麻城烈士陵园建成于1979年，为纪念黄麻起义和缅怀鄂豫皖苏区革命先烈的英雄事迹而建。麻城烈士陵园占地面积130余亩，是全国重点烈士纪念建筑物保护单位，是湖北省爱国主义、国防教育示范基地。

麻城烈士陵园建筑形式融中国传统的民族风格和鲜明的时代精神为一体，宏伟壮观，庄严肃穆。平面布局为中轴对称式，在中央主轴线上自南而北依次为大门、纪念碑、纪念广场。在纪念广场两侧是相对称的李硕勋烈士纪念广场、王树声纪念馆、王树声大将墓等。整个建筑群体构成了较为完整的纪念体系。

玩家 解说

麻城是一块红色的土地，自中国共产党成立时起，董必武、陈潭秋即以武汉中学为基地，向在武汉读书的麻城学子们灌输共产主义思想，传播马克思主义。大革命时期，麻城农民运动轰轰烈烈，闻名全省。大革命失败后，麻城县委与黄安县委一道，领导两县农军英勇地进行了“九月秋收暴动”，紧接着又举行了“黄麻起义”。以黄麻起义为起点，革命星火燃遍大别山，红旗插遍鄂豫皖，创建了仅次于中央苏区的全国第二大革命根据地。

链接

黄麻起义

1927年11月13日，湖北省黄安（今红安县）、麻城3万余名农民自卫军和义勇军在党的“八七”会议精神指引下和中共湖北省委领导下，攻打黄安县城，打响了鄂豫皖地区武装反抗国民党反动派的“第一枪”，正式成立了黄安农民政府，组建了工农革命军鄂东军，史称“黄麻起义”。1928年1月，鄂东军在黄陂木兰山改编为中国工农革命军第七军，吴光浩任军长，戴克敏任党代表。

革命纪念馆

麻城革命纪念馆占地面积2 200平方米，是一座仿古式的建筑。纪念馆的展厅分为序厅、“红色土地”、“英烈忠魂”、“群星璀璨”、“将军风采”、“崛起的麻城”6个部分，以多种现代化展示手段，用文字、图片和文物等展现手法，生动地表现了麻城人民的革命斗争史和建设新麻城的艰辛历程。

玩家 解说

纪念馆序厅展陈的是以大别山群峰为背景，从麻城走出的共和国将军群体塑像。“红色土地”和“英烈忠魂”部分，展陈的是历次革命时期为中国革命胜利英勇献身的麻城籍著名烈士和英模的事迹。“群星璀璨”部分，展陈的是“两弹一星”功勋彭桓武和麻城籍已故的省军级老首长的伟大功绩。“将军风采”部分，展陈的是从麻城走出的开国将军和新时期的将军。“崛起的麻城”部分，通过播放《崛起的麻城》

麻城烈士陵园

麻城革命纪念馆

专题片，展现了生态麻城、红色麻城、生机麻城和希望麻城。

◘ 王树声纪念馆

王树声纪念馆是为纪念“黄麻起义”领导人之一、共和国开国大将王树声同志而建。纪念馆占地面积1 600平方米，为一座仿古庭院式建筑。纪念馆展厅分为序厅、青少年时期、大革命时期、土地革命战争时期、抗日战争时期、解放战争时期等7个部分，以文字、图片、油画、文物等多种展现手法，展示了王树声从一个山区小学教师成长为共和国大将的历程。序厅展陈的是一尊王树声大将的半身青铜塑像。馆内还展陈有王树声大将生前所配专车（一汽1968款红旗牌轿车）。

◘ 李硕勋烈士纪念广场

李硕勋烈士纪念广场上建有李硕勋烈士的白色全身立像，红色的石质底座上面还刻有邓小平题写的“李硕勋烈士永垂不朽”。

链接

李硕勋烈士

李硕勋，又名李陶，湖北麻城人，1903年2月23日生于四川省高县。中共早期参与领导军事斗争的先驱之一。1931年6月任中共广东省军委书记，因叛徒出卖而不幸被捕，英勇就义。

五垴山森林公园

湖北省道教圣地

✉ 黄冈麻城市西北部，距市区2千米

五垴山森林公园前身系国营林场，1992年建为森林公园，面积约2 153公顷。公园内风景优美，气候宜人。全园自然分布64科150余种植物和多种野生动物。凤凰垴、鸳鸯垴、黄狮垴、双虎垴、金狮垴五座山峰连绵起伏。园内有大中小水库6座，蓄水千万立方米。园内名胜古迹众多，帝主庙建于明代，是著名的道教活动中心；庙宇古建筑群建于明代，虽历经沧桑，但依然气势雄伟。麻姑仙洞、凤岭朝云是“麻城八景”中的两大景点，还有连绵数里的石筑城墙、三国曹操手书“万古高风”遗迹等。

白云台：白云台在麻姑仙洞西边约1.5千米处，相传为麻姑修行之所。其台石巨大，位于山巅外，隆起如台，台上云气往来，远眺时缥缈犹如仙境。

五垴山茶花园：五垴山茶花园位于公园管理处附近，每年10月至次年3月百花盛开，姹紫嫣红，分外妖娆。公园油茶高接换冠技术曾多次荣获湖北省科技进步奖。

霸王寨：霸王寨位于五垴山主峰，因相传楚霸王项羽在此征战而得名。

链接

麻姑的传说

关于麻姑，在麻城民间还流传着一个动人的传说故事。相传东汉时有个叫麻秋的官吏，他的妻子生下一女婴取名为麻姑，她天资聪慧，七八岁的时候，一把米从她手里抛撒到地上，便成了无数色彩绚丽的宝珠。

后来，皇帝派麻姑的父亲监工修筑城墙，役工夜以继日地工作，疲惫不堪。善良的麻姑于心不忍，于是她在天黑时模仿公鸡啼鸣，好让役工得到休息。此事很快被发现了，其父盛怒之下，把她关进了牢狱。后来，麻姑将米粒化作宝珠，撒在地上引得狱官追捡，趁机逃狱。其父率兵追赶至深谷边，麻姑走投无路。王母娘娘碰巧路过此处，于祥云中拔下玉簪

五垴山森林公园

扔下谷去，化作一道玉桥，麻姑得救。后来麻姑又在王母娘娘的指点下，找到一座仙山处潜心修炼，并精心培育仙果，采集灵芝酿造美酒。数年后，麻姑修炼成仙，选择农历三月三，带着酿好的美酒和采摘的仙桃，升空去拜见王母娘娘，答谢救生点化之恩。

麻城杏花村

著名的文化名村

黄冈麻城市岐亭镇杏花村

麻城杏花村是一座文化名村，这里风景优美，杨柳依依，小桥流水，据专家学者考证，这里即是诗人杜牧《清明》诗中所写的杏花村。随着历代文人的吟咏，杏花村早已闻名遐迩。北宋苏轼贬谪黄州路经此处，意外地见到了隐居于此的友人陈季常。从此，他3次来杏花村饮酒赋诗，尤其是他撰写的《方山子传》，将此处记入其中，流传千古。明清诗人关于杏花村也多有诗赋。清乾隆皇帝曾御赐巨匾“杏花古刹”于村庙。置身于此，只觉水在村中，村在山中，山在林中，风景美不胜收，妙不可言，令人心旷神怡。

柏子塔 文

唐代古塔

黄冈麻城市阎家河镇柏子塔村九龙山

柏子塔由虚应禅师始建于唐建中四年（783），后代多有修缮。柏子塔原为六角九层楼阁式砖塔，现存七层，残高约35米，底边长5米，逐层内收。塔门面南，拱券形，内壁设佛龛。二层以上相间设半圆形单券门窗，一至五层为穿心式楼梯，五层以上为螺旋式楼梯。塔檐和腰檐置斗拱，塔檐一至六层用七踩斗拱承托，七层以上改用五踩斗拱。明代哲学家李贽曾在此开坛讲学十余年。如今，这里已经开辟为九龙国家地质公园。

链接

柏子塔传说

柏子塔屹立在蜿蜒的九龙山之上，民间传说，此地九龙缠顶，有帝王之气。唐时有位风水先生，死前嘱咐儿子，将自己的尸体用9条草绳缠住，闭门49天后移葬九龙山，然后回家，向北方连射3箭。可惜儿子耐不住母亲斥其久不干活，第48天就射出宝箭，3支箭从唐王头上、肋下和胯裆穿过。唐王震怒，遂在九龙山建塔，用来镇压。

麻城杏花村

李先念故居 AAAA 文

红色经典景区

黄冈市红安县高桥镇长丰村

李先念故居纪念园占地面积200亩，是一个狭长的院落结构建筑形式。现对外开放的有李先念故居、李先念图书馆、故居纪念馆等。整个建筑群和周围的池塘、青山融为一体，朴实无华，既保持了故居原有的面貌，又充分利用了周围的景色，显得自然而和谐。

李先念故居是典型的鄂东民间建筑风格，土砖瓦房，坐北朝南。现其内部举办了复原陈列。西侧两间是李先念父母的住房，1909年6月23日李先念在这里诞生，在此度过了他的童年和青少年时代，并从这里走上了革命道路。东侧三间是其哥嫂的住房，也基本保持原貌。进门的第一间为正厅，摆设有香案、方桌、椅子、纺线车等。靠右边的一间是卧室兼厨房，放置有床、储柜、柴灶等物。

牌坊式门楼

纪念园内的牌坊式门楼高12米，宽17米。“李先念故居纪念园”8个字由前中央军委副主席刘华清上将题写。门楼两侧有楹

李先念故居纪念馆

联曰："入川陕，走河西，驰骋中原，将军不下马；理仓廪，问经济，剪除蠡贼，元首正是他。""先天下之忧而忧清风两袖，念人间之苦为苦正气千秋"一联则由军旅作家刘亚洲中将所作。

故居纪念馆

故居西侧为故居纪念馆，由20世纪70年代的高桥地区革命传统教育展览馆发展而来。纪念馆建筑面积360平方米，以图片和文字展示了杰出的革命家、政治家、军事家李先念光辉的一生，介绍了他在革命、建设和改革开放不同历史时期的业绩和历史功勋。

李先念图书馆

李先念图书馆占地面积2500平方米，按李先念同志在中南海居住的房屋仿造而来，分为生活区、办公区、功能区，部分再现了李先念同志在京期间生活和工作的环境。图书馆收藏了关于李先念同志生平、红四方面军战史、新四军第五师发展史及农业科技等方面的图书4 000多册，并将功能区中的小影院改造为多功能厅，主要用于当地农业科技培训。

链接

革命先辈李先念

李先念（1909—1992），黄安（今红安）县詹店镇李家大屋人。无产阶级革命家、军事家。1927年加入中国共产党，同年参加黄麻起义，历任红31师班长、高桥区委书记、县苏维埃政府主席。1983年任中华人民共和国主席，1988至1992年任全国政协主席。

鄂豫皖苏区革命烈士陵园 AAAA

爱国主义教育示范基地

黄冈市红安县城关镇陵园大道1号

鄂豫皖苏区革命烈士陵园占地面积约1平方千米，是为了纪念在黄麻起义和鄂豫皖苏区革命斗争中牺牲的先烈们，于1990年在原红安烈士陵园的基础上扩建而成，主要由纪念碑、烈士祠、烈士纪念馆、烈士墓等建筑组成。

陵园内建筑古朴典雅，绿色琉璃瓦顶盖，掩映于苍松翠柏之中。黄麻起义和鄂豫皖苏区革命烈士纪念馆建筑面积2 400多平方米，为古典庭院式结构，长廊环绕，飞檐碧瓦。馆内设序厅和8个陈列室、1个画室，陈设着230名著名烈士的事迹简介，以及烈士遗物、照片、诗抄和雕塑等，是缅怀革命先烈、开展爱国主义教育的绝佳之地。

纪念碑

黄麻起义和鄂豫皖苏区革命烈士纪念碑屹立在陵园之内，高25.7米，石碑上镌刻着华国锋、叶剑英、李先念等领导人的题词，碑座正面塑有五星碑徽，台座正中为汉白玉雕成的花环，左右分嵌有再现黄麻起义和苏区军民坚持武装斗争、保卫苏维埃政权的浮雕。纪念碑前两旁的雕像群形象逼真，气势磅礴。左边塑的是一位武装农民身背大刀，高举铜锣，象征着黄麻起义。右边塑的是红军战士高擎钢枪，奋勇向前，象征着根据地军民坚持武装斗争。

烈士祠

烈士祠位于纪念碑后约百米处，祠内设有烈士灵堂，陈列着红安全县革命英烈的名册及人民群众敬献的花圈。祠后面是骨灰堂，东边是董必武纪念馆，馆内汉白玉雕塑的董必武像慈祥安逸，馆里数百幅照片和数十件实物展示了董必武伟大的一生。

红安县革命博物馆

红安县革命博物馆为庭院式整体结构建筑。馆内设序幕厅和6个展室，陈列着新民主主义时期红安人民在中国共产党领导下的革命斗争历史，同时反映了土地革命时期的鄂豫皖苏区和抗日战争时期的鄂豫边区的重大事件，以及李先念、刘伯承、邓小平等人在红安地区的革命活动。

天台山

有“红色圣山”之誉

黄冈市红安县七里镇

天台山位于大别山南麓，因主峰“山形类台，巧若天造”而得名。景区内森林密布，群山环抱，处处都是清澈的溪流和郁郁葱葱的山谷，是理想的游山避暑地。天台山素以“佛宗道源，山水灵秀”而著称，更有“红色圣山”之誉。这里不仅走出了红四方面军、红二十五军等红军主力部队，而且许多老一辈革命家也都在这里留下了光辉的足迹。

天台山主峰由伯台、仲台、叔台、小台组成，伯台最大。早年，佛教和道教先后在台顶建庙观传教，现以道教为主。天台山有告天炉、卧龙洞、留月岩、披云峰等景。留月岩的“天台夜月”更是景中之冠，每当明月徘徊于斗牛之间，立于危峰之上，俯视群峰，千岩万壑，晶莹透彻，引人无限遐思。

玩家攻略

1.喜欢刺激的游客，可以在山中的对天河体验漂流。漂流河道全长约6千米，河流两旁峡谷幽深、滩多浪急，登上橡皮艇顺流而下，可以体验“艇在丛林漂，人在画中游”之趣。

2.天台山下的香山湖水质清澈，风景秀丽，水面环绕而成的岛屿，像镶嵌在水中的绿宝石。岛上林木茂盛，下雨的时候，湖面烟雨蒙蒙，泛舟其上，如入仙境。

天台山

链接

天台山上的名士

自古名山招名士，天台山因气势磅礴，巨岩独特，也赢得了历代文人墨客的青睐。明户部尚书耿定向晚年隐居此地，著有《耿定向先生全集》和《天台文集》流传于世。明末著名思想家、文学家李贽在天台山著书立说，留下了不少赞美天台山绮丽风光的佳作，其中《宿天台顶》至今广为传诵。后为中国人民解放军上将的董其武在戎马倥偬之中专程来天台山一游，并命人在绝壁上凿刻8个大字“复兴民族，挽救国家”，为天台山平添几分英雄气概。

天堂寨 AAAA

迷人的原生态美景

黄冈市罗田县境内　108元　武昌傅家坡长途汽车站每天有直达天堂寨的旅游专线车

罗田天堂寨风景区内群峰耸立，千米以上的高峰25座，其主峰天堂寨海拔1 729米，为大别山主峰之一，号称“中原第一峰”。登上主峰环视，则可见千万大山拥拜于下。北望中原，南眺荆楚。凌晨观日出似置身于九天之外，傍晚看日落如在仙宫信步。每当雨过天晴，早晨登主峰观云海更是气象万千，无比壮观。

天堂寨自古以来便是兵家必争之地，历史上在这里发生了不少重要的战役。1947年刘邓大军挺进大别山，天堂寨就是重要的活动区域。

神仙谷

神仙谷全长约2 500米，由龙井河、萧家河两条溪流汇集而成，河谷宽约30多米，两岸清山秀水，曲折蜿蜒。漫步谷中，令人心旷神怡，宠辱皆忘。北宋王安石在舒州（今潜

山）任通判时，曾多次前往天堂寨寻幽览胜，尤其爱到神仙谷游览，并赋文曰：“水无心而宛转，山有色而环围，欲徘徊而不尽，坐石上以忘归。”

◘ 双龙潭

双龙潭是天堂九井中最大的两口井，两井相连，潭水清澈，青山碧树倒映其中，构成一处养性修身之佳境。两潭之间有一巨大平台，名曰“诵经台”。传说太上老君每每在此讲经之时，天台下深洞中的一对千年鲤鱼必游至潭中，并浮上水面，潜心聆听，终于参透禅机，修成正果，羽化成龙。双龙潭冬暖夏凉，水中常有鱼儿嬉戏，游人到此一定记得拍照留念。

天堂寨

◘ 小华山

小华山位于天堑道中部一侧，是一组危岩秀峰。峰顶有几块巨石，镶嵌其中，欲坠不能，仿佛天外飞来之物。从峰顶至谷底大约有200多米高，险峻异常。

◘ 九道箍

九道箍位于主峰西侧，游人一接近公园管理处，抬头东望可见一道高几百米的悬崖峭壁，酷似一大肚和尚，笑容可掬，传说此崖为弥勒佛所变。北面不远处还有一道山峰，从上到下都是裸露的岩石，岩石之间生出了许多松树，从上至下将此山峰缠绕了九道，恰似九道钢箍，妙趣无穷。

薄刀峰

以松奇、石怪、峰险著称

黄冈市罗田县307县道大别山主峰天堂寨西侧

薄刀峰原名鹤皋峰，旧时常有白鹤栖息于此，古人取诗经中“鹤鸣九皋，声闻于天”之意命名。后因主峰之下卧龙岗形同蛟龙、脊似薄刀，改名薄刀峰。薄刀峰自然景观以松奇、石怪、峰险而著称，是一个集旅游、会务、休闲、科研于一身的风景区。

薄刀峰海拔1 404米，是大别山国家森林公园、大别山国家地质公园的核心景区。景区面积30平方千米，全年平均气温约16℃，堪称天然氧吧。

薄刀峰景区主要由卧龙岗、圆梦谷、锡锅顶三大主题游览区组成，形成了红色旅游、民俗文化、生态观光、休闲度假等多个主题功能区，是游客感受大别山文化、养生养心的绝佳之地。

◘ 北斗松

薄刀峰景区北斗松位于卧龙岗游线之北末端，由七棵形神各异、姿态迥然的古松组成一个巨大勺子形状，故名北斗松。

薄刀峰风光

鹤皋亭

鹤皋亭位于薄刀峰主峰之巅，相传此亭为王母云游时命侍女赶石垒砌而成，后为历代兵家瞭望哨口。鹤皋亭几经修缮，现存为景区于20世纪80年代末所建的仿古圆形亭子，供游人登高远眺、休憩娱乐之用。

天池

在卧龙岗前，有一段零零散散的杂林乱石。就在这乱石岗中，有一高约5米、直径约4米的椭圆形石头，直立在山脊上。石头之上有一个一米见方的古式浴盆，这就是天池。它旁边长着两棵形似雨伞、高大苍翠的黄山松，从这里攀缘而上可达天池。

圆梦湖

圆梦湖位于薄刀峰风景区管理处前，是一个横截卧龙沟南流之水的人工湖。该湖四周群山环抱，松竹掩映。坝上四角古亭，栏杆拱护，湖里碧水清波、鱼儿嬉戏。游人来此可尽情享受山谷野趣。

大别山主峰风景区 AAAA

生物基因库

黄冈市英山县北部　¥75元

英山大别山主峰风景区（吴家山国家森林公园）位于大别山南麓，是国家级森林公园。景区总面积约30平方千米，森林覆盖率达96%，森林生态系统保存完整，动植物种类丰富，现有植物1 100多种、动物300多种，被誉为“植物的王国、动物的乐园”。

大别山横亘中原，逶迤千里，大别山主峰天堂寨坐落在景区境内，雄奇险峻，气势磅礴。风景区以山岳地貌、河谷风光、原始森林为主要特征，汇峰、林、潭、瀑于一地，集宗教文化、民俗风情、历史人文等于一身，是生态旅游、避暑休闲、体验自然的胜地。

玩家 攻略

龙潭峡漂流：龙潭峡漂流位于大别山主峰风景区龙潭河谷下游，全长2.5千米。两岸青山对峙，苍茫叠翠，峡谷曲折幽深，荡舟飞瀑流泉之间，怡然自得。

高空滑索：滑索位于龙潭河谷中游地段，横跨于河谷龙凤与古藤园之间。这是勇敢者的游戏，在将河谷风光尽收眼底的同时，体验一下飞翔的感觉。

龙腾索道：龙腾索道飞跨于龙潭河谷上游，全长800米。乘坐该索道既可以饱览龙潭河谷沿岸绵延起伏的秀丽山色，又可以感受龙潭河谷的幽深莫测。

玩家 解说

除了奇特的自然景观，吴家山森林公园还有丰富的人文景观。宋朝宰相王安石游历天堂寨，留诗句“多云九井”于天堂龙井石壁之上。程汝（宋末）、徐寿辉（元末）、王煸（明末）、马朝柱（清）、陈玉成（清末）等义军均屯兵过天堂寨，留下了金顶、炮台、跑马岗等遗迹。刘邓大军挺进大别山时休整的陈家湾、红军洞等革命遗址更为深山宝地增添了神秘而辉煌的色彩。

龙潭河谷

龙潭河谷谷险潭深，风景独秀，其间景点密集，有深潭9处，最深可达26米，是传说中水怪出没的地方。这里有终年不涸的大小瀑布十多道，怪石奇峡重重，清冽泉水潺潺，有高达百米的排天瀑和陡峭巍然的龙门峡，有幽深神秘的龙宫洞等景观，其“原草原木原生态，野滋野味野风情”的原始风貌，被赞誉为“华中河谷第一景”。

锦绣谷

沿800级石阶而下，即可到达巧夺天工的“锦绣谷”。这里数十平方米的谷石光滑如镜，图案如织，活脱脱的一幅天然地毯。顺锦绣谷而上，横渡铁索桥，迎面是“三潭拥翠”，其中的“乌龙潭”深入峭壁，回旋挽出，犹如龙吟峡谷，十分悦耳。

桃花冲 AAAA
避暑休闲佳地

黄冈市英山县境内　¥80元

桃花冲森林公园位于大别山生态旅游区南麓，主峰大同峰海拔1 699米。公园不远处即是闻名世界的北宋活字印刷术发明家毕昇的故里和墓地所在地。这里还曾是红二十

桃花冲

五军、新四军五师和刘邓大军转战大别山的重要根据地。

桃花冲森林公园内森林茂密，植物种类丰富，生长着如大别山五针松、金陵松、鹅掌楸等树种和银杏、水杉等国家重点珍稀保护树种。境内还盛产天麻、桔梗、杜仲等多种名贵药材，素有大别山“第一药材宝库”之称。公园内的动物资源也十分丰富，兽类有金钱豹、香獐、果子狸等30多种，鸟类有锦鸡、长尾雉、鹰、鹤等70多种，昆虫类有蜂、蝶、蝉等几百种，鱼类有大鲵、石锦鱼、鲢、鲴等20多种，堪称野生动植物乐园。

玩家解说

桃花冲界连鄂皖，水派江淮。公园以山岳地貌、原始生态、红色人文而著称。境内群山起伏，碧潭飞瀑，石怪松奇，素有“避暑不让承德，纳凉不让庐山”之美誉。景区主要有十里桃花溪生态旅游线、小旗岭红色旅游线、李家寨野外拓展线3条精品旅游路线，是不可多得的旅游观光、避暑休闲、野外拓展的好去处。

桃花溪

桃花溪绵延10里，风景迷人，仙女潭、净心潭、桃花潭、玄武潭水质澄碧，赤练瀑、时来瀑、鸳鸯瀑、桃花瀑瀑瀑高悬。这里的每个景点或有美丽的传说，令你心驰神往；或有凄美的故事，让你潸然泪下。沿着步道拾级而上，观花、听水、品山，完全融入大自然之中，宠辱皆忘，惊叹天地之造化和大自然的鬼斧神工。

小旗岭

小旗岭自古就是兵家必争之地，楚长城在这里蜿蜒不绝，如一条巨龙盘踞于山脊之上。楚长城最东边的观景台，是观赏日出最好的位置。红二十五军、红二十八军、张体学革命游击根据地在这儿组建，刘邓大军千里挺进大别山路过这里，无数革命先烈在这儿洒下热血，也留下了红军医院、大竹园会议遗址、军政旧址等一系列红色景点。

景点推荐

黄州周边景点

东坡赤壁 文

有“文赤壁”之称

黄冈市黄州区城外，长江北岸　40元

7:30~17:00

东坡赤壁位于长江之滨的古城黄州西北，素有“江山如画”之美誉，晋唐时就为游览胜地。北宋大文学家苏轼因谪居黄州常游赤壁，并写有前、后《赤壁赋》及《念奴娇·赤壁怀古》等著名作品，更使这里名扬中外。

东坡赤壁的楼阁始建于西晋，距今约1 700年，后多次重建。现有面积400余亩，建筑物、名胜古迹计有二堂（二赋堂、雪堂），三楼（栖霞楼、涵晖楼、挹爽楼），二阁（碑阁、留仙阁），一斋（慨然斋），一像（东坡塑像），　峰（剪刀峰），九亭（放龟亭、睡仙亭、坡仙亭、酹江亭、问鹤亭、快哉亭、揽胜亭、望江亭、羽化亭）。这些古建筑依山就势，古朴典雅，具有浓郁的地方特色，不失为园林佳构。

东坡赤壁碑刻闻名全国，有历代名人书画碑刻近700块，其中苏轼书画碑刻139块，居全国古今书画家个人碑刻之首。其中苏东坡的《景苏园帖》碑刻，其字如江河流泻，是苏轼书法作品中不可多得的珍品，被人称为“国中之宝”，被世人推崇为“天下第三行书”。

遗爱湖 AAAA

东坡文化主题公园

黄冈市黄州区东坡大道62号

7:00~17:30

遗爱湖公园是一个集生态保护、休闲娱乐、文化传承于一身的东坡文化主题公园。遗爱湖公园总面积7500多亩，其中水域面积4400多亩。河汊沟通，湖湖相扣，湖中落下座座小岛。主要有遗爱清风、临皋春晓、东坡问稼、一蓑烟雨等景区。

遗爱湖广阔的湖面明净而通透，湖岸杨柳依依，绿水青山环绕，煞是迷人。湖在山城中，城在赤壁山下。登山远眺，遗爱湖及古城风景尽收眼底，可谓山与城相连、城与湖相接，湖光山色相得益彰。

玩家 攻略

遗爱湖夏天的夜晚很凉爽，附近的广场是纳凉的好地方，有时这里还会放映露天电影。湖边有地标式的东坡塑像以及一块块的诗词碑刻。这里也是黄州区的拍照佳地。

公园内已有自行车、观光车、游船租赁服务。

链接

遗爱湖的爱情传说

相传宋朝嘉祐年间，黄州东湖边住着一个穷苦的书生，他和湖水另一端的姑娘两情相悦。但是姑娘的父亲听说女儿与穷书生相恋十分生气，命令女儿与书生断绝来往。痴情的姑娘于是与书生约定了日子一起私奔。到了约定的日子天降暴雨，书生为了遵守约定，毅然决定驾着小船去接姑娘。书生驾船到了湖心，雨却越下越大，最后他不幸落水而亡。姑娘听说了这个消息悲恸欲绝，不愿独生，于是也投湖自尽了。乡亲们为这对恋人感到遗憾，为了纪念他们，于是将这湖水更名为“遗爱湖”。

遗爱清风

遗爱清风是遗爱湖公园的主景区，遗爱亭亦建于此，是公园的最高点。在此登高远望，微风拂面，顿感心旷神怡，领略了苏东坡《赤壁赋》中“清风徐来，水波不兴”的境界。这里还有音乐喷泉、浮雕、水幕电影、苏东坡纪念馆等。

临皋春晓

这里原为驻军靶场，是湖边的一处高地，三面环水，亭台楼榭，树影婆娑。每当春暖花开，可以在此感受鸟语花香的和谐氛围。景区内建有遗爱湖景区最大的广场——东坡广场，曾举办过中国黄冈大别山旅游节、东坡文化节开幕式和元宵喜乐会等重大庆典活动。

东坡问稼

这里是湖边坡地，区内建有茶园、海棠园、百草园、五谷园等多种植物园，再现当年苏东坡躬耕东坡、以苦为乐的情景以及《东坡八首》的意境。

一蓑烟雨

此地段是一个伸向湖中间的半岛，常常是烟雨蒙蒙。此景集中展示苏东坡的文化品格和艺术成就。苏东坡所作《定风波》中"一蓑烟雨任平生"就是其人生和艺术历程的概括和总结。著名景点有苏东坡诗词碑刻、芸香阁、万斛泉、快哉风等。

琴岛望月

琴岛位于湖中，酷似一把小提琴。每至"月出于东山之上，徘徊于斗牛之间"，站在琴岛之上，月光、湖光交相辉映，月影、云影融为一片，可体会"但愿人长久，千里共婵娟"的悠远意境和无穷韵味。

大崎山森林公园

山高林密，苍翠欲滴

黄冈市团风县贾庙乡东北部

大崎山森林公园以生态旅游和避暑休闲为主，园内主峰大崎山海拔1 040米，属大别山主脉，素有鄂东"泰山"之称。大崎山山高林密，苍翠欲滴，"崎山叠翠"在明代弘治年间即是当地胜景之一。

大崎山森林公园雨量充沛，四季分明，飞禽走兽出没无常，如野鸡、果子狸、猫头鹰、苍鹰等国家重点保护动物180余种，昆虫则数不胜数。这里山高险峻，雄奇俊美，与宗教有十分密切的关系。位于南山腰的能仁寺，历史悠久，源远流长。现存有一大石碑，遒劲的"唐敕能仁"四个大字，向人们昭示着当年的宏伟气派。接天山的"真武观"，据说曾与武当山齐名天下，受四方朝拜。此外山上的"龙王寺"，也曾有过辉煌的历史。

三角山 AAAA

有许多战争和革命遗址

黄冈市浠水县绿杨镇　80元

三角山国家森林公园地处大别山南麓，面积64平方千米。公园地势险要，易守难攻，历来是战略要地，留下了许多战争和革命遗址，是湖北省爱国主义教育基地。

公园内动植物资源丰富，是天然大地博物馆，植物分布多达138科、1 100多种。有国家和省级重点保护动物金钱豹、穿山甲、小灵猫等野生动物40多种，是动物栖息繁衍的"理想王国"。境内自然景观奇特，奇峰凌云，层峦叠嶂，巍峨峥嵘。石洞奇观妙趣横生，虬松古树仪态万千，奇花异草四时飘香。有笔架飞瀑、老龙仙洞、神鼠过梁等景观，是理想的旅游避暑、休闲疗养胜地。

紫云禅寺

紫云禅寺始建于唐贞观三年（630），距今已有1 300多年的历史。传说祖师开山之时，有紫云萦绕山峰，故取名紫云禅寺。寺院兴旺于五代时期的后梁、后唐。经历朝修复，规模不断扩大，北宋真宗咸平年间大兴土木，改建成巍峨大庙，建筑面积达7 000平方米，分为五殿三阁，规模宏大，供奉神像栩栩如生，常年香火不断。寺左侧有一巨石，石高丈二，呈四方形，表面平滑，遗有棋盘，"楚河""汉界"清晰可辨，人称棋盘石，传说紫云禅寺开山祖师曾在此与人对弈。

三角山迎客松

屏风寨

始建于北宋末年，是农民起义军在三角山建立的据点。清朝末年，太平天国英王陈玉成率部在此建城垒寨，对原有的寨墙进行了大规模的加固整修，此后率部重创清军湘淮劲旅。屏风寨全长21.5千米，有4座寨门，现城寨保存完好。刘伯承元帅1947年10月20日挥师南下在部署著名的高山铺战斗之余曾登上三角山主峰，并在这里留影。

红二十八军游击根据地纪念碑

三角山是中国工农红军二十八军在鄂豫皖苏区的重要游击根据地之一。在白云庵、紫云庵等处还建有战地医院。1936年1月5日，红二十八军各部队在三角山会合，在当地群众和党组织的积极掩护下，开展游击战争前后长达4年之久，留下了许多的革命遗址和可歌可泣的英雄故事。2000年，县政府在此建立了三角山红二十八军游击根据地纪念碑，是爱国主义教育的重要场所。

卧仙石

三角山第三峰上的一块巨石，巨石一半伸向崖外，似坠落之状，石上面光滑平坦，可够一人平卧。崖石旁两棵古松左右相伴，传说为神仙休憩之处，故称卧仙石。

三角山屏风寨

迎客松

矗立大尖峰顶，茂枝斜向东南，如一位老人遥伸苍劲手臂于峭壁之外，似向游客招手致意，胜似画家笔下迎客松，是旅游摄影留念的最佳景点。

老龙洞

位于主峰东南处，进洞口是横的，上镌“松结龙缘”4字。出洞口是竖的，上刻“津液龙涎”4字。洞有3泉，其间烟云出没，当地人常据此预测阴晴。令人惊奇的是龙洞的泉水像海水一般，一日分中午和子时两次涨潮，故有“子午泉”之称。

舍利宝塔

设计巧妙的古塔

黄冈市浠水县北30千米大灵山麓

舍利宝塔建于北宋元丰五年(1082)，为灰砂岩石所砌，五层六角，高近5米。塔身基部为两块三角石拼合，形如仰斗。从第一层起，层层出檐，状若山花蕉叶。二层以上，均加垫石，经细凿精制，所有出檐的深浅、垫石的厚薄，皆随塔逐层内收和递减。五层之上又有圆盘式的相轮三层，再上即为顶刹。在第一、二层东西两面刻有小龛、佛像、塔名及建塔人和年代。设计巧妙，结构严谨，通体精致玲珑，在峰峦叠翠的大灵山和碧波涟漪的白莲河水库映衬下，更显飘逸。

赤龙湖华中影视基地

影视娱乐基地

黄冈市蕲春县蕲州镇 35元

赤龙湖华中影视基地总规划面积1 650亩，规划建设明清影视城、民国影视城、楚汉影视城、“西游记”影视城等。赤龙湖明清影视城是最先启动的项目，建筑面积15 000平方米，现已建成了蕲州李府、荆王府、明代集市、府衙、古戏台、城楼等多个极具明清特色的徽派建筑。2008年3月，大型电视连续剧《大明医圣李时珍》在此影视城开机，随后《大宋才子黄庭坚》《大将军韩信》《大汉口》等电视剧都陆续进驻华中影视基地开拍。

赤龙湖三面被丘陵环绕，形成了“山中有湖，湖中有岛”的山水结构。湖区气候温和，绿树成荫，野生动物活动频繁，许多季节性候鸟在此栖息。湖面碧波荡漾，湖心岛风景怡人，还有“九龙戏珠”“洗脚湖”“靳电岛”等众多美丽的景点可供观赏。

李时珍陵园 ㊫

为纪念李时珍而建

黄冈市蕲春县蕲州镇

李时珍陵园位于蕲州古城东风景秀丽的雨湖之畔，占地面积80亩，由李时珍墓地、李时珍纪念馆、李时珍医史文献馆和药物园四部分组成。

李时珍墓地坐落在蟹子地，与李时珍诞生地瓦硝坝隔湖相望，依山傍水，风景优美，古时即为“蕲阳八景”之一。李时珍父子原墓及墓碑保存完好。

李时珍纪念馆由邓小平同志亲笔题写馆名，为仿古（明代）建筑群，气势恢宏，错落有致。馆内陈列大量珍贵的医学资料、药物标本和郭沫若、邓颖超、方毅等同志的题词。

李时珍陵园塑像

李时珍医史文献馆珍藏中外《本草纲目》版本10余种，以及古今中外介绍李时珍的医药书籍、文献资料和报刊等。

李时珍药物园包括药物碑廊和百草园两部分，为我国第一家中医药自然博物馆。本草碑刻长廊镶嵌128幅药材石雕，刻工精细，栩栩如生；百草园种植各类药材310多个品种。

链接

李时珍

李时珍（1518—1593），字东壁，湖北蕲春县蕲州镇人，明代著名医药学家。李时珍自1565年起，先后到湖广、安徽、河南、河北等地收集药物标本和处方，参考历代医药等方面书籍900余种，考古证今，记录上千万字札记，历经27年，于明万历十八年（1590）完成了192万字的医学巨著《本草纲目》。

武山湖

古长江九大要穴之一

黄冈武穴市境内

武山湖古名青林湖，因湖西有青林山而得名。穴在《尔雅》里是水道的意思，《元和郡国志》和《尚书》里称武家穴为九江第一穴。这里湖光山色相映成趣，自然风光如诗如画。湖中所产鲜鱼个大体肥，味道鲜美。传说以该湖之水煮该湖之鱼，不需添加任何调料，汤水便会浓如奶汁，武山湖因此也成为武穴举足轻重的商品鱼基地。湖中碧水如带，幽光闪烁，或烟波浩渺，或明丽清幽。泛舟湖上，微风轻拂，仿佛在画中穿梭，令人心旷神怡。

郑公塔

建于五代时期的古塔

黄冈武穴市郑公塔镇太白湖滨

郑公塔原名椿山塔，始建于五代后晋天福年间，相传为当地一郑姓人氏所建，故名郑公塔。此塔石基砖身，通高约20米，七层八角密檐式。内有3层木楼至顶，每层安有神像供祀。外墙正壁嵌有古朴花纹图案，各层由不同式样的琉璃青瓦铺盖，顶部为葫芦形三级铜铸塔顶，为国内罕见。铜顶由八条铜链系至八角，每角挂吊铃。八角垂挂着金链，每角悬有紫铜吊铃，遇有微风拂过，发出清脆悦耳的风铃声，仿佛天籁之音。

五祖寺 文

弘忍大师道场

黄冈市黄梅县东12千米的五祖镇东山上

五祖寺原名东山寺，后世改称五祖寺，建于唐永徽五年（654），是中国禅宗第五代祖师弘忍大师的道场，也是六祖慧能大师得法受衣钵之圣地，被御赐为“天下祖庭”，在我国佛教史上占有重要的地位。

五祖寺由弘忍大师亲手创建，寺庙自唐到清香火兴旺，有殿堂楼阁多间、僧侣1 000多人，先后还出了高僧百余人。自建寺以来，每年朝山的香客数以万计，不少文人墨客前来游览，并留下许多赞美的诗句。

五祖寺的整个佛寺建筑群依山势由上、中、下3部分组成，整体像古代宫殿建筑，为中轴线对称布局，层次分明。寺院建筑面积近5万平方米，天王殿、大雄宝殿、毗卢殿、真身殿依山势高低建于中轴线上。殿宇建筑，斗拱交错。

链接

弘忍大师和禅宗

弘忍（601—675），唐代僧人，俗姓周，原蕲州府黄梅（今湖北省黄梅县濯港镇）人。弘忍大师被认为是禅宗的实际创始人，门下有神秀、慧能两大弟子，分成南北两宗。南宗慧能一系成为禅宗主流，后发展成临济、沩仰、曹洞、云门、法眼五家，合称禅门五宗。禅宗是中国支派最多的佛教宗派，也是中国佛教史上流传最久远、对中国文化思想影响最广泛的宗派。弘忍所倡导的这种禅风影响深远，波及东南亚和日本等地。

释迦多宝如来佛塔

释迦多宝如来佛塔位于一天门后面的小冈上，修建于北宋宣和三年（1121）。塔体八角五级，高6米余，雕刻秀雅玲珑，十分精美。

天王殿

天王殿是寺院主要殿堂，坐北朝南。始建于唐大中年间，为重檐歇山式建筑。殿门上方刻有宋真宗赐封“真慧禅寺”匾额。殿中供奉的是弥勒佛，后座新塑韦驮佛像，东西两旁塑有四大天王，分别执杵、琵琶、伞、蛇，身披铠甲。

大雄宝殿

大雄宝殿位于天王殿后，始建于唐朝大中年间。该殿毁于清咸丰四年（1854），于1986年开始修复，历时7年竣工。建筑面积约865平方米，是中南地区最大的一座大雄宝殿，在全国佛教丛林中堪称“一枝独秀”。大殿供奉释迦牟尼佛、药师佛和阿弥陀佛3尊佛像。大殿东西还塑有十八罗汉。

毗卢殿

毗卢殿始建于唐大中年间，殿堂是后来麻城人募捐修建的，故又名麻城殿。1985年维修，更名毗卢殿。这里陈列着黄梅县出土的历代文物200余件，其中以清乾隆年间绿松石磨制的编钟最为珍贵。

五祖寺

景点推荐

鄂州旅游区

莲花山

有规模宏大的碑林

鄂州市鄂城区凤凰路76号　30元

8:00~18:00

莲花山旅游区以其规模宏大的文化碑林——莲花山碑林而闻名遐迩。景区内还有元明塔、六合园等多处人文景观。区内峰峦叠翠、山清水秀，是鄂州人周末休闲的好去处。以莲花山为主体的九座山峰，宛如绽放的九朵莲花，引得无数文人如屈原、陶渊明、苏东坡等在此行吟赋诗，留下许多脍炙人口的诗篇。

景区中的元明塔，层层飞檐翘角，覆盖着金色琉璃，正中的空心柱通天贯地，气势不凡。景区中的碑林总体设计以旅游区内的白猿山山势架构为基础，依山就势，周围建长365米的圆形碑廊。碑林呈现彩色立体模型，为半球体建筑，外圈由黑色碑廊环绕，8条红白二色阴阳碑廊蜿蜒而上。在碑林上，刻画了中国古代诸子百家还有佛教和道家的文化思想，此外还有楚文化、医武文化等，内容颇为丰富。这里三面环湖，通汇长江，山峦叠翠，湖光山色，让人沉醉。

梁子湖生态区

武昌鱼的故乡

鄂州市梁子湖区梁子镇

门票10元，单程船票15元，往返船票30元

梁子湖是湖北省容水量最大的淡水湖之一，是驰名中外的武昌鱼的故乡。梁子湖由300多个湖汊组成，平均水深3米，北有45千米长港与长江相通，梁子湖水经长港注入长江。

梁子湖以“水清、秀丽、奇特”三大特色著称。这里沃野平坦无垠，山峦叠嶂，山水相得益彰。梁子岛四面环水，形似一条含情脉脉的美人鱼，安卧在梁子湖的中央。岛中有湖，湖中有岛，生态环境保持极为完整。

梁子湖区气候宜人，动植物资源丰富，有“水底森林，鸟类天堂”之誉。其历史悠久，古迹众多，三国时期，为吴国点将练兵之所；唐五代时期，制陶业十分兴盛；明清时期，这里水路发达，商贾云集，有“小汉口”之称。

玩家解说

千顷一碧的梁子湖心，有一个林木葱郁、玲珑剔透的小岛——梁子岛，它像一枝亭亭玉立的荷叶浮于水面，所以又名荷叶洲。该岛状似鞋形，四面环水，面积约3平方千米，小巧娟秀，犹如蓬莱仙境，有“世外桃源”“梦里水乡”“水上蓬莱”之美誉。

西山

集雄、险、幽、奇、旷于一身

鄂州市鄂城区西山街

鄂州西山古称樊山，因在吴王古都鄂州市区以西，故名西山。西山集雄、险、秀、幽、奇、旷于一身，是不可多得的江南名山。

西山昔有“楚门东户”之称，全山植被覆盖率达98%，满山苍翠，气候宜人，历来为游览胜地。这里一脉九曲，九峰六谷，重峦叠嶂，飞瀑漱玉。全山东西长约1.6千米，总面积4 000多亩。山上六条谷涧，串联七泉、三池、一湖和两道瀑布。西山地下水水质优良，终年不竭；清甜甘美的菩萨泉和酥脆可口的东坡饼享誉四方。

鄂州市博物馆

地方综合性博物馆

鄂州市鄂城区　8:00～17:00

鄂州市博物馆是政府设立的地方综合性博物馆，既承担着配合市内建设工程开展文物调查勘探、考古发掘的重要任务，又肩负着文物征集保管、陈列宣传、科学研究等历史使命。

在广大文博工作者的努力下，已先后在市内发现古文化遗址54处，古建筑8处，石刻6处，革命遗址7处，近现代纪念建筑5处，

梁子湖

古墓葬、古墓区多处。馆藏文物超过2万件（套），其中国家一级文物50余件（套）、二级文物270余件（套）。馆藏文物以古铜镜和六朝青瓷器为特色。数量、等级居各市州前列的馆藏文物，使鄂州享有全省“文物大市”的盛誉；闻名于海内外的500多面古铜镜的出土，使鄂州获得“铜镜之乡”的美称。

龙蟠矶

石势蜿蜒，矫若惊龙

鄂州市东门外大江中

龙蟠矶地处大江之中，石势蜿蜒，矫若惊龙。传说孙权在称帝前夕，听说有黄龙蟠卧于江中巨石之上，积日方去，于是赐名蟠龙矶。它与东面江岸的“凤凰台”遥相呼应，并称“龙蟠凤集”，正应帝王祥瑞。

从龙蟠矶翘首西望，“万里长江第一阁”观音阁雄踞龙首之上。观音阁建于元代，明弘治、嘉靖年间及清代和民国均有修葺。观音阁突兀在龙头之上，恰似凌空飞来，坐东朝西，逆水而立。阁身正壁镌有“观音阁”3个遒劲大字。阁内有一亭二殿二楼，总面积300多平方米。阁内自西向东，分别是观澜亭、东方朔殿、观音殿、老君殿和纯阳楼。阁内还供有质朴的石雕观音和栩栩如生的八仙塑像。每到汛潮，水漫楼阁，只剩高层窗口；汛期一过，水落石出，它又横空出世，威镇江心，显示出古代工匠非凡的建造艺术。

古灵泉寺

“净土宗”的发源地

鄂州市鄂城区西山东坡中部

古灵泉寺又名“西山寺”，东晋太元年间由高僧慧远所建，是中国佛教“净土宗”的发源地。寺中有一堂（文殊师利堂）、三泉（滴滴泉、涵息泉、活水泉）、六殿（大士殿、拜殿、大雄宝殿、观音殿、武圣殿、念佛殿）。殿堂为砖木结构，莲花斗拱，红椽彩厅，金碧辉煌。大雄宝殿内，数十尊罗汉、菩萨或坐或卧，或动或静，造型精巧，惟妙惟肖。

古灵泉寺

景点推荐 黄石旅游区

黄石国家矿山公园 AAAA

中国第一家国家矿山公园

黄石市铁山区 ¥ 70元 市内乘公交6路到"铁山广场"站下，步行20分钟左右可到

黄石国家矿山公园是亚洲最大的钢铁联合企业——汉冶萍公司唯一保留下来、仍在正常运作的一个主要组成部分，也是毛泽东生平视察过的唯一一座铁矿山。

这里有着悠久的历史，三国孙权在此"筑炉炼兵器"，清末张之洞在此建成中国第一家用机器开采的大型露天铁矿。历经百年开采，铁矿东露天采场形成了落差444米的世界第一高陡边坡，现在成为黄石国家矿山公园核心景观。

矿冶大峡谷形如一只硕大的倒葫芦，坑口面积达108万平方米，被誉为"亚洲第一天坑"。在铁山张之洞广场旁，有全国首座铁矿博物馆，展现了千年矿山的创业史和发展史。

玩家 攻略

公园每年4、5月份会举办黄石国家矿山公园槐花旅游节，届时槐花香飘十里，花开万树，景象壮观。

矿业博览园

矿业博览园向游人展示矿业发展的历程，园内陈列了不同类型的10多台采矿、运输设备，其中有苏制爬犁机、美国50B重型矿用汽车和日本大功率铲运机等。

矿山博物馆

博物馆内设矿物陈列、古代开采、伟人视察等八大系列，陈列实物483件、图片635幅和10余万字文史、文字资料，是中国第一座铁矿山博物馆。

石海大绿洲

从1958年起，大冶铁矿累计排放废石3.53亿吨，占地300万平方米。为再造绿色家园，矿山人用18年时间在废石场上种出了面积达247万平方米的刺槐，一跃成为亚洲最大的硬岩复垦林。

雷山 AAAA

以石景和竹林闻名

黄石大冶市陈贵镇境内 30元

7:00～18:00

雷山风景区总面积54.8平方千米，最高峰猫儿伏海拔774.9米，辖小雷山、大泉沟、天台山三大景区，集森林公园、风景名胜旅游区、温泉度假村于一身，是鄂东南重要的风景名胜之一。

传说雷山在很早以前不叫雷山，后因遭受雷击方而得名。早在明朝袁宏道就留有赞美雷山之诗句“峰峰雪点缀，曲曲水苍寒”。雷山是一幅瑰丽的山水画，也是一座神奇的石头城。宝塔、亭台、楼阁、庙宇及百亩竹林点缀其中，更有那神奇的石松、石屋、石浪、石兽等石景鬼斧神工、绝妙天成。

玩家攻略

雷山景区内的雷山温泉度假村是一家集温泉、餐饮、客房、娱乐为一体的绿色温泉度假村。其温泉水来自小雷山山谷底层地热之水，水质晶莹透彻、无色无味、疗效显著。游览完美景来此泡个温泉，畅快无比。

观景台

位于小雷山上的观景台也称大石鼓，登台纵目，令人心旷神怡。明代万历年间，袁宏道曾来过这里，留下“更好人雷山，山高水亦环。峰峰雪点缀，曲曲水苍寒。却是曾经眼，玉维画中看”的诗句，从此“雷山缀雪”成为大冶的八胜之一。

古训堂

坐落在雷山方广洞的古训堂是传统的教育基地，堂前有九龙柱环绕，天池倒映。内建3座孔子殿、周公殿、舜帝殿。殿周青松翠柏掩映，殿宇之间有百步云梯相连，云雾环绕，甚为壮观。殿两侧有长廊直达山顶与雷峰塔衔接。登塔望远可饱览景区风光，妙趣横生。

雷山风光

大泉沟

大泉沟沟长约5千米，周边有14个自然村落，四季溪流潺潺，形成了形态各异的泉流瀑布。行走其间，泉水声、鸟鸣声和林涛声不绝于耳，让人如入仙境，心旷神怡。

大泉沟的景点名胜更是数不胜数，如石灵屋水库、莲花庵、岩鹰洞、大干洞等。大泉沟以其奇山秀水，被人们称为黄石的“九寨沟”。

天台山

天台山风景秀美、历史悠久，是一个尚待开发的处女地。大冶欲把天台山打造成生态自然景观、佛教文化和红色旅游等特色结合为一体的综合性景区，成为大冶红色旅游的一部分。

仙岛湖 AAAA

有“荆楚第一奇湖”之誉

黄石市阳新县王英镇 130元 7:30～17:00

仙岛湖旅游区面积180平方千米，水域32平方千米，1 002个岛屿似群星璀璨落玉盘。这里植被优良，物种群集，湖岸岩洞成群，洞内成溪，是著名的生态旅游景区，与杭州千岛湖、加拿大千岛湖并称“世界三大千岛湖”。

除了优美的自然风光，仙岛湖还有着丰厚的人文积淀。唐代骆宾王归隐陵寝胜迹犹存，明末嘉靖甲寅岁“飞来钟”保存完好，“灵通仙岛”石碑字迹分明。这里人杰地灵、英雄辈出，是王平、贺俊桢等将军的故里。现代有苏维埃政府旧址、彭德怀招兵站。当代涌现出了王贤田、王月娥等全国劳模。

仙岛湖旅游区内建有避暑山庄、珍稀动物岛、野山户外运动基地等，还有游乐场、影院、书店、商场、医院等服务设施，是休闲度假的绝佳去处。

野人岛

野人岛位于仙岛湖畔，这里自然风光旖旎，生态野趣横生。走进野人岛，满山忽现的“野人”、神秘莫测的符号为游客展示一个未知的境界。来到“野人”部落，可以观赏“野人”表演，甚至可以和性情豪爽的“野人”共舞，在忘我的狂野中荡涤劳累与烦忧。

观音洞

观音洞位于王英大坝对岸，在大坝乘船仅10分钟即可到达。此洞系水渍乳石结构，成洞于二万多年以前，因洞口有一天然石观音而得名。后世人在岩壁上重塑有如来、观音、弥勒等神佛。

仙龙岛

仙龙岛位于仙岛湖西南部，岛的形状犹如一条青龙浮卧在碧波荡漾的湖面上，逐浪而动。岛上水木清华，风光旖旎，是仙岛湖最迷人的岛。

将军纪念园

将军纪念园位于仙岛湖南畔东源境内，占地1 000多平方米，内设展览厅、纪念碑、放映厅等，展出400多幅照片，展现了王平将军光辉的革命生涯，是黄石市青少年爱国主义教育基地，也是仙岛湖的一个人文景观。

东方山

被誉为“三楚第一山”

黄石市下陆区东方山路8号　免费

东方山被誉为“三楚第一山”，主要由曼倩垴、揽胜垴、走马寨三大主峰组成。山中有2 000余种植物，森林覆盖率达90%以上，是黄石腹地中最大的林区。其中山上弘化禅寺有开山祖师智印手植的一株千年银杏，树龄长达1 200余年之久，高30余米，树径近2米。除此之外还有罗汉松、香樟等珍稀古树。

历史上曾有许多文人骚客登临此山，景区内如今仍保存有“青松倒插、白莲频开、

仙岛湖

东方山

铁牛懒卧、石船高撑、月涌禅关、仙履日暄、灵泉卓锡、道洞云停”古八景。

玩家 解说

东方山名字来源历来有两种说法：一是因此山地处东方，与屹立长江中流的西塞山、张家湖，结成水陆联防基地，成为东吴首都的东方要塞而得名；二是据说西汉时东方朔曾来此隐居，为纪念这位历史名人，故而命名为东方山。

西塞山

有“长江中下游门户”之称

黄石市西塞山区黄石大道654号附近

西塞山三面环江，唯有一脉纤立山梁与千里楚山相接，素有“长江中下游门户”之称。山体壁立江心，横山锁水，雄奇磅礴，为长江上的要塞。自东汉年间起，这里发生了百余次较大规模的兵争，如“孙策攻黄祖”“周瑜破曹操”“刘裕走桓玄”“李自成大战清军”等。

西塞山上庙宇颇多，曾有“九庙一观”的说法，现存的尚有龙窟寺等。西塞山历来也是文人骚客畅游之地，唐代诗人张志和曾留下了“西塞山前白鹭飞，桃花流水鳜鱼肥。青箬笠，绿蓑衣，斜风细雨不须归”的千古佳句。

磁湖

秀丽清新的湖泊

黄石市下陆区逸趣园路　免费

磁湖位于黄石市区中心，现有水面8.4平方千米，岸线曲折，秀丽清新，因“湖边多磁石”而得名。主要景点有睡美人、鲢鱼墩、澄月岛、逸趣园等。磁湖景区内，山形峻峭，水域纵横，山环水抱，交相辉映，美不胜收。

传说苏东坡因“乌台诗案”谪居黄州，其弟苏辙乘船去黄州看望，因风浪所阻，遂入磁湖暂避。东坡闻讯赶来，苏氏兄弟于是畅游磁湖，见“万顷湖泊一点山”的鲢鱼墩，遂系舟于此，吟咏唱和，时人刻其诗于碑上，是为留在山顶上的苏公石。

湘鄂赣边区烈士陵园

规模颇大的烈士纪念地

鄂州市阳新县陵园大道1号

湘鄂赣边区烈士陵园占地面积28.5万平方米，其规模为湖北之首、国内第三。陵园以纪念碑、纪念馆、烈士纪念堂、九烈士墓地等为主体，陈列有毛泽东、刘少奇、周恩来、董必武等老一辈无产阶级革命家在鄂东南革命实践纪实。有湘鄂赣21个市、县500多位烈士的生平事迹和大量的革命文物及图片资料展览，是黄石市爱国主义教育和革命传统教育基地。

磁湖风光

景点推荐

咸宁旅游区

隐水洞 AAAA

湖北首家地质公园

咸宁市通山县大畈镇　115元

乘咸宁前往通山的车，在隐水洞下

隐水洞是湖北省首个地质公园，溶洞全长约5 180米，平均高30米，规模庞大，气势雄伟。洞内林立的钟乳石形态各异，令人浮想联翩。丰富的地下溪流又使整座洞穴多了几分灵动与婉约。

与我国已发现的其他地下河洞穴相比，隐水洞兼具现代地下河与古河道景观，分布结构显然更胜一筹。洞内主要景观包括“鲤鱼跃龙门”“天降神靴”“玉兔观桃”“雪山飞狐”等，无论是从体积还是造型看，均属难得佳景。

玩家攻略

隐水洞的游览方式也别具匠心。游人在此既可泛舟地下河，在潺潺水声中感受洞穴的神秘，也可乘坐轨道车体验快速移步换景的魅力。当然，还可选择步行以近距离触摸这些大自然的杰作，从而领略自然界的万千气象与独特美感。

洞内温度常年保持在15℃~18℃之间，进洞前最好带件外套以防着凉。

链接

隐水洞传说

传说很久以前，隐水洞一带就有不少人居住，形成了一个村落。这里后来建了一个清风书院，书院有两个出名的学生，一个叫聂龙，另一个叫许军。一天，书院的先生叫他俩去抬水，他俩出去以后，便玩起来。许军发现了一颗鹅卵石状的东西，他认为是龙蛋。聂龙看了一会儿，竟将龙蛋吞了。许军发现后很生气，吃了蛋壳，还立下了聂龙吃蛋、他吃壳，聂龙变龙、他来捉的誓言。回去后聂龙变成了龙，许军也有了神力。由于誓言，许军一直追杀聂龙。聂龙躲在山洞里，许军还不放过。最后，聂龙得不到安宁，只得穿山而过，西出富水河，聂龙穿过的山洞就成了现在的隐水洞。

九宫山 AAAA

遗迹众多的奇山

咸宁市通山县九宫山镇 ¥152元

九宫山景区内奇峰耸立，幽谷纵横，有奇松怪石、云海温泉和瀑布，其中最重要的景点闯王陵位于九宫山西麓牛迹岭小月山上，主体建筑有门楼、墓冢、陈列馆等。此外，景区内还有真君石殿、石龙峡、周家大屋等景点。

真君石殿位于云中湖凤凰岭上，面对香炉峰，是九宫山唯一保存下来的古建筑，曾

九宫山石龙峡

得到过6个皇帝的敕封。石龙峡长约7千米，位于九宫山北麓，由万余级石阶贯穿，是九宫山风景区的主要景区之一。九宫山还保存有九王庙、真牧堂、石城门等建筑，并留有宋、明、清三代文人墨客摩崖题刻10余处。

云中湖

云中湖因其高在峰顶，耸入云表天际，常有雾团飘于湖面，故而得名。云中湖是九宫山风景精粹之地，位于海拔1 230米的凤凰岭上，蓄水量100多万立方米，最深处35米，是国内高度仅次于新疆天山天池和长白山天池的高山湖泊，也是我国高山湖泊中的代表。

金鸡谷

金鸡谷是一条森林幽谷和一个风景幽雅的绿色世界，这里到处蝶舞蜂喧，莺歌燕舞，满目芳菲，是九宫山风景精华之地。境内老鸦尖海拔1 656.7米，为鄂南第一峰。这里群峰高耸，古木参天，是植物的王国、动物的乐园。

石龙峡

石龙峡是一条南北向的山谷，全景区以石阶、石径贯通。为跨越山溪，建有石拱桥7座，铁索桥2座，跳石、栈道各1处。在桥头、景点多建有平台，以供观景休息。

铜鼓包

铜鼓包也叫铜鼓峰，峰顶极像一只巨大的圆鼓，在阳光的照射下呈铜色，故名铜鼓包。铜鼓包是九宫山的主峰，海拔1 583米，它与三峰尖、龙瑞山、老鸦尖三峰并列在同一条中轴线上，形成幕阜山脉中段的高耸奇峰。

赤壁古战场 AAAA

尚存原貌的古战场

咸宁赤壁市赤壁镇　135元

赤壁古战场，俗称“武赤壁”，是东汉末年“赤壁之战”的发生地，也是我国古代著名战役中唯一尚存原貌的古战场。赤壁古战场景区主要有赤壁摩崖石刻、武财神庙、周瑜塑像、凤雏庵、赤壁大战陈列馆等景观，但几乎都是当代的人工景点。

在赤壁山临江悬崖上刻有“赤壁”二字，这就是景区内的“赤壁摩崖石刻”。传说当年赤壁大战，孙刘联军大胜后把酒庆功，周瑜提剑在崖壁上刻下“赤壁”二字，字迹

三国赤壁古战场

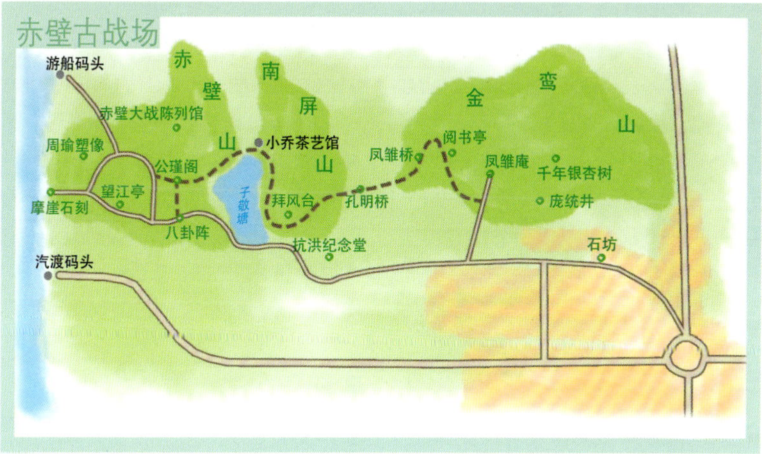

竟透过石崖到了山后。虽然是传说，但这两个字也成为了古战场的标志性景点。

翼江亭在赤壁山临江矶头，相传赤壁大战时此处为周瑜的指挥哨所，站在此亭中，可凭栏远眺隔江乌林。在赤壁矶头的开阔平地上矗立着周瑜的石雕像，气势不凡，将三国周郎的英雄气概表现得淋漓尽致。

龙佑温泉 AAAA

景观独特的温泉度假区

咸宁赤壁市赤壁大道774号　¥96元

龙佑温泉景区面积达6 700余亩，景区内环境优美，设施齐备，是一个集观光度假、休闲疗养、运动健身、生态旅游与享受体验为一体的四季泉乡。度假区的中心酒店、温泉中心及别墅群等主要建筑凸显汉唐风格，格调新颖，气势恢宏。景区内风光绮丽、万木葱茏，八龙湖水光潋滟，五洪山灵秀挺拔，40多处功能各异、极具特色的泡池形态各异、迥然有序。温泉从石洞中涌出，蜿蜒流淌在湖畔山涧，置身于温泉池中，体验温泉带着气泡汩汩从身下冒出。俯瞰青山翠谷、绵延山峦，在瀑布溅起的雾气和温泉氤氲的水汽中感受瀑布、青山、蓝天，便有了人间天堂的感觉。

陆水湖 AAAA

因陆逊在此驻军而得名

咸宁赤壁市近郊　¥100元

陆水湖因三国东吴名将陆逊在此驻军而得名，以山幽、林绿、水清、岛秀著称，有着优美的自然风光和历史悠久的楚文化。整个陆水湖中800多个岛屿星罗棋布，最大的岛有100多公顷，最小的如一叶扁舟。湖水清澈透明、碧波荡漾，湖南岸的雪峰山上林丰竹茂，十分适合避暑休闲。

雪峰山峰峦叠翠，主峰拔地而起，与陆水湖相得益彰。此山因雪峰和尚在此修行而

陆水湖

得名，山上胜景林立、百鸟和鸣，十分幽静。山下玄素洞相传是玄素真人修炼的地方，有玄素宫、紫微宫、上清宫、通玄宫、纯阳宫五大宫殿。

景区内还有央视版《水浒传》取景地——中华水浒城，由聚义厅、梁山后寨、郊野一条街三大景区组成，每逢节假日景区内还有水浒故事和民俗风情类的节目表演。

咸宁温泉 AAAA

温泉资源丰富

咸宁市咸安区

咸宁共有泉眼14处，分布在月亮湾周围。泉水呈淡黄色，含有10多种矿物质及其他微量元素，经常沐浴对身体十分有益。

三江森林温泉：位于咸宁潜山国家森林公园东麓。景区环境优雅，依山而建了70多个露天泡池及情趣汤屋，融合山地、森林、温泉、桂花、楠竹等原生态资源，是目前华中地区唯一具有森林特色且规模最大的温泉度假区。

碧桂园温泉：是具有东南亚巴厘岛风情的室外温泉，格调新颖，恬静幽雅。40多个温泉泡汤池依据地势高低起伏而设，在自然山脊中错落分布，山脊各温泉池与山底共同构筑成远近高低各不相同的景观，精巧别致、气象万千、浑然天成。

楚天瑶池温泉度假村：以原生态、园林式露天温泉为最大特色，是“华中第一泉”的沸潭牌坊所在地。楚天瑶池温泉度假村将佛教文化和丰富的温泉旅游资源相结合，周围环境幽静，大片的原始森林中分散着42眼温泉，与周围的绿树红花相互映衬，堪称是一座天然氧吧。

太乙洞

洞景奇特

咸宁市温泉城区石乌山

太乙洞相传是太乙真人为治理水患、造福民众掘凿而成。洞中最开阔处可容纳万人，却也不乏曲径通幽的小巷。洞内悬垂的钟乳与林立的石柱彰显着大自然的鬼斧神工。

太乙洞主洞全长约2 200米，5条支洞长约1 800米。穿梭在环环相扣的洞中，惟妙惟肖的太乙肖像、余音缭绕的天赐神鼓、巍然耸立的珍珠塔、群仙相会的石笋群次第展现在游人眼前，让人啧啧称奇。新开发的龙宫支洞峰回路转，石破天惊，当游人发出惊异声走出洞穴时，景色宜人的太乙观又豁然出现在眼前，颇有柳暗花明又一村之欣喜。

咸宁温泉

景点推荐 潜江—天门—仙桃旅游区

曹禺纪念馆

为纪念文学家曹禺而修建

潜江市247省道章华北路曹禺公园内

曹禺纪念馆坐落在风景优美的曹禺公园内，它是我国最大的一所纪念曹禺的专业展馆，也是目前我国唯一的一所综合展示曹禺杰出贡献和影响的展览馆。曹禺纪念馆馆藏资料丰富，具有较高的艺术品位，其前身为创建于1989年的潜江市曹禺著作陈列馆。为了迎接中国（潜江）曹禺文化周，进一步整合和开发曹禺人文资源，潜江市2013年投入资金专门修建了此馆。

链接

戏剧大师曹禺

曹禺（1910—1996），原名万家宝，字小石，祖籍湖北潜江，是中国现代话剧史上成就最高的剧作家。曹禺自小随继母辗转各个戏院听曲观戏，故而从小心中便播下了戏剧的种子。其作品《雷雨》《日出》《原野》《北京人》的出现标志着中国现代话剧艺术的成熟，被人称为“中国的莎士比亚”。

世博湖北馆

上海世博会湖北馆的复建馆

潜江市湖滨路靠近曹禺公园 ¥30元

湖北馆为中国上海世博会内地馆之一，

展示面积2000平方米，外形以古篆书“水”字为原型，以水流动的形状轨迹作为造型主线，外观设计元素选择湖北特有的符号——楚风云翔。

湖北馆的主题为“江湖连通，城市公园”。该馆陈列布展分为“光影岁月·百年世博——世博百年历史的沧桑影卷”“盛世繁华·上海世博——上海世博会的横空出世”“魅力荆楚·灵秀湖北——湖北神韵的影像空间”“江汉明珠·人文潜江——人文底蕴的现代回响”4个展区。

陆羽故园

茶文化特色主题公园

天门市竟陵西湖　免费

陆羽故园原名西湖公园、陆羽公园，园内有“三湖三岛”，岛上有新建茶经楼（又名“天下第一茶楼”）以及连接三岛的夫子桥、古雁桥、司子桥。此外还有青塘别业、茶圣广场、植物印章迷宫、一系列以陆羽生平经历为内容的情景雕塑、主题人文雕塑等诸多景观。

陆羽故园内的景观主要以陆羽一生为主轴进行设计，融合了生态、人文、休闲等元素，是一座突出茶文化特色的主题公园。游客在游玩过程中不仅可观览到美景，还能了解到相关的历史文化。

链接

茶圣陆羽

陆羽（733—804），字鸿渐，复州竟陵（今湖北天门）人。陆羽是唐代著名的茶学家，他一生嗜茶，精于茶道，以著世界第一部茶叶专著——《茶经》而闻名于世。他对茶叶有浓厚的兴趣，并长期实施调查研究，熟悉茶树栽培、育种和茶加工技术，并擅长品茗。他开启了一个茶的时代，为世界茶业发展作出了卓越贡献，因此被后人尊为“茶圣”。

胡家花园

清代巡抚故居

天门市竟陵雁叫街孝子里

胡家花园又称胡巡按官厅，始建于1899年，为清代山西巡抚胡聘之故居。胡家花园是湖北省仅有的一座巡抚官厅，也是保存最完整、规模最大的晚清官邸。胡家花园总面积约18 000平方米，为“轴线渐进，前厅后堂”的建筑布局形式。建筑群由东厅、西厅及其附属建筑围合而成的院落、园林组成。其建筑形式、形制、结构处理手法明显带有中国北方民居的特色，同时又因地制宜地结合南方的气候特征，采取了相应的构造形式。另外，建筑在墙体、天花板装饰上还有着西

陆羽纪念馆

方装饰的特点，具有深厚的文化印记。

沔阳古城

1 400多年历史的古城

仙桃市沔城镇

沔阳古城是一座具有1 000多年悠久历史和灿烂文化的古城，从南北朝、西魏至中华人民共和国建国初期，这里一直都是郡、府、州、县治地，是江汉平原政治、经济、文化中心之一。这里名胜古迹甚多，历有“四十八寺庙，四十八牌坊，四十八古井”之说，著名的有玄妙观（陈友谅故居）、文圣庙、东沼红莲池等。

沔阳古城也是一座革命古城，有着光荣的革命传统。这里人杰地灵，曾经孕育了一代农民起义领袖陈友谅、诞生了沔阳县第一个共产党小组、造就了“金箭女神”杨刚和“新闻巨子”羊枣等一大批革命先烈和仁人志士，留下了无数美丽的故事与动人的传说。

文圣庙

文圣庙始建于明洪武五年（1372），坐北朝南。门前为外泮池，池后一条横贯东西的石铺官道，两头立有下马坊。进门为内泮池，上架状元桥，过桥为大成殿，是供孔子牌位的地方。此外还有崇圣殿、明伦堂、兴诗斋、射圃等附属建筑。整个文圣庙殿宇恢宏，台阁峥嵘，其规模为沔城古建筑之冠。

玄妙观

玄妙观也即农民起义领袖陈友谅的故居，此观位于沔城南门正街，曾有“一观十殿”之规模。现在的玄妙观是1984年在原废墟上重建起来的，现为江汉平原著名的道教中心。每年农历六月二十三、二十四日是雷祖寿辰，方圆百里的人们纷纷前来叩拜，此时沔城车水马龙、香烟缭绕，甚为壮观。

东沼红莲池

东沼红莲池又叫莲花池，位于古城东门，它是“古城八景”中迄今仅存的一景，由大、小莲池组成，主要景点在小莲花池。小莲花池北角的莲花岛风景迷人，并以九曲桥连接至岸，其西面是300米长的绿色文化长廊。

沔阳古城

景点推荐

孝感旅游区

董永墓

孝子董永之墓

孝感市孝南区　免费

董永墓位于董湖之滨、其父墓葬右侧。相传，旧时乡人多瞻望，曾多次进行修葺，但后来逐渐荒芜。现存遗址为清道光十六年（1836）所立。有石碑两通，一通高2.1米，宽0.9米，中刻“汉孝子董公永墓”；另一通高1.4米，中刻“汉孝子董公永先代之墓”10个大字。四周烟柳缀拂，小径曲绕，颇富异趣。

玩家解说

董永，汉朝时期的人物，其家境贫寒，幼年丧母，与其父相依为命。父去世后，董永契身葬父，即“二十四孝”中卖身葬父的故事。相传董永出生于汉蜀（今湖北省孝感市境内），民间广泛流传因其孝心感动天地，玉皇大帝之七仙女与其结为夫妻，孝感市也因此得名。

金卉庄园 AAAA

休闲度假景区

孝感市孝南区朋兴乡　60元

金卉庄园占地面积1 600亩，是一座以花卉观赏为主题，集生态环保、娱乐休闲为一体的综合性度假景区。

景区内花间道路蜿蜒盘旋，环园小河和景区水系连成一片，山高水长，花草幽幽，交织出一个清凉幽静的世界。每年3月在郁金香花海您可领略到荷兰的异域风情；在美丽的樱花千岛湖可以尽享世界樱花之美；亲水栈道让游客在小桥流水的清新中放松身心，享受山林野趣。游玩之余，还可以逛古街，品香茗，尝美食，融入自然，体验田园生活的乐趣。

白兆山 AAAA
李白文化旅游区

孝感安陆市烟店镇 80元

安陆火车站有到白兆山的专线车

白兆山又名碧山，属大洪山余脉，曾是唐代大诗人李白“酒隐安陆，蹉跎十年”之地。白兆山总面积12000多亩，山上树林多为松柏，林密但无高大乔木。白兆山还是一座道教名山，相传真武神曾以白兆山为修炼道场，后来才把道场迁移到武当山。

白兆山旅游风景区以其秀丽的山川景色和浓郁的李白文化每年吸引数以万计的海内外游客前来观光游览。这里峰回路转，山峦叠翠，常年鸟语花香，甘泉流长，也是寻幽览胜的好地方。

玩家解说

唐开元十五年（727），李白“仗剑去国，辞亲远游”，来到安州（今安陆），开始了“酒隐安陆”的10年生活。其间李白以白兆山为活动中心，以文会友，写下了《山中问答》《蜀道难》《送孟浩然之广陵》《安陆白兆山桃花岩寄刘侍御绾》等近百著名篇章。白兆山留有李白读书台、太白堂、太白林等与李白相关的遗址遗迹。

白兆山

桃花岩

也称桃花洞，位于白兆山西山腰，因李白而称“谪仙桃岩”。桃花岩地势险峻，风貌奇特，洞中有数级石阶，拾级而入，洞中有一线通天，隐约可见蓝天白云。洞口面临“桃沟”，附近佳木繁荫，清泉潺潺，是李白的主要游憩之所。

细珠泉

又称万珠泉，俗称龙王井。在白兆山太白峰桃花岩下左侧。因其水映光彩而名。相传李白读书桃花岩时，食用皆取此水。其“饮潭猿相连”诗句即指此处。

读书台

位于白兆寺前，是一座高近10米的土台，人称李白读书台。此台三面环山，一面临谷，登台远望，山光泉影一览无余。

洗笔池

又名洗墨池，3米见方，深约2米。池底有泉眼，传说李白在池中涮笔，石块顿开，泉水自涌。当地人认为此泉能使人聪颖慧敏，常挑泉水让学童饮用，以助学业长进。

钱冲古银杏公园
有“银杏之乡”之誉

孝感安陆市王义贞镇 80元

钱冲古银杏公园地处大洪山边缘地带，这里自然景色优美，古银杏参天连片，是目前中国现有的两大自然状态古银杏群落之一，与浙江的天姥山共享全国“银杏之乡”美誉。

景区占地面积60平方千米，有千年以上古银杏40余株，百年以上古银杏4 300多株，这些古银杏不仅年代久远，且树形各异，有夫妻树、情侣树、子孙树、母子树等，极具观赏价值。同时景区内还拥有天女金桂、状元古柏、桂竹园、兰草路、桃花溪天然园林群5处，拥有梅花洞、哪吒洞两处天然溶洞。

玩家 解说

钱冲古银杏公园不仅自然风光绝美，而且其文化资源也十分丰富。1939年至1941年，李先念曾率部在此战斗，“新四军五师”旧址、“五师司令部”旧址、“五师政治部”旧址、“五师医院”旧址、“七七报社”旧址等一大批革命遗址至今保存完整。

双峰山 AAAA

距武汉最近的国家森林公园

孝感市孝昌县丰山镇和周巷镇之间 45元

双峰山国家森林公园是距离武汉最近的国家森林公园，景区内林木葱郁、怪石林立，自然风光秀美，是游山休闲的好去处。

景区内景点丰富，尤以唐代黄巢起义军屯兵的白云古寨、青龙洞最为知名。白云古寨，最早为南北朝时梁代所建，距今已有1 400多年历史。现在能看到兵寨、聚义厅、青龙潭、藏兵洞、古寨墙等遗迹。

青龙洞是一个天然溶洞，洞中径道曲折幽深。洞中含3个大厅、4个小厅，其中龙王宫最具特色，宫中有“定海神针”“群龙朝拜”“水帘龙床”等岩溶景观。此外景区内还有双峰书院、洋泗峡谷等景点可以游览。

双峰山

玩家 攻略

双峰山景区内还有丰富多彩的户外拓展项目，如高空断桥、空中抓杠、悬崖速降、拉索过涧等，游客可在游览美景之余体验户外拓展的乐趣。

双峰书院

原名双峰庙，始建于宋代。传说清乾隆帝游江南时曾到此处。书院前井水清甜可口，乾隆喝后称赞此水似“琼浆玉液”，遂写下“天下第一泉”，有石碑为证。

双峰托日

双乳峰为双峰山主峰，海拔887米，由两座对峙的山峰组成，相传是七仙女的双乳仙化而成。登高而望，见河流如玉带，田舍若棋盘，无限风光尽收眼底。

白云晓月

白云晓月是度假区休闲中心之一，这里的白云水库面积约300余亩，水面开阔、冬暖夏凉。阳春三月，各种颜色的花草与青松倒映水中，蔚为壮观。湖含白云青山，月印古寺佛光，月在湖中走，人在月中游，犹如人间仙境。

洋泗峡谷

洋泗峡谷全长5千米，峡谷中林木莽莽，常年溪水潺潺，浓荫蔽日。老虎洞位于洋泗沟北部约1 200米处，深8米，现洞内卧一对石老虎，是游人小憩、避雨的好地方。顺着洋泗峡谷由南而下可观虎啸瀑布全景，此瀑布落差40米，颇有“银河落九天”之感。

观音湖风光

观音湖

清新自然的旅游胜地

孝感市孝昌县小悟乡境内

景区免费，游船150元

观音湖生态文化旅游度假区辖“一山两湖”，即大悟山、观音湖、金盆湖，旅游区内群山连绵、溪水环绕，是一片山清水秀的旅游胜地。

景区旅游资源丰富，有山水一色、碧波千顷的观音湖，有巍峨挺拔、钟灵毓秀的大悟山，有革命先辈李先念等人创建的抗日指挥中心等红色旅游景观以及九龙寺、观山禅寺等。

玩家 解说

核心景区观音湖水域面积1.6万亩，湖水明澈如镜，湖岸曲折幽深，湖中有观音显圣、慈航善渡、二龙戏珠等10余处景点。大悟山、小悟山隔湖相望、南北对峙，峰奇景秀，巍峨挺拔。大悟山既是历史悠久的佛教圣地，又是中国现代史上闻名遐迩的鄂豫皖革命根据地。金盆湖景色优美，游客在此可尽享农村田园生活之乐，又可以回归自然，畅游山水。

铁寨风景区

有“鄂北小黄山”之称

孝感市大悟县刘集镇铁寨村　80元

铁寨风景区位于孝感、黄陂两地交接的大别山余脉中，景区面积4 000亩，主峰孤峰耸立，傲视群莽；在青山绿树掩映下，金鼓天池水平如镜，宛若一块碧绿的翡翠。

铁寨风景区山体属喀斯特地貌，素有“鄂北小黄山”之称。山上奇石遍布，千姿百态，惟妙惟肖，堪称一座奇石大观园。千百年来流传在这里的神话故事，如八仙扶危济困、降妖伏魔，太平军智斗清兵，铁寨寺藏宝洞等，又为铁寨景区增添几分迷人的色彩。

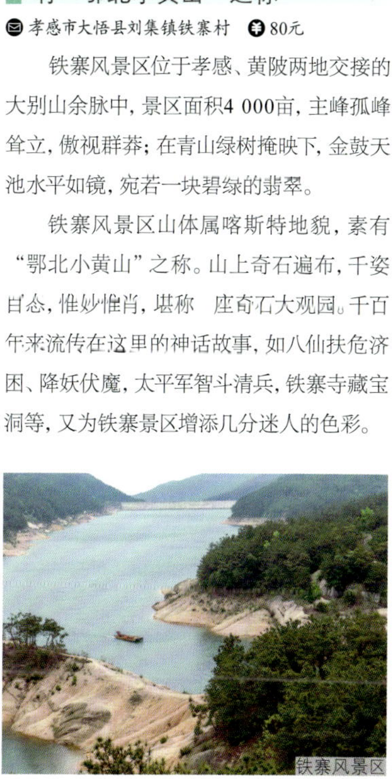

铁寨风景区

景点推荐

随州旅游区

大洪山 AAAA

有“楚北天空第一峰”之誉

随州市曾都区洪山镇 110元

大洪山风景名胜区面积约330平方千米，主峰海拔1055米，素有“楚北天空第一峰”之盛誉。山势由西向东，绵亘随州、宜城、枣阳、钟祥、京山5市县，方圆数百里。

大洪山属石灰岩地质，溶洞众多，有“群洞奇异冠天下”之说。仅宝珠峰周围对外开放的溶洞就有仙人洞、双门洞、黄岩洞等。洞廊高大奇特，雄伟壮观，钟乳悬挂，千姿百态。仙人洞以轩敞著称，几个大厅可容纳万人。双门洞中的“莲花宝塔”高达30米，塔景纷呈，堪称“天下奇观”。

玩家解说

大洪山是一座天然的动植物宝库，这里拥有大片的原始森林群落，已知的动物有兽类11科17种、鸟类20科38种。除了动人的自然风光，大洪山还拥有众多的人文景观。千年古刹洪山寺坐落山中，明朝明玉珍起义、清末赵邦璧起义都曾在大洪山立寨，李先念、陶铸等老一辈革命家也都在这里留下了革命的足迹。

宝珠峰

宝珠峰是大洪山主峰，海拔1 055米，气势雄伟。山顶三峰一体，东北有鼓楼峰，东南有钟楼峰，西北有舍身崖。三峰居中有一片浅凹地，于此有一泉曰“黄龙池”，水质清醇甘爽，终年不涸。位于宝珠峰顶的大洪山慈恩寺占地面积4.7公顷，气势恢宏。大洪山金顶是大洪山慈恩寺的标志性建筑，其单体高度15.9米，在全国同类建筑中位居第一。

洪山禅寺

洪山禅寺分上、下两院，上院位于宝珠峰顶（现慈恩寺），下院位于山麓南面。洪山禅寺是禅宗曹洞宗发祥地之一，在佛教界享有盛誉。现存禅寺为1996年在洪山禅寺下院旧址上修建而成。复建的洪山禅寺，建有山门、天王殿、大雄宝殿、观音殿、祖师殿等建筑近百间，像一颗闪闪发光的明珠镶嵌在大洪山万顷绿波之中。

洪山禅寺

两王洞

两王洞因西汉末年绿林起义军首领王匡、王凤曾在这一带屯兵而得名。两王洞景点集中、色彩丰富，敲击石幔之声珠圆玉润，属于一种响石洞。洞长870米，因岩性、构造、水流等因素形成迷宫形洞穴，共分习武厅、罗汉堂、聚义堂、编磬厅四部分。

千年银杏王

大洪山千年银杏王是洪山寺的镇寺之树。树高38米，树冠荫笼面积400多平方米。此树根深须广，枝繁叶茂。春、夏时节，叶片翠绿，绿荫葱茏；金秋时节，叶片金黄，鲜艳夺目，与四周层林尽染的远山近峦相互辉映，似一尊顶天立地的金身大佛，极为壮观。

仙人洞

仙人洞以洞壁文化丰富、岩洞气象神秘、洞厅宽敞著称。过去洞里有石梯田、石稻场、石床、石椅等。现在洞内建有可容纳1 000多人的大会场，有宽敞的舞台，侧洞中建有100余间洞中房屋。

大洪山金顶

炎帝神农故里

纪念华夏始祖之地

随州市随县厉山镇　80元

随州城区搭乘305路公交到"纪念馆"站下即到

炎帝神农故里景区现拥有神农牌坊、炎帝神农纪念馆、神农泉、神农洞、神农庙等20余处人文和自然景观。景区内树木茂盛、风景优美、空气清新、绚丽壮观，已初步形成了以炎帝神农洞、九龙山景区为主体的炎帝文化寻根游，以万法寺、龙凤日月旗杆为主体的唐清文化探古游，构筑了集休闲度假、观光旅游、寻根拜祖为一体的旅游新格局。

文化雕塑壁：位于景区入口，展现了人类在蒙昧时代的混沌文化，在石板上雕刻几何抽象图案的浮雕。

谒祖广场：广场为正方形，长、宽为117米，采用福建产上等花岗岩铺装，可同时容纳2万人参加拜祖活动。

八大功绩柱：八大功绩柱高9.9米，九九之数示意炎帝在华夏民族文明发展史上至高无上的地位。

炎帝神农大殿：提取汉代画像石、画像砖中建筑形象，采用庑殿顶、三重檐、高台基的建筑形制，大殿内墙裙布置展现神农功绩的石材浮雕，大殿顶部为长方形，刻有祥云浮雕。

万法寺：万法寺位于烈山的耕耘山山巅，始建于唐贞观二十二年（648），是随州古代名刹、佛教圣地之一，有"百川汇海，万法朝宗"之誉。

神农碑：立于明万历丁丑年（1577），碑高2米，重数吨，距今已有400多年的历史。

神农洞：相传为炎帝神农诞生之地，洞内可容数人，壁石凝苍显绿，极具古色。洞外奇峰绝壑，翠屏壁立，山花烂漫，风景如画。

神农纪念馆：由门厅、神农生平展厅、祭祀活动展厅、五姓宗亲会馆、书法展厅、神农坐像联合组成。

玩家攻略

每年农历四月二十六日神农生辰之日，数以万计的海内外炎黄子孙会前来烈山敬奉炎帝神农，缅怀华夏始祖，同贺始祖伟业，共庆神农生辰，此时最能感受到浓重的神农文化氛围。

炎帝神农故里

千年银杏谷

千年银杏谷
古银杏群落

随州市曾都区洛阳镇

随州千年银杏谷景区绵延12千米，区内古银杏树连成片、构成群落、汇聚成谷，是世界四大密集成片的古银杏群落之一。据了解，银杏谷内有千岁以上的银杏树300多棵、百岁以上的银杏树17 000多棵。以古银杏群落为标志的田园风光，展现着中国传统哲学关于人与自然和谐的文化理念。阳光下的山脉、树冠，翠流涌动，山屏树伞护着农家小院，袅袅炊烟亲吻着白云，弯弯山道缠绵得山花含羞，和谐的气韵体现着真正的桃源意境。

三潭风景区
度假休闲佳地

随州广水市平靖关村

三潭风景区总面积52.5平方千米，主峰大贵山金顶海拔908米，为鄂北第一峰。景区自然旅游资源特色突出，人文景观、水域风光、生物景观等景观类型均以多个精品景点为依托，将其他各个景点串联起来。景区内不仅景点密度大，而且分布均匀，布局合理。从碧玉湖度假中心，经青檀大峡谷，至金顶道教文化中心，一步一景，美不胜收。奇山、秀水、瀑布、珍稀古树群落完美融合，极具观赏与美学价值，是休闲、度假、娱乐的好地方。

曾侯乙墓
曾侯乙编钟出土地

随州市擂鼓墩

曾侯乙墓为我国战国初期曾（随）国国君乙的墓葬，1978年发掘。墓坑开凿于红砾岩中，为多边形竖穴墓。内置木椁，椁外填充木炭及青膏泥，其上为夯土。整个墓葬分作东、中、北、西四室。东室置曾侯乙木棺，双重，外棺有青铜框架，内棺外面彩绘门窗及守卫的神兽武士。中室放置随葬的礼乐器。北室放置兵器及车马器等。西室置殉葬人木棺13具。曾侯乙墓出土随葬品15 000多件。其中曾侯乙编钟一套65枚，是迄今发现的最完整、最大的一套青铜编钟。墓中还出土了编磬、鼓、瑟、笙、排箫等大量乐器，为研究中国古代音乐史提供了珍贵的实物资料。

玩家解说

曾侯乙编钟共65枚，其中1枚是战国时楚惠王赠送的镈。编钟分8组、共分3层悬挂在铜、木做成的钟架上。钟架由6个佩剑的青铜武士和几根圆柱承托着。65枚编钟的总重量达3 500千克，其重量、体积在编钟中实属罕见。钟上大多刻有铭文，上层19枚钟的铭文较少，只标示着音名；中、下层45枚钟上不仅标着音名，还有较长的乐律铭文，详细记载着该钟的律名、阶名和变化音名等。曾侯乙编钟音色优美，音质纯正，基调与现代的C大调相同。曾侯乙编钟现收藏于湖北省博物馆中，由于太过珍贵，被列入中国首批禁止出国（境）展览文物。

攻略资讯

- 交通
- 住宿
- 美食
- 购物
- 娱乐

交通

火车

黄冈市境内主要有黄冈火车站（黄州区路口大道，市内乘9路公交可到）、黄冈西站（黄州区禹王办事处韦家凉亭村戴家湾，市内乘7路公交可到）和黄冈东站（黄州区陶店乡钟岗村）3个火车站。

黄石火车站位于下陆区新下陆街道办事处金桥大道，市内乘坐22路公交可达。

咸宁火车站位于咸宁市咸安区迎宾路，市内乘坐5路公交可达。

孝感火车站位于孝感市城站路109号，市内乘坐1路公交可达。

随州火车站位于随州市曾都区迎宾大道，市内乘坐216路公交可达。

汽车

黄冈市城区主要有黄冈黄州客运站［黄

咸宁火车站

遗爱湖畔风光

州区宝塔大道90号，电话：(0713)8357029］、黄冈东华客运站（黄州区开发区明珠大道98号）。

黄石市内有黄石客运站（黄石大道1371号，电话：0714-6520222）、黄石铁山客运站（铁山区铁贺大道1号，电话：0714-5418394）。

咸宁中心客运站位于咸安区贺胜路附近，电话：0715-8137708。

孝感客运中心站位于孝南区槐荫大道108号。

随州市内有随州客运中心站（曾都区解放路18号、随州汽车客运东站（曾都区迎宾大道与交通大道交汇处。

住宿

黄冈

黄冈市住宿大多数集中在市中心繁华路段，遗爱湖周边也聚集了大量优质宾馆。此外，黄州客运站附近由于交通便捷也是热门的住宿地。

●黄冈住宿推荐

城市便捷酒店（黄冈贵宾楼店）/黄州区赤壁大道99号/0713-8812888

尚一特连锁酒店（黄冈十字街店）/黄州区宝塔大道2号十字街口处/0713-8993999

度假酒店

黄石

黄石市住宿大多数集中在繁华的市中心和热门景点附近，磁湖周边聚集了许多环境优美的酒店和宾馆。此外，湖北理工学院附近由于靠近校区，住宿较为便宜，也较为方便。

●黄石住宿推荐

黄石万达嘉华酒店/黄石港区花湖大道30号/0714-3268888

黄石托尼洛·兰博基尼酒店/下陆区团城山开发区广会路18号/0714-6399999

黄石曼晶酒店/黄石港区湖滨大道138号

咸宁

咸宁的酒店特色以温泉度假村为主，可以在休息的过程中泡温泉，较为惬意。同时市内还有一些其他类的快捷酒店等也可以考虑。

黄石住宿

●咸宁住宿推荐

咸宁华信温泉大酒店/咸安区咸宁大道市公安局综合楼副楼/0715-8909999

咸宁碧桂园凤凰温泉酒店/咸安区龙潭大道1号/0715-8819999

咸宁温泉谷大酒店/温泉区月亮湾路特1号/0715-8199999

孝感

孝感市住宿大多数集中在市中心繁华路段，孝感中心客运站和孝感火车站周边由于交通便捷也是热门的住宿地。

●孝感住宿推荐

孝感荣欣国际酒店/孝南区宝成路58号号/0712-2778888

孝感丽都WISDOM酒店/凯拉菲尔巴黎酒店孝南区交通大道254号/0712-2720777

孝感东方夏威夷假日酒店/孝南区城站路171号/0712-2333555

美食

武汉周边地区黄冈、黄石等地区美食风味与湖北大部分地区风味一脉相承，但又各具特色。在继承了鄂菜的鲜香微辣以外，又结合本地食材特点，创造出独具风格的美味，如广水滑肉、虎皮蹄髈、赤壁鱼糕等，一定记得尝一尝。

● 广水滑肉

广水滑肉为随州境内广水市的一道传统名菜，有1 000多年的历史。主料选用猪脯肉，经精心烹制而成。其质嫩味鲜，入口滑润，油而不腻。

广水滑肉

● 金银蛋饺

金银蛋饺是以鸡蛋和猪肉为主要材料制作而成，黄白相映，色调淡雅，蛋白饺柔韧而嫩，蛋黄饺软而松泡，色佳而味鲜。

金银蛋饺

● 糍粑鱼

糍粑鱼是具有浓厚的湖北乡土气息的地方风味名菜，是以鱼肉为主料，经过腌渍、晾干后煎烧而成的。其口味咸辣，有“闻则臭，吃则香”之说。

糍粑鱼

● 赤壁鱼糕

赤壁鱼糕为赤壁传统名菜，是用赤壁特产鲜鱼而做成，它以鲜嫩、柔滑、绵软的独特风味，成为一种极其地道的珍馐佳肴。

● 虎皮蹄髈

虎皮蹄髈是颇有特色的黄州菜菜式之一，以猪肘为主要材料，配以葱、姜、胡椒粉等精制而成，成菜蹄髈完整，色泽棕红，汁浓，透味醇香，是一道富于口感、肥而不腻的名菜。

虎皮蹄髈

购物

武汉周边地区不仅自然风光神奇秀丽，而且还有许多当地的特产可供购买。其中罗田板栗、黄梅挑花、中国劲酒等均为地方佳品，非常值得购买。

● 罗田板栗

罗田是中国板栗主要产区，历史悠久，有“板栗之乡”的美称。罗田板栗有香、大、脆等优点，主要有桂花香、九月寒、红光栗等品种，风味独特。

板栗

●黄梅挑花

黄梅挑花起源于唐宋，发展成熟于明末清初。这种工艺不同于刺绣，它以元青布作底，用针将五彩丝线挑制在底布的经线和纬线交叉的网格上，形成色泽绚丽、立体感强的图案，以明快的色彩组合、精巧的图案构思、独特的艺术表现形式闻名于世。

黄梅挑花

●东山老米酒

东山老米酒是麻城市东部山区的木子店、东古城等地用糯米酿造的一种特殊醇酒，色泽清亮，味道醇甜，质浓而不伤脾胃，淡而不乏后劲。该酒还含有多糖、蛋白质、氨基酸以及钙、钠、镁和维生素B等元素，营养价值相当高。

●黄石松花皮蛋

黄石松花皮蛋为“黄石八珍”之一，是黄石人逢年过节、走亲访友的必备珍品。

●中国劲酒

产自黄石的中国劲酒是滋补保健酒的典型代表，具有抗疲劳、免疫调节等保健功能。中国劲酒以其醇厚的酒质、怡人的口感和显著的功效深得消费者认可，畅销全国。

中国劲酒

●咸安砖茶

砖茶

咸安砖茶以“生川”砖茶为代表，始于明代，至今已有400余年历史。该砖茶以天然优质老青茶为原料，经传统工艺原汁发酵、手工精选、高温蒸制而成，有生津解渴、明目清心之效。

娱乐

武汉周边地区地域广阔，文化内涵深厚。悠久的历史在这片大地上留下深刻的印记，在长期的社会发展中，形成了独特的文化艺术和传统风俗。此外，这里的现代化娱乐场所也很多，让人在其中尽情感受都市生活的惬意。

咸宁温泉旅游节：每年9月至10月间，咸宁都会举办咸宁温泉旅游节，主要活动包括文艺晚会、“香泉仙子”评选、大型花卉展、“香城泉都”万车自驾游、“美在咸宁”全国摄影大赛等，精彩纷呈。

《时舞香城恋》：一部全新概念的时尚体验舞台秀，多维空间的视频营造出美轮美奂的视觉空间，观众可以感受到毛毛细雨的滋润，空气中弥漫着阵阵桂花的芬芳。世界顶级灯光、音响系统给人以沉醉和震撼的畅快体验。

演出地址和时间不定

咸宁温泉

发现者旅行指南

荆门

概览

亮点

明显陵

明世宗嘉靖皇帝父母的合葬墓，也是我国明代帝陵中最大的单体陵墓，“一陵两冢”的陵寝结构十分特殊。

黄仙洞

大洪山风景名胜区的核心景点，洞内蜿蜒曲折，拥有奇特的洞天石林景观和丰富的喀斯特地貌特征。

漳河风景区

漳河风景区以自然景观为主，以大型水工建筑群为辅，是一个兼有水下、水面与库岸、低空游乐的立体游乐园。

绿林山

漳河风景区

历史上著名的“绿林起义”的策源地，也是汉光武帝刘秀的发祥之地，被誉为“天下第一古兵寨”。

莫愁湖

融山水、人文景观为一体，湖上百岛俊秀，水天一色。湖岸林木茂盛，花草丛生，红瓦农舍掩映其间，恍若仙境。

大口国家森林公园

公园融奇花异木、珍禽异兽、洞溪瀑布、文物古迹为一体，是野生动物的乐园和天然的植物园。

线路

荆门经典二日游

第一天先前往龙泉公园，之后前往漳河风景区。第二天前往京山县，先去绿林山感受天下第一古兵寨的雄奇，之后前往鸳鸯溪体验漂流的激情与刺激。

钟祥精华二日游

早上前往钟祥市，先去参观明显陵，感受世界遗产明代皇陵的风采。下午来到莫愁湖，泛舟、观鸟，享受闲情野趣。第二天主要参观黄仙洞和大口国家森林公园。

龙泉公园

为何去

明显陵

绿林山美人谷

荆门是一座历史文化名城，素有“荆楚门户”之称。荆门山水隽秀，李白曾为它留下“霜落荆门江树空，布帆无恙挂秋风”的名句。这里自然风光优美，人文遗产丰厚，明显陵、绿林山、莫愁湖、漳河风景区等一大批精品景点让游人流连忘返。

何时去

古代陶器

龙泉之冬

荆门春季气候多变，夏季雨水集中、天气闷热，冬季温度虽然不是很低，但最低温度仍然在零下，加上空气湿度的原因，使人感觉较冷。荆门的秋季最适合出游，此时秋高气爽、层林尽染，可尽情领略这座历史名城的旖旎风光。

荆门旅游示意图

区域解读

区号：0724

面积：约12 404km²

人口：约290.34万人

地理 GEOGRAPHY

区划

荆门市下辖两个区（东宝区、掇刀区）、两个县（京山县、沙洋县）、1个县级市（钟祥市）。

地形

荆门位居鄂中，地势东、西、北三面高，中、南部低，呈向南敞开形。荆门西北和中部为低山丘陵，海拔多在200～500米；东部和南部为平原湖区，地面高程多在30～50米。河流东部为汉江及其支流，西北部属漳河水系，南部属长湖水系。

气候

荆门属亚热带季风性气候，四季分明，日照充足，雨量充沛，无霜期长。全市年平均气温16℃，年均降水量950毫米，降水主要集中在夏季。日照时数2 000小时左右。

历史 HISTORY

历史大事记

荆门历史悠久，早在新石器时代，汉江、长湖、漳河三大水系就有人类集居生息。

夏商时期，天下为九州，荆门属荆州之域。

约公元前12世纪，商王武丁后裔于汉江西岸今沙洋县马良镇西建立权国，为“古代第一县”。

王莽篡汉时，荆门绿林山一带爆发农民起义，史称“绿林赤眉起义”。起义军后与刘秀起义军会合，成为光武中兴的源头。

唐德宗贞元二十一年（805），拆长林县立荆门县，荆门县名由此始。

明正德十六年（1521）四月，湖广安陆府（今荆门钟祥）世子朱厚熜继承皇位，次年改年号为嘉靖。

1949年2月4日，荆门解放。

绿林起义

西汉末年，土地兼并愈演愈烈，大批农

明显陵琉璃影壁

漳河风光

民丧失土地，沦为佃农、流民。封建统治动荡不安，王莽趁机篡权。王莽为缓和社会矛盾，实行托古改制，引起了社会经济的大混乱，使得民怨沸腾，农民反抗斗争此起彼伏，最终酿成大规模的农民起义，其中一支以荆门绿林山为基地的起义军被称为绿林军。

地皇二年（21），王莽派荆州牧发兵2万进攻绿林军，绿林军击败莽军，部众增至数万人。次年，绿林山一带发生疫病，起义军分兵转移，一路西入南郡，称下江兵；一路由王匡、王凤率领，北上南阳，称新市兵。汉宗室刘玄这时也投身于绿林兵中。南阳大地主刘秀也以汉宗室身份，联合宗族、宾客，组成一支七八千人的队伍，称为舂陵军，参加到反对王莽的行列之中。公元23年，绿林军发展到10万人，为了扩大影响，绿林军拥立刘玄为帝，恢复汉的国号，建元更始。同年，绿林军在昆阳（今河南叶县）以少胜多，歼灭了王莽军队的主力，并于九月顺利攻取长安。王莽逃亡，从而结束了新莽政权的统治。

绿林军经过艰苦的奋斗最终推翻了新莽政权，给地主阶级以沉重的打击，使得西汉后期严重的社会危机得到暂时的缓和，为刘秀后来重建统一的东汉王朝奠定了基础。“绿林”二字，从此也成为后世啸聚山林的好汉们的代名词。

荆楚第一县——权县

权县是荆楚历史上第一县，大概位置在今荆门市沙洋县马良镇汉江与竹皮河交汇处。据史书记载，古权国是商朝中期以后殷人南迁汉水中游发展建立的，其国土面积狭小，但国力不弱。

公元前738年，楚武王熊通为开疆拓土进攻权国。当时，权国位于楚国南面，楚国的东面则有申国，申、楚之间，有邓国和卢国，东面还有一个实力雄厚的随国。权国因为孤悬乏援，又是殷人遗民建立起来的国家，同时权国与楚国若即若离，很难博得楚人的信任。于是楚王采取了近交远攻的策略，稳住卢、邓两国后，南下直取权国。

灭掉权国之后，楚武王将权国故地改设为县，令大夫斗缗为县尹。出人意料的是，担任首任权县县尹的斗缗居然叛变了。史称，

钟祥野战岛望哨

权县遗民利用斗缗争位独立的野心，鼓动他来反抗楚武王。楚武王迅速发兵平叛，包围了权县，捕杀斗缗，然后迁权县于那处（今沙洋县拾回桥镇）。这个成为权县新治地的那处在权县故地的南面。此后，楚人每灭一国，便把该国的公族迁到楚国的后方，严加监管，对该国的故地则设县统之，并委派公子、王孙担任县尹，以吸取权县事变的教训。

权县迁至那处后被治理得井井有条，为楚武王开疆拓土提供了有力的后勤保障。公元前500年，楚郢都迁至今纪南城，权县成为楚都的近郊。公元前278年，秦将白起攻克郢都，楚国郢都再次东迁至陈县，权县自此成为秦国属地。

文化 CULTURE

孝子典范——老莱子

老莱子，春秋时期思想家、道家代表人物。

老莱子是春秋时期楚国人（今湖北荆门），和老子与孔子为同一时代的人物。他在道家形成的过程中发挥过重要的作用，影响深远，是道家学派的另一位创始人，著有《老莱子》16篇（一说15篇），汉魏时亡佚。有少数言论在《子书》《战国策》《尸子》等书籍中有所收录，从中可以了解其生平和思想观点。

作为荆门历史上第一文化名人，老莱子除了是春秋时期著名的思想家外，他还以“孝”著称于世，“二十四孝”中“戏彩娱亲”的故事即是关于他的。老莱子年过70，依然千方百计地讨父母欢心。一次，父母看着老莱子花白的头发，叹气说：“连儿子都这么老了，我们在世的日子恐怕也不长了。”老莱子害怕父母担忧，于是专门做了一套五彩斑斓的衣服穿上，走路时也装着跳舞的样子，父母看了十分欢喜。一天，老莱子为双亲送水时不小心摔倒，为了不让父母担心，他便装作故意摔倒的样子，躺在地上学小孩啼哭，二老见状又被逗得大笑。老莱子因此成为孝子的典范，受到历代人们的推崇。

老莱子戏彩娱亲

楚辞大家——宋玉

宋玉（约前298年—约前222年），又名子渊，战国时期楚国（今荆门钟祥）文人。中国古代四大美男之一，“美如宋玉，貌若潘安”之说即源于此。宋玉生于屈原之后，擅长辞赋，所作辞赋甚多，《汉书·艺文志第十》录有赋16篇。而“下里巴人”“阳春白雪”“宋玉东墙”等典故也皆是由他而来。

关于宋玉的生平，史书上的记述十分简略，因此后世众说纷纭，难以分晓。但大体而言，宋玉出生在屈原之后，且出身寒微，在仕途上颇不得志。关于宋玉师承，普遍认为他师承屈原。在艺术上，宋玉深受道家文化的影响。他许多辞赋从遣词造句到谋篇布局、运用寓言都深受道家名作的濡染，特别是庄子散文对其影响甚大。

宋玉有着卓越的文学才能，是一位在文坛有着宗师级地位的楚辞大师，尤其是宋玉对女性的描写，对后世诸如曹植等人都产生了深远的影响。宋玉《神女赋》中的神女，体现了先秦女性美的观念，每当文人欲表现女性的美丽时，总是自觉或不自觉地回溯到这个原型。宋玉留存下来的作品共16篇，其中《九辩》在中国文学史上可以和屈原的《离骚》相媲美，堪称楚辞中的双璧。其他如《高唐赋》《登徒子好色赋》等也在文学史上有着重要的地位。

宋玉是屈原诗歌艺术的直接继承者，在他的作品中，物象的描绘更加细腻，抒情与写景结合得自然贴切，在楚辞与汉赋之间，宋玉起着承前启后的作用。李白曾说“屈宋长逝，无堪与言”，由此可见宋玉在文学史上的非凡地位。

莫愁女

莫愁女，战国时期楚国歌舞家，今荆门钟祥人。莫愁女爱好歌舞，十六七岁时被楚王招进宫做了歌舞姬女。在楚王宫，莫愁女与屈原、宋玉等人结识，受其指导，歌舞技艺日渐精益，后来完成了《阳春白雪》《下里巴人》等楚辞和民间乐诗入歌传唱。《阳春白雪》更成为千古绝唱，对后世的乐赋产生了深远影响。

宋玉雕像

相传莫愁女的父亲卢公，在汉江上靠摆渡为生，母亲在村中植桑种桃。在楚襄王初年的一个风雨天，莫愁女降生在桃花村头江岸渡口的船舱中。她刚出生时不住地啼哭，卢公哄着她：“莫哭，莫哭，莫悲，莫悲，莫愁，莫愁……”听到“莫愁”二字时，她的哭声立刻停下了，于是卢公就给她取名为莫愁。莫愁女有一副甜美清脆的嗓子，郢中的诸般曲子，她一学就会。当她长到十五六岁时，出落得如同沧浪湖中的芙蓉一般，纤纤腰肢，亭亭玉立。莫愁女善歌舞的名声传进了楚王宫苑，楚襄王把她招进了宫中作为歌舞姬女，把她的未婚夫王襄哥放逐到千里之外的扬州。莫愁女目送着王襄哥的船儿远去，含着愤怒投身汉江中。

人们为了纪念莫愁女，把桃花村改名为莫愁村，把沧浪湖改名为莫愁湖。也有传说莫愁女并没有死，她被汉江里的渔夫救起，从此泛舟江湖，浪迹浮萍，真正回到了民间。

景点推荐 荆门旅游区

明显陵 AAAA 文

特殊的“一陵两冢”陵寝结构

荆门钟祥市皇庄乡松林山

钟祥市内可以乘6路公交直达景区

¥ 50元　4217387　8:00~18:00

明显陵始建于明正德十四年（1519），是明世宗嘉靖皇帝父母的合葬墓。明显陵是我国中南地区唯一的一座明代帝王陵墓，也是我国明代帝陵中最大的单体陵墓。其“一陵两冢”的陵寝结构，为历代帝王陵墓中绝无仅有。

明显陵工程浩大，占地面积约183公顷。整个显陵由内外两道城墙环护，连接新红门的城墙叫外罗城，墙高6.5米，红墙黄瓦，蜿蜒于山峦起伏之中，雄伟壮观。从空中俯瞰，外罗城为“金瓶”形状，寓意神圣吉祥。同时蜿蜒的城墙顺山势起伏，避免了建筑外在的生硬感，使之与自然环境更加和谐。

玩家攻略

每年农历三月初三和九月初九，各地人群纷纷过来烧香。当天园区爆满，过来旅游者多多注意。

玩家解说

明显陵是明朝“大礼仪”之争的产物，其修建至今已有近500年的历史。作为中国最早被联合国评为世界文化遗产的皇陵，它完整地体现了封建礼制，起着承上启下的作用，并影响到清代帝陵形制。它是明代帝陵最杰出的代表之一，其中“一陵两冢”，为历代帝陵绝无仅有的设计。金瓶形外罗城、九曲回环的御河、龙形神道、圆形内外明塘也是其他帝陵没有的。建陵之后修建外罗城时，各地官员从全国各地，上至东北，下至云贵，一砖、一瓦、一石向这里进献。每一块砖瓦都完整标明来自何处，可见其工程之浩大。

链接

明世宗和“大礼仪”事件

明世宗朱厚熜（1507—1567），明朝第十一位皇帝，年号嘉靖。嘉靖帝为明武宗堂弟、兴献王朱祐杬次子。由于明武宗死后无嗣，他得以在张太后（明武宗的母亲）和内阁首辅杨廷和的支持下继承皇位。

嘉靖帝在位早期英明苛察，严以驭官，宽以治民，开创了“嘉靖中兴”的局面，可以称得上是一位有作为的皇帝。史书评价嘉靖帝“有不世之奇谟六，无竞之伟烈四，而又有震世之独行五”。

嘉靖帝是明朝皇帝中最倔强的一位，他即位不久后，即与以杨廷和、毛澄为首的武宗旧臣之间关于以谁为皇考（即宗法意义上的父亲），以及嘉靖帝生父尊号的问题上发生了长达3年多的“大礼议”之争。嘉靖帝不顾朝臣反对，追尊生父为兴献帝后又加封为献皇帝、生母为兴国皇太后，改称孝宗敬皇帝曰“皇伯考”。嘉靖十七年（1538）九月，兴献帝被追尊为“睿宗知天守道洪德渊仁宽穆纯圣恭简敬文献皇帝”，并将兴献帝的牌位升祔太庙，排序在武宗之上，改兴献王墓为显陵，“大礼仪”事件至此以嘉靖帝的最终胜利结束。

瑶台与宝城

在明代帝陵中，前后两个宝城的建置可谓绝无仅有。显陵前后两个宝城的形成与其主人身份的变化紧密相关。前宝城建于正德十五年（1520），是朱祐杬死后按藩王规制建造的。嘉靖帝登基后，追封其父为“兴献帝”。嘉靖十七年（1538），其母病故。嘉靖十八年（1539），世宗亲临钟祥，选定新址，将其父母合葬于新寝。两宝城之间用很长的平台连接起来，称为“瑶台”，且每个宝城都建有一套月牙城、哑巴院和琉璃影壁，并有独立的排水系统，这也是显陵的独特之处。

祾恩殿

祾恩殿仿皇宫金銮宝殿修建，是供奉帝后神牌和举行祭祀活动的场所，也是陵内最大的主体建筑。祾恩殿面阔5间，进深3间，大殿四周有2米宽的回廊及汉白玉石雕栏杆围绕。须弥座式台基上有全浮雕散水龙头。殿内设3间暖阁，中间放有帝后、神祖牌位。暖阁前设帝后宝座，宝座前有供案，上面摆放供器，供器上放供品。大殿东次间内有加

明显陵

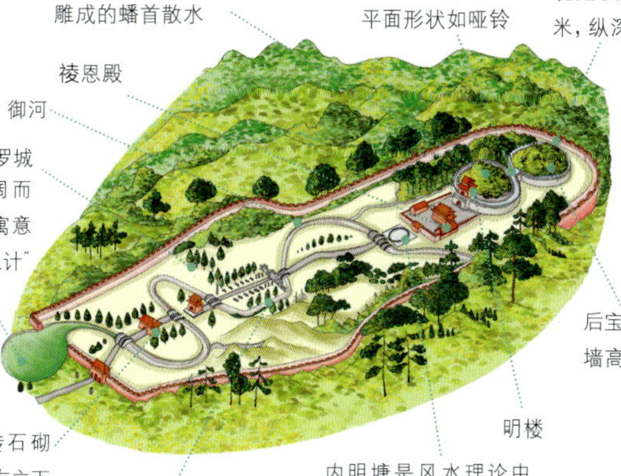

上尊谥记文碑一块，殿内树碑，是明陵的孤例。显陵祾恩殿在明末毁于战乱兵火。

明楼

明楼为陵园的标志性建筑，为重檐歇山式楼阁，是悬挂陵名牌匾和树立圣号碑的地方。圣号碑身“恭睿献皇帝之陵”7个大字为嘉靖皇帝亲笔所书，此字苍劲有力、气势浑厚，为陵园之瑰宝。明楼明末毁于兵火，1990年维修复原。

御碑亭

明显陵御碑亭内所立的“御制睿功圣德碑”碑文为嘉靖皇帝亲笔撰写。碑首有4条高浮首尾交盘、头部下垂的蛟龙，碑趺是一只昂首远眺的大龟，龟下有长方形的石台，石台上刻着水波旋流，雕刻精细，纹理通畅，形象逼真，充分展示了我国古代劳动人民的聪明才智。同时这种碑式也显示了墓主显赫的身份和高贵的地位。

内外罗城

显陵在陵区周围建有高墙，与陵宫区围墙相对，分别称为外罗城和内罗城。显陵的增筑系仿天寿山七陵之制，而此七陵只有陵宫区围墙，每座陵寝并无单独的外罗城，只是在天寿山陵区周围建有防卫森严的城墙。显陵之后，世宗在为自己修建永陵的时候，在陵宫区围墙之外，加建了外罗城一道，并为后世的定陵所仿效，形成了独特的帝陵制度。

明显陵神道

九曲御河

御河是显陵陵区的主要排水设施，以其形式明确结合风水意向的“弯曲有形”，被当地称为“九曲河”。其排水体系之完善、体现风水理论之完美，成为显陵文物特色和旅游资源中的重要内容。

龙鳞神道

显陵是明代帝陵中唯一整体保留神路龙鳞具体做法的陵寝。中间铺筑石板，谓之“龙脊”；两侧以鹅卵石填充，谓之“龙鳞”；外边再以牙子石收束，总称为“龙鳞道”。弯曲的路形与周围的建筑有机结合，就好似一幅巨大的阴阳太极图。

莫愁湖

俊秀的湖光景色

荆门钟祥市郢中镇　15元

在钟祥市乘出租车前往景区

夏季（3月1日~9月1日）：06:00~22:00

冬季（9月1日~2月1日）：06:00~23:00

莫愁湖景区融山水景观、人文景观于一体，是荆楚大地上一颗璀璨的明珠。湖上百岛俊秀，水天一色。阳春白雪岛上，白雪楼、阳春台隔水相望，仿佛莫愁再现；兰台宫内，歌舞升平，襄王把酒行乐，再现楚国风韵；下里巴人岛上，男耕女织，捕鱼狩猎，山歌悠扬，情也陶陶；军事野战岛上枪炮声隆隆，杀声阵阵，惊险刺激，扣人心弦。

十里画廊，是整个莫愁湖景区最为赏心悦目的地方之一。它由细窄逐渐变为宽阔，呈喇叭状，且九曲回转，湖汊众多。这里湖水清澈，水平如镜，两侧苍翠青山和蓝天白云倒映在湖中，湖光山色，引人入胜。这里生态环境优异，引来无数珍奇飞禽，有鸳鸯、白

莫愁湖

鹭、鸬鹚等数十种。湖岸上林木茂盛，花草丛生，红瓦农舍掩映其间，恍若人间仙境。

链接

莫愁女

传说这里的山水孕育了一代绝世佳人、楚国伟大的歌舞艺术家莫愁女。莫愁女是楚国第一美女，楚国歌舞一代宗师。她貌若芙蓉，身如柳枝，可谓美貌无双；她能歌善舞，唱起歌来如行云流水，跳起舞来如嫦娥奔月；她在屈原、宋玉的指导下完美演绎了《阳春》《白雪》，并传唱入歌，将楚国歌舞艺术推向巅峰；她与青年才俊工襄哥青梅竹马，倾心相爱，产生了一段可歌可泣的爱情。后来，楚襄王欲召其进宫，强纳为妃，但她品性高洁，不为富贵所动，不为淫威所屈，毅然投江，以保名节，被誉为绝世"圣女"。又据民间传说，莫愁女并未死，而是被一渔民所救。自此，她游历于楚国的城镇乡村，广泛采集各地民谣，并将楚国宫廷歌舞与民间民谣相融合，成为楚国文化的传播使者。

黄仙洞 AAAA

洞中云盆瑶池堪称世界之最

钟祥市客店镇赵泉河村　钟祥每天有两趟直达景区的班车，分别是上午10:00左右和下午1:00左右　8:00~17:00　78元

黄仙洞，俗称黄金洞，是国家级大洪山风景名胜区的核心景点。黄仙洞面向西北，全长2 000余米，洞口壁高100米。洞内蜿蜒曲折，跌宕起伏，丰富的石灰岩石在天然水和地下水的溶蚀作用下，经过极其漫长的地质发展过程，从而形成了极其奇特的洞天石林景观和十分丰富的喀斯特地貌特征。洞内钟乳石形态各异，有石针、石矛、石笋、石柱，如玉似翠，景致诱人，色彩绚丽，气势不凡。

玩家 攻略

黄仙洞内较为潮湿，进洞需穿防滑鞋，参观时务必注意安全，小心滑倒，走路不要慌张，一路前行领略仙境般自然地貌。

玩家 解说

黄仙洞2万多平方米的"云盆"景观是典型的喀斯特地貌，堪称我国溶洞之奇观。洞内奇景如济公仰天、屈子行吟、蝶戏熊猫、大圣读经等，千姿百态，使人观后羡天功之造化，叹人力所不及。黄仙洞古往今来，佛道僧士云集，骚人墨客荟萃，留下了众多的摩崖壁画、碑碣石刻，有着极为丰富的人文景观和自然景观，同时也具备了较高的地质科学考察价值，实为世间难得佳境。

黄仙守望

黄仙洞内有一块尖锥状石灰岩石牙体，名叫"黄仙守望"，它是在地下河水的冲蚀、溶蚀和水中沙砾石的磨蚀作用下，历经千万年而形成的。民间传说，黄石公当年将神授兵书24卷传给张良，使张良辅佐刘邦扫平天下，建立了汉王朝。玉帝责怪黄石公泄露天机，命天神施展法术，使黄石公羽化成了这个石形怪道。

石拱门

天然石拱门高12米，厚4米，是石灰岩体在地下水溶蚀作用下形成的洞穴天然石拱门。它拔地而起，如一道腾空而起的彩虹，让人感叹造物主的神奇与魔力。

钙膜片边坝

钙膜片边坝是黄仙洞中的一大奇景，一眼从石壁中排出的小泉不断流出，从而在石坝顶部和坝坡上沉积了纯白色和半透明的碳

酸钙薄板和方解石膜片，如同煮沸的牛奶放凉后表面结成的一层膜。其面积之大，在国内外的溶洞中实属罕见。

边石池大厅

黄仙洞共有1 800多个面积超过1平方米的边石池，总面积约2万平方米，如此宏大壮观的溶洞景观，实乃中华一绝。当丰水期来临时，每个边石池里的水都向外溢，刹那间，白波流动，玉练布地。入冬后，水干石枯，这里仿佛又成了沟壑纵横的黄沙石原。在此畅怀极目，不禁折服于大自然的鬼斧神工。

大口国家森林公园

风景秀丽的公园

荆门钟祥市郢中镇　¥40元

荆门市内有专线车到大口国家森林公园

大口国家森林公园始建于1992年，位于大洪山名胜风景区南麓，总面积约1 590公顷。公园集自然景观、人文景观之精华，融奇花异木、珍禽异兽、洞溪瀑布于一体。公园内适宜的气候和地理条件使这里成为野生动物的乐园和天然的植物园。园内现有野生动物50余种，列为国家保护动物的有白鹭、穿山甲、白鹤等。园内还生长着木本植物400多种，其中不乏水杉、银杏、杜仲、对节白蜡等国家保护的珍稀植物，是观光游览、科考研究的绝佳场所。

元佑宫

元佑宫

现为钟祥市博物馆

钟祥市郢中镇

8:30~17:30

元佑宫始建于明嘉靖己酉年（1549），为嘉靖皇帝朱厚熜御敕所建，距今已有400多年的历史。元佑宫是供嘉靖帝返乡、皇室宗亲和州府官员朝奉显陵或举行其他重大祭祀活动的焚修祝祷之所，其建筑风格与北京故宫类似，又与武当道观相仿。宫门券顶上镶嵌着“元佑宫门”四个大字，元佑宝殿雄踞正中，红墙碧瓦，金碧辉煌。殿前为琉璃琼花照壁，左右两翼为保祚、延禧二枋。钟、鼓二楼拱侍环列，东、西厢房前抵钟鼓楼，后接两配殿。元佑宫现为钟祥市博物馆馆址，馆内珍藏有历史文物万余件，主要有“钟祥历史文物陈列”“革命文物陈列”“古字画陈列”“清代女尸陈列”四个展厅，常年对外开放。

小皇陵

嘉靖皇帝乳母之墓

荆门钟祥市皇庄六合村

小皇陵原名范氏一品夫人墓，其墓主为明嘉靖皇帝乳母范氏夫人，因此地有嘉靖帝之父献皇帝的显陵，所以此墓也被俗称为“小皇陵”。墓三面丘陵环绕，前方舒展开阔，从南向北有一条长约250米的神道。神道两旁成对排列着石狮、石羊、石骆驼、石马等，还有石碑3通、华表1对、牌楼1座。牌楼后为墓茔，封土残高2.4米，居于墓地最高处。墓地整体布局严谨齐整，对称有致，石刻造型逼真，雕刻精细。墓主范氏夫人其子陆炳为明世宗嘉靖年间太保兼少傅、锦衣卫掌卫，其夫陆松初就职于兴献之国，后

兴王府

江锦衣卫副千户，均深受嘉靖帝信任，屡获殊荣。

兴王府
嘉靖帝出生地

钟祥市郢中王府大道南端皇城门街、钟祥二中校园旁　7:00~18:00

兴王府为明嘉靖帝父亲兴王的藩府，也是嘉靖帝的出生之地。王府始建于弘治元年（1488），后于嘉靖十八年（1539）嘉靖帝南巡承天府时，对殿宫进行了扩建。兴王府原有龙飞、隆庆等殿，卿云、凤翔等宫，四周环以朱色围墙。如今时过境迁、历经沧桑的兴王府只有一座凤翔宫尚存，面阔6间、进深3间，为砖木结构。宫前有一圆形荷花池，池上有一石孔桥，池壁周围有出水石雕龙头6个。1992年12月，兴王府被列为湖北省重点文物保护单位。

娘娘寨
生态旅游景区

荆门钟祥市客店镇水没坪村

娘娘寨四面绝壁合围，景区内古树参天、峰峦叠翠、溪流纵横、深潭遍布。漫山遍野的奇花异草、成片的古银杏群落、众多佛道僧士、骚人墨客的碑刻壁画、迷人的历史传说，使娘娘寨成为一个集自然风光与人文历史为一体的旅游景区。

据《钟祥县志》等文献古籍记载，娘娘寨距今已有2 000多年历史。其村域面积约9.2平方千米，核心聚落村域水没坪有住户数十家。娘娘寨生态环境优良，森林覆盖率高达93%，有树龄500年以上的古树200多棵，有对节白蜡、古银杏、古榔榆等植物群落几十处。良好的生态环境也使这里成为许多珍稀动物的栖息地，如金钱豹、娃娃鱼、穿山甲等。

娘娘寨地形、地貌奇特，村民居住区水没坪为汇水盆地，与著名的黄仙洞相连，形成了典型的喀斯特地貌，周围还分布着桃花洞、牛鼻洞、鸽子洞等溶洞。娘娘寨景区内溪流遍布，四季气候宜人，年平均温度12℃，因此也被誉为“最适宜人类生存的世外桃源”。

链接

水没坪的传说

水没坪为黄仙洞进水口，原为四面环山的一处湖泊。相传《封神榜》中的广成子曾在湖边成子寨中修炼。许多百姓也为了躲避战乱来到这里，逐渐形成村落。后来，村中迁进一恶霸，自称“黄华天子”，他纠集了几个狐朋狗友驾着村中唯一的一艘大船，四处打家劫舍，为害邻里。村民们十分恼怒，自发组织起来捉拿“黄华天子”，但“黄华天子”驾船躲到了湖中央。村民们无可奈何，于是求广成子命穿山甲穿透了黄仙洞，引干了湖水，抓住了“黄华天子”。湖水引干后，现出了一块适宜耕作的平地，故名水没坪。因此平地形如磨盘，又名水磨坪。

龙泉公园
有“绿色的宝库”之誉

荆门市东宝区象山大道　免费

市内乘2路公交可达

龙泉公园占地面积28公顷，是一座既具地方特色又有时代气息的新型综合性公园，现已成为市民休闲娱乐的重要场所，曾被列为中国百家名园之一。龙泉公园主要分为山上景区、山下景区。山上景区主要以象山主峰为中心，有岗光阁、华夏艺林园、老莱子山庄、动物园等景点。山下景区由游乐场、绎志园和文明湖文化古迹区3部分组成。园内有各种植物200多种、各类花卉盆景3万余株。每年举办水仙、月季、菊花盆景四季固定性

的展览和春节、盛夏游园活动，同时还可接待承办各种展览和其他活动。

玩家 解说

龙泉公园位于荆门市区西侧，是荆门市最有名的城市公园。公园山下是游乐场和游人休憩的地方，山上建有一些纪念馆，有张自忠和陆九渊的纪念馆。张自忠当年牺牲在今荆门辖区，在灵泉公园有他的纪念堂和雕像。陆九渊纪念馆分为两层楼，介绍了陆九渊的生平事迹和他的哲学理念。此外，还建有历代廉政馆，里面介绍了中国历史上的清官典范，是廉政教育基地。

唐安古寺

宗教活动场所

荆门市东宝区海慧路

市区内乘坐19路公交车，在子陵老街站下车，向西走20分钟即到

唐安古寺位于荆门古城雨山之巅，依山而建，占地面积约100亩，是荆门地区一处较大的佛教场所。

古寺大殿红墙黄瓦，雕梁画栋。殿内彩绘精美，图案华丽，将人与自然融入一种庄严的气氛中。殿中供奉的三宝大佛像高7.8米，其中“释迦佛”为纯铜铸造，重达4.8吨，庄严肃穆，金碧辉煌。正背里立观音菩萨像，手持净瓶，四周有108尊观音法相，大小相若，神态各异。大殿两边供十八罗汉壁画，各呈形态，形象逼真。大雄宝殿的后右侧建有四层楼的斋堂，斋堂对面为观音殿，殿内观音菩萨跏趺坐像，造型优美，法相慈祥。大雄宝殿前的台阶两侧，建有两座3层楼阁亭式建筑，左为钟楼，右为鼓楼，飞檐翘首，典雅壮观。

唐安古寺内丛林制度严格，按照汉传佛教祖制管理，每年都举行相应的佛事活动和庙会，是一处远近闻名的佛门宝刹，多次被荆门市民族宗教局授予“五好宗教活动场所”称号。

漳河风景名胜区 AAAA

休闲旅游佳地

荆门市东宝区漳河镇　20元　9:00~18:00

漳河风景名胜区地处荆门、宜昌、襄阳三市交界处，背靠荆山，面向江汉平原，总面积400平方千米，以自然景观为主，以大型水利工程建筑群为辅，是一个可供参观、游览、度假和休养的旅游胜地。漳河水库游乐园依托库区水域而建，是一个兼有水下、水面与库岸、低空游乐的立体游乐园。漳河风景名胜区内的自然景观有山水景观和山石景观两大类，尤以山水景观最具特色。

漳河水库：水库中有岛屿36座、半岛160多个，水库两岸青山透迤，重峦叠嶂。两岸青山，一河绿水，相辅相成，风景如画。

阳光沙滩：全国最大的湖泊沙滩浴场，面积3万余平方米，建有四季文化广场、儿童乐园、拓展基地等配套服务设施，还有2万平方米沙滩及湖心岛景观，堪称一绝。

观音岛：岛中矗立着一座高18米的双面

滴水观音像，庄严肃穆。周围塑有33尊观音化身，这些观音或骑着坐骑，或坐于莲台上，千姿百态，栩栩如生。

玩家 解说

漳河风景名胜区分7个游览区，有水陆空游乐园、洪山古寺、观音岛、青蛙石、老龙洞等数十个景点。大坝如巨龙腾水，气势磅礴，宏伟壮观；明槽涵闸似长虹吐霁，或飘逸柔软，或舒展奔放，绚丽多姿，风采迷人。观陡石崖，游观音岛，让人引出一串观音菩萨游历漳河的神奇传说；登鸡公尖，望插旗岭，令人牵出许多武圣公横刀跃马的英雄故事；上伍峰寨，攀乐天处，使人仿佛看到历史长河中泛起的阵阵云烟。

青林寨关公园

堪称“中华第一寨”

荆门市东宝区马河镇铁坪村境内　45元

市内租车前往景区　8:30～17:30

青林寨占地面积8 000余亩，拥有华中地区面积最大的红叶树群，绵延山脉5 000亩，每到深秋时节，层林尽染，如梦如幻，令人如痴如醉。青林寨由关公寨、神武寨、演武寨等部分组成，关公寨、神武寨、演武寨占据3座地势最高的山峰，对峙而立，互为攻守。寨墙、山门和寨内近300余间古兵房均保存完好。关公祠内彩塑关公塑像高丈余，身披重铠，长髯飘飘，威风凛凛。祠内设700斤铸铁香炉一尊，炉身铸“忠孝仁义”“青林寨关帝庙”等字样。青林寨中所有建筑全部用石头堆砌而成，其石屋面积、数量、保存完整度皆是国内一流，堪称“中华第一寨”。

玩家 攻略

景区内有一条长300多米的环形卡丁车赛道，为游客带来更多娱乐和刺激。

链接

青林寨的民间传说

关于青林寨因何而建、何人所建，民间有3种说法。其一，三国时，蜀国大将关羽南控荆襄、北拒曹操时修建的屯兵营地，后经历朝居民不断修缮和扩建，形成了如今青林寨庞大的规模。此说法与荆门市栗溪镇仙人岩、折旗山的传说一致。其二，明末李自成起义失败后，南撤时修建的防守工事。其三，青林寨为清嘉庆年间鄂、豫、川、陕、甘五省白莲教起义军的军事据点。

绿林山 AAAA

集山、水、林、泉、洞于一体

荆门市京山县绿林镇大洪山

京山县城有旅游大巴可到　135元

绿林山景区面积120平方千米，是中国历史上著名的“绿林起义”的策源地，也是汉光武帝刘秀的发祥之地。这里有中国唯一保存完好的古兵寨群、有“湖北新九寨”之称的美人谷瀑布群、有被中国科学院权威专家论证为世界首例中华奇珍的天然石编钟、有充满神秘色彩的原始森林以及浪漫的鸳鸯溪漂流。绿林山风景区集山、水、林、泉、洞于一体，是度假休闲的绝佳去处。

玩家 解说

荆门绿林古兵寨被当地称为“神州第一古兵寨”，这里是西汉末年王匡、王凤领导的“绿林起义”策源地。风景区内草木茂盛、自然风光秀丽无比、历史人文底蕴丰厚，游客可以看到古烽火台、古城墙、古兵寨、古战场和古汉梯田等。

链接

绿林起义

绿林起义是西汉末年王莽篡权时发生的农民起义。绿林起义军杀富济贫，开仓放粮，安营扎寨，出没于绿林山中。地皇二年（21），新莽荆州牧发兵2万人进攻绿林军，绿林军击败莽军，部众增至数万人。后来，绿林军与刘秀起义军会合，成为光武中兴的源头，为后来东汉王朝的统一奠定了基础。“绿林”也成为后世啸聚山林的好汉们的代名词。

绿林古兵寨

绿林寨

沉寂于大山深处的绿林寨，经过重资开发，现已揭开它那神秘的面纱，对游客全面开放。绿林古兵寨具有峨眉之神韵、庐山之秀美，现代历史上它是中国抗日武装与日寇拼死战斗的重要军事阵地。

美人谷

美人谷位于绿林镇东南的万福大峡谷之中，面积约6万平方米，由美人潭、沐浴潭、觅芳潭和众多的绝壁、溶洞、瀑布连缀而成。景区内遍布奇石、岩悬古藤，幽深宁静，大自然的鬼斧神工雕琢出奇幻绝伦的卧龙石、天桥瀑布、古树化石等10多处景观。

空山洞

空山洞被誉为鄂中第一溶洞，俨然似一座大自然艺术宫殿。其主洞长900多米，洞内笋柱峭拔，乳花缤纷，天造地设四百景，鬼斧神工八千奇，金龟戏蟾、狡兔三窟、金鸡独立、虎口斗象等景观奇绝秀润，惟妙惟肖，"石编钟"更堪称世界一绝。

缘汇温泉

有"返老还童泉"之誉

荆门市京山县京山缘汇温泉度假村

缘汇温泉度假村依山而建，总规划面积460余亩。景区充分利用该地区原有的溪流、洼地，构建水体景观；借助峡谷之间的梯田、山居等原生态元素，通过别有洞天的空间布局，将田园野趣与度假村结合，环境优美，恍若世外桃源。中心温泉区拥有80余个室内外温泉池，属国内罕见的中高温性含氟硫酸钙型弱放射性氡温泉，享有"返老还童泉"之美誉。此外，度假村内还设有专门针对中老年人、青年、女性等不同人群的名木汤、水疗池、香薰阁等格调新颖、恬静幽雅的温泉泡池。度假村环境优雅，植有数千株形态各异的珍贵盆栽及数万棵名贵树木。在此远离城市的喧嚣，置身于大自然中，让身心来一次彻底的释放。

天河度假村

具"东湖西溪，南洞北峡"之态

荆门市京山县绿林镇境内　130元

8:00～18:00

天河度假村总面积18平方千米，位于大洪山风景区南部，背倚绿林古寨，面临洪山湖。景区内气候湿润，山水缠绵，具"东湖西溪，南洞北峡"之态，是大洪山风景名胜区最具特色和魅力的旅游胜地之一。蓝天、白云、翠峰、森林尽融于晶莹剔透的洪山湖中，山寨篝火、乡间茅舍、梯田牧笛等原始古朴，是一处回归自然的佳境。景区有四大主题游览区，包括天河漂流、湖上观光、峡谷探幽、岛上休闲等，可供游客山中避暑、溪畔寻静、峡谷觅幽、洞中探奇，尽情享受与山水相融的缠绵与逍遥。

玩家 攻略

每年农历七月初七，天河度假村内都会举办"七夕天河鹊桥节"篝火晚会，晚会会有丰富多彩的活动，喜欢热闹的游客可以前来。

玩家 解说

天河漂流：天河皮筏漂流，既可洗手濯足，又可冲漂过滩，2.8千米的河道上九曲十八弯，河水清澈见底，两岸岩悬树挂，环境清幽，一路上有惊无险、快乐无穷。

清流峡：清流峡全长1千米，谷内青藤缠绵，鸟啼泉鸣，身在其中，可细细品味"明月松间照，清泉石上流”的意境。

通天洞：顺清流峡而上，有一天然溶洞，洞顶石壁斜上方有1米见方的小洞。洞内四季湿润，泉水清澈，石笋倒挂，千姿百态，栩栩如生，当地人言：“不到通天洞，枉到绿林来。”

鸳鸯溪

有“鄂中第一漂”之美誉

荆门市京山县绿林镇

8:00～18:00

鸳鸯溪发源于大洪山南麓的白龙池，因其走势俯瞰如鸳鸯而得名，素有“九曲鸳鸯溪，十里水画廊”的美称。鸳鸯溪漂流河段全长6.5千米，两岸峡险谷幽，水碧林翠，鸟语花香。溪水在九曲峡谷中蜿蜒，两岸高山峻谷奇异，悬岩怪石玲珑，有双龙峡、龙门潭、剑阁池、浴水岩等景点。溢彩滴绿的天然树林、古色古香的亭台楼阁、遒劲有力的摩崖石刻，令人流连忘返，因而也有“鄂中第一漂”之美誉。

链接

鸳鸯溪传说

相传在北面的山坡上，住着一位许真人和一条青龙，他们在此修炼道法。青龙急于求成，有一日它偷偷跑到天界偷饮“瑶池”仙水，使得玉帝大怒，三年不给楚地降雨，百姓苦不堪言。于是许真人决定替百姓惩治青龙，他将青龙捉住锁在山腰的青龙亭上，青龙恳求许真人放了它，以便继续修炼，最后，许真人同意了它的要求，但有个条件，就是要青龙在一夜间造出100条河流，以缓旱情。天快亮时，青龙已造出99条河流，即将大功告成时，青龙发现有一对鸳鸯相拥熟睡在爪下，青龙不愿打扰它们的美梦，于是绕着它们，修了一条“几”字形的河道，也就是今天的鸳鸯溪。

鸳鸯溪

太子山国家森林公园

被誉为“生态保健园”

荆门市京山县石龙镇

市内乘大巴至京山县，再转乘至石龙镇即可

全天开放　50元

太子山国家森林公园总面积7930公顷，生态环境优美，人文环境独特，历史底蕴深厚。公园集森林旅游观光、溶洞探险、林场狩猎、休闲养生等功能于一体，是镶嵌在荆楚大地上的一颗璀璨的绿色明珠。

太子山因明朝嘉靖皇帝年少时长期在此游猎而得名，区内外文化遗址和旅游景点众多。公园内有曹操赤壁兵败经过太子山时的“丢石点兵堆”、明朝兵部黎侍郎古墓群、京山“古八景”之一的“仙女藏云”之地——仙女洞等众多历史文化遗址。景区内的王莽洞相传为西汉末年王莽藏金之穴，洞口垂直而下，深达千米。洞中有大小景点60余处，钟乳怪石，不计其数。洞中有洞，路中有路，险中有险，实乃人间奇景。

太子山国家森林公园还以万亩果园、溶洞探险、野外生存及拓展训练、森林越野等景观和活动为旅游特色，深受城镇居民喜爱，被誉为“生态保健园，大然健身房”。

荆门市博物馆

地方性综合博物馆

荆门市东宝区象山大道19号

市内乘1路公交可达　9:00～17:00，周一闭馆

荆门市博物馆是一座集文物考古、文物收藏和文物陈列于一体的地方性综合博物馆，馆内主要建筑有文物陈列主体楼和文物精品馆。文物陈列主体楼为仿古建筑，陈列面积3 000余平方米。馆内现有“包山楚墓专题陈列”“馆藏历史文物陈列”“战国女尸及

郭店楚简展览”。博物馆藏品总数量共6万多件，其中国家一级文物36件（套）。

陈列大楼内设四个展厅，一、二展厅为“包山楚墓”的专题展览，其内容为青铜礼器、漆木器、兵器、车马器、陶器及生活起居用品等。三展厅为“馆藏历史文物”的固定展览，代表性的器物有越王州勾剑、关公大刀、历代铁币、汉代铜镜等。四展厅是流动性展厅，先后举办过“孔繁森同志事迹展”“禁毒展”“锦绣中华——微缩景观展”等专题展览。

玩家 解说

包山楚墓专题陈列：向世人展示了当时楚国贵族阶级的礼乐制度及奢华生活，同时反映了劳动人民非凡的创造力和想象力，其中有先秦之最的《迎宾出行图》、中国最早的折叠床、最精致的“龙凤彩棺”以及装饰精美的楚国礼器“错金银铜尊”等，这些都是荆门楚文化的杰出代表。

馆藏历史文物陈列：通过数百件文物、图片、模型等形象地展示了自原始社会以来荆门人民生产、生活、建设的历史长卷。其中不乏工艺精湛的珍品，有时隔千年仍锋利无比的“越王州勾剑”，有三国时期的先进兵器“连发弩机”，有色泽鲜艳的唐三彩“卧女荷叶枕”等。

战国女尸及郭店楚简展览：郭家岗战国女尸是目前我国保存最好的湿尸，墓葬出土的丝绸则是楚国的又一“丝绸宝库”。郭店楚简是迄今我国一次性出土数量最多、保存最好、内容最丰富的一批竹简，其内容大都为先秦佚籍，堪称世界第一部原装书。简上字体典雅，堪称古代书法艺术精品。

沙洋生态农业体验风情园

美丽的油菜花海

荆门市沙洋县曾集镇张池村

“中国农谷·沙洋生态农业体验风情园”以几十万亩油菜花海为主要景观，生动地介绍、展示了油菜的起源和进化、人类利用油菜的历史和文化、油菜的功用价值和民生意义等内容，是集生态观光、休闲度假等功能为一体的精品旅游景区。园内美丽的乡村景色、灿烂的油菜花海、扑鼻的春天气息，让人流连忘返。沙洋油菜博物馆更以“史海芸踪”“生命之能”“芳泽民生”“金色沙洋”四个部分，生动地演绎了世界和中国油菜产业的发展史，让人们在欣赏美景的同时还能增长见识。

荆门市博物馆

沙洋县风光

纪山寺

历史悠久的古寺

荆门市沙洋县纪山镇内

纪山寺坐落于纪山之巅，始建于隋开皇年间，最初名为红梅寺，后更名长眉寺，唐朝初年由尉迟恭改建并更名为纪山寺，已有1 000多年历史。如今的寺庙建于清光绪七年（1881），建筑面积约1 500平方米。寺后殿为砖木结构，高约7米。后殿门前有玉皇阁，有4根石柱支撑，石柱上刻着两副楹联，笔力遒劲。寺内保存着明永乐十年（1412）冶炼的大铁钟，钟上铭文清晰可见。

纪山寺现为当地重要的宗教活动场所，每年农历二月十九日会举办盛大的庙会，届时数万香客和群众云集寺庙，十分热闹。

屈家岭文化遗址 ㊈

新石器时代村落遗址

荆门市屈家岭管理区

屈家岭文化遗址是一处新石器时代村落废墟的遗址，该遗址是一处以黑陶为主的文化遗存，具有许多特征，其年代距今约4 600~5 000年，因最早在湖北京山屈家岭遗址发掘而得名，是更早期长江中游的大溪文化的继承者。

遗址发现于1954年，1955年及1957年中国科学院考古研究所和湖北省文物工作队两次发掘，出土大量用于生产和生活的石器和陶器，蛋壳陶器、彩绘陶器和彩绘纺轮说明新石器时代江汉平原地区已具有较高水平的烧陶技术和纺织手工业。1988年，屈家岭文化遗址公布为国家第三批重点文物保护单位。

玩家解说

屈家岭文化遗址坐落在一片椭圆形的岗地之上，附近丘陵起伏，青木垱和青木河由东西两侧环绕其南，交汇合流。

屈家岭遗址出土物中以彩陶纺轮、彩绘黑陶和蛋壳彩陶最具特色。陶制的鼎、豆、碗等器皿均为双弧形折壁，也具有独特的风格。这种性质的文化在湖北境内的江汉平原、西北山地和河南省的南部与湖北相邻的地带分布较广，文化面貌极具地方色彩。

屈家岭遗址中所保留的大量生产工具和稻谷壳表明，“屈家岭人”的社会经济是以农业为主，兼营饲养、渔猎、纺织等业；其制陶业发达，陶器的品种丰富，图案美观。农业的进步和象征父权崇拜的“陶祖”的出现，说明其社会的发展已进入父系氏族的社会阶段。

攻略资讯

- 交通
- 住宿
- 美食
- 购物
- 娱乐

交通

火车

荆门铁路运输比较发达，焦柳铁路贯穿全境，搭乘从荆门路过的火车可以到达北京、西安、太原、洛阳、上海、宜昌等大城市。

荆门火车站：位于荆门市东宝区车站大道35号，从此站坐车可直达北京、上海、广州、重庆、成都、南京、合肥等城市。市内乘坐3路公交可达荆门火车站。

钟祥火车站：位于荆门钟祥市镜月湖二路，现为三等站，从此站坐车可直达武汉、广州、杭州、成都、长沙、宜昌、荆门、恩施等城市。市内乘坐2路公交可达钟祥火车站。

汽车

荆门素有“荆楚门户”之称，拥有得天独厚的公路交通环境，公路长途运输比较发达。从荆门汽车站乘坐汽车可以到达武汉、宜昌、长沙等大、中城市，开往周围县市的车更是每天流水发车，十分便捷。

荆门火车站

荆门汽车客运中心位于荆门市掇刀区白云大道30号，电话：2338443。

住宿

荆门经济较为发达，其住宿也十分方便，宾馆、酒店随处可见。东宝区、掇刀区有大量不同类型、价位的酒店、宾馆可供选择。选择荆门火车站周边住宿，出行会十分方便。荆楚理工学院周边的住宿则比较经济实惠，而且学校周边的用餐也很方便。

●荆门星球国际大酒店

荆门星球国际大酒店靠近星球商业中心沃尔玛，地处新、老城区的结合部，酒店建筑以现代时尚风格为主，造型典雅，设备完善，功能齐全，集住宿、餐饮、购物、娱乐于一体。 掇刀区虎牙关大道9号，与星球路交叉口

8887999

●荆门帝豪国际酒店

荆门帝豪国际酒店位于长宁大道之上，雄踞中天街商圈、行政中心，地理位置极其

龙泉公园

优越，是商旅人士理想的下榻之选。✉ 东宝区长宁大道21号，与长莱巷交汇处 ☎ 2222888

●荆门碧桂园凤凰酒店

荆门碧桂园凤凰酒店东接207国道，距火车站20分钟车程，距市中心13分钟车程，交通便捷。酒店拥有各式精美客房，配有先进的设备设施，为住客营造了舒适的住宿体验。✉ 掇刀区兴隆大道凤袁路8号，近凤凰水库 ☎ 2499999

荆门风光

美食

荆门地处江汉平原西北部，湖泊众多，盛产淡水鱼，荆门传统特色菜肴多以鱼类为原料，如长湖鱼糕、盘龙菜等。太师饼、麻花酥等美味小吃用料考究，深具地方特色。市内中天街与工商街之间的家美乐小巷是当地著名的小吃街。

●长湖鱼糕

荆门沙洋县位于长湖沿岸，淡水鱼资源丰富，岸边人民尤擅制作鱼肴，其以草鱼制作的鱼糕闻名于世。此菜将草鱼茸加入葱姜汁、鸡蛋清、熟猪油等拌匀，入笼蒸制取出，切斜刀片，码入垫有粉丝的大碗内后上笼蒸熟，而以制熟鸡肫“戴帽”即可。

长湖鱼糕

●盘龙菜

盘龙菜又称蟠龙菜、卷切，是钟祥市的传统特色名菜，属于明朝宫廷御膳佳肴，首创于湖广安陆州（今钟祥）兴献王宫邸。菜色红黄相间，装盘成龙形，肥而不腻，柔滑油润，味香绵长。如今，它已成为过年时钟祥每家每户饭桌上都能见到的美食。

盘龙菜

●万寿羹

万寿羹又名龟鹤延年汤，是以龟肉和鸡肉合烹的汤菜，营养价值极高。菜名吉祥，喜庆寿筵均宜。选用荆门出产的断板龟与母鸡经过加工处理，倒入砂锅或瓦罐，在旺火上煨至汤汁乳白、肉质八成熟时，端锅离火，凉后置于中火上煨至酥烂，调好味即成。此菜特点为汤面黄亮，汤汁乳白，汤味甘鲜，食后口留余香。

●皮条鳝鱼

皮条鳝鱼属鄂菜，已有数百年历史。鳝鱼味美，且有补五脏、疗虚损的功效。皮条鳝鱼是用两道不同温度的油炸至皮酥，再挂上糖醋黄汁，色泽金黄，外酥里嫩，十分可口。

皮条鳝鱼

购物

荆门物产丰富，土特产和名牌产品有漳河茶叶、山灵葛粉、尚香风干鸡、葛脆饼等。京山桥米更是早在明朝时就被嘉靖皇帝定为“贡米”，非常值得购买回去与亲朋好友分享。

中天街是荆门市比较繁华的地段，街上集中了解放商都、东方百货、恒凯商城等大型购物商场，商品应有尽有。这里也是许多美食店铺的聚集地，是购物休闲的绝佳去处。

●漳河茶叶

漳河茶叶是湖北省荆门市漳河镇的茶叶特产，它主要以观音茶为主。漳河茶汤色谷黄透绿，清澈明亮，栗香持久，饮后满口回甘。

漳河茶叶

●京山桥米

京山桥米因原产于京山县孙桥镇而得名，其颗粒细长、光洁透明。用京山桥米或蒸米饭，或煮稠粥，雪白一片，喷香馋人。京山桥米能开脾胃，增食欲，且营养丰富，早在明嘉靖年间就被定为“贡米”。

●钟祥葛粉

采用千年野生葛粉精制而成，富含淀粉、蛋白质、全糖等多种营养成分及多种人体必需的微量元素。具有清凉解热、生津止渴、抗菌解毒、降血压等功能。钟祥葛粉在日本有“长寿粉”之誉，被列为皇家贡品系列。

钟祥葛粉

● 尚香风干鸡

尚香风干鸡为荆门传统腌腊制品，其源流可追溯到屈原《招魂》中的“露鸡”，以三国时期刘备夫人孙尚香制作而出名。尚香风干鸡表面呈酱黄色，肉质爽口，回味悠长，曾获“中国市场名牌产品”称号。

尚香风干鸡

● 葛脆饼

葛脆饼是野生葛粉加天然椰子汁等原料制作而成，色泽金黄，入口香脆，是早餐和休闲、夜宵之美点。

娱乐

荆门的娱乐活动丰富多彩，这里的各类酒吧、KTV和众多的咖啡馆，是放松的好去处。你也可以乘着节日前来，观看精彩的高跷、彩船等表演。当然，每年如期举办的绿林节更是体验古兵寨雄风的最好时机。

荆门灯歌：荆门灯歌主要是每年春节期间表演高跷、彩船时所唱。高跷为二人，一男二女。彩船也是三人，一驾船女子，一撑船老汉，一老太婆手持破扇子赶船。无论高跷、彩船都有锣、鼓、镲、金锣、马锣伴奏。由一人领唱，大家帮腔，有时也是大家一起唱。唱腔欢快热烈，节日气氛浓厚。

栽秧歌：栽秧歌是田歌中的一种，主要唱于栽秧季节。歌曲优美动听，歌词取于流传的小调歌词，分甲乙队或男女队一唱一和。有时也见景生情，随性而歌。

绿林节：依托绿林景区打造的节庆活动，每年4月举行。游客可在节日期间尽情体验天下第一古兵寨的雄奇，享受鸳鸯溪的浪漫漂流，感受大自然的非凡魅力。

荆门灯歌

发现者旅行指南

荆州

概览

亮点

荆州古城

三国文化诞生和繁衍的历史圣地，是国务院1982年首批公布的全国24座历史文化名城之一，现存的荆州古城墙还是我国南方保存最为完好、规模最为宏大的一座古代城垣。

荆州博物馆

一座地方综合性博物馆，藏品丰富，融陈列展览、宣传教育、文物收藏与保护、考古发掘与研究等多种功能于一体。

洪湖蓝田

洪湖蓝田生态旅游风景区是国家4A级旅游风景区、全国农业旅游示范点、全国百家红色旅游经典景区，区内风光秀丽，湖水清澈见底。

瞿家湾古镇

张居正故居

荆州城内名胜，故居内包括大学士府、九鸟苑、陈列馆、文化艺术碑廊、首府群雕等景点。

荆州关羽祠

经国家文物局和湖北省人民政府批准复建的关羽祠，具有明清时期风格，文化内涵深厚，被誉为“天下第一关羽祠”。

瞿家湾

红色旅游景点，现存有革命旧遗址39处，是全国优秀爱国主义教育基地和湖北省国防教育基地。

线路

荆州市区经典一日游

上午可去游览荆州古城墙，站在古城墙上回顾历史。接着去往旁边的荆州博物馆，在各色文物中了解荆楚文化。如果时间还有剩余，移步张居正故居领略明朝宰相的魄力。中午在周边餐馆叫上一道“冬瓜鳖裙羹”或“皮条鳝鱼”，感受荆州美食。下午可在盆景园、关羽祠、开元观、三国公园参观。

荆州周边二日游

第一日上午可驱车前往洪湖蓝田旅游区，观荷、采莲、钓鱼，怡情养性。中午还能在景区内的自助餐厅用餐。下午去往红色旅游景区瞿家湾，漫步在青石板街道上观看两旁革命旧址。

第二日赶往漉水风景区，在岩石洞中探幽，在森林公园内行走。下午前往周边的滨湖公园，享受一下静谧的午后时光。

荆州博物馆

为何去

荆州博物馆文物

作为楚文化的发祥地和三国文化的中心，荆州历史悠久，文化灿烂。这里旅游资源丰富，可在关羽祠、章华寺、开元观、铁女寺内诵经礼佛，可在纪南城、八岭山、博物馆里怀古追忆，还可在洈水、洪湖、石首麋鹿等自然风景区欣赏美景。文化、生态、自然风光，荆州应有尽有。

张居正故居

何时去

楚国古镜

荆州四季分明，雨热同期，年平均温度在16℃左右。因此，出游的季节可选在每年的春、秋两季，届时可以看到一年一度的“荆州国际龙舟节”；待上数日，还能赶上当地的关帝庙会；然后前往洪湖，体验“小荷才露尖尖角，早有蜻蜓立上头”的意趣。

洪湖荷花

区域解读

区号：0716

面积：14 104km²

人口：629.64万人

地理 GEOGRAPHY

区划

荆州市下辖荆州、沙市两区，江陵、公安、监利三县和松滋、石首、洪湖三市，还有一个荆州经济开发区。市政府驻沙市区。

地形

荆州位于湖北省中南部、江汉平原腹地，东连武汉，西接宜昌，南望湖南常德，北毗荆门、襄阳，长江自西向东横贯全市。

荆州市以平原地区为主，丘陵主要分布在松滋市的老城、王家桥、斯家场和荆州区的川店、八岭以及石首市的桃花山等地，低山主要分布在松滋市西南部与湖南省交界处。

全市有大小河流近百条，河流交错，湖泊密布，水域面积大，形成了以洲滩、湖泊为主的地域特色。

气候

荆州市属亚热带季风气候，温和湿润，季节变化明显，同时光照充足、热量丰富、无霜期长。荆州年平均气温在15.9℃~16.6℃，降水集中在4~10月份。

历史 HISTORY

历史大事记

● **古代**

荆州历史悠久，早在五六千年前，人类

寅宾门

三国公园风光

就在这里创造了大溪文化等原始文化。

荆州系楚文化的发祥地，春秋战国时属楚。楚文王元年（前689），楚国迁都于郢（今荆州区纪南城），都郢400余年。

在公元前548年，楚康王在郢都（纪南城）宣布“量入修赋”的法令，开始了根据土地的收入征收赋税的制度，以法律的形式确认了土地私有权。这是楚国奴隶制崩溃的开端，标志着封建制度的萌芽。

建安二十四年（219），孙权命吕蒙为大都督，率兵袭取荆州，关羽败走当阳县麦城，十二月至临沮（远安北）中埋伏被吴军俘杀，“大意失荆州”的典故由此而来。

五代十国时（925），荆南节度使高季兴割据荆、归、峡三州，称南平王，国都设江陵。

●近现代

清光绪二十四年（1898）五月八日，沙市全发园面馆工人杨兴全在“洋码头”附近被招商局看守殴打致死，激起公愤，民众焚毁海关新屋、英国泵船、招商局及日本领事馆等，掀起反帝怒潮。后遭清政府镇压，清廷向日本领事馆赔款道歉。八月二十八日，日领事永陇与清政府荆宜施道签订《沙市日本租界十七条》，准许日本人在沙市设租界。

1911年10月18日晚，为响应武昌首义，驻宜昌的清军新军中革命党人唐牺支宣布起义并光复宜昌。为减轻清军对武昌的压力，巩固长江上游地区，唐于11月19日兵分四路直逼荆州，11月26日至12月6日，经过艰苦战斗，各路会攻荆州，并占领草市。12月16日唐部占领荆州城，在荆州道署设荆宜司令部。

1930年7月4日，红四军与红六军在公安会师。又先后在公安南平、江陵普济召开两军前委联席会议，合编为中国工农红军第二军团，贺龙任总指挥，周逸群任政委，孙德清任参谋长。中国工农红军第二军团至此诞生。

名单 荆州历史名人

伟大的爱国诗人屈原

春秋末期吴国军事家伍子胥

荆州碑林

屈原画像

楚国治水专家孙叔敖

唐朝茶圣陆羽

唐代边塞诗人岑参

明朝宰相张居正

文化 CULTURE

咿呀吟哦的楚调——荆河戏

荆河戏是湖北荆州地方传统剧种，系以本地弹腔吸收昆腔和高腔的优点融合而成。

明代永乐二年（1404），沙市已有荆河戏演出，时称“楚调”。万历四十三年（1615）袁小修曾看楚调《金钗》演出。晚清至民国年间，著名戏班有“三元班”“泰寿班”。现今茶社、酒馆亦常有当地“围鼓”班子为群众清唱。

荆河戏有南路、北路、子母调（南北反）三大腔调，板式有导板、三眼、原板、摇板、三流、平板、一流、慢二流、流水等，行当有生、旦、净、末四种，乐队分文场、武场。常用曲牌约150支，堂曲150支。

荆河戏表演重做功，讲究“内外八块”，唱词及念白以荆州口语为基础，京白、苏白、川白夹杂其中。以武功戏见长，尤以各种姿态的“拗军马”“抖壳子”最具表演艺术的独特风格。

荆河戏是荆州及鄂西群众最喜欢的剧种，民谣称“汉腔偏是客帮重，调爱荆河本地哥”。荆河戏传统剧目极为丰富，保留下来的有“三杀”“五图”“十二山”以及《大回荆州》《打黄盖》等500余本。

关帝庙

景点推荐

荆州古城

荆州古城，又名江陵城，是我国历史文化名城之一。这里有保存较完好的荆州古城墙，它始建于东汉末年，现存城墙为明代所建，在南方极为罕见。城内东西长3.75千米，南北长1.2千米，面积4.5平方千米。城墙周长10.5千米，高8.83米，共6座城门，每座城门上均建有城楼。荆州古城分为3层，外边是水城，中间是砖城，里面是土城。古城墙除高大坚固的墙体和瓮城等建筑外，城墙之上还有众多配套的军事设施。

荆州古城积淀了丰厚的历史文化。荆州城内及其城周附近有着众多的古迹名胜，大禹治水的息壤、雄楚立国的故都、三国纷争的遗迹、历代名人的胜踪……似繁星点点，数不胜数。

荆州市荆州区古城历史文化旅游区

15路、21路可到达

08:00～17:30　35元　8468124

荆州古城墙

坚如磐石的历史古迹

荆州市荆州区古城历史文化旅游区

荆州古城墙是我国延续时代最长、跨越朝代最多、由土城发展演变而来的唯一古城垣。现耸立在人们眼前的雄伟砖城，为明清两代所修造。此段城墙虽经500多年，但至今仍坚如磐石，世所罕见。

砖城逶迤挺拔、完整而又坚固。砖城厚约1米，墙内垣用土夯筑，下部宽约9米。墙体外用条石和城砖砌筑。砖城通高9米，周长11 281米。砖城墙体用特制青砖加石灰、糯米浆砌筑。特制大青砖每块重约4千克，有的烧制有文字。

文字砖是荆州古城墙修建史不可多得的档案实证，同时也是人们游览古城欣赏研究的又一道特殊的风景线。

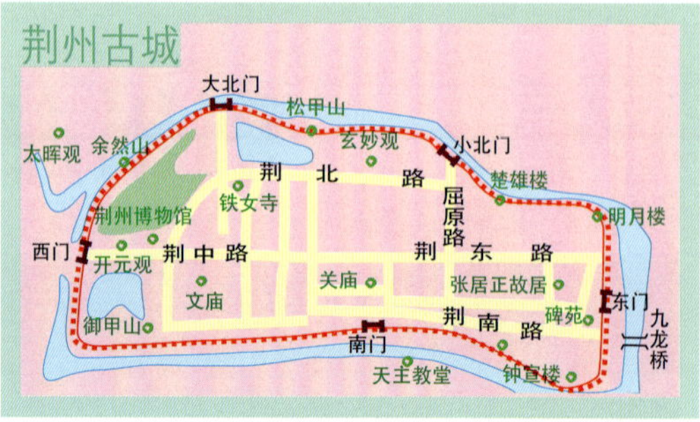

关羽点将台

是集历史文化与自然风光于一体的旅游景点，位于荆州城西外花园村。关羽点将台本为战前夯土简易筑就，台高10米，方圆10余亩。据传关羽北攻曹仁前筑此高台，阅兵点将，操练军士。

刘备公安门

刘备公安门俗称小东门，是荆州古城墙上的城门，位于湖北省荆州城东城垣南隅，城门朝东南方向。门前护城河（水城）与马河相汇，开成宽阔的水面。水上无桥通达对岸，是荆州城现有城门中唯一有水相隔的城门。

宾阳楼

宾阳楼原名“寅宾楼”，俗称东门楼，始建于明代。整个楼台高9.5米，东西宽12.65米，南北长34米，采用大木框架结构，气势宏伟，造型别致，其结构为重檐歇山顶，保持了明代建筑的风格。屋面青灰筒瓦覆盖，屋脊翼角翘起，各饰脊兽。

张飞一担土

“张飞一担土”位于古城公安门对岸的马河边。“张飞一担土”高6米，长14米。虽为一小平顶土丘，但因传说美丽且与张飞有关，此景向为世人关注。南朝宋代盛弘之《荆州记》对此有绘色的描述：“一峰回然，西映落月，远而望之，如画扇然。”故“张飞一担土”又名画扇峰。其上曾建有六角小亭，当时被誉为荆州城八景之一。

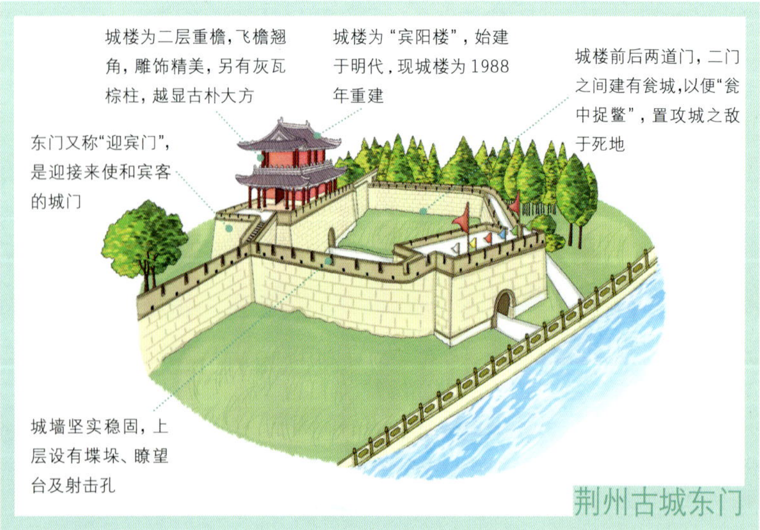

荆州古城东门

链接

众说纷纭的土堆传奇

传说三国蜀将关云长镇守荆州，忽遇九位仙女下凡，传王母娘娘旨意，说荆州刀兵动得太多，要收回置于神地，不准凡人争夺。

关公忠于其兄不让荆州，于是想了一个计策，说："你们在西北，我在东南，各筑一城，城周5 000步，天黑始，鸡鸣止，谁先筑好，谁就管理这个地方。"九仙女用衣裙兜土，关公伐芦苇筑城。关公城就，九仙女城差一隅，鸡尚未鸣。关公震动鸡笼芦席，公鸡啼鸣，九仙女羞愧地上天去了。这就是现在荆州城北门外九女环的来历。

又传说张飞也挑担土来帮二哥筑城，可是来晚了，便将土倒在东门外，现今人们都把这两座小山似的土堆叫"张飞一担土"。

关公刮骨疗毒地

位于湖北省荆州市荆中路。罗贯中的《三国演义》生动地描写了关羽因中毒箭，华佗为其刮骨疗毒的故事。据荆州地方志的记载和民间传说，关羽镇守荆州时的虎帐，在今荆州市中心医院一带，其刮骨疗毒时的塑像，关羽那不畏刮骨巨痛的凛然神情，令人钦佩，过目难忘。

卸甲山与掷甲山

卸甲山在古城新南门左侧，与土城垣融为一体。传说关羽征战得胜归来时常在此卸甲小憩。久而久之，人们便习惯称谓此山为卸甲山。掷甲山在古城西北城墙处，传说关羽镇守荆州，屡屡征战获胜，思想上日渐麻痹轻敌，后被吴军逼至掷甲山一带，无奈缴械掷甲。两处地名，一字之差，形象地警示后人：骄兵必败是千古不变的真理。

江陵碑苑

找国南方第一座园林式碑林

荆州市荆州区荆南路2号

市内乘15路、21路、24路公交车可达

8:00~20:00　5元　8467287

江陵碑苑是园林式碑林文化游览景点，占地6 000余平方米，建成于1992年。江陵碑苑为仿古建筑群，由前厅、东西厢、碑堂、碑廊、碑亭、楚天楼、过厅、小花园等18座建筑物组成，气势雄浑，典雅朴素。

它是我国南方第一座园林式碑林。苑内汇集古今中外著名书法艺术大师的书法篆刻名作碑刻300余帧，包括郭沫若、赵朴初等大家的作品。碑亭共4座，依次展示共和国元勋周恩来、叶剑英，国民党元老于右任，明代荆州籍历史名相张居正的书法手迹。

整个碑苑字体真、草、隶、篆俱全，艺术流派纷呈，是书法爱好者学习、鉴赏的神圣之地。

荆州博物馆 AAAA

浓缩的荆楚文化景观

荆州市荆州区荆州路134号

市内15路、32路公交可达

周二~周日9:30~16:30

门票免费，西汉女尸馆10元

8494808、8496338

荆州博物馆是一座地方综合性博物馆，占地4.8万平方米。该馆以其优美的环境、丰富的馆藏文物和独具地域特色的文物珍品陈列，以及考古研究的丰硕成果而享誉海内外。

荆州博物馆馆藏丰富，有史前巧夺天工的各种玉饰；有绝无仅有、质地堪称国内之最的战国丝绸；有寒光闪烁、成色如新的四代越王剑、吴王夫差矛；有色彩斑斓、工艺精湛的战国、秦汉漆器；有目前所知是我国

荆州博物馆

荆州博物馆馆藏宝物

荆州博物馆虽是地级市博物馆，但馆内藏品丰富，独具荆楚特色。

战国丝绸：战国时期的罗衣，质地稀疏，薄如蝉翼，是用比头发丝还要细许多倍的蚕丝编织、用锁绣的方法一气呵成，针脚细密，纹理统一，是丝绸史上的瑰宝，拥有不可复制的精美。

郭店楚简：郭店楚简的文字是典型的楚国文字，具有楚系文字的特点，字体优雅秀丽，是当时的书法精品。楚简包含多种古籍，经过整理后，确定为16篇先秦时期的文献，其余为道家、儒家典籍。

越王州勾剑：由荆州区藤店一号墓出土，此剑的剑身有两行错金铭文，每行4字，字体为鸟虫书，释文为“越王州勾自作用剑”。州勾是越王勾践的重孙。

吴王夫差矛：于1983年11月在湖北省江陵县马山的一座楚国贵族的墓葬中出土，是春秋末期吴国使用的兵器。上面刻有“吴王夫差，自乍（作）用口（矛）”的错金铭文。此矛装饰华美，锋利无比，寒光闪现，成色如新，是春秋时期一件青铜珍品。

楚汉漆器：上古时代的漆器在这里被完好保存，历经千年而不朽。这些漆器种类繁多、制作精良、造型别致、纹饰华美，有杯、盒、奁、梳、篦、樽、盘等多种漆具精品。

玉覆面：战国时期文物，长20厘米，宽13.9厘米、厚0.23厘米。用一块墨绿色玉料雕成，出土时覆于死者面部，五官比例协调，刻画出头发、眉毛、胡须。已发现的先秦玉覆面一般为若干块薄片玉器连缀而成，像这样用一块整玉制成的覆面，目前仅这一件。

也是世界上最早的数学专著《算数书》和萧和“二年造律”的《二年律令》等汉初简牍；有迄今为止保存年代最久远、最为完好的西汉男尸。

这些稀世珍宝吸引着众多的中外游客，荆州博物馆也因此而成为荆州市旅游观光的好去处。

玩家 攻略

荆州博物馆是一个完全值得去的地方，作为一个地市级的博物馆，馆藏文物较多，不亚于一个小型的陕西省历史博物馆。没有门票，进门之后一定要租一个电子讲解器，20元一个，里面介绍的内容比较齐全，听的时候要四处找编号。全程听和参观下来要两个小时。

楚乐宫

楚乐宫是荆州博物馆内别具一格的观光景点，荆州博物馆将楚乐、楚舞搬上了“楚乐宫”的舞台，再现2 000多年前楚国宫廷乐舞的艺术风采。宫内用于演奏的乐器，主要是根据楚墓中出土的古代乐器复原、复制的。彩绘石磬、青铜编钟、石排箫、虎座鸟架鼓造型精致，发音悠扬，独具魅力。

西汉男尸馆

荆州博物馆因藏有保存完好的西汉古尸而名声大噪，不仅有西汉男尸的专馆，还有清代女尸的展区，一男一女，一湿一干，两具古尸同时展出为全国唯一。

张居正故居

一代英杰的旧日住所

荆州市古城东大门内

市内乘15路、21路、24路公交可达

张居正故居

🕗8:00~18:00 ¥20元

张居正为明代的政治家、改革家，被称为“宰相之杰”。该景点名为故居，实为荆州市为世人缅怀、纪念张居正而重新修建的场所，真实的故居由于历史原因，早已毁于战乱。

现故居占地10余亩，南北向，前后四重院落，东房西园。故居内现有太师居、太岳堂、纯忠堂、捧日楼、张文忠公祠、文昌阁等建筑，还存有张居正和历代文人墨客的诗词书法作品300多幅。

太岳堂

太岳堂是故居进门的第一个院落，门口两边有一副楹联“一人而为帝王师，双肩能担天下事”，门口上方有一幅匾额“千古一相”，堂内有明朝大儒李贽对张居正的评价“宰相之杰”4个大字。四周墙上布有“荆州神童”“初涉政坛”“休假三年”“步步高升”“荣膺首辅”“锐意改革”等生平事迹板块。

西花园

园内郁郁葱葱、绿树成荫，有小桥流水、亭台楼榭，还有如今已经很罕见的水车，没有紫禁城御花园的恢宏大气，独具荆楚之地的秀气幽美。

张文忠公祠

位于西花园的北门，曾为张居正祭祀先祖的“世德庆源祠”，后由张居正的曾孙张同敞改为“张文忠公祠”。门口的对联“隆万年间千载遇，伊周而后一人难”，是多年以后康熙帝对张居正的评价和肯定。祠堂正中，端坐着张居正的塑像，供游人瞻仰叩拜。

文昌阁

位于祠庙的后面，是一座不大的亭台建筑，青灰筒砖覆盖，四角飞翼，檐下门匾印有“文昌阁”3个铄金大字，门前有一香炉可供游客焚香祈福。

关羽祠

怀念忠义仁勇的关公的祠庙

✉ 荆州古城南门内环南路76号

🚌 市区内乘15路、21路、32路公交下车后步行几分钟即可到达 ¥20元

关羽祠位于荆州古城南门内环南路，卸甲山关羽祠原建于荆州城西南面的土城垣一个土丘之上。南面紧靠砖城墙，东、西、北三面台基与土城垣融为一体。

明代初年，荆州百姓为纪念关公，在卸甲山修建关羽祠，以关公的忠、义、仁、勇精神教育后人“读好书，说好话，行好事，做好人”。原卸甲山关羽祠，毁于日寇侵华战火。现在复建的关羽祠，具有明清时期建筑风格，创造了全国多个“第一”，被誉为“天下第一关羽祠”等，是海内外华人祭拜关公的首选圣地。

天梯

关羽祠正殿前33级石砌台阶，名为天梯。源于“三月三日天开门”的民间传说和荆

关羽祠

州城垣"三山不见山"（松甲山、卸甲山、掷甲山）的历史故事，寓意登上这33级天梯，人生自此一步一个新台阶。

关公铜像和关公圣迹沙盘

正殿二楼关公立姿铜像，高1.8米，是刘湘江、孙平夫妇捐赠给关羽祠的镇殿之宝。铜像前的关公圣迹沙盘，是全国首次且唯一用沙盘展示关公一生行踪的示意图。

祥和殿

祥和殿（东配殿）内关公一家四代九口的全家福像，是全球首次也是唯一将关公全家塑像安放于同一殿堂的创举，昭示人们祈愿吉祥和谐幸福生活的美好愿望。

诚信殿

诚信殿（西配殿）内塑刘备、关羽、张飞、赵云、诸葛亮5人的头像。他们5人讲诚信，为兑现自己的承诺，付出了自己的一生。殿内的诚信货柜，可以凭诚信取货，按诚信付款。这是该旅游场所一个独特的首创。

卸甲山石碑

祥和殿旁的卸甲山石碑，背面刻有碑文，由千年神龟鼎力托起，向世人展示千年古祠新貌。

兄弟树

关公立姿石像后的两棵楠树，如兄弟一般，同根同茂，虽历经人世沧桑，但依然挺立在卸甲山上。游客可以在这苍翠的古树下挂一把如意锁，祈求关公护佑您和家人万事如意、心想事成。

三国公园

以三国文化为主题的公园

荆州北路108号

市内乘坐32路、15路公交即可到达

三国公园

"碧水波光映古城风采，画廊亭桥浮三国云烟"，三国公园以罗贯中《三国演义》所写魏、蜀、吴主要历史事件为象征，以北湖的自然风光和雄伟的古城为依托进行设计，风格古朴典雅，景色秀丽明媚，游览形式丰富多彩。

公园占地26.5公顷，其中陆地面积9公顷，分东苑、西苑、珠岛、中岛四片；湖泊分为北湖、中湖、东湖、西湖，面积17.5公顷。园内大小园相错落，有小品建筑40多个。

玩家解说

园内三国景观遍布。进入园内，正面相迎的是一座展现"三国风云"的大型照壁。照壁南侧的"桃园"内刘备、关羽、张飞塑像矗立，寓含"桃园三结义"的美谈。北侧的"群贤斋"内，煮酒亭旁，梅园梅香，暗合"青梅煮酒论英雄"的历史故事。

园中建有397米的城垣式长廊。长廊北面建有铜雀台，台上铜雀亭内曹操塑像凛然屹立。长廊南面是羽扇亭、孔明桥，桥头羽扇纶巾的孔明神情悠然自得。与孔明桥相对的湖南岸的怀古亭前是东吴魁首孙权的塑像。

此外中岛西面的西湖东岸建有一"借箭亭"，亭中备有古代弓箭，游人可在水中的"连环船"上向泊在湖中的"草船"放箭，以此再现当年"草船借箭"的故事。

水禽园

水禽园内生活着丹顶鹤、大天鹅、斑嘴鸭等水生鸟类。大天鹅羽衣洁白如雪，体态优雅庄重，深受人们喜爱。丹顶鹤形体秀美，身披白色羽毛如雪似玉，唯头顶皮肤裸露，现出美丽的朱红色，宛如镶嵌着一块红宝石。水禽园的另一种水禽斑嘴鸭，是从盘锦双台子保护区引进的新品种。

石刻群

园内的石刻群，石雕线条流畅、寓意深刻，分别刻有仙鹤献寿、神鹿下凡、渔翁垂钓、夕牛望月、三阳开泰、五福拜寿等图案。

情侣松

在园内莽莽松林簇拥之中，有一对奇特的松树，树高10余米，其中稍高的一株挺拔苍劲，稍矮的一株俊秀婷婷，两树的枝叶在空中交相携手，好似一对情侣柔情蜜意，倩影相依，故名情侣松。

玄妙观

道家玄学思想的精髓

荆州市荆州区荆州北路34号

市内乘104路、32路、25路公交车即可到达

荆州玄妙观是2006年5月25日国务院批准的第六批全国重点文物保护单位，属“荆州三观”之一，位于湖北省荆州市中心城区

玄妙观

荆北路、小北门内西侧，北靠城墙。

主建筑玉皇阁三重飞檐，状似塔形，屋顶有一青铜莲花座，犹如盛开的金莲，与屋顶闪烁的琉璃瓦融为一体，分外耀眼。观后6米高台之上建有三天门和玄武阁，均为重檐歇山顶，是为明清重建之佐证。

玉皇阁右侧立有一高大的石碑“九老仙都宫记”碑。此碑立于元顺帝至正三年（1343），是江汉平原所能见到的最早的碑刻，碑文记述当时的玄妙观住持道人唐洞云被元顺帝封为八仙后之第九仙。碑文为元代著名学士欧阳元撰写、元代书法大家危素手书，其史料及艺术价值均弥足珍贵。

链接

几经易名的道观

玄妙观是荆州市著名的文物旅游景点和游览胜地，始建于唐开元年间。玄妙观名称曾多次变更。公元1009年，宋真宗下诏更名为天庆观。公元1297年，元成宗复改为玄妙观。公元1339年，元顺帝赐题“九老仙都宫”。清代为避清圣祖康熙皇帝玄烨之讳，改名为元妙观。

九龙桥

九溪相汇，入城咽喉

荆州市荆州区荆州城东门

荆州是座历史悠久的古城，到荆州来，九龙桥是必经之路，是入城的咽喉。九龙桥为砖石结构之拱桥，桥身建筑雄伟而稳固，虽经清康熙年间大地震影响，但桥身依然坚固。已被列为市级文物保护单位。

桥分两条人行道和一条车行道，每条人行道由3 360块雕刻着精美图案的石板铺成，像一个弧形的走廊。它形体优美，设计精巧，结构坚固，很多中外游客都在这里驻足观景，流连忘返。

桥全长98米，宽15.7米，如蛟龙出水横跨在护城河上，神态安详。九龙桥由9个半圆形的石拱组成，属连拱石桥。每个石拱正中有个石龙头，潺潺流水从龙口吐出，流入护

九龙桥

城河中。

在九龙桥的东南方，有一只振翅欲飞的凤凰，雄赳赳地屹立着，仿佛在守卫着美丽而雄伟的荆州古城。

链接

王母的绝情桥

传说这护城河是王母娘娘为了隔绝金童和玉女，用大刀劈开了原本为一体的荆州和沙市的壕沟。从此以后，这两地的人们再也没有相互往来，直到修建了这座九龙桥，才使两地的人们又能和好如初。

得胜街

关羽班师凯旋途经的街道

荆州市荆州区荆州城北大门金水桥外

得胜街即荆州城北大门金水桥外的那条街道。

传说关羽镇守荆州时，曾北攻樊城，在沔水与曹军相遇。此战关羽水淹七军，擒于禁、斩庞德，大获全胜。关羽班师凯旋，经此街道进城，沿街百姓自发聚集两旁欢迎得胜将士，鞭炮声声，鼓乐阵阵，载歌载舞，庆贺胜利。古城经此难得的历史性场面，人们久久难忘。此街也因之得名为得胜街，且一直沿用至今。

开元观

“荆州三观”之一

荆州市荆州区城西门附近，荆州博物馆西面

开元观为湖北省重点文物保护单位，始建于唐开元年间，故名开元观。后代间有修葺，现存建筑为明、清两代所建。至今其中轴线建筑山门、雷神殿、三清殿、天门、祖师殿，保存尚好。观内还珍藏有元明时期的部分碑刻及一些道教文物。

2006年5月25日，开元观作为“荆州三观”之一，被国务院批准列入第六批全国重点文物保护单位名单。

雷神殿

雷神殿为清式硬山，面阔3间，进深3间，七架梁前后搭牵用四柱。

三清殿

三清殿建于高约1米的台基上，单檐歇山顶，面阔5间，进深3间，前檐施五栖重翘斗拱，平身科明门用四攒。后檐及两侧均施三幅云衬托挑檐木行。观后部建高台。台高3.3米，下面置一道20级石阶。石阶两侧石栏板上雕刻禽兽、人物及几何图案。观内陈文物，成为荆州地区博物馆的组成部分山门之前有一窄台面，使高台平面呈“凸”字形。

天门

天门为砖石结构，单门道，庑殿式屋顶，脊施蟠龙，形象生动。祖师殿为重檐歇山顶，面阔、进深均为3间，平面呈正方形。四周有围廊，飞檐皆雕以龙头。殿内雕梁画栋，古朴典雅。正中央天花板上绘有五色龙凤图案，

开元观

太晖观

由15条金龙和20只凤凰组成，形态生动逼真。上檐施五栖重翘斗拱，有部分斗拱施假昂。下檐施四栖单翘斗拱。殿内置井口天花，绘有五色龙凤图案，绚丽夺目。

太晖观

明朝王侯的行宫

荆州市荆州古城西门外约1 000米

市内乘26路公交前往

5元

太晖观是全国重点文物保护单位，坐北朝南，殿宇壮伟，楼阁玲珑，金碧辉煌。前为山门，两旁建有钟鼓楼，进而为前后排列的四大天王庙、玉皇亭、观音殿。观音殿两侧有东、西两大宫。东大宫后有娘娘殿、圣母殿，西大宫后有王母殿。

现存建筑有朝圣门、祖师殿，建在条石砌成的高台上，台高8.2米，正面和两侧共有石梯3道。登朝圣门，得爬32级石阶梯。阶梯两旁有青石栏杆，栏板上雕刻着各种人物故事图案，妙趣横生。

祖师殿四周，设有两米多高的围墙，围墙上镶嵌大小五百灵官，千姿百态。大殿原盖铜瓦，金光闪耀，有“小金顶”之称。殿堂廊宇四周，竖有12根青石廊柱，其中正面四根与背面两根透雕蟠龙，龙头伸出柱面，鳞甲片片，状若正在蟠游。殿内雕梁画栋，彩绘满布，触目生辉。殿后一泓清池，碧波粼粼。观前流水萦绕，倒影绰约多姿。

链接

太晖观的由来

太晖观原是明代湘献王朱柏所营建的王宫，于洪武二十六年（1393）开始兴建。朱柏建造这所王宫，在规模和装饰方面都超过了当时所规定的等级建制（如雕有盘龙的石柱），即将竣工时被人告发，说他有反逆之心。朱柏恐惧，将王宫改为道观，名曰“太晖”。崇祯八年（1635）曾重修，有“遍数琳宫，独此雄甲荆楚”的美誉。

楚纪南城

规模宏大的郢都故址

荆州古城北约5 000米处

楚纪南故城是中国东周时期楚国郢都故址，因在纪山之南，汉以后史称纪南城。据《史记·楚世家》记载，楚文王元年（前689）自丹阳迁都于此，至顷襄王二十一年（前278）秦将白起拔郢止，楚国在此建都400余年，为当时南方第一大都城。

自公元前704年至公元前278年秦灭楚，历时411年，楚共有20个帝王在郢都即位。

纪南古城地面仍保留有规模宏大的城垣遗迹，地下埋藏着丰富的文化遗存。古城池东西长4.5千米，南北宽3.5千米，城垣周长15.5千米，总面积15.75平方千米，几近荆州城的3倍。城墙为夯土筑成，高4～7.5米，城垣上部宽10～15米。南城垣上的报警烽火台依稀可辨。城墙四周有城门7座。南城墙缺口处古河道内发掘出罕见的水门。城内台基遗址遍布，城东南有密集的宫殿建筑遗迹，现存80余处夯土台基有的长宽达百余米。

楚纪南城为全国重点文物保护单位，其保护标志碑上的“楚纪南故城”为我国当代著名文豪、史学权威郭沫若亲笔题写。

熊家冢

熊家冢墓地位于楚故都纪南城遗址西北，其发掘现场距荆州城45千米，地处川店镇宗北村与张场村，是目前所见规模最大、保存最好、陵园分布最完整的楚国高等级贵族墓地，也是春秋战国时期楚文化最高水平的杰出代表。

盆景园

园林式风景旅游区

荆州市中心城区荆北路

荆州盆景园位于拱极门与远安门之间，占地2.5万平方米，其中水域面积近2万平方米。北依古城垣，南临荆北路，东邻玄妙观，西连关公洗马池。盆景园建筑面积3 680平方米，全园依地形，就水势，仿明清建筑风格，按古典园林样式而建。

雅趣轩三面环水，曲廊相连。环绕全园的790米长廊，分上、下两层，迂回曲折，高低错落，气势磅礴。回廊连接的荷园、松园、竹园、梅园，有藏有露。园东曲廊和楚怡馆、心源斋、景渊阁、翠屏堂环境幽静，古色古香。楚怡馆东侧石山气势粗犷，造型险峻，山内有洞，洞内有山，山洞相连，别有洞天。山上灌木丛生，花草茂盛，流水潺潺。

园中还有华明楼、水榭、拱桥、荷花及其他建筑，风格各异，引人入胜。

盆景园

中华厅石馆

奇石珍品展览馆

荆州市荆州区　9:00~17:00

中华厅石馆内共展出奇石珍品800余件，各类奇石无不流光溢彩，姿态万千，灵韵天成，有的重峦叠嶂，云水茫茫，浓墨重彩，沉雄浑朴；有的云淡天高，月移花影，点染写意，素雅飘逸。肖形寓意，托物寄情，展示“北国冰封”“姑苏枫火”“岳麓晚斋”“华夏三清”“太湖风筠”“琴台遗韵”等景象，堪称楚天一绝。

阴湘城遗址

跨越千年的文化遗址

荆州市荆州区马山镇阳城村三组

阴湘城古城址是长江中游地区迄今为止发现的8座史前古城之一，文化堆积深厚，文化内涵丰富，保存基本完好。遗址的时代跨度从大溪文化早期到西周时期，是研究石家河文化和屈家岭文化的重要来源。

阴湘城遗址经过4次较大规模的发掘，共揭露面积1 100多平方米，平面大致呈圆角长方形，东西长580米，南北残宽350米，北侧被湖水侵蚀，残存面积约20万平方米。遗址内有各时期灰坑近200座、房屋基址13座、陶窑4座、翁棺8座等，还有大量的动植物遗迹和文化遗物。

作为第五批全国重点文物保护单位，阴湘城遗址是研究江汉地区史前时代社会、经济、文化发展水平和环境状况不可多得的重要实物。

铁女寺

熔儒、佛两教于一炉的道场

荆州古城内江陵中学西侧一小巷深处

9:00~17:00　5元

铁女寺始建于唐贞观年间，现有山门、韦驮殿、大雄宝殿、观音殿、弥勒殿、藏经楼等建筑，寺院布局为前后两殿和左右厢房，青瓦红墙，端庄典雅。

在山门内赫然兀立2米多高的大石碑，正面为一巨大“佛”字，背面就是朱植的《铁女寺碑记》。二铁女像置于大雄宝殿内，分别高90厘米、137厘米，其形态模糊，如坐似立，与美丽的传说交相呼应，令人遐想。铁女寺规模虽算不上宏大，但其特有的来龙去脉和古建胜迹却使其魅力独具，香火旺盛，游人不断。

最初的铁女祠，是供奉符合儒家标准的女性人物的祠殿。后来，祠中请进了佛、菩萨，就改称为“寺”，成了既供铁女又礼佛，熔儒、佛两教于一炉，独具特色的道场。

链接

投炉焚身的孙家女

关于铁女寺，历来有两种传说。一说是唐贞观年间，荆州有个铁匠姓孙，以打铁锹、镰刀等小型农具为生，育有二女。有一年，官家让他在一月之内炼出千斤钢铁，过期不缴，杀头示众。老铁匠搭炉炼铁，眼看期限已到，可铁匠没炼出一斤铁。情急之下，铁匠的两个女儿不约而同地跳进熊熊燃烧的炉中。突然炉中迸出铁花，正好有千斤钢铁。人们在清理铁炉时，意外地发现有两块少女模样的铁铸像。二说是当地官吏垂涎孙家二女美色，欲霸为妾。孙铁官及二女不从，于是其上司恼羞成怒，借故加罪于孙铁官，使其锒铛入狱。二女闻之，肝胆欲裂，愤起为父鸣冤，怎奈官官相护，申告无门。只有以死相抗争，双双投冶铁炉而死，并化为两尊铁女像。

关帝庙
关羽的府邸故基

荆州市荆州区爱民路关公馆

8:30~17:30　20元

关帝庙又称关公馆，位于荆州南门，始建于明洪武二十九年（1396），占地4 500平方米。这里既是关羽镇守荆州10余年的府邸故基，也是关羽后代世袭江陵的地方所在。整个馆宇模仿原关庙风格，仪门、正殿、三义楼、陈列馆前后呼应，浑然一体。

庙有六殿三重。门前一座高大牌楼，上书“关帝庙”。牌楼后立有一石碑，碑后为大殿。再往后，东有鼓楼，西有钟楼，后为正殿。正中间耸立一座高大的戏台，为集会娱乐的场所。

正殿和三义楼内分别供有刘、关、张三兄弟的塑像。大殿内关公塑像高9尺有余，英俊威武，身披重铠，长髯飘飘，威风凛凛。关

关帝庙

景点推荐 荆州旅游区

洪湖蓝田生态旅游区 AAAA

湖泊型自然风景区

荆州洪湖市瞿家湾镇　6:00~20:00

80元　2742799

洪湖是世界上迄今少有的未被污染的淡水湖泊，有着自然纯朴的原始生态美。洪湖蓝田旅游风景区是以洪湖自然风貌和人文景观为依托的风景区，是革命老区和全国农业产业化示范区，具有明清文化特色和水乡特色，属湖泊型自然风景区。

景区内有十里荷花带、万亩莲藕区、观荷长廊、九曲桥廊、观音座莲台、荷花仙子、钓鱼岛情人屋、湖心岛莲花源等10多处景点，还有湘鄂西革命首府、明清一条街等人文景点。从景区的入口到景区的售票处是需要坐船的，船票不包含在景区大门票中。

玩家 解说

洪湖蓝田生态旅游区最好的旅游季节是夏季，因为这里最美的景色就在荷花盛放后。洪湖蓝田生态旅游区距离荆州市区还是比较远的，在荆州长途客运站乘车到峰口镇下，然后转乘前往瞿家湾的中巴，约需4小时。陆上仿古建筑不少，水面荷花很赞，拍客达人应该很喜欢的。景区里给人印象深刻的美食就属鲫鱼莲子汤，味道不错，据说清火养气。

观荷长廊

观荷长廊全长100米，集我国目前所有

长廊建筑之精华，结合洪湖水乡特点建造而成。每3米的廊匾上都描有《洪湖赤卫队》的故事情节和人物图。在长廊上还可以观赏到生态园的美景。

观荷采莲廊

这里是一片自然莲藕养殖场，每年6~9月，碧绿的荷叶完全绽开，粉红色的荷花迎风微颤，汇成一片壮丽的自然景观。专门修建的九曲观荷采莲廊，其全长8 000米，在其中行走，有种“人在廊中走，如在画中游”的感觉。

生态园

门口巨大的仿古建筑牌坊，朱漆色调，古色古香。牌坊两边有两只硕大的石龟镇门，祝福从牌坊下走过的游人吉祥如意、平安长寿。生态园以垂钓、赏荷采莲、划船捕鱼、渔家乐等富有水上特色的生态农业旅游项目为主打旅游产品。

莲花源

原为百里洪湖上的一个自然小岛，每年夏季，这里的荷花最先开放，格外清香。周边有朝圣门、重约22.5吨的铜铸观音像等景点。在莲花源上可以眺望整个湖区的自然美景。

钓鱼岛

整个建筑群采用明清仿古风格，上盖青瓦，白色粉墙。岛上栽了各种花草树木，并且多处修建有凉亭，设有专门供游客购买垂钓用品和其他用品及休息的场所。另建有“西周文王祠”供游客参拜。岛上四周湖水环绕，风景优美，是游客休闲或垂钓的理想天地。

自助餐厅

位于生态园大门南侧，为上、下两层，下面是自助大厅，上面是观湖亭。自助餐厅为龙舟式的建筑造型，韵味独特。这里有最具水乡特色的美味佳肴，“洪湖三蒸”当属精品。

瞿家湾

古镇与红色传奇的结合

荆州市洪湖市

瞿家湾镇地处洪湖市西部，西接监利柳

洪湖夕阳

关，南倚百里洪湖，北枕洪排大河，东临沙口新场，三横两纵的自然水系将整个镇域划分为功能各异的不同小区，凸显水乡新镇的特色风貌。

瞿家湾始建于同治五年（1866），为湖广一带的中心集镇。在战争年代，瞿家湾还是一块红色的土地，革命的火种曾经在这里保存和燃烧，贺龙、周逸群、段德昌等老一辈革命家曾在这里浴血奋战过，昔日的湘鄂西革命根据地首府就坐落在这里。

老街两旁密集分布着“中共中央湘鄂西分局”“湘鄂西苏维埃省政府”“湘鄂西革命军事委员会”“工农日报社”等39处革命旧址，贺龙的旧日住所也在这里。老街背后是烈士陵园。

如今的瞿家湾以其特有的古色古香衬托着历史的厚重，明清文化吸引着人们怀古思今，红色传奇激励着人们创造更大的辉煌。

链接

躲避官府追杀的避难所

明朝以前，瞿家湾是洪湖芦苇河汊中一块鲜为人知的荒洲。直到明朝弘治年间，一个叫瞿文暹的男子为逃避官府的追杀，荡一叶扁舟闯入这里，举铳打下第一只野鸭，荒洲才第一次留下拓荒者的足迹。

瞿文暹看中这里的富饶，于是弃舟登岸，在此落脚生根，他用打野鸭换来的银钱，建了瓦房，娶妻生子，繁衍后代。到明朝崇祯年间，此地取名为“打铳湾”。到清朝乾隆四十年（1775），瞿氏家族逐渐发展到800多人，占当地人口八成，遂将“打铳湾”改名为“瞿家湾”。

沧水风景区

山水型风景区，楚南仙境

荆州松滋市洈水镇洈水大道8号

洈水风景区地处长江三峡、荆州古城、湖南张家界三个著名旅游区的中心部位，总面积286平方千米，由洈水人工淡水湖、洈水国家森林公园和新神洞等组成，融山、水、洞、林、泉于一体，既有江南山水之秀色，又有北国风光之壮美。

瞿家湾

淹水水库

20世纪60年代，淹水河出山口修筑了一条高90米、长8 968米的混凝土双曲拱坝，从而形成了一座大型人工水库。水库水面辽阔，库区岛屿众多，港汊密布，共有岛屿159个、港汊850余处，泛舟其间，宛如进入了一个天然的水上迷宫。湖水浩渺碧澄，水天一色，山水相依间，可谓“山得水而活，水得山而媚”，有“楚南仙境千岛湖”之美誉。

淹水国家森林公园

淹水国家森林公园总面积52.8平方千米，森林覆盖率80%以上，生态环境良好，林中无处不飞花，山间处处有芳草，野生动物满地跑。春花、夏树、秋月、冬雪，四季美景使得淹水国家森林公园成为天地间最宽广、醉人的泼墨山水画。

新神洞

被誉为“华夏奇洞”，在西北1 000米处有一古神洞自然公园。新神洞内空气清新，沉积物丰富，造型奇特。洞内最大高度和宽度均达40米以上，集峻、险、怪、雄、奇于一体。洞道梯级延伸，可沿途攀绝壁、过天桥、渡水道。洞中还有瀑布，高10米，宽8米，飞流直下，水石相激，蔚为壮观。

颜将军洞

颜将军洞地下湖由地下湖水洞及旱洞组成，全长2 168米，其中水洞长782米，旱洞长1 386米。内分地下湖、将军洞、通天峡三大景区。旱洞内“擎天玉柱”“宝莲神灯”“通天峡”等景观凝聚了雄、奇、险、拙的阳刚之美，地下湖水景“银河仙宫”“天山圣水”“瑶池仙境”等景观荟萃了幽、静、清、雅的阴柔之美。

阴阳和谐，皆成奇观，被誉为“中国水旱双游溶洞之冠、世界岩溶奇观盖世绝景”。

淹水湖畔

链接

巴国大将的殒身之地

传淹水系春秋战国时期的巴国遗址。巴国战事失利，颜将军率余部逃入洞中，以巨石封口御敌。敌退，欲出其洞，遍寻其出口而不得，终为饥寒所毙。颜将军洞由此而得名。巴国国王知道颜将军所部在洞中遇难后，下旨将士兵就地掩埋。按照颜将军遗嘱，将颜将军葬于洞中。洞中随葬品极为丰富，还有百名铜铸宫女陪葬，传说洞中古乐起时，百名“宫女”活灵活现，和着节奏翩翩起舞。

桃花岛

桃花岛面积14万平方米，地理位置优越，交通便利，距新神洞只有千米之遥。岛上气势磅礴的微缩长城横卧在桃花丛中，巍峨壮观的“楚乐宫”屹立于古台城楼，另外还有古朴典雅的九曲画桥、令人惬意的水上娱乐世界、绚丽多彩的游泳池、令人眼花缭乱的彩色喷泉，是一个集休闲、疗养、娱乐观光于一体的大型综合景区。

灵鹫寺

位于淹水湖畔，占地40亩。寺庙三面环水，四周苍松翠柏。寺院主体分天王殿、大雄宝殿、灵鹫阁3重。寺内古建筑巍峨壮观，被誉为“楚南古刹”。

链接

功德无量的和尚灵鹫

传说，晋朝有一位游方和尚灵鹫，坚持10年为逃入武陵山的难民指点迷津，并耗尽终生化缘之钱物，其功德无量。后天下太平，原入山之人出山，访灵鹫和尚，从当地人口中得知他已与世长辞，便广捐财物，在埋葬他的前山修建起一座大寺庙，取名“灵鹫寺”。

滨湖公园
风景如画的休闲胜地

荆州松滋市洈水风景区腹地清神路和水上线路的交汇处

滨湖公园占地面积20余亩，园内怪石嶙峋、林木蓊郁，还有“百寿山”“仙人洞”等点缀其间。植物公园内春之桃花、夏之荷花、秋之枫叶、冬之松柏，四时美景，各不相同。还有集现代高科技和休闲娱乐于一体的“儿童娱乐城”供游人玩耍。

万寿园
仿明古建筑园

荆州市沙市区荆堤路90号

沙市乘5路、15路公交车到“万寿园公园”站下

8:00~17:00　8元

万寿园位于荆江大堤古观音矶头之畔，依山傍水，荆江之水三面环绕，全园占地面积1.6万多平方米，园内整体建筑均仿明代古建筑构建，清幽淡雅。园内因拥有“万里长江第一矶”的观音矶和明代嘉靖年间的“万寿宝塔”而名声大噪。

整个万寿园，竹木苍翠，古朴典雅，园内的临江长廊、书法碑苑及奇石盆景汇展，与荆江矶头、古塔长廊交相映衬。

玩家解说

去荆州，城墙和万寿宝塔是必须去的。荆州外的长江是有名的九曲悬河，又称荆江，历朝历代对江堤层层加高，明代的宝塔就这在江堤的加高中，部分被埋入江堤之中，是历代治水的一个奇观。这里位于突出长江的观音矶，也是观赏长江的好地方。

万寿宝塔

万寿宝塔在荆州市沙市区西南之荆江大堤象鼻矶上，是全国重点文物保护单位。此塔于明嘉靖二十七年（1548）动工，嘉靖三十年（1551）建成。奉当年袭爵于江陵的辽王朱宪尊其母毛太妃之命为嘉靖皇帝祀寿而建，其后，间有修葺。此塔为楼阁式塔，砖石结构，八角七级，高40余米，下设高大石座，座上嵌扛塔力士；顶施葫芦形铜镏金塔刹，内藏毛太妃手抄《金刚经》。

由于荆江河床逐年增高，荆江大堤随之加固高筑，万寿塔身陷于堤面之下，宝塔犹如从地壳裂缝间冒出的巨人，从而形成独具特色的地下奇塔景观。

观音矶

又名“象鼻矶”，建于南宋，堪称“万里长江第一矶”，数百年来为化解荆江危险起到了重大作用。观音矶整个矶身直伸浩瀚的江心激流，形如象鼻，从而得名“象鼻矶”。每逢长江洪峰，观音矶顶承江流，挑杀水势，维护荆堤，让荆州百姓免遭洪水之害。

而今的观音矶，经过历年修复，拥有面积约1 000平方米的矶头广场，也是临江观水的绝佳场地。

万寿园宝塔

观音阁

万寿园的古观音阁始建于唐代，万里长江第一矶观音矶也因它而得名。初为众生祈福、免遭水害而建，但后来毁坏严重，虽经多次修缮，却仍难保持原貌。2009年，荆州市文物管理局为有效保护观音矶自然风貌，恢复观音阁历史遗迹，开始施工修复，于2010年10月27日向游人重新开放。

“九八”抗洪英雄纪念亭

位于观音矶的西边，由荆州市委、市政府为纪念在1998年抗击特大洪水中献出宝贵生命的英烈们筑建的。纪念亭外有一对汉白玉石雕雄狮，亭内雕梁画栋，庄严肃穆。石碑上碑文密布，记载着英烈的感人事迹。

章华寺

荆楚名刹

太师渊路34号

章华寺原名章台寺，坐落在沙市太师渊路北侧，元泰定二年（1325）修建。章华寺同汉阳归元寺、当阳玉泉寺并列为湖北三大丛林，是湖北省重点文物保护单位。

寺庙坐东朝西，面积8 790平方米。整座寺庙为宫廷式建筑格局，布局合理，金碧辉煌。一进山门，绕过荷花池，天王殿、韦驮殿、大雄宝殿、藏经楼、方丈堂等建筑迎面而来。殿堂雕梁画栋，寺内绿树环绕，分外幽静，还藏有清代皇室御赐《藏经》及宫廷珍宝。

寺院内还有全国第一古梅——楚梅、沉香古井、唐代银杏树等古迹古物。殿门边有清光绪年间所立的石碑，记载着3个高僧艰苦创业及修复章华寺的事迹。

玩家解说

章华寺是一座有着历史感的寺庙，现在看到的章华寺已经是后来翻新重建的，但还是可以领略到当年它的风采。旧址、古寺、古树、古

章华寺

朴的僧人，这里的一切都洋溢着宁静祥和的氛围。还好这里还没有被金钱腐化，仍保留着一分佛教的宁静心境。

链接

“细腰宫”的诗词杂谈

相传章华寺是在章华台的遗址上修建的，章华台又称章华宫，是楚灵王六年（前535）修建的离宫。楚灵王特别喜欢细腰女子在宫内轻歌曼舞，不少宫女为求媚于王，少食忍饿，以求细腰，章华宫又有“细腰宫”之称。苏东坡在《渚宫》诗说：“当时楚人架宫殿，意思绝妙般与倕。飞楼百尺照湖水，上有燕赵千娥眉。”唐代诗人李商隐在《梦泽》中也表达了对求细腰宫女们的同情：“未知歌舞能多少，虚减宫厨为细腰。”后人则有诗句说：“灵王好细腰，国人多饿死。”

荆州中山公园

江汉平原第一大公园

荆州市沙市区公园路

于民国二十二年（1933）起建，民国二十四年（1935）完工，当时公园原名由原国民党第十军军长徐源泉所题。1965年5月11日，原中共中央政治局委员、中华人民共和国副主席董必武在视察沙市期间，为公园重新题写了园名。现公园面积74.62万平方米，是江汉平原上第一大公园、全国第一大中山

公园。

改革开放后，园内相继建有孙中山铜像和中山纪念亭，以缅怀孙中山先生的丰功伟绩。现园内设有中山纪念堂、总理纪念碑、市政亭、浮碧仙馆、餐英精舍、太岳堂、武侯祠等18处景点，其中得以完整保存至今的古景点包括中正亭、锄云阁、春秋阁、孙叔敖古墓、卧虹桥、南大门等。

春秋阁

原是清嘉庆年间建在西郊金龙寺前的一座戏楼，于1931年迁此改建成为春秋阁。阁内因供奉三国时蜀将关羽拜读《春秋》像，因而得名。

春秋阁为上、下两层，高达13米，上层面阔3间，顶作九脊，下承以高达3米的石柱，奠以石柱和石墙。斗拱枋额，均按旧制拼装，结构严密，翠瓦朱檐，金碧焕彩，门窗宽敞，轩朗明丽。

孙叔敖墓

孙叔敖是楚国历史上著名的政治家、军事家，同时还是个治水专家。他制定了许多有利民生的政策法令，将楚国带入了政治、经济、文化发展的全盛期。他还在楚纪南城东北面修建了大型平原水库，即现在的海子湖。他的墓地紧邻春秋阁，是荆州著名的文物景点和游览胜地。

八岭山古墓群

风景优美的古墓集中区

荆州市荆州古城西北20千米处

八岭山古墓群南北长8千米，东西宽5千米，总面积40多平方千米。山中古墓葬密集，现封土堆尚存特大型、大型及中型古墓560余座，其中以楚墓居多，明藩王墓次之。不少墓冢雄踞山头，宛若山峰，构成了八岭山的壮观奇景。

史载楚庄王墓在山中，前后陪葬有数十冢，皆列成行。明藩辽简王及肃、靖、惠、恭、庄等诸多王墓俱在山北。山上有平头冢、换帽台、落帽台、马跑泉等胜迹。八岭山现为国家森林公园，山上乔木参天，烟云笼罩，兼有雄奇幽深之胜，有“不到八岭山，不算到荆州”之说。

辽王墓景区

辽王系明开国皇帝朱元璋第十四子朱植，因先得封辽东而获辽王称谓。辽王墓室保存极为完好，现有的墓院墙，是按北方土筑方式修筑的，院墙上部用带卷草的花纹图案砖出檐，上盖大型筒瓦。整个墓区占地60余亩，墓室系砖石结构，呈“王”字形。

该墓区在历史上虽然多次被盗掘，但仍出土了100余件珍贵文物。如今的辽王墓景区绿树成荫，古朴肃穆，与八岭山森林公园

荆州中山公园

的原始风貌交相辉映，吸引了众多游客。

八岭山

八岭山属丘陵地形，其山势宛若八条蛟龙，呈西北—东南走向，因此又称“龙山”。山上物产丰富，风景优美，林木葱郁。山中古墓密集，被挖掘的大型封土堆古墓葬就有498座，每一座大型古冢都有一个神奇的故事，每一个景点都有一段动人的传说。

桃花山自然风景区

清新秀丽的世外桃源

荆州石首市城区以东26千米

进山20元，团体15元

桃花山自然风景区处于长江三峡、荆州古城、岳阳楼、武陵源等著名景区的中心部位，是洞庭湖平原与江汉平原交汇处唯一山脉，与湖南华容桃花山为一体，是集游览、观光、会务、休闲、度假于一体的综合性风景区。

桃花山整体规划面积100平方千米，雄倚长江南岸，横跨湘鄂两省，有大小山峰280余座。区内景色以自然景观为主，人文景观为辅。气候冬暖夏凉，风景清新秀丽，历史古迹丰富。

风景区内有“荆楚第一竹乡”的天然景观、先烈奋战遗迹红军树亭、建于东晋时的佛教宝刹“龙泉寺”；静卧秀丽山峡间的哑口水库；青山绿树之间的“仙人洞”等景点。

石首麋鹿自然保护区

湿地基因库

荆州石首市大垸镇新码头

石首麋鹿国家级自然保护区位于长江与长江天鹅洲故道的夹角处。天鹅洲故道是1972年长江自然裁弯形成，由遗留的长江故道、故道围绕的小岛和故道外的外滩组成，麋鹿自然保护区就位于其边滩中，属典型的

桃花山

近代河流冲积物沉积而成的洲滩平原。

保护区以其良好的湿地生态环境、生物多样性、成功的麋鹿野生繁育赢得了国内外专家学者的广泛赞誉和社会各界的高度关注。

保护区既是黑鹳、东方大白鹳、天鹅、大鸨等国家一级保护动物的主要栖息地，也是濒危水生动物白鳍豚的迁地之处，生态价值极高，被誉为“湿地基因库”。

三袁故里

明朝文学家的家乡

荆州市公安县孟家溪镇东2 000米

三袁故里位于公安县孟家溪东2 000米的桂花台，是明朝著名文学家袁宗道、袁宏道、袁中道三兄弟的家乡。袁家三兄弟在文学创作上主张不受俗套约束，追求个性的张扬和自然、真实，被称为“公安派”。

桂花台高约4米，宽约6米，相传是三袁的祖父观赏风景、纳凉休憩的土台，因上面栽有一棵桂花树，故名。清朝诗人曾用“柳浪湖上柳如烟，柳浪湖下水接天”形容三袁故里的景色，这里也成为历代文人墨客凭吊三袁的理想场所。

攻略资讯

- 交通
- 住宿
- 美食
- 购物
- 娱乐

交通

火车

荆州是湖北中部城市的一个重要门户，荆州站是汉宜铁路的一个车站，隶属于武汉铁路局汉口站管辖，现为二等站，是汉宜线新建站中最大的一个。

荆州站：位于荆州市荆州区郢城楚源大道，建有3个站台，每天有100多趟列车经停，在市内可坐15、21、22、25、49、104路公交车到达。

汽车

荆州市内主要有4个汽车站，分别为沙市长途客运站、红门路客运站、楚都客运站和江津客运站。

沙市长途客运站：位于荆州市沙市区公园路15号，主要是发往市内各地的车辆和省内、省外长途，如成都、重庆等，电话：0716-4316565。

荆州火车站

红门路客运站：位于荆州市沙市区北京中路284号，汽车发往市内各地和省外长途，如东莞、上海、北京等，电话：0716-8218434。

江津客运站：位于江津中路215号，主要是发往市内各地的车辆，省外长途主要跑广东和湖南省。

住宿

古有“得荆州者得天下”的说法，这座历史名城，每年都吸引着不少的游客前来游览观光。荆州市区内有很多快捷酒店和商务酒店，附近的餐馆、饭店很多，超市也分布在周围，十分便利。荆州博物馆周边有很多较便宜的宾馆，距离周边的三国公园、铁女寺都很近。章华寺周边相对于市区比较安静，住在这里也不错。

●荆州饭店

荆州的一家老饭店，南望长江港，北邻火车站和长途汽车站，周边拥有大型购物超市，距离荆州博物馆、张居正故居等地都非常近，住宿环境不错，性价比较高，同时还有火车票代售点。✉ 荆州市荆州南路32号

荆州古城风光

●荆州云泷上房

是荆州很有特色的一家宾馆，装修得很有味道，门牌为传统的牌坊式，古色古香。主体分为泷静房、泷啸房、泷腾房、泷跃房4部分。里面的青瓦飞檐、奇石古木、幽雅茶香在闹市区独得一份清幽雅致，另外离荆州古城、关帝庙等景点都很近。✉ 荆州市荆南路17号 ☎ 8106789

●柏曼酒店

酒店位于古城附近，整体是青砖灰瓦建筑，与古城遥相呼应。酒店设施齐全，交通方便。

✉ 荆州 荆州区 东环路54号

☎ 0716-8490777

●更多住宿去处

荆州运七酒店/江汉北路41号/8355777

金九龙大酒店/荆州区学苑路18号/0716-8478888

荆州皇庭假日酒店/沙市区江津中路192号/0716-4129777

君威商务酒店/沙市区江津中路259号/0716-8256988

荆州晶崴国际大酒店/沙市区公园路12号/ 0716-8199120

九天优品酒店/沙市区江汉南路39号/0716-8232888

美食

荆州地跨长江两岸，临汉水之滨，盛产各类淡水鱼，长期以来形成了荆州人的重鱼食俗，荆州的四大名肴“龙凤配”“鱼糕丸

荆州夜色

子”“皮条鳝鱼”“冬瓜鳖裙羹”无不与鱼相关，荆州更有“无鱼不成席，无鱼不成礼仪”的俗语。

作为楚文化的发祥地之一，荆州的民间饮食也形成了鲜明的地方特色，如源于东汉年间的“食饵”习俗的“九黄饼”，出自聚珍园的“八宝饭”等，都与楚文化有着不能割舍的联系。

美食小吃

●龙凤配

作为古荆州的传统名菜，已有千余年历史。此菜以大黄鳝和凤头鸡制作而成，两个都属美味佳肴，但味道各异，带给人另类的味蕾享受。因大黄鳝象征着鱼，凤头鸡象征着凤，寓意吉祥，故名龙凤配。

●鱼糕

作为荆州的特色风味美食，以吃鱼不见鱼、鱼含肉味、清香滑嫩、入口即溶被人称道，更曾得到清乾隆帝“吃鱼不见鱼”的美誉。

鱼糕

●皮条鳝鱼

皮条鳝鱼是荆州沙市的传统名菜，已有数百年历史。因为鳝鱼形似竹节，故原名“竹节鳝鱼”。后沙市“义森酒楼”的掌勺曾友海师傅对其烹调技法加以改进，将原来炸一道改成炸两道，使鱼质更加酥脆，因掌勺曾友海小名叫“皮条子”，后来人便以其乳名称此菜为“皮条鳝鱼”。

皮条鳝鱼

●冬瓜鳖裙羹

作为荆州古城历史悠久的传统名菜，冬瓜鳖裙羹取用新鲜的甲鱼裙边和嫩冬瓜烹制而成的羹汤。此菜鲜美无比，冬瓜的清爽冲淡了甲鱼的腥腻，作为菜中上品，已有1 000多年的历史。

●千张扣肉

千张扣肉以五花肉为原料，经煮炸，上红糖色，切成薄片，以碗扣住蒸熟，由于肉片薄如纸，形如梭，片数多，故名千张扣肉，又名梳子肉。相传此菜为唐宰相段文昌回江陵省亲时，在传统的梳子肉制法基础上加以改进而成，并将其带回长安供朋友品尝，自此，此菜名扬八方。

千张扣肉

●荆州甲鱼

荆州甲鱼营养价值极高，因为在野生鳖肉中，含有多种特殊长寿因子和活性免疫物质，可增强人体免疫力，防癌抗癌，滋阴壮阳等，被人们称为大补元气的滋补营养佳品。荆州甲鱼在保持营养的同时还咸鲜浓醇、滑嫩爽口。

●八宝饭

八宝饭主要原料是糯米、红枣、莲子、薏仁米、桂圆肉、蜜冬瓜条、蜜樱桃、桂花糖等。先蒸制成坯，再加白糖、猪油散烩而成，色泽光亮，油而不腻，甜而不厌。据说八宝饭为清末慈禧太后御厨萧代所创制，萧代流落荆州城，被聚珍园老板留用，此后，八宝饭便成为荆州的佳肴名扬四方。

八宝饭

●欢喜团

欢喜团又名麻元宵、麻鸡蛋，是一种以糯米为原料，加水磨粉、红糖和适量的面粉，外层裹芝麻油炸的食品，入口酥脆，入喉香甜。据传江陵城内一陶姓人家经战乱失散，历尽艰辛团圆后，找出埋藏于地下的糯米、红糖等，做成汤圆油炸食之，取团圆快乐、阖家欢喜之意。

●三丝春卷

三丝春卷是一种以面粉摊成薄皮，内包鸡丝、火腿丝、香菇丝加嫩菜混合的馅儿，卷成筒状，用旺火炸酥的传统名菜，是春节前后的应市菜，含有迎春之意，它色泽金黄、外皮酥脆、味道鲜美，是春节筵席上必不可少的时令佳肴。

三丝春卷

●杜婆鸡

杜婆鸡起源于荆州松滋市杜姓家族，采用清廷内方精制，已有200年的历史。此菜以20多种名贵中药材为配料，通过独特的工艺精心烹制而成，色泽沉厚，香味浓郁，余味悠长，食之为美食者引为口福之事。

杜婆鸡

美食去处

●小胡鸭（荆州中路店）

荆州老字号店，属本土产品，选用优质麻鸭精制而成，外皮香脆，肉质鲜美，肥而不腻，辣度适中，价格便宜。在荆州的大街小巷儿乎都能看见小胡鸭出售，算得上荆州的特产之一。

购物

荆州富庶丰饶，土特产数不胜数，山核桃、青皮豆和高山蔬菜被人们称为“荆州三宝”，还有洪湖莲藕、笔架鱼肚等特色土产品。当然还有精致的手工艺品，如洪湖羽毛扇、吉贝大布等。

沙市北京路是沙市区最主要的商业中

心之一，有美佳华广场、安良百货、中商百货、沃尔玛等大型购物场所。2010年开通的地下商业街还是一个集吃、喝、购、游于一体的一站式商业步行街。除了购物外，这里的美食小吃也很多，是个吃喝玩乐的好去处。

●洪湖莲藕

洪湖生产的莲藕系湖北洪湖的土特产之一。洪湖莲藕具有香、脆、清、甜等特点，可采用炒、烧、炸、蒸等多种方法制成美味佳肴。

洪湖莲藕

●笔架鱼肚

笔架鱼肚是采用长江石首段水域中出产的鱼鳔制成的一种珍贵食品。营养丰富，鱼鳔的外形和镶嵌在鳔内的红色纹理酷似屹立在长江岸边的石首笔架山，故得名“笔架鱼肚”。笔架鱼肚外形优美，色泽白中带绿，晶莹可爱。晒制好的鱼肚犹如玉雕。一般一个鱼肚二两左右，大者可达半斤。

笔架鱼肚

●山核桃

为“荆州三宝”之一，是真正无公害高山绿色食品，富含多种矿物质和维生素以及人体所需的多种氨基酸成分，有降低胆固醇、防止动脉硬化和促进儿童脑细胞的成长等作用。荆州山核桃籽实充盈，皮薄肉满，不管是自己食用，还是赠送他人，都是上上之选。

山核桃

●青皮豆

荆州青皮豆历史悠久，制作工艺独特。青皮豆，俗名“豆豉”。荆州青皮豆颜色翠绿，每粒硕大如珠，味道淡香幽雅，不脆不绵，不同于一般的豆豉。

●洪湖羽毛扇

洪湖羽毛扇是一种传统的手工艺品，采用各种鸟禽的翅膀、尾毛制成。按照羽毛的自然生长规律及色泽纹理制成扇面，然后配竹器、牛骨、塑胎、象牙等材料作为扇骨，扇尾还附有吊坠作为装饰。既具有民族风格，又富有纪念意义。

洪湖羽毛扇

●吉贝大布

吉贝大布宽约二尺，每匹长约3丈，布质优良，可染制成各种花色，能做成被单、床单、窗帘、枕巾和各种衣裙。吉贝大布具有花色古朴、经久耐用等特点，它的生产工艺非常讲究，选料、纺织、印染、漂洗，每道工序都十分精细，有很严格的要求。虽然图案色调单一，但是内容考究，一般是具有浓郁乡土气息和鲜明民族风格的花纹图案。

●荆州漆器

荆州漆器继承历代传统工艺，制作仿古漆器，使古老的传统髹漆工艺大放异彩。仿古漆器选用古楠木为胎，采用水磨漆处理，制作工艺活泼精致，造型轻巧优美，花色主要有彩绘、贴金、嵌花3类，尤其是仿出土楚文物的虎座飞鸟、鸳鸯豆、耳杯等漆器集装饰精美与耐用增值于一身。

荆州漆器

娱乐

作为楚文化的发源地之一，荆州有着独特的历史古韵，在楚文化熏陶中发展出来的文化活动也带了点历史色彩，如纪念屈原、关公等的一些活动，无不与历史有关。

关帝庙会：在每年的正月和农历五月十三，荆州人为表达敬仰和崇拜关公的心情，都会在关帝庙举行大型庙会，届时，荆州人在这里玩龙灯，划采莲船，骑马射箭，吹喇叭套轿子，十分热闹。

荆州国际龙舟节：在每年的“五月五”假期，为纪念伟大诗人屈原，弘扬爱国奋进的民族精神，荆州市都会开展龙舟竞渡活动，届时，众多的荆州市民会在护城河观看比赛。

荆州花鼓戏：原称“沔阳花鼓戏”，已有200多年的历史，是明末以后在江汉平原三棒鼓、踩高跷、采莲船等民间演唱形式基础上不断吸收其他剧种的剧目、声腔和表演逐渐发展起来的一种乡土戏曲。现已是国家级非物质文化遗产。

赛龙舟

发现者旅行指南

襄阳

概览

亮点

古隆中

古隆中是传说中三国时期诸葛亮躬耕务农的隐居地，已有1 700多年的历史。景点多为明、清时代建筑。

襄阳古城

襄阳古城素有“铁打的襄阳”之称，约始筑于西汉高祖六年（前201）。穿过古城，是一条约300米的步行街。

水镜庄

水镜庄又称白马洞，是东汉末年名士司马徽隐水镜庄居地，山中有一巨洞，可容百人，传说有白马奔出，故名白马洞。

米公祠

米公祠始建于元朝，原名米家庵。殿堂里陈列着大量宋四家的墨迹和石刻。拜殿及宝晋斋内悬挂着很多匾额、楹联，廊壁上陈列有100多块米芾、黄庭坚等人的书法石刻。

五道峡

五道峡由五个峡谷段构成，峡内峰溪相连，峡峡呼应，处处是景。富丽堂皇的溶洞、婀娜多姿的飞瀑以及形态各异的怪石星罗棋布，相互辉映。

必逛街道

襄阳北街：北街的夜晚有霓虹灯，各种小吃、餐馆云集于此，有两个仿古的牌坊，两边有各色店铺。漫步在这条仿古街上，只见牌楼耸立，还有一块金庸小说《射雕英雄传》中人物郭靖与黄蓉的浮雕。

线路

保康自然风光二日游

第一天上午游五道峡全程，感受五道峡的奇险。下午登祖师顶，泡温泉。

第二天上午游九路寨村，这里山脉纵横，山峰耸峙，溪涧回环。下午登中华紫薇林，游览小三峡，观溶洞，进行南河漂流。

襄阳古城一日游

上午乘车赴古隆中风景区，游览古隆中石牌坊，探访诸葛亮隐居时居住的草庐、三顾堂、武侯祠等。下午游览米公祠，晚上逛一逛仿古一条街——北街，尝一尝美食，览一览胜景。

古隆中武侯祠

为何去

襄阳古城

“古老的城墙仍然完好，凭山之峻，据江之险，没有帝王之都的沉重，但借得一江春水，赢得十里风光，外揽山水之秀，内得人文之胜。”这就是襄阳，“三顾茅庐”中的山水名城，泛舟汉江，也许文人墨客也曾在此感叹。

米公祠

何时去

古代漆器

襄阳境内兼有南北气候的特点，冬季寒冷少雨，春季温暖湿润，夏季炎热多雨，秋季干燥凉爽，但时有秋汛发生。到襄阳旅游当选春、秋季节。

桃花盛开

襄阳旅游示意图

区域解读

区号：0710

面积：约19 774km²

人口：约561万人

地理 GEOGRAPHY

区划

襄阳市辖3个区（襄州区、襄城区、樊城区）、3个市（枣阳市、宜城市、老河口市）、3个县（南漳县、保康县、谷城县）。

地形

襄阳地势为东低西高，由西北向东南倾斜。东部、中部、西部分别为丘陵、岗地、山地。宜城孔湾镇八角庙村，海拔44米，是全市最低点；保康官山海拔2 000米，是全市最高点。长江的支流汉江流过襄阳境内，汉江将襄阳市域分为东西两半。

气候

襄阳气候特征为冬冷，出现持续低温雨

临汉门

雪冰冻灾害；春暖，多局地强对流天气；夏季高温多强降雨、多灾害；秋季凉爽少雨。境内日照充足，年均气温15.1℃~16.9℃。

历史 HISTORY

历史大事记

●春秋秦汉三国

春秋时期，襄阳为邓、卢、鄀、罗、鄾、谷、厉、随、唐等诸侯国之城，楚灭上述诸国设置县、邑。

公元190年，董卓挟汉献帝西迁长安，将数百万人强行西迁。王允杀董卓之后，引起关中大乱，数十万难民逃离关中，其中有一部分南出秦岭武关经南阳盆地也迁入襄阳地区。高素质的人才流入，使襄阳一度成为吸引全国人才的地方。

公元207年冬至208年春，刘备三次到隆中拜访诸葛亮，诸葛亮为刘备分析了天下形势，提出先取荆州为家、再取益州成鼎足之势继而图取中原的战略构想。

●魏晋南北朝

公元269—278年，西晋征南将军羊祜守襄阳，着力经略荆州，与吴国实行“边境交和”，10年之后，荆州8万士兵已经积有10年余粮，为西晋伐吴奠定了雄厚的物质基础。

田园风光

东晋太元三年（378）二月，前秦王苻坚派遣征南大将军苻丕、武卫将军苟苌、尚书慕容暐率步骑7万寇襄阳。第二年春，攻克襄阳。

●唐宋时期

唐代诗人孟浩然隐居于离襄阳城30里的鹿门山，开创中国山水田园诗风。

绍兴四年（1134），岳飞克复襄阳。

宝祐五年（1257）至咸淳九年（1273），宋元襄阳之战，持续大约16年的时间，为世界军事史上时间最长的攻坚战。

●清朝

嘉庆元年（1796）元月，齐林、王聪儿等人约定在元宵灯节发动武装起义，但机密泄露，齐林同100多名会众被清政府捕杀。王聪儿于一个月之后，发动组织了一支四五万人的反抗军，他本人被推为“总教师”，即白莲教最高指挥官。1798年，以王聪儿为领袖的襄阳白莲教众，冲破清军的包围，由鄂经豫入陕，再趁隙进入四川，在川东与四川白莲教众会师。1798年春，王聪儿兵败，于郧西县茅山跳崖自杀，时年22岁。

●民国时期

1930年7月至1932年6月，中国共产党在黄龙一带（县内其他地方为国民党统治）建立襄阳县苏维埃政权，属鄂豫边苏区领导。

1944年12月，宜城县曾改名自忠县，以纪念枣宜会战中殉国的张自忠将军。

名单 襄阳历史名人

春秋玉石鉴赏家卞和

春秋名将伍子胥

汉朝更始帝刘玄

东汉开国皇帝刘秀

东汉文学家王粲

东汉文学家王逸、王延寿父子

蜀汉名臣马良

三国时期政治家诸葛亮

东晋佛学家释道安

南朝编纂家萧统

诸葛亮画像

唐代名相柳浑

唐代山水田园诗人孟浩然

唐代诗圣杜甫

南宋初名相范宗尹

北宋著名书法家米芾

辛亥革命义士杨洪胜

刘备“三顾茅庐”

汉献帝兴平元年(194)，诸葛亮13岁时，他们姐弟四人跟随叔父诸葛玄离开山东老家赶赴豫章(今江西南昌)太守任所。不久，汉朝廷又派朱皓到任，失掉官职的诸葛玄只好带着诸葛亮姐弟四人前往荆州投靠荆州牧(治所襄阳)刘表。到襄阳后，诸葛亮因年幼，就到刘表办的“学业堂”里读书。

大约在诸葛亮17岁时，他的叔父诸葛玄去世。失去生活依靠，又不愿到刘表处做官的诸葛亮这时就迁居离襄阳20余里的隆中，在此度过了10年躬耕苦读的生活，并逐步成长为一个识时务的“俊杰”。

建安十二年(207)，诸葛亮27岁时，刘备“三顾茅庐”于襄阳隆中，会见诸葛亮，问以统一天下大计。诸葛亮精辟地分析了当时的形势，提出了首先夺取荆州、益州作为根据地，对内改革政治，对外联合孙权、南抚夷越、西和诸戎，等待时机，两路出兵北伐，从而统一全国的战略思想，这次谈话即是著名的《隆中对》。正是这个战略思想的指导，为刘备建立蜀汉政权、形成三足鼎立的政治局面奠定了基础，从而使三国分治时期成为中国历史上一个相当重要的发展阶段。

关云长水淹七军

建安二十四年(219)，刘备荆州守将关羽与曹操大将曹仁等在以樊城为中心的荆襄地区进行了震惊华夏的一场战争，俗称“水淹七军”。

三国时期，荆州具有很重要的战略地位，历来是曹操、孙权、刘备三方必争之地。赤壁之战后，曹操军队虽然被迫撤出江陵，但他除了仍占据着南阳郡外，还占据着南郡的北部，立为襄阳郡，置荆州刺史统领。孙权占据着江夏郡和南郡的南部。刘备夺取荆州南部四郡后，任荆州牧，因为原荆州治所襄阳在曹操手里，他只得驻于公安。后来所谓刘备“借荆州”，实际上只是孙权把自己占据的南郡的南部借给刘备。“借荆州”是孙权、刘备双方在强敌曹操面前互相利用、共同对

三顾茅庐

关云长水淹七军浮雕

付曹操的产物。所以，孙权既不愿长期把荆州借给刘备，刘备也不愿轻易将荆州还给孙权。这样，荆州便成了曹、孙、刘经常争夺的地带。

刘备占领益州之后，荆州掌握在他的手中，便可以成为一个随意启闭的门户，既可以北出河南，进击曹操，也可以顺流东下，直取孙权。这对曹操、孙权都是个威胁。所以，曹、孙两家都不愿刘备占据荆州。刘备占据益州的第二年（215），孙权曾向刘备索还荆州，刘备借口等夺取凉州再还荆州。结果惹得孙权大怒，派吕蒙领兵袭取了长沙、桂阳、零陵三郡。

为夺回三郡，刘备亲自引兵下公安，令关羽入益阳（时属长沙郡，今湖南益阳西），一场争夺荆州的大战即将爆发。后来只是因为曹操进攻汉中，刘备才主动同孙权讲和，双方商定以湘水为界，平分荆州。孙、刘平分荆州后，刘备实际上只占据荆州七郡中的两个半郡。为了实现全据荆州的目的，刘备守将关羽在建安二十四年乘着当时有利时机发动了襄樊战役（“水淹七军”）。

襄樊战役对蜀的后果是极其严重的，关羽全军覆没，丢失荆州，实力大损；诸葛亮在《隆中对》中提出的两路出兵北伐曹魏的战略，也因丢失荆州而失去依据；紧接着刘备在为夺回荆州、报东吴袭杀关羽之仇而发动的夷陵之战中惨败，使蜀国的国力大为削弱。襄樊战役后，三国鼎立的局面便最后形成了。

文化 CULTURE

楚文化的活化石——端公舞

端公舞又叫“扛神”，也叫“做枯斋”。端公舞起源于巫文化，是楚国先民祭神、祈神、酬神活动中表演的民俗舞蹈，已有2 000多年历史。在民间流传过程中，端公舞兼收并蓄其他文化，但基本保留了原始古朴的风格。

野史记载，轩辕黄帝战蚩尤于涿鹿，长期相持不下，有一个姓端的将帅把蚩尤打败了，轩辕缅怀他的业绩，在“端”的后面加了一个“公”字，就成了“端公”。因“端公”生性爱说爱唱爱跳，所以就有“端公舞”。

目前，端公舞仅流传于南漳、谷城、保康3县，尤以南漳县的端公舞最具完整性，整体结构与屈原的《九歌》近似。在南漳，无论喜事丧事，村民们都会请端公舞戏班表演。一群老人手执瓜锤、月斧和八卦旗，嘴里唱着古老的歌谣，在神秘、庄重的气氛中请神赐福，具有典型的楚宫廷文化遗风。

端公舞是用舞蹈形式来完成的，翻身、旋地、穿梭，这些让人眼花缭乱的动作配上千变万化的手诀，让人倍感神秘。端公手诀分为3大类：一是自然崇拜，如太阳诀、月亮诀，体现了人们对日月等自然力量的崇拜；二是生殖崇拜，如天师诀、捆鬼诀，分别表现了男女生殖器的形象，体现了人们对生殖力量的崇拜；三是图腾崇拜，如山王诀，体现了对以山作为图腾形象的崇拜。

端公舞是以祭祀表达主题的舞蹈，兼有说唱和乐器伴奏。分为上坛和下坛，上坛主要是祭奠死者、超度亡灵，舞蹈动作严肃庄重；下坛主要是驱鬼避邪、祈祥纳福，动作轻盈洒脱。端公舞的内容包括迎神、敬神、安神和送神4个部分。

跳端公舞，也有3天3夜、7天7夜的。请跳端公舞的人大都是经济条件富庶的家庭。端公舞是一种以欢乐的跳舞形式悼念亡人的民间舞蹈，它是巫文化的一个重要组成部分，从一个侧面展示了古楚民族的风情习俗。端公舞在民间祭祀活动中借奉祀天地鬼神，为人祈福消灾，是巫舞的一种，是有着浓厚的巫文化色彩和古朴原始气息的祭祀歌舞。

大型民俗风情音画——《荆山歌谣》

《荆山歌谣》是由保康县历时一年多精心打造的大型民俗风情音画。一幕幕的奢华与浪漫，冲击着观众的听觉与视觉；一幅幅美轮美奂的实景画面，真实再现保康民俗特色。山鼓铿锵，山歌清脆，山舞曼妙，原生态的民俗歌舞在声光电的交织辉映中尽显现代气派。

《荆山歌谣》是《荆山楚源》的姊妹篇，由“序”“月亮谣”“太阳歌”“尾声”4部分组成，分《传说》《十想》《对花》《传菜》《老背少》《沮水古音》《薅草山歌》《茶山春韵》《和陶音》《凤舞荆山》10个剧目。

该剧以楚人的情感和劳作为主线，以独特的视角和构思、朴素的理念和原生态的色彩，生动地再现楚人的生活画卷和特有的民俗文化，精心融入保康非物质文化遗产项目《黑暗传》《沮水呜音》《独臂皮影》等元素，富有早期楚文化内涵，凸显浓郁的地方特色，再现楚国人民乐观向上的生活状态和当代保康人开放进取的时代精神。

襄阳古城

襄阳花鼓戏

《荆山歌谣》既保持了浓郁的地方特色和民间形态，又具有一定的思想性、艺术性、观赏性和市场开发潜力，力图展示楚人的个性特征和文化积淀，表现楚人的风俗、劳动方式、生活情趣与爱情方式。

土生土长的花鼓戏

襄阳花鼓戏是以湖北襄樊地区为主要流行区域的地方性的汉族戏曲剧种，因剧种流行区域的关系，各地习惯以地名而冠之，故有襄阳花鼓、宜城花鼓、枣阳花鼓等称谓。20世纪80年代统称为襄阳花鼓戏。

襄阳花鼓戏，曾在襄阳地区广为流行，影响至湖北省的房县、郧阳、远安、兴山，最远达到陕南、豫南等地。它最初被称为“地花鼓”“花鼓子”，因该剧种曾受歧视遭禁演，艺人们只能躲在山野乡间里演出，故又有“躲躲戏”之称。

襄阳花鼓戏形成于清道光年间，并影响、传播到湖北郧阳、远安以及陕南、豫南等地，在当地曾有“一清、二黄、三越调，花鼓戏玩得也热闹”的称誉。其前身是流传于襄阳的民歌小调和一些其他说唱艺术形式，后来逐步与其他剧种融合，由单纯的打击乐，增加了唢呐、笛子和嗡琴，剧种声腔由“桃腔”“汉腔”“四平”“彩腔”以及“干梆子”等组成，具有汉水中上游质朴、爽朗的音乐风格。

花鼓戏在表演上，以唱功见长，特别重视生、旦行的唱功戏；各行当的唱腔基本相同，但又有着不同的要求，其中花旦要俏，正旦要稳，小生要平，花脸要粗，丑角要逗；唱腔并不复杂，但讲究根据不同角色、不同人物的思想感情灵活应用；咬字吐音讲究尖团清晰，行腔讲究圆润、柔和、明亮，要求有刚柔相济的效果。

襄阳花鼓音乐特色明显，声腔既高亢粗犷、激情热烈，又委婉细腻、明快活泼，其腔调有“桃腔”“汉腔”“四平”“彩腔”。传统的演唱形式为一唱众和、锣鼓伴奏，节奏鲜明、气氛浓烈，富有浓郁的地方色彩和生活气息。

景点推荐 襄阳市区景点

古隆中 AAAA

三分天下的策源地

襄阳市襄城区隆中路461号

襄阳市区乘坐512、543路公交车到隆中风景区下车即可 8:00~18:00

古隆中是传说中三国时期诸葛亮躬耕务农的隐居地，已有1 700多年的历史。景点多为明、清时代建筑，房屋皆为四合院式，殿堂只带前廊，为木列架和硬山墙组合，不饰斗拱飞檐；搏风有彩绘，墙头尖除中央外翘起。

玩家 攻略

唐代以来荆襄大地就有“阳春三月三，隆中看牡丹”的习俗。隆中牡丹比洛阳、菏泽两地牡丹提前一个月绽放，每年初春来此，一定能观赏到姹紫嫣红的牡丹。

玩家 解说

三国“刘备三顾茅庐”的故事就发生在这里，脍炙人口的“隆中对”的出典也在这里。诸葛亮本是山东琅琊人，幼年失去了双亲，17岁随叔父来到襄阳隆中，躬耕苦读，留意世事，被称为“卧龙”。后来刘备三顾茅庐，诸葛亮全面分析了当时三分天下的局势，提出了一统天下的谋略，这就是著名的“隆中对”。

链接

诸葛亮神机妙算救子孙

相传，诸葛亮在临死前对后代说：“我死后，你们中的一个将来会遇到杀身大祸。到那时，你们把房折了，在墙里面有一个纸包，有补救的办法。”诸葛亮死后，司马懿打下天下后，得知朝廷中的一员将军是诸葛亮的后代，便想治治他。

有一天，司马懿找了个借口，把这个将军定了死罪。在金殿上，司马懿问：“你祖父临死前说了些什么？”这个将军就一五一十地把诸葛亮的话说给他听。司马懿听后，便命令士兵们把房子折了，取出纸包。只见纸包里面有封信，上面写着“遇皇而开”。士兵们把信递给司马懿，司马懿打开信，只见里面写道“访问后返三步”。司马懿立即站起身退后三步。他刚站稳，只听“咔嚓嚓”一声响，司马懿龙案上面正

对的房顶上一根玉掉下来，把桌椅砸得粉碎。司马懿吓得出了一身冷汗。反过来再看信后面写道："我救你一命，请你留我后代一命。"看完这封信，暗暗佩服诸葛亮的神机妙算。后来，他把那个将军官复原职。

古隆中牌坊

进入古隆中山口，必经一座三门石坊，正中雕刻着"古隆中"3个大字，背面写着"三代下一人"。走过牌坊能看到一块农田，距离农田不远处的山脚下有一座茅草屋，那就是茅庐，是刘备当年"三顾茅庐"邀请诸葛亮出山的地方。

武侯祠

茅庐附近建有武侯祠，在祠中的大堂内端坐着诸葛亮的雕像，在祠中还有很多蜡像，再现了当时诸葛亮的一些生活场景。

三顾堂

三顾堂建于清康熙五十九年（1720），是刘备三顾茅庐、诸葛亮隆中献对策的纪念堂。其外泽清荷香，茂林修竹。传说，当年刘备三顾茅庐时拴马的古柏至今耸立门前。其内金匾银对，古碑林立。

卧龙深处

"卧龙深处"建于清雍正七年（1729），是诸葛亮和他的亲朋好友聚会畅怀处所。其内庞德公、黄承彦、庞统、少年诸葛亮等名人志士的塑像栩栩如生。两旁回廊里镶嵌着8块苍劲有力的石碑，一块饱经风霜的清雍正七年重修记事碑傲然挺立在庭园中央。

草庐亭

草庐亭建于清康熙年间，傍依明襄简王墓。此处本是草庐故址，明襄简王朱见淑仰慕隆中山水，于弘治二年（1489）毁草庐建陵墓。清康熙五十九年（1720），郧襄观察使赵一为了纪念诸葛亮于草庐故址修建了此亭。

抱膝亭

抱膝亭位于隆中山边一高阜之上，是

三顾堂

三层六角亭，“高四丈有奇，周七丈余”。它是湖北提督程文炳于光绪十四年（1888）所建。建造此亭目的在于供后人来游来歌时联想到诸葛亮在隆中抱膝长吟时的情景。

广德寺
鄂西北名刹

襄阳市襄城区303省道旁

市内乘坐公交512路、543路到“广德寺”站下可到

8:00～18:00

广德寺原名云居禅寺，始建于唐代贞观年间，是湖北省佛教历史上著名的十方丛林。寺内古木参天，寺外碧水环绕，环境幽雅宜人。被清朝康熙皇帝赐封为“护法尊”的古银杏树千年不衰，枝叶茂盛。多宝佛塔为砖石仿木结构，由塔座及塔峰两部分组成，主塔四周另有四座六角形砖塔，塔身共嵌有48尊石雕佛像，故称多宝佛塔。

凤凰温泉 AAAA
休闲度假胜地

襄阳市襄城区卧龙镇　宜自驾前往

周一～周五：12:30～23:30；周六、周日：全天开放

168元

凤凰温泉是一个原生态温泉度假区，温泉水为极为罕见的饮浴双用的纯天然弱碱高温泉，富含多种对人体极为有益的元素。旅游区还建造了近百个大小不一、功能各异、极富养生特色的生态温泉汤池。

襄阳古城
军事重地

襄阳市襄城区汉江南岸

乘坐1路、14路公交车，到“十字街”站下可到

全天开放　免费

襄阳古城三面环水，易守难攻，素有“铁打的襄阳”之称。襄阳城约始筑于西汉高祖

襄阳古城临汉门

六年（前201）。穿过古城，是一条约300米的步行街，青石板的街道两边，是一幢幢仿古建筑。昭明台位于古城的中央北街，高大巍峨。

古城东南角的仲宣楼，是纪念东汉末年文学家、“建安七子”之一王粲的楼宇，楼内可以看到很多碑刻。绿影壁位于古城内的襄阳王府前，是明代襄王府门前的照壁，上面的龙纹石刻非常精美，是国内罕见的大型石刻龙壁。

昭明台

昭明台位于襄阳古城正中，为纪念南朝梁昭明太子萧统而建。建筑面南，青砖筑台，中有条石拱砌券洞。台上建三檐二层歇山顶楼房5间，高约15米；东西各建横房4间，台南有鼓楼、钟楼各一。昭明台雄踞城中，巍峨壮观，在古代被誉为“城中第一胜迹”。

绿影壁

绿影壁系明代襄阳藩王府门前照壁，距今有500年的历史。影壁分3堵，用绿矾石为壁，白矾石镶边，上雕云龙99条，气韵生动，形态各异，是全国石刻艺术中绝无仅有的珍品，与北京北海、山西大同的琉璃九龙壁并称我国“影壁三绝”。

黄家湾
黄月英出生地

襄阳市襄城区贯洲　乘坐公交303路到终点站黄家湾风景区下可到　8:00～18:00

相传是诸葛亮的岳丈——襄阳名士黄承彦的故里，景区内山水相依、层林叠翠、绿草如茵、湖光粼粼、风景如画。黄家湾山谷陡峭，松林茂密，一年四季空气清新，负离子含量极高，是都市人进行森林浴、健身、感受大自然的极好地方。

玩家 解说

黄月英，乳名阿楚、阿丑。出生于湖北襄阳黄家湾，是沔南名士黄承彦的女儿，诸葛亮的夫

夫人城

人。习凿齿《襄阳耆旧记》记载：“黄承彦者……谓诸葛孔明曰：‘闻君择妇，家有丑女，黄头黑面，而才堪相配。’孔明许，既载送之。时人以笑乐，乡里为谚曰：莫作孔明择妇，正得阿承丑女。”

夫人城
名胜古迹

襄阳市襄城区内环路襄阳城西北角

坐512路到“十字街”站下，沿着仿古街穿过昭明台，走完全程到达汉江边上去

8:00～20:30

夫人城位于巍峨雄壮的襄阳城西北角，是与襄阳城紧紧相连的一座城外城。城墙高6米有余，周长约100米。城墙朝北的一方正中嵌有大型石匾，上书“夫人城”3个苍劲有力的大字。城墙下边有一碑刻。这城墙上的匾和下边的碑刻，系清代同治二年（1863）襄阳人为缅怀东晋襄阳守将朱序之母韩夫人所筑。

习家池
私家园林鼻祖

襄阳市襄城区凤凰山南麓

习家池又名高阳池，建于东汉建武年间，距今已有1 900多年的历史。襄阳侯习郁，依春秋末越国大夫范蠡养鱼的方法，在白马山下筑一长60步、宽40步的土堤，引白马泉水建池养鱼。这里群山环抱，苍松古柏，花香鸟语，自古常有文人墨客来此咏诗作赋。

玩家 解说

西晋永嘉年间，镇南将军山简镇守襄阳，常

诸葛亮广场塑像

在此宴饮，喝得酩酊大醉，故称“高阳酒徒”，因而此地有高阳池馆。东晋时，习郁的后裔习凿齿在此临池读书，登亭著史，留下《汉晋春秋》这一千古名作，成为名播后世的史学家，而令习家池益负盛名。

诸葛亮广场
纪念诸葛亮而建

襄阳市樊城区长虹北路

乘坐22、302路公交车到“诸葛亮广场”站下可到

全天开放　免费

广场为纪念三国著名政治家、军事家诸葛亮而建。广场内竖立着一尊诸葛亮铜像，诸葛亮昂首挺胸，右手执扇，目光炯炯，胸怀谋略，在蓝天白云的映衬下，更显英姿爽健。在铜像底座下有题词碑文，叙述了诸葛亮的一生以及后人对诸葛亮的追慕。

真武山道观
鄂西北小金顶

襄阳市区西南约1千米处

乘公交512路到“真武山”站下

真武山道观位于襄阳城西南1千米处，有鄂西北“小金顶”之称。明永乐十年（1412），明成祖降谕修建武当山宫观，“管运武当山琉璃诸物”的水船数以“万计”，停泊在真武山下的汉江中，“时风涛方作，顷之祥云数见，水天一色，咸谓元帝（真武大帝）显应”，于是在山上修建了“真武观”。

玩家 攻略

在传统习惯中，朝湖北武当山，首先要来到襄阳真武山，给真武帝上表章，算在真武大帝处报了到。有钱财和精力者当继续去均州（今丹江口市）武当山天柱峰朝金顶。钱财、精力不足或患病者，可就此回转，也算还了朝拜真武大帝的心愿。

米公祠
纪念米芾的祠宇

襄阳市樊城区解放路2号

乘坐公交车14路、2路到“米公祠”站下，16路到“朝阳路”站下可到米公祠

8:00～20:00　25元

米公祠始建于元朝，原名米家庵。米公祠中轴为主体建筑，殿堂里陈列着大量宋四家的墨迹和石刻。中轴两侧为东、西石苑，苑内亭台楼阁错落其中，拜殿及宝晋斋内悬挂着很多匾额、楹联，都是后人的题词。廊壁上陈列有100多块米芾、黄庭坚、赵子昂、蔡襄等人的书法石刻。

玩家 解说

米芾（1051—1107），字元章，号襄阳漫士，人称“米襄阳”。米芾能诗文、擅书画，与蔡襄、苏轼、黄庭坚一起并称“宋四家”。其书法得王献之笔意，博采众长，不守陈规。后人为纪念他

米公祠

修建了这座祠宇。

岘山
历史文化名山

襄阳襄城区城南

襄阳岘山俗称“三岘”，包括岘首山、紫盖山、万山，它背靠巍巍大荆山，环抱“铁打的襄阳”，遥控“纸糊的樊城”，峰岩直插滔滔汉水，雄踞一方。岘山，到处是名胜，遍身皆古迹，有刘备马跃檀溪处、风林关射杀孙坚处、羊祜的堕泪碑与杜预的沉潭碑、刘表墓与杜甫墓、张公祠和高阳池、王粲井、蛮王洞等，蜿蜒数千米。

玩家 解说

大宋淳化年间，京湖制置使李曾伯奉命率兵与元蒙在此数度争战，收复失地后，作《襄阳铭》道：“壮哉岘，脊南北。翳墉壑，几陵谷。乾能夬，剥斯复。千万年，屏吾国。”至今摩崖石刻犹存。

链接

孟浩然眼中的岘山

唐代大诗人孟浩然《与诸子登岘山》：“人事有代谢，往来成古今。江山留胜迹，我辈复登临。水落鱼梁浅，天寒梦泽深。羊公碑尚在，读罢泪沾巾。”历史上流传下来的关于岘山的诗多不胜数，而实际上，这位来自襄阳鹿门山的孟浩然可以说是古往今来描写岘山最多的诗人。上面诗中所提到的岘山位于襄阳城西南1千米处（今湖北襄阳市襄城区以南），东临汉江，与一水相隔的鹿门山东西对峙，俨然如扼守在江汉平原北部的两扇大门。

鹿门寺国家森林公园
圣山之景

襄阳城襄州区

乘52路公交车到终点站“鹿门寺园区”下可到

8:00～18:00

鹿门寺国家森林公园与古隆中隔水相望，远远望去，五山如仙女，云遮雾绕、忽隐忽现，直叫人心驰神往，想投入其怀抱。鹿门寺坐落在鹿门山半山腰，始建于东汉建武年间，是中国有名的佛教圣地。唐代著名诗人孟浩然和皮日休先后来此隐居，留下许多千古名篇。后人曾建许多纪念性建筑。

孟浩然墓
唐代著名诗人的墓冢

襄阳市襄州区东枣林　¥2元

孟浩然墓在襄阳市襄阳城东风林南麓。《湖北通志》载，其墓在唐德宗年间有所“獐坏”，节度使樊泽“乃更为刻碑”与“封宠其墓”。清末存土冢。现高1米余，底径约3米。保存尚好。

玩家 解说

孟浩然（689—约740），襄州襄阳（今湖北襄阳市）人。唐代著名诗人，世称孟襄阳。早年隐居鹿门山，年四十应进士不第，在江淮吴越间漫游数年。后为荆州长史张九龄幕僚，不久归隐。所作诗风格恬淡，意境清远，多表现田园逸情。与王维齐名，世称“王孟”，为李白、杜甫所称道。有《孟浩然集》。

鱼梁洲
庞统隐居之地

襄阳市樊城区汉江公路铁路大桥下游2.5千米处

鱼梁洲南北长10.65千米，东西宽5.30千米，是汉江中的一个江心洲岛，与襄阳、樊城呈三足鼎立之势，汉水、唐白河环绕四周。传鱼梁洲曾是汉末名士庞统的隐居之地；而东汉荆州牧刘表曾在洲上建过一座气势宏伟的3层建筑，喂养猎鹰，名曰呼鹰台，又名景升台，供其游玩、打猎。

鱼梁洲

景点推荐

襄阳东部景点

庞居洞

庞德公隐居之地

襄阳宜城市

庞居洞背靠霸王山和庙门山，传说东汉末名士庞德公在此隐居，故名。洞系一天然石室，前宽后狭，冬暖夏凉，颇适居住。洞门为拱圆形，两旁石柱上镌刻对联：“山中日月闲来住，洞山烟霞自古今。”横额是：“隐士居。”今有一合抱之树，称为“红叶树”，每当秋末冬初，叶红似火，色灿如霞。洞南北两边还有祠堂洞、牛洞、青蛙洞等，均掩映于翠林之中，野趣天成。

玩家解说

庞德公，襄阳人，躬耕于襄阳城南岘山。与司马徽、诸葛亮、徐庶等友善。其从于庞统“凤雏”，以知人著称。刘表为荆州牧时，他拒绝礼请，隐居鹿门山，采药以终。

张自忠将军纪念馆

烈士纪念馆

襄阳宜城市襄沙大道55号　¥10元

在大运河的东岸风景秀丽的凤凰岭下，有一处青砖灰瓦的仿古建筑在万绿葱茏的环抱中，显得格外肃穆，这就是张自忠将军纪念馆。纪念馆馆舍为四合院建筑风格。宜城十里长山上还有一座巍峨的纪念碑，上刻“张上将自忠殉国处”；其西麓还有一座公墓。

玩家解说

1940年5月，日军发起了随枣战役，集结重

张自忠纪念馆

兵西进。张自忠将军留下遗书，率部截敌，浴血奋战，身中数弹，战死于十里长山。张自忠是第二次世界大战中盟军牺牲最高将领，国共两党分别在重庆和延安举行了隆重的追悼会。

白水寺风景区

龙飞白水

襄阳枣阳市吴店镇白水路

8:00~17:30

襄阳乘坐火车或汽车到枣阳，再换乘中巴到吴店镇可到景区　40元

白水寺风景区是东汉开国皇帝汉世祖光武帝刘秀的纪念地，是“光武中兴”的发祥地。这里自古钟灵毓秀，人杰地灵，历史上出了两个皇帝，一个是更始帝刘玄，另一个就是刘秀，被世人称为“古帝乡”。

区内地势巍峨，殿宇古朴，古木参天。景区以镇区南部狮子山主峰顶千年古刹白水寺庙为主体，以纪念刘秀为主题，以半山腰的白水湖、狮子山北麓的滚河、周围众多的人文景点及古镇吴店为依托。

白竹园寺森林公园

佛教文化的旅游圣地

襄阳枣阳市新市镇

8:00~18:00

白竹园寺隐藏在崇山峻岭、茂林修竹之中，主峰玉皇顶是枣阳的最高点。寺院门侧有左雌右雄两棵白果树，高8丈，胸径3人合

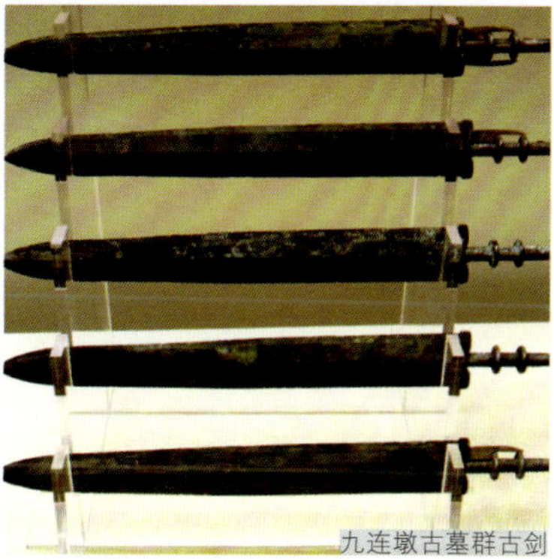
九连墩古墓群古剑

抱有余，枝繁叶茂。此寺又称“竹园禅林”，始建于东汉建武年间，距今有1 900多年历史。观音洞实乃天工造就，人饰而成，观音菩萨端坐莲台，美妙之极。

九连墩

我国规模最大的古墓群

襄阳枣阳市吴店镇东赵湖村

九连墩战国古墓群由9座大中型墓葬封土堆组成，是省级文物保护单位。这座古墓是战国中后期、楚国鼎盛时期的墓葬，是目前我国已发掘的楚墓中保存最完好的，还是湖北目前发现的最大的夫妻墓，墓葬规格都在封君以上。这里有我国迄今为止发现的规模最大、保存最完好、最壮观的车马坑。这座墓葬还是罕见的真马陪葬，马匹的尸骨保存得也很好。

熊河风景区

襄阳大型水库之一

襄阳枣阳市

青龙山熊河风景区南眺大洪山脉，北倚青峰山麓，拦截滚、婴两泾（滚河、婴水）。景区内峰峦叠嶂，山水共存，岛屿棋布。熊河之水，占有“万泉之水”之美称，江源在平林南疆之关门山、云台山，沿途有随州市境内的众多溪水注入，进襄阳辖区又有众多溪水

相继注入，形成了万泉之水汇集一池的浩瀚之势。

唐梓山风景区

休闲好去处

📧 襄阳枣阳市寺少公路鄂豫交界处

🕗 8:00～18:00 ¥ 25元

唐梓山有唐子亭，山顶有祖师殿、圣公圣母殿、无量殿，山腰有灵官殿、乾銮殿、娘娘殿，有传说的刘秀聚将台、分金亭，山间有卧牛石、圣饮泉、仙人池、一人道等自然景点。唐梓、紫玉两山平地凸起，山脚毗连，山峰兀立，攀及山巅，极目望远，挥手可见，遥相呼应，令人心旷神怡。

链接

唐梓山名字的由来

相传唐梓、紫玉二山，是当年二郎神担山赶太阳，行至48里宽的红沙河，心中胆战，扁担折断，两山坐于此地，扁担落在两山之间，架成一座天然石桥，人称扁担桥，至今犹在。又传：春秋时期此地归属唐国，有位王后娘娘死后埋在莲花堰旁，后慢慢长大成一座山头，古代王后也叫"梓童"，后来人们便把此山叫作"唐梓山"。王后娘娘的贴身侍女叫紫玉，为娘娘陪葬而来，遂叫"紫玉山"。

李宗仁纪念馆

抗日战争时期李宗仁司令部旧址

📧 襄阳老河口市北京路66号

原建筑一井三院，前、中院为典型砖木结构北方民居，后院为砖木结构仿欧式建筑，现保存一院，有砖木结构房屋9间，里面展出李宗仁及五战区史料300余件。"旧址"基本陈列"勿忘历史·警钟长鸣"展，以珍贵的史料，展示了李宗仁在抗日战争时期的贡献。

玩家解说

李宗仁（1891—1969），字德龄，曾担任中华民国副总统、代总统等职，是中国近现代历史上的著名人物。抗战时期，李宗仁担任国民革命政府军事委员会第五战区司令长官。在指挥了台儿庄战役后，他将司令长官部迁至老河口，此后，李宗仁在老河口指挥鄂、豫、皖三省军民抗战达6年之久，留下了一批宝贵的历史遗迹和史料。

袁书堂教育基地

爱国主义教育基地

📧 老河口市袁冲乡境内

袁书堂教育基地现由袁书堂纪念馆和袁书堂纪念公园组成。纪念馆是一座传统架构融合现代风格的建筑。馆内展览厅有袁书堂、袁氏姐妹、受袁书堂影响的早期共产党员、袁书堂生活起居四部分，全面、直观地展现了袁书堂烈士及相关革命先辈们光辉的一生。公园由红色文化广场、红色支部、红亭、烈士墓、纪念林等几部分构成。

百花山森林公园

国家森林公园

📧 老河口市区东郊

百花山森林公园北望碧波万顷的丹江口水库，南临襄阳古隆中，不仅树木葱翠，而且峰陡石奇，古迹荟萃。登云山峰列其北，明弘治中建"登云寺"，清康熙十四年改欧阳文忠公（欧阳修）祠，侧耸"文笔峰"宝塔。白龙山峰列其南，石泉山峰居其中，山腰一条冲击鹅卵石带，为汉江故道遗迹，山间巨石嶙峋。白龙山峰为拉纤山峰，其西坡怪石陡壁，颇具特色。

老河口风光

景点推荐

襄阳西部景点

抱璞岩

山清水秀，满目苍翠

襄阳市南漳县巡检乡的荆山脚下　5元

抱璞岩四周峰峦俊秀，满目苍翠。岩下清泉成溪，昼夜不止。相传卞和得璞玉于此。如今立足岩上，微风拂面，松涛呜咽，如闻卞和当年泣玉之声，顿生怀古思贤之情。

岩上凿“玉印岩”3字，字径3尺，笔力苍劲。下有天然石室，内原供卞和像。像前竖石碑数通，其中最早的为明成化二十三年（1487）所刻。室右壁有方形石穴，传系卞和取玉旧迹。由此岩再上百余步，有一石洞，可容200余人，洞顶上有池，周40余步，池旁有卞和庙，传为卞和住宅旧址，岩东有卞和墓。

水镜庄

“水镜先生”隐居地

襄阳市南漳县城关镇白凤路2号

8:00～18:00　40元

水镜庄又称白马洞，是东汉末年名士司马徽归隐水镜庄居地，因司马徽雅号“水镜先生”而得名。山中有一巨洞，可容百人，传说有白马奔出，故名白马洞，上刻“洞天福地”4字。

相传此洞即水镜先生弹琴、弈棋、饮酒、会客之所。洞庭幽深，可通后山。洞内深潭神秘莫测。庄西3里石壁长廊如刀削状，形成天然石瀑景观，下有4个洞口相互贯通，名曰“地下迷宫”。山脚下战国永丰渠清澈碧绿，贯穿庄内，终年淙淙不息。

水镜庄

水镜祠位于峭壁中白马洞外，为亭阁式建筑，祠内有司马徽、庞德公和学生诸葛亮、徐庶、庞统玉石塑像，风采飘逸。半山腰的"头天门""二天门"似金刚高悬，拾级而上如登云梯。

徐庶庙

三国谋士徐庶纪念祠堂

襄阳市南漳县单家庄

徐庶庙又称单公祠，建于清嘉庆元年（1796），坐北朝南，前后两院，皆具古雅风貌。现存3间正殿和左右两庑。殿内有徐庶塑像。1981年，按嘉庆十七年（1812）所竖"汉徐庶故里"碑予以复制。

玩家 解说

徐庶（？—约232），曾化名单福，字元直，三国时谋士。颍川（治今河南禹州）人。汉初平年间，客居荆州（荆，指荆山，在今南漳县西），与诸葛亮等友善。初佐刘备，后其母被曹军所俘，乃辞刘随曹操，官至右中郎将、御史中丞。相传其家曾移此。

春秋寨

南漳古山寨群的代表

襄阳市南漳县东巩镇陆坪村

从南漳县包车前往

8:30~17:30　50元

春秋寨又名青云寨、陆坪寨，因寨内建有纪念关公的建筑春秋楼而得名。春秋寨依山就势，建于山脊上的石砌房屋鳞次栉比，放眼远眺，春秋寨宛如一段长城横亘于一座南北走向的山顶之上。

山寨成型于楚汉，繁荣完善于明清，经历朝历代改建修复。寨上设有观景平台，在此可以欣赏到秀丽的山水，步行于古朴的小径上，感受一下先祖们生活的气息。石屋虽历经沧桑，但仍巍然屹立。

玩家 攻略

从南山门登顶游览春秋寨，沿途可欣赏到断崖、春秋楼、关公夜读遗址、天外飞石等景点。从北门缓坡下山后，可沿茅坪河小路回到游客中心，经景观桥步行至索道站，乘坐观光缆车抵达望月山极顶，隔河俯瞰春秋寨全景。

鱼泉河

最具峡谷特色的漂流

襄樊市南漳县长坪镇境内

8:00~16:30　135元

在群山环抱之中有一条蜿蜒多姿、清澈见底的小河，这就是因神奇的鱼泉洞而闻名荆楚大地的鱼泉河。鱼泉洞大桥向西不足百米，小河边刀削般的峭壁上有一个不大的泉眼，平常流出潺潺清泉，但每到春夏之交雷

春秋寨

鸣电闪之时，就会有数不清的鱼儿从洞中欢快跳跃着涌出。

鱼泉河最有名的还是漂流，全长12.5千米的鱼泉河漂流沿途两岸青山高耸，绿树蔽日，形成了独特的峡谷风光，有24道弯、34个险滩、深谷幽林、险滩雪浪。河水清澈，满河都有各类鱼虾和色彩各异的玩石，景色诱人。

香水河风景区

楚天九寨沟

襄阳市南漳县薛坪镇境内

南漳车站有旅游专线车直达景区

3883979　7:00~17:00　50元

香水河风景区是一个山秀水奇、景中有景的所在，但真正使它驰誉荆楚的，还是因为它的七彩瀑布。瀑布落差百余米，由5股清泉汇集而成，晴日上午8时至11时，太阳光从林间射下，与飞瀑溅起的水珠呈逆向角度，便现出扑朔迷离之状：赤、橙、黄、绿、青、蓝、紫，如彩虹当空，晶光闪烁，福祥之气溢满山野。

景区内山形奇特，在雄鹰瀑处，有陡壁如削、垂直高差百米的绝壁，较为壮观，其山顶石峰突兀，似唐三藏西天取经之险途，令人浮想联翩。这里喀斯特溶洞穴遍布，洞穴中还有喀斯特漏斗和天井，再就是绝壁奇峰。山谷中还有珍稀的野生蜡梅、紫薇、红豆杉、玉兰等以及大量色泽艳丽的草本、木本花卉，四季绚丽多姿，季季色彩各异。

龙王峡

生态旅游地

襄阳市南漳县肖堰镇

5338555

8:00~16:00

80元

龙王峡形成于7 000万年前，雄、奇、险、峻，千峰对峙。峭壁和峰顶上集中了古庙、古寨、古营盘、古战场、古驿道等人文景观和瀑布、溶洞、火山口等自然奇观。

无污染的清澈河水在两岸夹峙的山谷中奔流而下，挟沿途山色云影，撞礁过滩，一路欢歌，构成一条美妙动人的自然山水画廊。

漂流全程8千米，激流险滩和平整如镜的湖面交错布置，峡谷幽深奇峻，蜿蜒曲折；两岸悬崖峭壁，古树参天。乘着小皮艇一路下来，时而深潭迭起，时而峰回路转。河道既有伸手就可触摸到河底卵石的浅滩，也有由多处围堰形成的阶梯形瀑布，落差跌宕。

香水河山泉瀑布

玩家攻略

在龙王峡有很多的深潭峡谷岩壁，可以在高出水面数米的悬崖峭壁的合适地方做“Z”字形的攀岩，如果攀登时跌落也不过令全身湿透，然后游回岸边。下水不久即会看见岸边的一龙王洞，弃船岸边戴好头灯，可前行300米在一小湖前止步折返。

七里山森林公园

自然生态保护区

襄阳市南漳县城北部15千米处

8:00～18:00

10元

七里山森林公园东接古隆中，西通武当山，森林覆盖率达92%。园内古迹碑刻众多，天然泉眼密集，奇峰怪石林立，树木葱茏。园内有树龄100～300年古树名木200余株、国家重点保护的珍稀动物10多种，是人们避暑、休闲、健身、疗养的好去处。

爱莲亭

爱莲亭融人文景观与自然景观为一体，包括眼前的“爱莲亭”和对面的“巨松岭”。爱莲亭下的爱莲池种植各色莲花，放养观赏鱼类，池外木瓜林现已成形，环绕莲池四周种植连片月桂。

静怡居

静怡居倚山临水，前后左右均被葱茏的树木拥抱，建筑风格独特，粗看外观一致，细品各具特色，唯一相同处均为一屋一厅一厕。

五道峡景区

天然氧吧

襄阳市保康县后坪镇

8:00～18:00　100元

五道峡景区由五个峡谷段构成，峡长约7.5千米，峡内峰溪相连，绚丽多姿，溪流清澈，四季奔腾，构成一幅奇、险、雄、幽浑然

五道峡风光

一体的天然画卷。峡峡呼应，处处是景。景区溪流蜿蜒，跌宕起伏；两面青山夹峙，峡谷幽深。富丽堂皇的溶洞、婀娜多姿的飞瀑以及形态各异的怪石相互辉映。

佛手洞

佛手洞洞深2 000多米，由上、中、下3层构成，与前面山腰中的卧龙洞相通。洞内怪石林立，千姿百态，或状若神龟，或状若雄狮，或状若大象，或状若神佛。洞口左右岩壁上的两只佛手是那么的形象逼真，因此而得名。

链接

佛手洞的由来

相传很久很久以前，此洞并没有两只佛手，洞名也不叫佛手洞，而叫毒龙洞，洞内盘踞着一条巨龙，在此修炼金丹，据说吞食10 800对童男童女，方可烧成金丹羽化升天。毒龙于是四处搜罗童男童女，残害百姓，无恶不作。

一日佛祖于禅定中打开佛门，观见毒龙残害生灵，于是伸出佛手，缚住毒龙，将它打入卧龙洞中，在南天门上贴上真言神咒，并在洞口留下佛手手印，从此降伏了毒龙。毒龙遵照佛旨须蛰伏洞中修炼九九八千一百年，方可烧成真珠，得道升天。于是就有了卧

龙洞中“卧龙候珠”这一景观。

红巾军坟

红巾军坟是鹅卵石堆砌的合葬墓，据史料记载，这个合葬墓中埋着100多年前在反清斗争中英勇就义的红巾军战士。

玩家 解说

咸丰七年（1857），襄阳竹条铺起义的红巾军在此遭清军和地方兵勇伏击，义军占据的五道峡地势不利，仅首领张义滔等数人突围。事后峡外山民含泪掩埋了8具义军遗体，堆卵石为记代代相传。

九道河

武当山后花园

📍 襄阳市保康县金盘洞村

🚌 从襄樊长途客运站乘班车到保康县，可乘出租或步行前往漂流起点 ¥ 40元

清澈碧透的九道河水路十八弯，流经峡谷地缝，两岸崖壁陡峭，无人可攀。这里青山连绵、空气新鲜，树木枝繁叶茂、盘根错节。河水在谷底蜿蜒而流，时急时缓，汇集成潭，潭水清澈碧绿。

其中武当民歌村——吕家河村堪称“汉民族民歌第一村”，闻名中外；盘龙湖农家乐园美如画屏，风情怡人；双庙垭、高家岩瀑布给人“银河落九天”之意境；黑龙潭、天书谷幽深莫测，景色迷人。

玩家 攻略

乘坐橡皮船随波峰浪谷而下，穿峡谷绝壁，过激流险滩，进幽暗山洞，可饱尝九道河漂流带来的惊险、刺激、美不胜收的快感。

九路寨

民风淳朴的自然村庄

📍 襄阳市保康县九路寨

¥ 40元

九路寨村三面为悬崖所断，一面与外界相连，古时只有九条小路依靠青藤、绳索攀岩上下，因此而得名。这里山脉纵横，山峰耸峙，溪涧回环。数十种珍禽异兽栖息于此，珍稀植物种类众多，是一个绿色资源宝库。

这里一直处于原始状态，山、林、寨、洞、瀑诸景组成神妙、奇幻、幽美的自然风光。俯瞰全村，其形状像一金线吊葫芦，沟谷众多，景点密布，被形象地称为“一沟两扁五条冲，巍巍山寨九路通。七河三瀑一线天，托起青狮白象峰”。

野花谷

蜡梅王国

📍 襄阳市保康县过渡湾镇

🚌 宜自驾前往 ¥ 15元

野花谷最高海拔1 207米，最低点枫桥海拔193米，优越的气候条件，孕育了丰富的野生动植物资源。这里生长着东半球唯一野生蜡梅群，每至岁末，夹山野梅对峙竞放，远远望去，上下重叠，依阴迎阳。

野花谷境内云锦杜鹃、野生牡丹、紫薇、红豆杉等世界上稀有的植物资源也十分丰富，山桃花、兰草、紫荆等各种奇花异木遍布山谷，四季花开，景色宜人。

官山森林公园

珍稀植物标本园

📍 襄阳市保康县城郊约1千米处

🚌 步行或乘出租车到公园

🕘 6:00～18:00 ¥ 免费

官山原名东山，位居保康县城东部，呈

野花谷

半环状拥抱着保康山城。林区内植物种类繁多，湖北省内的大部分植物种类在这里均有分布，珍贵药用植物如金钗、天麻、灵芝、七叶一枝花等达100余种。

其中官山林海的千年银杏枝繁叶茂，官山楠竹亭亭玉立，苍松翠柏一望无际，平添了一份清幽隽永的雅趣。在官山度假村，吊脚草庐建筑风格奇特，设计精巧，环境幽雅，可在此尽情享受田园生活的诗情画意。

玩家 攻略

在森林公园，住吊脚楼、品特色茶、游原始林、沐“森林浴”，可以尽情享受大自然的绿色和优美的自然风光。

南河小三峡

山清水秀，洞幽石奇

襄阳市谷城县城西南　8:00～16:30

7771044　40元

南河小三峡历史悠久的人文景观与鬼斧神工的自然景观浑然一体，神似举世闻名的长江三峡，故名。南河之水发源于神农架，流淌在深山幽谷之中，清澈见底，纯净无瑕，相传为汉丞相萧何夫人脂粉之水，故又名“粉水”。雄伟的大坝，将河谷造成平湖，与两岸奇峰秀山交相辉映。

玩家 攻略

乘船溯江而上但见两岸悬崖峭壁，层峦叠嶂，河面碧波荡漾，湖光山色，酷似长江三峡。

莲花洞

莲花洞洞壁中有钟乳石形成的神似的观音莲台及佛像，洞顶有水绣花纹图案。特别神奇的是有50个形似莲花瓣的宝莲台将观音、佛像包围其中，有临仙山佛地之感。

石笋洞

石笋洞洞中有白石花纹似笋，故名。洞深幽险峻，雾气袭人，吸收阳光，当地群众称为“黑洞子”。洞内大、中、小三洞相通，深不可测。洞下有潺潺流水，两壁有形态各异的花纹。

香炉石

南河小三峡下游矗立于河床之中呈蘑菇状的“香炉石”，相传是盘古开天地之后，山神推出的供世人焚香祭奠周文王的香炉石。它系武当余脉的又一大奇观。

承恩寺

千年古刹

襄阳市谷城县东南45千米处

从襄阳市襄城汽车客运站乘坐开往谷城县的中巴车，在茨河镇承恩寺路口下，然后打摩的到景区

8:00～17:00　5元

承恩寺建于隋朝，距今有1 400多年的

南河小三峡

承恩寺

历史，传说是隋炀帝公主隐居疗疾之地。据《襄樊简史》记载，天顺年间，英宗为报答叔父，对该寺进行修缮，改其山为“永乐山”，改其寺为“大承恩寺”，承恩寺因此而得名。

万斤铜钟

承恩寺大殿前尚存的钟楼上悬挂着一座高约八尺、重一万余斤的铜钟，此钟为明宪宗下诏铸造，铸于大明成化乙未年（1475）。鸣声悠远，僧人们上殿念经，必撞钟以伴诵。此钟以梵文作装饰，制作精细，造型美观。钟体梵文4 889字，汉文仅“皇帝万岁万万岁”和“大明成化十一年”字样。

襄王玉碣

寺前放生池中有龟趺碑。龟是青石琢成，碑以白玉为料，上部浮雕二龙戏珠，线条流畅，形态逼真。碑文为《敕赐大承恩寺记》。

长桥锁风

横跨寺前入口处的单孔桥，桥旁曾修一祠堂，名“锁风祠”，当地人称此桥为“聚气藏风”之桥，故称锁风桥。

狮峰烟云

寺后的山峰，远看状如雄狮伏卧，极为壮观，《承恩寺八景》诗曰：“突兀狮子峰，蜿蜒护梵宫。一声云雄吼，响震大千中。”

龙池丹桂

寺西北角泉水池流出来的泉水，此泉水流量大且甘甜纯净，传说是卧龙在这里喷水。原建有龙王庙，水池边生长一株几百年树龄的古银桂，每逢八月数里飘香，故称“龙池丹桂”。

金山鹤舞

寺前的山上长满了“岩头青”，四季常绿，苍翠幽静，景色宜人，常有鹤在此落巢。传说日出时，山上有金子隐约可见，故称“金山鹤舞”。

五山镇堰河村

《茶色生香》的外景地

- 襄阳市谷城县五山镇
- 宜自驾前往
- 免费

五山山奇水美，神农尝百草，在云雾山留下踪迹，楚庄王争霸，在马鞍山留下蹄印；更有真武大帝修仙，留下鸡鸣寺、百日山胜境。

堰河村山清水秀，环境优美，有鳞次栉比的茶馆、茶楼，琳琅满目的茶叶、茶具以及独具特色的茶文化，这里是“茶乡”。站在这里，近处、远处的茶山、茶树尽收眼底，映入眼帘的是一片绿色的海洋。走遍五山的堰河村，可以感觉到山是绿的，水是清澈的。

玩家攻略

这里每年都要举行鄂西北茶艺大赛，这个传统的大赛让堰河的茶场声名在外，每年茶艺大赛期间，人山人海，采茶的、看茶艺表演的、旅游的几乎把堰河的空隙塞满。

襄阳古城

攻略资讯

- 交通
- 住宿
- 美食
- 购物
- 娱乐

交通

飞机

襄阳刘集机场：位于襄阳市东北角，距市中心18千米。目前，机场开通了到武汉、北京、上海、广州、深圳、西安、海口、重庆、杭州的航线，其中每日武汉三班次，可一票中转全国多数机场。

在火车站坐1路、511路到人民广场转乘4路车到刘集机场；乘坐民航班车10元。从市区坐出租车则需要40~50元。

火车

襄阳火车站位于前进路38号，有开往北京、上海、成都、重庆、武汉、青岛、广州、西安、福州、太原、洛阳、无锡等全国各大中城市以及省内城市的列车。市内乘2路公交可到襄阳火车站。

汽车

襄阳汽车客运中心站：位于襄阳市中原路8号，是鄂西北最大的公路客运枢纽站，全部实行微机售票。班车线路通达湖北、陕西、山东、北京、广东等16个省市。

襄阳长途客运站：在襄阳市中原路34号，与火车站只有一步之遥，现已开通发往武汉、西安、深圳、杭州等大中城市的班车，同时开往下辖各县市的班车也主要从本站发出。

襄阳火车站

襄阳城市风光

襄城汽车客运站：位于襄阳市长虹南路22号，汽车发往南漳、保康、谷城、宜城及南方方向。

住宿

襄阳有不少设施完善的星级酒店和招待所。在一些县城和景区，有不少物美价廉的小宾馆和农家乐、家庭旅馆可以选择。虽然襄阳市区没有武汉那么大，但是如果在襄阳市住宿，还是建议选择交通便利的地段，比如火车站、人民广场和长途客运站附近，这样到市内和其他县市各景点游玩都比较方便。

● 万达皇冠假日酒店

酒店位于市中心，就在万达广场旁边，离机场20分钟车程，购物非常便利，旁边就是诸葛亮广场和小吃一条街。大堂酒吧的下午茶性价比高，会赠送一杯鸡尾酒。酒店的日餐厅还是不错的，风格迥异的特色餐厅为宾客提供正宗的中式佳肴、欧亚风味和精致的日式料理，完美呈现"餐桌艺术"。 樊城区长虹北路11号 0710-3288866

● 四季兰亭花园酒店

酒店位于襄城滨江大道218号，地处三桥汉江江畔，环境优美，且距离远近闻名的名胜风景区古隆中仅10分钟车程。装修融入汉江风韵，高端典雅，温馨别致，极具豪华时尚花园气息。餐厅有些特色菜不错，一楼有一个茶餐厅。 襄樊襄城区滨江大道218号 0710-3838888

● 榕庭迎宾馆

宾馆坐落在岘山风景区之中，很安静。宾馆内飞瀑流水、草木苍翠、青砖素瓦、曲

襄阳街道风光

径通幽，坐隐闹市之中，如临世外桃源，小环境很好。餐厅比较实惠，早餐品种不多但很可口。有网球场。宾馆外部环境融古典庭院风格与现代园林气息于一体，风雅别致，漫步其中，听空谷鸟鸣，松涛阵阵。餐后小憩，在张公祠前品茗赏景，别有一番滋味在心头。 襄城区胜利街218号 0710-3449777

●巴厘岛休闲度假酒店

是具有浓郁东方风情和简约中彰显奢华尊贵风格的大型综合性休闲度假酒店。内设巴厘岛尊贵SPA男、女浴场及大型钢琴吧自助餐厅、大型室内恒温水疗泳馆、各式风格足疗及养生保健贵宾房和棋牌房等。 襄樊市襄城区檀溪路1号 0710-3996666

美食

襄阳位于湖北北部，靠近中原地区，饮食风格受中原地区影响，属于鄂北风味。巴蜀荆楚地区的人们生性嗜辣，几乎所有的菜都要用辣椒，与麻辣的川菜、猛辣的湘菜不同，鄂菜讲究的是鲜辣。襄阳菜既有着鄂菜鲜辣的特点，又保持着自己的风味，烹制手法以蒸、煨、炸为主，尤喜菜上淋油。

美食小吃

●牛油面

牛油面是襄阳人最喜欢的早餐。牛油面的特点是一辣二麻三鲜，味道可口，回味悠长，久食不厌。很多襄阳人如果三两天不吃牛油面，感觉口中无味，食欲大减。水开后将面下入锅内，煮开后捞起，加香油凉拌。吃时，撮一把放入搭勺，伸进沸水中冒热，然后加上熬好的牛油、辣子及其他作料即可。

牛油面

●夜壶油茶

夜壶油茶是一种适宜于冬季夜晚的小吃。吃时，放碎蒜苗、炒花生米（压成小粒），真是香味四溢。睡前来一碗，可暖胃、润肺、生热。冬季，叫卖者身背好几十斤重的大铜壶，走街串巷叫卖，所以人们戏称它为“夜壶油茶”。

●夹沙肉

夹沙肉在襄樊享有盛誉。此菜以肥膘肉和绿豆沙为主料，以肉裹沙，入锅炸制而成，是筵席上很受欢迎的一种甜食炸菜。制作讲究选料、刀功、火候。成菜色泽金黄，沙馅儿饱满，外酥里嫩，肥而不腻，香甜爽口。

夹沙肉

●缠蹄

襄阳缠蹄在国内名气较大，是传统的佳肴。多用于冷盘拼盘，色泽红亮，肉质清香，佐以姜丝、米醋，余味悠长，是下酒的好菜。

缠蹄

●糖醋白菜

糖醋白菜取材襄阳卷心大白菜。襄阳卷心大白菜又名“襄阳白”。此菜十分爽口，甜酸适度，儿童特别爱吃，也适合上海人口味。

糖醋白菜

●宜城大虾

宜城大虾是近年来兴起的风味小吃，大有风靡整个襄阳地区之势。宜城大虾的吃法可卤、可炒、可煮，最好吃的还是卤虾。宜城大虾个大肉多，鲜嫩爽口，吃起来一麻二辣三香。特别是夏令时节，街头巷尾虾味飘香，老少皆喜食之。

美食去处

●回民街牛肉面

牛肉面是襄阳人的最爱。回民街的牛肉面口碑甚响，沿着江边，这家店看起来比其他家干净很多。面和牛肉都很筋道，绝对是真正的牛肉，香辣可口，食之难忘。 樊城区回民街（近汉江大桥）

购物

襄阳自古以来就是陕西、河南与湖北贸易交流的重要集散地，商业发达。优越的地理位置以及丰富的自然资源，造就了襄阳众多名优特产，其中宜城板鸭、保康茶叶等都是襄阳享有盛誉的著名产品。此外，孔明扇、襄阳柳编等工艺品在国内外也有一定的知名度。

襄阳北街、解放中路、长虹路、大庆路、长征路、十字街是襄阳城内比较繁华的商业街。其中襄阳北街是一条具有传统文化特色的商业街，曾是古襄阳城码头的襄阳北街非常繁华，街道两旁排满了茶馆、字画店、特产杂货店等。街上还拥有一批名胜古迹。北连古城墙，南接昭明台，襄阳北街的特殊位置注定了它是襄阳古城的一个重要“符号”。

●宜城板鸭

又名宜城酱板鸭，是襄阳特产之一。宜城板鸭采用以古田螺、鱼虾、稻谷为食的成鸭以独特的配料进行育肥、去毛、精制、造型、晒干及寒霜侵蚀、真空保鲜等二十几道工序加工而成，产品外表呈白色、淡黄色。

宜城板鸭

●保康茶叶

保康人种茶、饮茶，更爱茶。茶在保康不仅是一种饮品，而且饮茶作为一种休闲方式、一种高雅文化备受青睐，市民以能饮、善饮为自豪。

保康茶叶

●保康木制工艺品

保康木制工艺品采用天然植物资源——东方神木、榉木、思仙树、黄金树等作为材料，利用我国传统漆器工艺，以手工艺精工细作，集工艺性、实用性为一体。

保康木制工艺品

●孔明锁

孔明锁，相传是三国时期诸葛孔明根据八卦玄学的原理发明的一种玩具，曾广泛流传于民间。近年来又逐渐得到人们的重视，它对放松身心、开发大脑、锻炼手指灵活性均有好处，是老少皆宜的休闲玩具。孔明锁看上去简单，其实内中奥妙无穷，不得要领，很难完成拼合。

孔明锁

●孔明扇

“孔明扇”可谓襄阳拳头商品，它采用传统工艺加工制作，毛质滑润、柔软，色泽光洁，不仅具有祛热纳凉、装饰居家、访友奉赠等功能，而且富含纪念意义。岁岁年年，它一直被后人誉为诸葛亮智慧的化身。

●程河柳编

也称襄阳柳编，襄阳市襄州区程河镇特产。程河柳编以柳条色白质柔、光润匀称和精湛的编技享誉海内外。产品在国际市场上享有盛誉。

程河柳编

娱乐

《草庐·诸葛亮》：大型实景影像话剧《草庐•诸葛亮》是目前国内第一台以草庐形态演出的实景话剧。古琴悠扬，纶巾飘逸，千古风流人物粉墨登场，实景影像话剧《草庐•诸葛亮》通过充满现代气息的艺术表现手法，让诸葛亮、刘备、周瑜、曹操、苏轼等一众古人穿越时空，重新演绎“隆中对”。

龙王峡漂流：龙王峡漂流人烟稀少、静谧古朴，河水澄澈透明，随流而下，两岸景色优美动人，沿途山色云影，构成一幅幅美妙动人的自然山水画廊。漳河大峡谷汇集涓涓细流，清澈的河水在两岸夹峙的山谷中奔流而下，沿途撞礁过滩，一路欢歌，有返璞归真之空灵，让你忘却城市喧嚣之烦恼。

穿天节：襄阳古代特有的节令。宋代庄季裕《鸡肋编》称"襄阳正月二十一日，谓之'穿天节'，云交甫解佩之日，郡中移会汉水之滨，倾城自万山泛彩舟而下。妇女于滩中求小白石有孔可穿者，以色丝贯之，悬插于首，以为得子之祥"。

襄阳风光

三月三：襄阳旧俗，谓三月三来游，可免灾。离城西20余里有诸葛亮耕读之地——隆中。每逢三月，牡丹盛开，襄阳人争相观赏，故又有"阳春三月，隆看牡丹"之俗。新中国成立后，春游隆中的风习犹存。与旧时不同之处在于不仅是去观赏牡丹，而且演变为对青少年进行热爱家乡、热爱祖国教育的活动。

龙王峡漂流

武

发现者旅行指南

十堰

概览

亮点

■ **武当山**

武当山是中国国家重点风景名胜区，同时也是道教名山和武当拳的发源地，被誉为“亘古无双胜境，天下第一仙山”。

■ **太极湖**

美丽的太极湖是亚洲最大的人工湖，湖四周群山环绕，气候宜人，空气清新，光照充沛，湖水水质清澈。碧波万顷中水天一色，山清水秀间美丽如画。

■ **野人谷**

野人谷是武当山、神农架、长江三峡黄金旅游线上的一个重要连接点，谷内气候湿润、风光优美、溶洞发育、植被茂盛、山高谷深、峰峦叠嶂。传说有野人出没而得名。

■ **青龙山国家地质公园**

青龙山国家地质公园被誉为“中国的侏罗纪公园”，公园内的恐龙蛋化石遗迹最为出名，存有大面积完整的恐龙蛋化石成窝状态。

■ **必逛街道**

五堰步行街：十堰城区发展最早、规模最大的商业步行街，是十堰城区繁华盛景的缩影。

武当山商业街：位于武当山的脚下，主要经营武当山的特色商品，如刀剑、八卦牌、拂尘等，可以满足游客消费、购物、休息、娱乐等需求。

线路

■ **十堰市区经典一日游**

上午去十堰博物馆，在珍奇的馆藏文物中最快感知这座城市的历史脉动。随后前往丹江口大坝，欣赏水天一色的景色后，稍作休息，然后前往五龙河景区，享受天然氧吧的纯净，龙潭河景区就在附近，可以一并观看。如果还有时间，可以去领略龙吟峡、虎啸滩的奇秀壮美，反正两个景点距离很近。

■ **武当山二日游**

武当山是道家追求仙境的理想之地，最好花两天时间来好好游玩。第一天入山，经过雄伟恢宏的玄岳门后，古朴典雅的“琼台三观”紧接其后。中午到达金碧辉煌的金殿后稍作休息，可以享用清淡可口的斋饭。下午游览朝天门、榔梅祠、南岩宫。次日，可起早观看日出，其后游览雷神洞、紫霄宫、太子坡、磨针井等热门景点。

武当山金殿

为何去

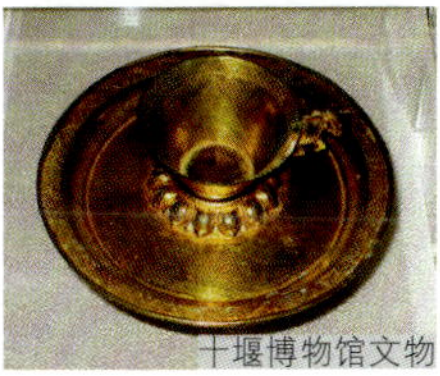
十堰博物馆文物

天下第一仙山的武当山，带你领略人间仙境。恐龙蛋化石的远古留存，让你看懂曾经地球霸主的生活。更别说造福大众的丹江口大坝，给人们带来了多少便利。单是山险峰奇的龙吟峡、岩峭水急的虎啸滩、古朴典雅的紫霄宫、浪漫多彩的天河区等就让人心驰神往。

野人谷

何时去

恐龙蛋化石

十堰多山，气候湿润。9月的十堰景色与气候都最为宜人。那时恰逢武当山国际旅游节开幕，可以一睹十堰旅游文化的风采。而武当山上，受气温影响，部分林木颜色开始发黄或发红，色彩层次丰富，十分好看。

十堰花开

十堰旅游示意图

区域解读

区号：0719

面积：23 600km²

人口：345.09万人

地理 GEOGRAPHY

区划

十堰市下辖茅箭、张湾、郧阳三区，郧西、竹山、竹溪、房县四县和一个丹江口县级市，以及一个十堰经济技术开发区。市政府驻茅箭区。

地形

十堰位于湖北省西北部，属于广义上的秦岭巴山，东接襄阳，南靠林区，西连陕渝，北系豫陕。

秦岭山脉延伸到十堰北部，武当山位于中部，大巴山的东段横列于西南部，整个地势南北高、中间低，自西南向东北倾斜。全市的最高点竹溪葱坪海拔2 740.2米，最低点丹江口市潘家岩海拔87米。

全市可分为丘陵、低山、中山、高山4种主要地貌类型和河谷平地、山间盆地2种地貌类型。

气候

十堰属亚热带大陆性季风气候，冬季比同纬度的其他地区略为温暖，因秦岭巴山的地形因素，造就了冬无严寒、夏无酷暑的气候特征。光照资源较丰富，无霜期长，降水集中在6~8月份。

历史 HISTORY

历史大事记

●远古时期

十堰是人类的发祥地之一。据对郧县梅铺西寺沟口龙骨洞、郧西县神雾岭白龙洞猿人牙齿化石和郧县远河口古遗址中猿人头骨化石的考证，在距今100万~80万年之前，就有人类在十堰这块土地上生息繁衍。

●先秦时期

相传在黄帝时代，在汉水之南有彭、庸两个部落，属现在十堰市南三县的地域。

大禹治水划中国为九州，那时十堰属于雍、梁两州。到了商朝，大体也是如此。

春秋时期，五霸竞相争斗，当时庸、彭、麇（今郧县）等国，先后败于楚国，那时十堰属于楚国疆域。

上津古城

汉江风光

战国时期，七雄互相征伐，十堰归属常有变化，故史有“朝秦暮楚”之说。

●秦汉时期

秦始皇统一中国后，为加强中央集权，分天下为36郡，十堰一部分属汉中郡（今陕西汉中），一部分属南阳郡（今河南南阳）所辖。

汉朝的时候承袭了秦朝的制度，到汉武帝时，为加强对地方政权的控制，在全国设13个州部（监察区），十堰又属益州（今四川成都市）管辖。

●隋唐五代

隋朝建立后，先袭汉制，后废郡，置州县，那时的十堰属豫州（今河南省汝南），后又划归梁州（今陕西省）管辖。

唐初承隋制。贞观年间为加强对地方的管理，把全国划分为10个监察区，称为“道”。十堰属山南道东道（今湖北省大部、陕西省南部和河南一部）。

五代十国时期，十堰属前蜀管辖。

●明清时期

明初的时候承袭了元朝的行省制，十堰地区属湖广等处行中书省。洪武九年（1376）的时候，又改中书省为承宣布政使司，那时的十堰地域属湖广承宣布政使司襄阳府所辖。

到了清朝，十堰地区为郧阳府，属湖北承宣布政使司所辖。

●民国时期

1911年，辛亥革命推翻帝制后，建立国民政府，十堰地区部分县区归属襄阳道管辖。

●现代时期

1949年5月，十堰全境解放。

1967年，中央决定在十堰建设我国第二汽车制造厂。

文化 CULTURE

阴阳调和，道法自然——武当文化

十堰地区最负盛名的是武当文化。武当

武当张三丰塑像

文化从其内涵上讲应定义为以中国传统文化为基础，以道教精神为核心，以武当山地域为中心，在周边文化的影响下，经长期实践，所创造的物质文化和精神文化的总和。

武当文化的内在动力和思想基础是：道法自然，清静无为；保合太和，天人合一；重人贵生，诚心向善等，这些构成了武当文化的精神实质和典型特征。武当文化强调与世间万物的平衡，讲究阴阳调和，从而获得身体与心灵的豁达与满足。

在以武当山为中心的地域内，武当文化是长期的社会历史实践中所创造的物质财富和精神财富的总和，是中华民族优秀文化遗产的重要组成部分。武当文化历史悠久，内容涵盖广泛，包括道教史、道教理论、道教建筑文化、武术文化等各个方面。

如今的武当山，以其宏伟的古建筑群、珍贵的道教文物、神奇的道教医药、独特的道教音乐及玄妙的武术、深奥的道教哲理成为世人心中的圣山。

百花拥鸾，凤舞九天——凤凰灯舞

郧阳是十堰市的古称，而郧阳凤凰灯舞是全国独一无二的凤凰灯舞表演形式，又称“玩凤凰”“凤凰舞”。

凤凰灯舞的表演按照“百花拥凤出巢—凤凰游园—凤鸣—凤凰寻花—凤凰戏牡丹—凤舞—凤凰理羽—凤凰打盹—凤凰展翅—凤凰朝阳—凤凰点头—凤凰回巢”等程序依次进行。该舞古朴典雅，舞姿优美，翩翩起舞，栩栩如生，出神入化，热烈豪放，再配以独特风格的凤凰灯曲调，激越欢快，凸显了浓郁的地方特色。

凤凰灯舞表演一般由男性青壮年五人执掌，一人掌凤头，一人掌凤身。另有四盏鲜花灯，一盏牡丹花灯，一盏太阳灯，由六人分别举着立于表演场地四周。音乐伴奏古典，曲牌大都来自戏曲音乐和民间吹打乐。凤凰灯民间舞仅流行郧县，每年春节、元宵节在街头、宅前、场院演出，尤以正月十五、十六最盛。

东方底特律——十堰

十堰，亦被称为“车城”。在20世纪60年代，国家在继长春第一汽车制造厂之后在十堰兴建了中国第二汽车制造厂（简称“二汽”，即现在的东风公司），十堰因此成为闻名全国的汽车城。

由于“二汽”的兴建需要各类大量的技术人员，因此从全国各地抽调了成千上万的人来支援建设十堰，故十堰又有移民城市的说法。十堰因车而建，因车而兴，是中国规模最大的汽车工业基地之一，拥有中国第一、世界第三的卡车基地——东风商用车公司，有“东方底特律”之美誉。

十堰是东风汽车的摇篮，是东风汽车公司的发源地，拥有众多实力雄厚的大型汽配企业、全国最具实力的汽车技术研究院和中国最大的汽车配件交易市场，是名副其实的世界级“卡车制造中心”。此外，十堰还拥有全国唯一一所以汽车命名的本科院校——湖北汽车工业学院。

十堰风光

景点推荐

武当山风景区 AAAAA

武当山，位于湖北省西北部，在丹江口市境内，又名太和山、谢罗山、参上山、仙室山，古有“太岳”“玄岳”“大岳”之称，是国家级风景名胜区之一，由金顶景区、紫霄景区、五龙景区、南岩景区、太子坡景区、老营景区等组成。

景区内峰奇谷险、风景秀丽，有林立的72峰、绝壁深悬的36岩、激湍飞流的24涧、云腾雾蒸的11洞、玄妙奇特的10石9台等。

十堰丹江口市武当山特区金街

武渝铁路经过武当山，从武汉去只要乘火车到武当山站下车即可

周一至周六7:00~17:00，周日6:30~17:00

243元　5665571、5668567

玩家 解说

武当山为道教圣地，周边高峰林立，天柱峰海拔1 612米。武当山山体四周低下，中央呈块状凸起，多由古生代千枚岩、板岩和片岩构成，局部有花岗岩，岩层节理发育，并有沿旧断层线不断上升的迹象，形成悬崖峭壁的断层崖地貌，而山地两侧多陷落盆地。

武当山作为联合国公布的世界文化遗产地之一，是中国国家重点风景名胜区，同时也是道教名山和武当拳的发源地，被誉为“亘古无双胜境，天下第一仙山”。

链接

道教仙山的历史变迁

“武当”之名最早出现在《汉书》中。汉末至魏晋

隋唐时期，是求仙学道者的栖隐之地。至宋代，道经始将传说中的真武神与武当山联系起来，将武当山附会成真武的出生地和飞升处，为它以后的显荣尊贵打下了基础。入明以后，由于统治者对真武的尊崇，武当山被封为“太岳”“玄岳”，成为“天下第一名山”。清以后，由于各种因素，武当山的地位大大下降。

武当山门

武当山门又叫玄岳门，是进入武当山风景区的第一道门，于1988年修建，为六柱五孔仿古石雕牌坊，气势宏伟，额枋上刻有“武当山”3个遒劲有力的大字。栏板、檐椽刻卷云图案，突出了典型的中国特色、武当文化等元素，是游客留影纪念的理想之地。

天柱峰

天柱峰为武当山的主峰，因顶上有金殿而得名金顶。巅峰拔空而立，犹如一根宝柱雄倚于众峰之中，因此又有“一柱擎天”之

武当山门

说。峰顶山雾缭绕，如入仙人之境，有“一览众山小”的雄浑气魄。

太和宫

太和宫位于天柱峰南侧，占地面积8万平方米，有古建筑20余栋，建筑面积1 600多平方米。

古铜殿

古铜殿位于天柱峰前小莲峰上。元代大

德十一年（1307）铸，高3米，阔2.8米，深2.4米。悬山式屋顶，全部构件为分件铸造，卯榫拼装，各铸件均有文字标明安装部位。槅扇裙板上铸有“此殿于元大德十一年铸于武昌梅亭万氏作坊”，是中国现存最早的铜铸木结构建筑。

紫金城

紫金城建于公元1419年，沿天柱峰环绕，周长345米，墙基厚2.4米，墙厚1.8米，城墙最高处达10米。用条石依岩砌筑，每块条石重达500多千克。按中国天堂的模式建有东、南、西、北四座石雕仿木结构的城楼象征天门。该石雕建筑在悬崖陡壁之上，设计巧妙，施工难度大，是明代科学与艺术相结合的产物。

净乐宫

净乐宫居武当山八宫之首，始建于明代永乐十一年，即公元1413年。因1958年兴修丹江口水库，将宫中的牌楼、龟驮碑等一批文物搬迁至丹江口。2002年，丹江口市开始实施净乐宫复原工作，经过两年多的施工，广场、山门、御碑亭、三大殿及配殿等都已初现雏形，再现当年净乐宫的宏伟气势。

玉虚宫

玉虚宫全称“玄天玉虚宫”，建于明永乐十一年（1413），有宫观庙宇2 200间。嘉靖三十一年（1552）又经修葺，是武当山古建筑群中最大的单元。但很大部分建筑毁于清乾隆十年（1745），现存部分建筑和遗址，还有重达百吨的“龟驮碑”亭4座。

纯阳宫

纯阳宫又名磨针井，坐落在老营以南12千米处，始建于明朝永乐年间，现在的磨针井为清咸丰二年（1852）重建，又于1984年修葺，有厢房50余间，面积1 700平方米。

太子坡

又名复真观，始建于明永乐十年（1412），又于康熙二十二年（1683）重修。位于狮子峰前，先基本保持原来模样，建筑面积3 505平方米，占地6万平方米，有建筑20栋，是武当建筑群中一个较大的单元。

九曲黄河墙

复真观山门内，九曲黄河墙扑面而来。71米长，依山而起，夹墙复道，构造巧妙。弧形墙体线条流畅，似波浪起伏，气势非凡。墙体厚1.5米，高2.5米，浑圆平整。整个墙面敷以红漆，配以绿色琉璃瓦顶，无论从什么角度看，都给人一种美感，犹如两条巨龙盘旋飞腾。九曲黄河墙中的“九”作为“纯阳之数”的代名词，属乾元之九，体现了道教的一种思想。

南岩宫

南岩为道教所称真武得道飞升之“圣境”，是武当山36岩中风光最美的一处。南岩宫始建于公元1285—1310年，位于独阳岩下，山势飞翥，状如垂天之翼，以峰峦秀美而著名。现存建筑21栋，建筑面积3 505平方米，占地9万平方米。有天乙真庆万寿宫石殿、两仪殿、皇经堂、八卦亭、龙虎殿、大碑亭和南天门等建筑物，建筑群设计合理，具有极高的艺术性及科学性。

太和宫

琼台观

琼台观位于天柱峰东南麓约10千米，垂直距离1 350米，分为上观、中观、下观。明清时期修葺扩建的琼台观有24座道院、庙房数百间，虽然在清咸丰年间多毁于战火，但是现在部分庙房已经修建完毕。现在的琼台观是武当山客运索道的起始点，成为了重要的游客集散地。

隐仙岩

隐仙岩位于竹关之上、五龙宫之北，岩上高耸入云，石如玉壁，异瑰现奇，与远处的袅袅香烟相得益彰，人文与自然实现了无缝对接。

武当山北神道

武当山北神道位于天柱峰东北的丹江口市武当山镇，这里盛产龙头拐杖、玉雕、木雕、陶瓷等工艺品，针井茶为当地的传统名茶，具有浓郁的地方特色。

武当山南神道

武当山南神道位于武当山西南麓的丹江口市官山镇，距武当山金顶（天柱峰）仅有5.7千米，是豫川陕香客敬香的重要神道，素有“武当后花园”之美誉。

武当山西神道

因位于天柱峰西侧，史称西神道。沿途古木参天，风景如画，东有深沟大壑的雷涧（东沟河），有金鼎、眉棱两峰左右矗立，七星（贪狼、巨门、禄存、文曲、廉贞、武曲、破军）峰南北屏立。可以经丹江口市六里坪、官山外朝山、分道观分道开始登山，经过猴王庙、娃子坡、全真观遗址（有两株千年大银杏树）、长岭抵全龙观。

武当山东神道

位于天柱峰东侧，故称东神道。这里有一天桥沟瀑布，位于盐池河镇政府所在地以东约9千米处，从改板河村自东向西缓缓流出，溪水实长3千米，因在天桥处折向北流经

武当山南岩宫

百米高的悬崖跌宕而下形成瀑布。在东神道还有民间艺术瑰宝——山坡锣鼓，具有独特的地域文化内涵。

紫霄宫
全国道教重点宫观之一

武当旅游经济开发特区永乐路14号武当山

8:30~17:00

15元

紫霄宫坐落在湖北省武当山的主峰——天柱峰东北的展旗峰下，始建于明永乐十一年（1413），是武当山上保存较为完整的宫殿古建筑群之一。

自东天门入龙虎殿、循碑亭、十方堂、紫霄殿至父母殿，层层殿堂，依山叠砌。其余的殿堂楼阁鳞次栉比。两侧为东宫、西宫，自成院落，幽静雅致。再加上四周松柏挺秀，竹林茂密，名花异草，相互掩映，使这片古建筑更显得高贵富丽。

紫霄殿面阔五间，重檐九脊，绿瓦红墙，光彩夺目，其额枋、斗拱、天花遍施彩绘，藻井浮雕有二龙戏珠，形态生动，宛若真物。彩绘使得全殿显得光彩夺目，富丽堂皇。殿前的平台十分宽阔，雕栏重绕，雄伟壮观。殿内供有玉皇、真武、灵官诸神像，形象生动，栩栩如生，雕刻手法细腻、逼真。殿后的父母殿，崇楼高举，秀雅俏丽，与紫霄殿相映生辉，体现了中国古代建筑的高超艺术。

玩家 解说

紫霄宫是武当山最核心的景区之一，建筑宏伟，庭院幽深，有皇家风范。紫霄宫一直以来都是武当山宗教活动的中心，是中国道教最具代表性的地方。在此除了感受清幽的道教环境、欣赏标准的道教建筑外，这里的素斋也非常值得一品。如果想最快速地体验道教，而选择一个最具代表性的地方，那么，武当山的紫霄宫是不二之选。

紫霄宫

太子岩
柳暗花明又一洞

十堰市武当山展旗峰山腰，紫霄宫后

紫霄宫后，拾级而上，有一扇门，刻着“太子岩”3个大字。于绿树掩映之中的一山洞，即为“太子洞”。在洞旁，有镌刻“太子岩”的石碑。洞前石栏回折，洞内宽敞，洞底平坦，方石铺地，石冷袭人。在洞的正中，有元代建造的小石殿，玲珑小巧，结构严谨。殿内还供奉着太子青年塑像，该塑像面容丰润，发髻整齐，锦衣似飘，神态自若。

殿内的塑像与紫霄宫龙虎殿的青龙、白虎都为元代留下来的珍贵艺术品。太子岩内常年有流水，不曾干涸；而岩顶水丝如帘、藤蔓垂落。每逢夏季雷雨天气，太子岩内烟雾缭绕；而远处的山峰也烟雾弥漫，迷幻异常。

金殿
中国现存最大的铜铸建筑物

十堰市武当山特区永乐路13号

8:00~17:00

武当山金殿俗称金顶，在武当山主峰天柱峰的顶端，始建于明永乐十四年（1416），是中国现存最大的铜铸建筑物。

金殿是由九种金属冶炼铸造的合金铜殿，俗称“九花铜”，是中国现存元明清几座

金殿

铜铸殿堂中最华丽、制作技艺最精湛的一座，具有极高的科学和艺术价值，也是当时"君权神授"意志的体现，符合道教所追求的"天人合一"的精神境界。

金殿高5.54米，宽4.4米，深3.15米。虽为铜铸，但仿木构建筑，重檐叠脊，翼角飞起，殿脊饰有仙人禽兽，栩栩如生。额枋及天花板上雕铸流云、旋子等图案，线条流畅柔美，而殿外石雕栏杆，亦显庄严凝重。

链接

金殿的由来

相传，朱元璋打天下的时候，有一次和元军交锋，全军覆没，他拼命逃到武当山下的一座小茅庵里，求里面的道士救命。道士说："救了你，追兵来烧了我的茅庵，我到哪里去住呢？"朱元璋说："以后我就赔你一座金殿。"于是道士让朱元璋站在柏树下，给他施了个隐身法。元军追来后找不到朱元璋，便放火烧了茅庵。朱元璋等元兵走远后，发现那名道士也已经不见了。朱元璋得了天下后，就命他的四儿子朱棣在武当山天柱峰上为真武神建了一座宏伟的金殿。

黄龙洞

洞中有洞的神奇岩屋

✉ 武当旅游经济开发特区永乐路14号武当山风景区内

🕗 8:00~17:00

黄龙洞实际上是一个天然的岩洞，它面对层峦叠嶂的千峰万壑，空气干而不燥，润而不湿，四季清幽凉爽。据记载，宋代之前就有许多高道在此修行。古时信士登山朝谒，认为能进入黄龙洞，就是"三生有缘"。经历代修炼之士的修建增补，就有了黄龙殿、真武阁、药王殿、神泉亭等建筑，使之更具有神秘和深幽的色彩。

而黄龙洞最大的特色就是"洞中有洞"，在洞中有泉水四季长流，清冽甘甜。自古，黄龙洞就是与武当道教医药联系在一起的，历史上以黄龙洞眼药、八宝紫金锭药物而驰名。在黄龙洞亭的上方，有4块匾额，其中两块写着"天下驰名"，另外两块写着驰名天下的黄龙洞的药如何服用、治什么病等。

链接

黄龙得道升天地

传说有一条黄龙在此得道升天，黄龙为谢此地的养育之恩，留下一颗仙丹，仙丹使这里的水能治愈百病。人们为感谢黄龙，就在此设殿造像，以示崇敬。而黄龙洞至此也与医药产生了不能割舍的联系。

五龙宫

百年中三罹兵火的古建筑

✉ 十堰市武当山天柱峰以西的五龙峰山麓

五龙宫全称兴圣五龙宫，在武当山天柱峰以北，东距玉虚宫15千米。它是武当山建筑最早、别具一格而又引人入胜的八宫之一。南宋时，战争频繁，五龙宫道教建筑在"百年之中，三罹兵火"，大部分建筑都在战

五龙宫

火中被焚毁。后在辛亥革命中遭毁坏，现仅存宫门、红墙、碑亭、泉池和古井等。

五龙宫坐西朝东，宫门外有九曲十八弯的红墙，南、北各有一座碑亭，前有日月池。进门是龙虎殿，有青龙、白虎等泥塑彩绘神像。元君殿内有武当山最大的真武神铜像。五龙宫周围有诸峰高耸，流水环绕，清幽古雅。

太极湖
千里碧波，水上仙境

十堰丹江口市武当旅游经济开发特区永乐路14号316国道玄岳码头

武当山太极湖在湖北省西北部的武当山北麓脚下，是丹江口水库的一小部分。丹江口水库筑坝后形成一片湖面，占地约67平方千米，总建筑面积约350万平方米。

美丽的太极湖是亚洲最大的人工湖，群山环绕，气候宜人，空气清新，光照充沛，水质清澈。碧波万顷中水天一色，山清水秀间美丽如画。游客可徜徉千里碧波，乐游水上仙境。

目前太极湖将“打造国际知名水上游乐品牌”作为使命，精心规划了十余条精品水上线路，着重开发了松岭景区、狂欢岛、寻仙岛、逍遥岛等景点，带给游客最极致的体验。

玩家 解说

问道武当山，养生太极湖，大山水，大人文，一山一水的自然景观格局，太极湖与武当山齐名，而且距离武当山景区只有几千米，深度游的可以顺道前往。景区目前主要打造养生休闲游，修建了很多养生景点，适合那种安安静静来住几天的。

榔梅祠
榔梅仙翁故地

十堰市丹江口市武当路附近湖北武当山国家地质公园南岩地质遗迹园区内

榔梅祠位于通往金顶的路上，是武当

榔梅祠

山16座祠庙中最大的，也是保存较完好的一座。榔梅祠全称“榔梅仙翁祠”，是一座小型道观，隐藏于乌鸦岭的崇山之中。

榔梅祠虽小，但是造型别致，特别是雪后，红墙黛瓦湮没在皑皑白雪中，苍茫大地尽收眼底，景色如诗如画，令人陶醉。榔梅祠内还贴有武当太极拳的拳谱，感兴趣的游客可以亲自临摹学习，仔细研究。

链接

历史上的榔梅真人

榔梅祠由榔梅真人李素玺创办。洪武初年，李素玺入武当山主持五龙宫。永乐三年（1405），派道士易本中将武当榔梅仙果敬献朝廷；次年，李素玺又派道士到京中敬献榔梅，明成祖朱棣认为榔梅结果是个“瑞兆”，是玄武大帝对他登基继位的赞美，于是下旨，封李素玺为“榔梅真人”，而榔梅祠至此也被世人知晓。

老君岩
武当山雕凿年代最早的唯一石窟

十堰市武当山北麓青牛山下

7:00~17:00

老君岩是武当山发现的雕凿年代最早也是唯一的一座石窟，石窟正中凿刻太上老君像。老君像坐姿端庄，呈天盘修炼状，面部虽已被人损坏，但观其整座石塑，带有鲜明的唐代石雕风格。

在老君岩石窟的左边还有一摩崖石刻群，上面有“太子入武当”“蓬莱九仙”等石刻。这样大面积的石窟及摩崖石刻，同时又汇集了宋、元、明、清四朝代不同的文字，这

对研究武当山宗教及历史是难得的实物。

老君岩现存遗址面积约2 000平方米，它当年所营造的是道教最高尊神居住的环境，即元始天尊、灵宝天尊、道德天尊的寓所，也被称为“三清境”。

遇真宫
张三丰的修炼地

十堰市武当山镇东4千米处

7:00~17:00

遇真宫属武当山九宫之一，位于山麓，海拔174.7米，背依凤凰山，面对九龙山，左为望仙台，右为黑虎洞，山水环绕如城，旧名黄土城。

此宫周围高山环抱，溪流潺潺，大树参天。明代初期张三丰在此修炼，永乐年间皇帝命令在此地敕建遇真宫。院落宽敞，道房幽雅。现存大殿为砖木结构，歇山顶，抬梁式木构架，四周饰斗拱，后檐毁，现封檐。面阔、进深均为3间。主要建筑有琉璃八字宫门、东西配殿、左右廊庑、真仙殿及道舍等，基本保持原有建筑风貌。

遇真宫以奉祀张三丰而著称，其真仙殿中存有张三丰铜铸鎏金像，身着道袍，头戴斗笠，脚穿草鞋，姿态飘逸，颇有仙风道骨，是一件极为珍贵的明代艺术品。

武当山大剧院
武当功夫秀场

十堰市武当山旅游经济区玉虚路22号

8:00~21:00　普通200元、VIP280元

剧院坐落在武当山镇的大广场，面对武当山博物馆。武当山大剧院主要是展示武当武术。武当武术作为国粹，折射着中华民族的灿烂文明与生命的光环。

武当武术，闻名天下，深受大众喜爱，特别是太极拳，大街小巷随处可见男女老少起势运功。大剧院的演员在保持太极的基本元素的基础上，加入了更多的审美、舞蹈元素，使整个武术表演更具有观赏性。

在一天的爬山踩景点之后，到大剧院观赏一下别具一格的武术表演也是个不错的体验。

玩家攻略

剧院演出的一大特色就是特别多的“武当功夫秀”，演员都是具有深厚武当功夫功底的，功夫迷不要错过，尤其是上武当山没看到武当功夫演出的可以来补上。舞美、灯光都不错。

武当山博物馆
武当文化的微缩景观

十堰丹江口市028乡道附近

丹江口市乘坐202路公交，在“武当山运管局”站下即到　9:00~17:00　免费

武当山博物馆位于武当山特区文化广场，展厅面积4 418.7平方米，共分3层，分为武当武术、仙山名人、道教简史、道教造像、宫观道乐、道教医药、民俗文化等展厅。

馆内有各个时期收藏的文物，多种角度展示了武当文化的博大精深。有皇室珍品、御赐实物等近420余件精品文物，其中，明代建文皇帝时期的金龙、玉璧、山简等尤为珍贵。在展出的文物中，最重的是一吨多的铜铸张三丰像，最轻的是16克的一条金龙。馆藏文物近2 000件，其中70%为国家一级文物。展示设计上，采用了现代化的声光电等技术手段，使展览变得有趣生动。

仙山名人展厅

仙山名人展厅位于二楼，甫入展厅，迎

面而来多幅（座）逼真的画像和塑像，分别为夏禹、尹喜、吕洞宾、朱元璋、朱棣、朱厚熜、徐霞客、康熙。继续前行，会看到格外传神的陈抟石雕，该石雕比例精准，线条自然流畅，面部传神，是武当山遗存的宋代石刻艺术精品之一。仙山名人厅多为展示名人画像、名人用品等物。

道教造像展厅

道教造像展厅位于3楼，主要展示宋元明时期武当宗教文物类的雕塑造像文物。展厅内造型各异的雕像若军阵列队，虎虎生威，场面十分震撼人心。陈列在雕像列队前面的是一尊唐代玉雕真武青年形象，该玉雕上的发丝清晰可见，细节刻画非常生动。整个玉雕十分传神，其雕琢技艺精湛，实属精品，也是武当山典藏的唐代珍贵文物。

道教简史展厅

道教创立于东汉，魏晋南北朝时期道教得到重要发展。在3楼的道教简史展厅，通过老子骑牛图、寿龛、莲花灯等形式详细介绍了中国道教的起源及发展。其中玄天上帝圣牌为国宝级文物，是明皇室敕谕景德镇官窑为皇室尊奉武当山玄天上帝专烧的上乘之作。

民俗文化展厅

民俗文化展厅内有一朝山进香大型泥塑，再现了每年正月初一、十五去武当山进香的热闹情形。明代大修武当真武道场，封武当山为“大岳”“玄岳”，使武当地位高于五岳三山，促进民间进香活动的更大发展。在大型泥塑中，摩肩接踵的人群挤在朝山进香的来去途中，从侧面反映了武当山香火的旺盛。

武当武术展厅

张三丰组像在武当武术展厅的正中摆放，传说张三丰在武当山修炼多年，将道教内丹术、导引术等修炼法门与技艺相结合，创立了武当山内家拳法，也使得武当武术发扬光大。3楼的武当武术展厅，巧妙地构造了洞窟，将道人练习太极拳、八卦拳、太乙五行拳、乾坤混元拳、八卦剑等武术刻画得惟妙惟肖。

道教医药展厅

道教医药与养生学是中国传统医学的一支重要流派。道教出于习医自救、济世救人的目的，向来非常重视研习医药方剂，故形成了崇尚医药的传统。3楼的道教医药展厅，陈列了药材标本及制药器具，特别是武当山道士自制的名药“八宝紫金锭”“蜜蒸黄精”等，是首次向公众展出。

宫观道乐展厅

武当山宫观道乐属于国务院公布的第一批国家非物质文化遗产。明代武当山道教音乐独树一帜，与朝廷祭祀天地之礼关系密切。现在的道教音乐大致分为修道法式、斋醮法事和纪念法事，法事活动的不同在着衣方面也有所不同。3楼的宫观道乐展厅还展示了道士的衣履、木鱼和磬。

武当功夫

景点推荐

十堰北部景点

桃花湖

车城后花园

十堰市茅箭区赛武当路东50米

30元

桃花湖处于马家河中游，北距十堰市中心15千米，占地800余亩，水面100亩，因湖岸盛开山桃花而得名。这里雨量充沛，空气清新，森林覆盖率达99%，山清水秀，风景宜人，是休闲、度假的理想胜地。

桃花湖四周，青山起伏，古木叠翠，林间常有鹿、兔出没，30万亩林木构成一座天然植物园，有“蝴蝶谷”“桃花溪”“飞瀑流泉”等多处自然景观。这里山水相间，原始森林连绵无垠，山间湖泊清澈见底，林间小道依山而就，水上人家临水而居，享有“车城后花园”的美誉。

玩家解说

桃花湖千尺瀑又叫千尺泉，顺着千尺悬崖而降，形成百丈瀑布。据说因为在枯水期时，涓涓细流似轻纱缥缈，所以称之为千尺泉。当雨季来临时，巨大的悬崖上瀑水奔流，直泻千尺，犹如白绢长垂，气势不同凡响。

十堰博物馆

十堰历史展示区

十堰市茅箭区北京北路91号

乘坐16路公交车即到

9:00~17:00（周一闭馆）

0719-8489398

十堰博物馆由中国建筑西南设计院设

十堰博物馆

计，为地上3层建筑。建筑面积1万平方米，展厅面积4 000多平方米，总高3层计24米，包括展厅、文物库房、研究室、报告厅等设施。博物馆按照科学、环保、安全等功能要求进行建筑设计。建筑方案以人的抽象的眼睛作为构图的一个出发点，以象征人类探索和发现的途径。

馆内展出其一为“走入恐龙时代”，以十堰地区出土的恐龙、恐龙蛋化石为依托具体介绍恐龙的科学知识。其二为“远古人类家园”，以十堰出土的古人类化石为起点向人们普及人类起源、进化和文明发展的知识。其三为“仙山琼阁武当山”，具体介绍武当山的历史沿革、建筑文化。

博物馆的馆藏文物有恐龙蛋化石、铜佛像、玉柄铁剑以及我国自主研发生产的第一辆军用越野车——EQ240。

玩家解说

十堰博物馆分为武当山、郧阳人、南水北调、二汽、出土文物等展厅，这些展厅的设置把十堰的主题文化全部展现了出来。在博物馆的设计上很人性化。博物馆不是很大，但展品很多很全面，让人也很好理解。博物馆很好地把十堰的城市文化体现出来，十分难能可贵。

赛武当 AAAA

返璞归真的仙境

十堰市茅箭区赛武当路147号

乘坐62路公交车可达

7:30~18:00　30元　0719-6921177

赛武当原名伏龙山，主峰海拔1 730米，

赛武当

因山高赛过武当山主峰而得名。它东与道教圣地武当山翘首相望，南同“野人迷踪之乡”神农架遥相呼应，气势磅礴，峰峦叠嶂，蔚为壮观。

现在的赛武当风景区内，地势险峻，峡谷幽深，古木参天，山色与林海交相辉映，具有“小而全”的山岳风景特色。千姿百态的自然景观、优美秀丽的生态环境、优越的地理区位、完善的服务设施，构筑了风景区的旅游新格局。著名景点有杜鹃岭、普陀峰、观景台、姐妹峰，各景点奇幻秀丽，景不相同，给人一种新的视觉感受。

同时，赛武当风景区内森林覆盖率高达90%以上，山上长满了被称为活化石的铁坚杉以及珙桐、银杏和白皮松等稀有树种，还有熊、獐、娃娃鱼等稀有动物，更有500余种中草药，被称为动植物的大观园。同时，云秀、林秀、峰秀，是人类返璞归真的胜地。

紫薇岛

综合性旅游景区

十堰市茅箭区马家河水库西南库湾

紫薇岛周围环绕着崇山峻岭，原始风情以及丰富的动植物资源共同形成湖岛外围绝妙的自然生态。五彩烂漫的群山、青绿平静的湖水与岛上西洋风味的建筑，构成一个别有人间仙境的旅游休闲的好去处。紫薇岛周围有杜鹃寨、猫子山、铁索吊桥等20多处景观，处处引人入胜。岛上还有上千棵古老、珍稀的紫薇树。

现在的紫薇岛旅游区已经全力打造出以小岛为中心，辅以垂钓、篮球场、网球场、游泳池、戏水滑道、台球室、棋牌室等休闲娱乐设施，集观光、休闲、度假为一体的综合性景区。

牛头山森林公园

游山玩水的度假休闲场所

十堰市张湾区蔡家乡贵州路

牛头山森林公园以牛头山为主峰，沟峦纵横，造成了地势垂直变化明显、气候冬暖夏凉的特点。公园总面积16平方千米，森林覆盖率达93%。现在的牛头山森林公园由原来的牛头山、艳湖公园、美景园组成，是三园归一后的新园。

公园内野生的植物种类繁多，旅游景点丰富，包括盆景园、岩石园、岩屋沟、老虎寨、神农采药、梅园、高峰寺、思古亭等40多处。盆景园有各种盆景2 000余盆，其中火棘、水杨梅、蜡梅、水白梅等造型各异，颇具观赏价值。岩石园内成片石头各具形态，令人流连忘返。老虎寨历史悠久，是一座珍贵的古遗址，寨内的白虎庙、泰山庙、财神庙、白虎石、乱石坡、峰包山、中子山等大量庙宇遗址和景致至今保存完好，是一个寻古探幽的好去处。

牛头山宝塔

境内更有5个人工湖，开设的旅游项目有跑马场、赛车场、射击场、植物观赏园、避暑村等，是个度假休闲的好去处。

龙吟峡

重峦叠嶂的自然景区

十堰市郧阳区古墓村

驱车自县城行驶35千米即可到达

龙吟峡旅游风景区内重峦叠嶂构成了完整的自然景色带，给人以奇险和迷人之感。景区内有大小溶洞20多个、不同景点30多个。分为四个主要景区，分别为访仙上香圣地、天然溶洞群、绿色画川、响水绝壁。

这里集漂流、探险、览胜、观光为一体，兼具山雄、水秀、石奇、洞幽等旅游特色，满目翠绿，处处怪石林立，竹枝藤蔓随手可及，景色迷人，令人心旷神怡。

访仙上香圣地

访仙上香圣地为第一景区，景区以千佛洞为中心，共有三洞三庙，暗合阴阳，灵怪逼真。游人多聚集于此，进行祈福祷告。

天然溶洞群

第二景区是天然溶洞群，以仙女洞和雷洞为主体，三峰十八洞，虚实相生，曲折幽深。暴雨过后，雷洞中雾气被风洞吸纳，形成百米雾桥，堪称天下奇观。甫入洞中，常有迷幻之感，洞外与洞内，仿若两个世界，氤氲雾气中，一切景象都附上神奇色彩，体验非凡。

绿色画川

绿色画川为第三景区，全长4 000米，为龙吟峡舒缓段，有花蝶谷、紫竹林等景点。绿色盈满山川，山水又彼此相依，峭壁上苔藓遍布，一路花草相伴，有“人在画中游”之感。更有蜂蝶戏人，林竹媚丽，古藤奇趣，蛇溪逶迤，不仅是踏青胜地，还是拍摄佳点。

响水绝壁

第四景区是龙吟峡惊险段——2 000米的响水绝壁，有佛爷岩、秋千岩、龙头岩、珍珠岩、一线天、日月潭等15大胜景，或险或奇或纯，处处都是天地的精华，被赞誉为“景美赛三峡，水清胜漓江”。

虎啸滩

雄绮壮丽的湖北张家界

十堰市郧阳区大柳乡

8:00~18:00

成人80元

虎啸滩自然风景区雄踞青龙山、天井山群峰环峙之间，集山、水、洞、泉为一体，汇万山溪流为一瀑，具有秦山汉水的娇艳、虎啸龙吟的气势。景区山、水、泉、壁星罗棋布，茂林修竹形态各异，显出惊、险、奇、丽、峻、逸之美，更体现出大自然与万物之间相依、相连、同源、和谐的美。

虎啸滩内景点密集，错落有致，形态各异，构成了以深峡、峭壁、叠瀑、幽洞、奇石、秀水为主体的虎啸滩十五景，分别是方潭、虎胆绝壁、红河谷、虎穴、偕石、醉虎画屏、腾滩、卧虎滩、翡翠天梯、啸滩、落九天、三叠飞瀑、悦目岛、快活林、千叠滩。各景俊逸秀丽，山水俱美，被中外游人称为“湖北的张家界”。

虎啸滩

链接

方潭灵印

方潭灵印位于虎啸滩风景区的大门口，因高山环峙，峭壁林立，形同五条巨龙在此蓦然回首，将方潭河中一巨形岩石扩于龙首凤翼之间，而这块岩石形状方正，与四周峭壁全然不明相连，形如旧时官印，印把扶手更是一应俱全。而岩石对岸，峭崖绝壁之间天然形成的秦体汉字，形同佛家诀。因此此处被世人称为方潭灵印。

九龙瀑 AAAA

楚天第一瀑

十堰市郧阳区南化塘镇青岩村与大柳乡余粮村之间　0719-8128855　9:00~17:00　70元

九龙瀑因各瀑布分叠倾泻而下，一叠一潭，九叠九潭，气势雄浑，曲折多姿，似飞龙盘旋而下，故名。九龙瀑山清水秀，苔绿景美，被誉为“楚天第一瀑”。

九个瀑布，各有特点。虽宛如九条白龙从天而降，壮观至极，但是溪水却并不湍急，水深也仅仅没至膝盖。溪水并不冰凉，带有地表水的常温。水速时急时缓，水质清澈碧绿。溪水中的钙化石头、绿色植被并不十分滑溜。站在溪水中，望着涓涓细流汇成雄伟壮观的瀑布，一种豪迈涌上心头。

静谧的九龙瀑中，偶有山林间的鸟鸣，更多的是流水之声。苍茫的林海映照着神秘莫测的龙潭，仿若上仙之地。以蟠龙瀑、蛟龙瀑、螭龙瀑、虬龙瀑、应龙瀑、蜃龙瀑、夔龙瀑、鼍龙瀑、敖龙瀑为主的瀑布群似九龙腾飞，气势磅礴，游客身临其境，心旷神怡，飘飘欲仙。更有千年钙化池，百年青苔壁，令人叹为观止。

链接

龙之九子修仙地

传说古代的时候这个地区大旱，8个月没有下雨，当地赤地千里，人们民不聊生，于是祈求上苍降雨。龙王爷看到人们的疾苦，派遣自己的九个孩子去降雨。九个龙子在此调风遣云，普降大雨，雨量达到一兆，大雨在山川汇成河流，形成了瀑布群美景，兆河大峡谷由此得名。九子留恋这里的美景不愿离开，决定在此修炼，修炼成真龙后飞天成龙，在此地留下九个瀑布、九个深潭，九龙瀑因此而得名。

五龙河 AAAA

神奇秀丽的天然氧吧

十堰市郧西县安家乡五龙河风景区

0719−6239988

80元

8:00~16:30

五龙河旅游景区是国家级风景名胜区、国家天然林保护区。五龙河是景区内的主要河流，发源于秦岭南麓鄂陕交界的天池岭，全长58千米，整条河流终年水流湍急，水质清澈，水量稳定，是著名的“七夕”天河上游的一条重要支流。

五龙河旅游景区由天乐谷、飞龙谷、织女谷、封神谷、忘忧谷五大峡谷组成，每个峡谷都有特别的风情，山岩陡峭，谷深壁滑，神秘幽远，各景不一。

除了这些神奇秀丽的自然景观外，五龙河旅游区还有深厚久远的文化背景，古猿人头骨化石一直就在五龙河东坡神雾岭白龙洞中。景区内物产也十分丰富，被誉为“秦岭南麓动植物基因库”。据调查，全景区共有植物种类达1 745种。

链接

五龙捧圣祥瑞之地

五龙河因孕育道教传说中“五龙捧圣”之五龙而得名。它因五龙而祥瑞、因道仙而扬名、因古猿而神圣、因奇秀而清雅。其山谷幽深、河水清澈、群山奇丽，五龙之美名、仙道之灵气，令人心旷神怡，叹为观止，是当之无愧的休闲度假、科学探险、摄影绘画、吟诗写作、修道养生、返璞归真的人间天堂，素有“中国小九寨”和“纯天然氧吧”之美誉。

五龙河

天乐谷

天乐谷是进入景区的第一谷，全长3 000米。峡谷内，满目葱翠，壁立千仞，河水清澈，鸟语花香，是荡舟戏水、垂钓观鱼、登高放歌的人间天堂。谷内有天书峡、梅隅、天然浴池、九天飞瀑、金龟探月、天梦湖、水云间、火棘园、三友泉等景点。有诗曰：“天机门内悟天机，天梦湖上入天梦。此景只应天上有，不想人间却生成。”

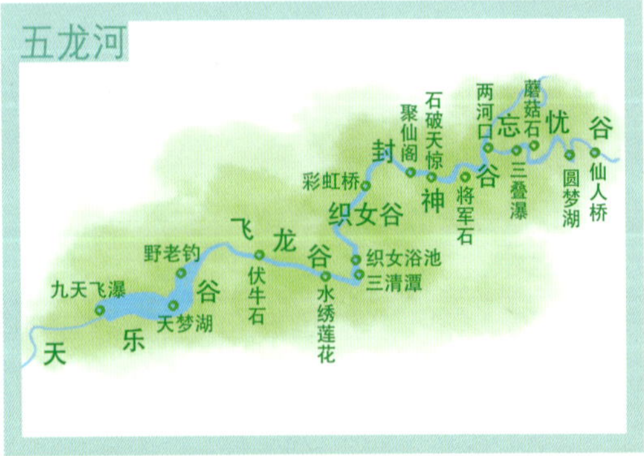

飞龙谷

飞龙谷是进入景区的第二谷，全长1.5千米。因地育五龙、修炼得道、飞龙在天、“五龙捧圣”，故曰“飞龙谷”。谷中重峦叠嶂，河谷迂徐，麻柳围滩，溪水清涟，是降香祈福、陶冶情操、修身养性的绝佳去处。

谷内有天地玄黄石、伏牛石、金蟾戏水、水秀莲花等景观。

织女谷

织女谷是进入景区的第三谷，全长2千米。峡谷内沟谷幽深，秀峰蔚起，瀑潭成串，碧水清澈。因传说织女下凡在此沐浴，故曰“织女谷”。此地是增进友谊、培养感情、祝福爱情的福地洞天。谷内有织女浴池、神牛卧滩、鹊桥、芦花荡（牛郎牧场）、龙虾戏水、金蛙坐禅、聚仙桥、经文石、聚仙阁等景观。

封神谷

封神谷是进入景区的第四谷，全长1千米。因武王伐纣、施麾东征，兵马过处遗址犹存，因此叫“封神谷”。这一段峡谷，九曲回肠，溪水绕荡，索桥飞架，怪石嶙峋，是探险观奇、文化寻根、神交古人的不二之选。谷内有石破天惊、麒麟崖、将军岭、将军石等景点。传说中的闻太师战死绝龙岭、黄天化大战金鸡岭等都发生在此谷附近。

忘忧谷

忘忧谷是进入景区的最后一谷，全长2.5千米，因山间景色至美，一路走来，应接不暇，让人乐而忘忧，因此得名“忘忧谷”。峡谷内，婀娜的瀑布、清澈的溪水、甜润的山泉、葱郁的林木、峻美的山岩，都属难得的美景，被人誉为是隐身修炼、养生长寿的绝妙之地。谷内还有忘忧桥、老君洞、三叠瀑、蘑菇石、长生石、圆梦湖、仙人桥等景观。

五龙河风光

龙潭河

一步一景一瀑

十堰市郧西县汉江之滨羊尾镇

8:00~17:00

成人90元、学生儿童50元

龙潭河风景区面积64平方千米，是十堰市周边为数不多的观瀑览胜、避暑休闲景区，集山、水、瀑、潭、洞、溪为一体。

龙潭河大大小小的景点有60多处，其中和瀑布有关的就有40多处，所谓的“一步一景，一景一瀑”大致如此。其中最为著名的属天光一线、银河飞泻、天娥戏水、锦云回环、苍龙回宫、龙女出浴、龙潭泻月、龙女仙修等。

虽然龙潭河瀑布众多，但是所有的水源都来自于悬崖峭壁上的一个石洞“龙洞”。据说，一年四季，就算很干旱，水也不会干涸。从“龙眼”往下望，整个龙潭河风景区是一个绿色的世界，重峦叠嶂，引人入胜。

链接

龙女出浴的传说

龙潭河的每一个瀑布都有一个动人的传说。“龙女出浴”说的是西海小龙女久居龙潭深宫，十分向往人间繁华，缠着龙王要去龙潭河洗个澡。龙王要求小龙女必须在鸡叫之前回到龙宫，否则将会变成石头。小龙女来到龙潭河畅游，由于河水清澈凉爽，竟忘记了父王的告诫，结果变成了一块石头，耸立在龙潭河谷里，永远和龙潭河水相伴。

悬鼓观

“郧西古八景”之首

十堰市郧西县城西南2千米处

悬鼓观总面积5平方千米，其区域内有

横岭，高500余米；旁边区域内有红色沙砾岩，高数丈，立壁陡岩，上面有一横缝，似鼓而扁，重数吨，倾泻而下、摇摇欲坠但又不落，所以取名悬鼓。

清朝初期，在山岩旁边建了一庙宇，取名悬鼓观。观内有六角亭，供文人墨客饮酒赋诗。还有观余亭，登临其上县城周围风光一览无遗。是“郧西八景”之一（悬鼓青嶂），常有游人前往。

悬鼓观目前形成了“一湖、两洞、三路、四桥、五峰、六亭、七大景区、八大神殿和二十四台（坛）”的仿古建筑群。除此之外，悬鼓观还拥有诱人的生态旅游环境。景区内森林覆盖率达90%以上，松、柏、杉、枇杷、银杏等20多种名贵树木、果树和乔木、灌木以及藤本、草本植物一年四季郁郁葱葱。

这里集山、水、林、田、路、园、景于一体，是拜佛求仙、旅游休闲的理想场所，入园如入仙境，出园流连忘返。

链接

女娲炼石补天的遗留

据史书记载，相传女娲炼石补天，余石寄存于此，似巨鼓横空悬挂，故曰“悬鼓”。真武大帝在去西天讲经的途中，曾在此打坐修炼，并赐一泓水为百姓治病祛灾，扫除瘟疫。百姓感帝圣灵，于明正德年间在崖下建起玄武庙，名曰“悬鼓观”。

悬鼓观

郧西天河 AAAA

“七夕”与宗教文化融汇的人文景区

十堰市郧西县城西南2千米处

0719-6318777

郧西天河旅游区以美丽的天河为轴线，以“中国婚旅之城”“七夕约会之乡”——郧西县城为核心，以“人间爱河”——郧西独有的天河为纽带，“福银”高速穿境而过，景区、城区交相辉映，交通便利，民风淳朴，山清水秀，风光旖旎。

天河旅游景区是人文旅游区，可进行最深刻的“七夕”文化体验及宗教文化之旅。这里自然、人文景观互相交织，集观光、休闲、度假、娱乐为一体，独具复合型特色。

情岭

情岭也叫桃花岭，以山、岭、桃花为特色。乍暖还寒，桃花始开，萧瑟的枝头上零星点缀着粉嫩的花骨朵儿，惹人怜爱。大地回春，桃花始放，万朵云锦般的桃花，织成美丽的人间仙境，大有“人面桃花相映红”的意境。情岭上还有一月阁，为游客提供了赏月、拜月、对月许愿的浪漫场所。

和合谷

桃花岭北边是和合谷，主要有和合二仙殿、牛郎村、织女村、鹊桥、农耕文化博物馆、爱情疗养院等景点。和合谷寓意人与人之间的和谐相处，也希望到此游玩的游客可以领悟到和谐的至高含义，不管是与人与物都能和谐共生。和合谷清幽僻静，是个让心灵沉淀下来的好地方。

樱花谷

樱花谷在和合谷的北边，林深谷幽，以漫山樱花、小桥流水、亭台楼阁为主题，大小景点10余个，汇集了世界各地名贵樱花20余万株。4月的回暖期，樱花谷成为了不折不扣

郧阳风光

的浪漫胜地，那时一片粉红充斥在眼前，让人遐想不已。除樱花外，还有茶花、杜鹃、紫竹、草皮等。主要景点有入口处假山、栖雀台、扶风桥、留香亭、曲水轩、寄双亭、锄花亭、凝云阁等。

相思谷

相思谷位于樱花谷的南边，有天河追思、月下盟誓、比翼双飞、在水一方、情比金坚、鹊桥相会等等景点。相思谷以爱情文化为主线，以七夕文化为主题，以感人的爱情场景为素材，串联各大景点，穿越时空，百转千回，刻骨铭心，是恋人的绝佳去处，也是见证美好爱情的最美景点。

七夕广场

七夕广场以牛郎织女的爱情故事为灵感来源，以二人形象为素材，在广场东面矗立着长19米、世界最大的铜牛雕塑，西面矗立着高为10.7米、国内最大的织女雕像，与长340米、世界最大的"时空隧道"遥遥相望，似乎在向人们讲述牛郎织女的故事。河道蜿蜒好似游龙，广场形似凤凰飞翔，二者浑然一体，寓意龙凤呈祥。

七夕故事园

七夕故事园是天河旅游区的主题文化广场之一。游园里的大型青石照壁上，雕刻着反映郧西汉代时期繁荣景象的农耕生活场景。"时空隧道"则是一步步揭开了七夕发源地之谜，游园里各处散置着牛郎织女的故事雕像，分别再现了赶出家门、老牛做媒、偷衣成婚、幸福生活、押回天庭、天河相隔、鹊桥相会七个场景。除了七色光彩的"时空隧道"外，还有大型音乐喷泉与之相互映衬。

上津古城

秦楚咽喉，天子渡口

十堰市郧西县城西北70千米的上津镇

上津古城为明代城址，坐落于汉江支流金钱河下游东岸，素有"朝秦暮楚"之称，历代以来都是交通、政治、文化、商贸、军事的要地。

上津古城是全国仅存的4座县级古城之一，也是湖北省唯一保存最完整的县级古城。古城周长1 236米，面积约8万平方米，城墙高约7米，呈梯形，为青砖砌成。古城四方各有一城门，分别叫作接秦、达楚、通汉、连

上津古城

郧，城门的名称反映了上津镇四通八达的地理位置。宋太祖赵匡胤、李自成、张献忠都在此留下过足迹，故有“秦楚咽喉，天子渡口”之称。

在上津的古城内，饱经沧桑的上津古城、古风犹存的山陕会馆、飞檐斗拱的明清老街、典雅别致的天主教堂、玉皇滩边的天子渡口等景点，无不印证着上津的古老与厚重。

链接

上津故事

在历史上，上津一带是金钱河流域最大的冲积开阔地。金钱河是汉江一大支流，当年金钱河环城西而过，为防河水冲击古城，便在河两岸广为植柳，因此，上津城又被称作“柳州城”。金钱河河床腹地宽阔，水势浩荡，从隋唐时期开始，这里就是一个舟楫穿梭、商贾云集之地。可惜因战火不断，河床淤塞，上津码头的繁华也随着时光的流转而消失。

虎豹峡

雄奇惊险的山岩怪象

十堰市郧西县羊尾镇

虎豹峡地处陕西、湖北两省边界，郧西、郧阳区、白河三县交汇处。虎豹峡重峦叠嶂，仙气缥缈，山由南北两脉自西朝东连绵15千米，恰似两条巨龙在翻腾。水由峡中龙洞涌出，声若惊雷，形似白练，沿峡谷横冲直撞直抵汉江。

景区以其雄、奇、险、幽、秀而闻名遐迩，方圆面积26平方千米，大小山峰99座，主要景点有痛斩象山、贡爷故居、虎豹朝圣、关公把关、老君指路、天狗守门、卡防关、一天门、梁家寨、五指山、绝壁岩、双乳峰、寡妇洞等45处。

进入虎豹峡要经过一座由石头垒砌的古城门，叫“卡防关”，是入峡的唯一通道。由此往上，是绵延的溪水和原始森林，里面雾气弥漫，凉爽入秋，由于水汽的蒸发仿若进入了盘丝洞。跨过一天门，则是朝圣地三山头；进入二天门，可以看到鬼怪图案的崖壁，以及神秘幽远的锦鸡洞。

丹江口大坝

南水北调中线的源头

十堰丹江口市上坝路（近丹江大道）

丹江口大坝在汉江与其支流丹江汇合口下游800米处。工程水工建筑物由混凝土坝、电站厂房、升船机提升系统及上游30千米的两条引水渠道组成。它是新中国成立后我国自行设计建造的发电、灌溉、航运、养

丹江口大坝

殖综合利用的大型水利枢纽。

作为南水北调中线最佳的水源工程，丹江口大坝总长2.5千米，最大坝高97米，坝顶高程162米，内装6台发电机组，年均发电量38.3亿度，近期年均调水145亿立方米，远景调水可达230亿立方米。

丹江口大坝内水质清澈，大坝虽没有三峡大坝的气势磅礴，但也有它独特的魅力。周边景色清净无瑕，配上蓝天白云，无愧于“水上明珠”的美誉。登上坝顶，鸟瞰丹江口城区，楼房林立，鳞次栉比，粉墙黛瓦尽收眼底。抬头远眺，武当山隐隐再现；回首平视，巍巍大坝锁汉江，构成了一幅绚丽多彩的画卷，是旅游、观光的好去处。

丹江口森林公园

国家级森林公园

十堰丹江口市石鼓镇

8:00~18:00

是丹江口市国家级森林公园，位于南水北调丹江口库区水源区周边，公园以江水之隔分为江南牛河核心区和江北太极峡核心区，公园将两大景区完美融合，山水相依，环境优美。

森林公园的特色主要是野生动植物资源丰富、景观资源独特、生态环境良好。在公园建设之初，以高起点规划，所以相应的配套设施很完善，森林的资源管护措施也很有力。

如今政府加大投资力度，将丹江口国家森林公园重点打造成国内一流的生态旅游地，使其真正成为丹江口库区重要的生态屏障。

牛河森林公园

牛河森林公园是丹江口国家森林公园核心区，融合森林动植物景观、地貌景观、水文景观、人文景观，集山、水、林、峡、岛屿于一体。其重点风景资源有“青山碧水——千岛画廊”“牛郎织女居所——神仙洼”“天然石瀑——阎王鼻子峡谷”“古均州港——青山港”等。森林公园境内库汊纵横，水域清澈辽阔，青山碧水交相辉映，是丹江口市城区近郊的天然氧吧。

太极峡

太极峡风景区是丹江口市国家森林公园第二大核心区，也是湖北省省级地质公园，景区面积有60平方千米，由大小10余个溶洞组成。相传太极峡是武当山玄天真武大帝隐居修炼的地方。景区集雄、奇、秀、险为一体，西北是层峦叠嶂、峡谷幽长、草木葱茏的山区，东西是修竹掩映的村庄和绿色的田野。峡谷是地壳运动剖削的裂谷地缝，形成天然的太极图案。

由于万峰环绕、千泉归壑、溪水涮蚀的作用，景区风光旖旎，丹霞地貌神奇瑰丽，石林景观鬼斧神工。主要景点有双龙峡、盘龙洞、娘娘洞、九龙湖、打败岭等。

丹江口太极峡

景点推荐 十堰南部景点

房县温泉

养生放松的大汤池

十堰市房县土地岭

0719-3010666

房县温泉又叫“大温泉”“大汤池”。天然的温泉水来自世界著名的青峰大断裂带4 000米以下的活动地层，常年水温37.8℃，日流量8 640吨，作为天然的硫黄矿泉水，符合中医养生理论。

房县的温泉水，经专家鉴定，为“含氡、锶的碳酸镁型”优质矿泉水，内含矿物元素28种，饮浴俱佳。浴之可舒筋活络，强身健体，安神醒脑，润肤养颜，抵抗衰老。目前房县以洗浴为主，每天游客盈门。

除了温泉洗浴，附近的古建筑也是素雅古典、碧瓦朱栏，古庙与新楼相亲，古柏与藤萝缠绕，真正的风景优美、山清水秀、环境宜人，在身体得到放松的同时，视觉也能得到一次极大的享受，是休闲、养生、度假的绝佳去处。

房县观音洞

善男信女朝拜的圣地

十堰市房县城关镇炳公村

8:00~18:00

房县观音洞始建于唐朝，经过历代维修、扩建形成规模，现为湖北省文物保护单位。它前揖凤岭，后枕龙岗，群山起伏，雄伟壮观，雾霭弥漫，鸟语花香。

现在观音洞已经形成一殿、两洞、三

观音洞

星、四景的旅游格局。祖师殿飞檐翘角，古朴典雅；观音、关帝二洞并列，春桂做伴；福、禄、寿三星面目慈祥；卧虎山、情人谷、玄武宫、观景亭四景照应，享有“洞天福地”之称。

进入景区不足千米，在右侧山腰就可看见并列的两洞，两洞相距约15米，较大的一个为观音殿，殿内供奉“观音大士”；另一个较小的洞是关帝殿。在洞外依山而建配殿3间。洞顶山势陡峭险峻，树木藤根颜色错杂。洞前古木参天，一条共633级的石阶盘旋而下。

数百年来，观音洞香火兴旺，每年农历三月三、九月九庙会及每逢农历初一、十五善男信女及游客如织，十分热闹。

野人谷

野生动植物的避难所

✉ 十堰市房县桥上乡

☎ 0719-8128855

野人谷是武当山、神农架、长江三峡黄金旅游线上的一个重要连接点，谷内气候湿润、风光优美、溶洞发育、植被茂盛、山高水深、重峦叠嶂。

野人谷风光

野人谷处在我国地势第二级阶梯，是我国北亚热带向暖温带的过渡地区，在第四纪冰川时期受到山地冰川寒流的影响极为微弱，使野人谷成为第三纪植物的“避难所”之一，从而保存了丰富、古老、珍稀的森林植被。野人谷内有国家级的植被及野生动物。

野人谷因常有野人出没而得名。谷内有珍珠坡、麒麟峰、屈尊关、龙字岩、苍鹰壁、野人城堡、野人部落、龙须瀑布等多处景观，是赏花、避暑、度假的理想去处。

玩家解说

峡谷内有躲军洞、野花荡、换彩岭、野人城堡、三潭野浴等，构成一幅绝妙的画卷。黄柏河水在此收窄为二三十米，但见两岸山花烂漫、锦绣满谷、瀑布飞流、青天一线，河中碧流激荡、飞珠溅玉，河底鹅卵多彩、怪石嶙峋。

神农峰

神农峰为峡谷内一高约200米的山峰，因酷似人们想象中的中华民族祖先神农氏而出名。山峰肖似人形，面部表情慈祥又显刚毅。其附近100多米处有一山石“玉柱擎天”，高约10米，神似神农先帝的杵药杆，又像是一位药童与神农氏采药归来。

九华山森林公园

山岳型自然风景区

十堰市竹山县田家坝镇

0719-4661096

九华山森林公园总面积12万亩，是山岳型自然风景区，景区最高峰海拔1 301米，境内植被茂密，景色迷人。

景区峡谷纵深、飞瀑流泉、古木参天，享有“天然动植物园”的美称。这里自然风光旖旎，资源丰富，气候独特，昼夜温差大，四季分明。景区内有樱花岭、豹子垭、牛角尖、野猪林、水杉溪、橡树坪、观星台、女儿寨、雷打岩、鲁班峡、牛心寨和偏头山等景点。林中老松苍劲挺拔，灌木藤萝依势攀爬，溪边植物依水而偎，处处景不同，每每有惊喜。置身九华山森林公园之中，不仅可以看林海、听松涛，更可观云海、看日出。

链接

莲台落座九山处

九华山山峦起伏，雄奇险怪；日出灿烂，云海壮观；天湖静谧，峡谷幽深，洞穴神奇。更加上九华山上留下许多佛教、道教和魔教三家胜迹，如祖师观、葵花井、仙女寨、金花洞、鲁班峡、点将台等。最动人的要数天上九个仙女乘坐莲台下降九座山头，九山化作九朵莲，这就是九华山的来历。

武陵峡

华中地区最长、最深、最窄的峡谷

十堰市竹山县官渡镇

武陵峡峡谷全长33千米，峡谷平均高度1 000米以上，平均宽度5米左右，是华中地区最长、最深、最窄的奇特大峡谷，我国著名地质学家李四光将其命名为青峰断裂带。

峡谷内的主要景点有桃花源古风村、猴跳峡、一线天、中柱峰、五龙洞等。原始森林就生长在悬崖峭壁之上，遮天蔽日。山峦俊秀陡峭，更有飞泉流瀑、九曲回肠、青天一线、地缝深渊，蔚为奇观。

竹山女娲风景区

风景秀丽的女娲补天地

十堰市竹山县宝丰镇女娲风景区

夏季8:00~18:00、冬季8:30~17:30

30元

竹山女娲风景区距十堰市180千米，景区内有大小山峰22座，主峰海拔900米。女娲祭坛建立在主峰上，与其他诸峰遥遥相望。景区内主要景点有女娲祭坛、双龙洞、女娲抟土造人处。

女娲风景区风光秀丽、环境优美、景点丰富、食宿方便，同时更能抚今追昔、参拜圣母，获得别样的感受。景区内的女娲祭坛按先天八卦图建成，女娲像高16米，在国内属最高。现已恢复建成女娲庙和“女娲炼石天真”古碑。在攀登女娲祭坛的天梯中，左为一褐色岩壁，上书“中华母亲山”5个赤色大字；右为一刻有《康熙字典》“娲”字词条的石碑。

驴头峡

逶迤磅礴的山岳景区

十堰市竹山县官渡镇与梁家乡交界处

驴头峡距县城70千米，由驴头山和松树岭对峙而成，峡中主要有“驴头山”“双鱼洞”“猴跳峡”“一线天”等景点。

“驴头山”海拔1 470米，松树岭海拔

竹山女娲风景区

1 250米，峡谷全长5千米，平均宽度约为30米，蜿蜒曲折，逶迤磅礴。两边峭崖壁立，怪石嶙峋，红藤翠蔓，野树荆莽，苍苍茫茫。

站在谷底，仰望上空，但见淡蓝色的雾霭晕散不开，犹如童话中神秘的仙境。周围古木参天，遮天蔽日，偶有日光折射进来，仿若通往天上仙境的密道。极目处尽是苍翠欲滴的景色，视觉与心灵都能得到一次极大的净化。

十八里长峡

峡谷幽长的神秘之境

十堰市竹溪县向坝乡岔河与双桥乡吊楼子之间

十八里长峡又叫龙女峡、天神峡，面积46.8平方千米，海拔1 000到2 800米不等，全长18里，由此得名。十八里长峡由于峡谷幽长，崖壁险峻，光量不足，冥暗昏黑，自古以来无人问津，直到1978年因修公路，才逐渐被开发。

峡谷内终年云雾缭绕，气势磅礴，两边群山横看成岭侧成峰，盘旋在岩石上的老树根与经过亿万年风雨洗礼的喀斯特溶岩相映成趣。更有一绝壁，壁陡千仞，直入云霄，在此游客只能仰天而叹。

峡谷内除了秀丽奇险的自然风光外，还有很多名贵的树木和药材。因地处偏僻，气候湿润，人迹罕至，受到的人工破坏就较少，很多珍贵药材和树木能在此生长，如楠木、巴山松、梭罗果等。在景区行走，或许会有意外收获。

偏头山森林公园

林海绿浪的森林景观

十堰市竹溪县城南部9千米标湖林

偏头山森林公园以森林景观为主，总面积13 333公顷，主峰最高海拔1 538米，集峰奇水秀、涧深谷幽、崖峻壁峭和人文古迹为一体。

公园森林景观有林海绿浪、十里杉廊、偏头画屏、迷宫画扇地；地貌景观有龙头香、回心石、真武脚印、龟蛇朝圣、金蟾望月、金龟上山、熊猫观海、龙泉洞、阎王匾；人文景观有祖师庙、父母殿、一天门、玉皇楼、巴山客舍等。

春天的景区，山花烂漫、万紫千红，夏天则林木欣荣、处处盈翠，秋天枫叶染山、殷红万野，冬天雪漫千峰、银装素裹，四季景色夺人眼球。

竹溪县风光

攻略资讯

- 交通
- 住宿
- 美食
- 购物
- 娱乐

交通

飞机

十堰武当山机场位于十堰市白浪街方块村，于2013年全面开工建设，已于2016年2月5日投入使用。该机场定位支线机场，以国内旅游为主，开通了至北京、上海、广州、深圳、成都、昆明、武汉、西安的航线。

火车

十堰交通便捷，襄渝铁路横贯东西。随着火车的提速，交通条件已进一步改善，十堰已形成三横一纵的交通枢纽，去往周边省市更加快速便捷。目前新火车站在浙江路桐树沟规划中。

十堰站：位于十堰市车站路11号，几经扩建，目前候车厅面积有2 600平方米。日过境列车有30次，始发车6次，可直达北京、石家庄、郑州、上海、重庆、青岛等大中城市。

十堰火车站

武当山站：位于丹江口市六里坪镇，建于1968年，现为二等站，主要为武当山风景区服务。

汽车

十堰市内汽车客运站点比较多，城区主要有四大车站，分别为十堰客运中心站、客运南站、高速客运站、郧西汽车站。

十堰客运中心站：位于茅箭区人民南路1号，电话：0719-8890276。客运中心站主要向周边地级市发车，如宝康、孝感、武昌等，也有少量发往北京、西昌、长沙的车次。

十堰客运南站：位于茅箭区车站路6号，电话：0719-8888537。南站为二级站，主要担负着丹江口、武当山、房县、襄樊、武昌、桃花岛、赛武当等方向的旅客运输。

十堰高速客运站：位于张家湾区凯旋大道刘家村，电话：0719-8105013。高速客运站发车主要为省外长途，如西安、大同、银川、天津、北京、杭州、石家庄等城市。

郧西汽车站：位于郧西区郧西大道91号，电话：0719-6236996。该站发车主要为省内及省外长途，到达省内武汉等市，省外主要是周边省份，如河南、江西。

十堰风光

住宿

十堰作为鄂西生态文化旅游圈的中心城市、全国内陆地区唯一国家园林城市，山清水秀、景色迷人，世界文化遗产、道教圣地——武当山，每年都吸引着众多游客前来参观游览。武当山周边有很多涉外星级宾馆，设施高档，服务一流，环境幽雅。茅箭区内有不少商务型酒店，距离中心商业区很近。太极湖周边比较安静，住在这里也很不错。

●武当山建国饭店

地理位置绝佳，处于武当山风景区的门口，服务贴心。整个饭店造型为仿古建筑，外表古朴典雅，但内在装修精致豪华。饭店门前有一喷泉，伴以麒麟雕塑，辨识度极高。同时饭店的餐食也十分美味。✉ 丹江口武当山景区山门口 ☎ 0719-5908806

●武当山道客青年旅舍

武当山道客青年旅舍由两个别墅构成，非常干净。蔓蔓青萝缠绕在院门上，非常有特色。旅舍内还有独立的院落，旅游闲暇时，可与志同道合的朋友一起晒太阳聊天，十分惬意。另外旅舍老板是个文艺的大帅哥哦。

✉ 十堰市武当山旅游经济特区太和大道西路14号

●十堰绿洲美景国际酒店

酒店位于十堰市传统核心商业区，周边大型商场、银行密集，地理位置优越、交通便利。酒店设施齐全，装修大气典雅，布置得温馨。虽然处于闹市区，但是酒店内部很安静，而且酒店大楼本身就有火锅、自助餐，用餐很方便。一楼还有一个大超市，能够满足一切生活需要。✉ 十堰市张湾区东岳路绿洲5a商务中心1层 ☎ 0719-8123666

●更多住宿去处

众晶太极湖国际酒店/武当山旅游特区太极湖新区环湖路6号/0719-8877777

十堰夜景

十堰邦辉国际大酒店/公园路99号东风实业大厦1层/0719-8269212

锦江之星/茅箭区北京路76号/0719-8602088

十堰左岸SoHo酒店/朝阳中路79号/8227788

十堰凤凰花园假日酒店/茅箭区北京南路27号凤凰香郡/0719-8015888

十堰米兰春天时尚宾馆/茅箭区朝阳中路15号0719-8265111

美食

十堰位于湖北的西北部，饮食结构错综复杂，但具体以鄂菜和川菜为主，两种菜均属中国七大菜系之一，其中最为著名的是三合汤，是到十堰必吃的美味。武当山特有的道家斋菜也很有特色，取佛、道两家素菜烹饪的精髓，注重食材的本色，口味十分鲜醇。

如果要吃武当山的当地小吃，可以去玉虚宫一带的“永乐盛世”仿古街，那里的小吃店鳞次栉比。在十堰，非常有名的小吃是凉虾、萝卜饺子、酸浆面、竹溪碗糕、三合汤，是基本上所有到十堰的游客都会品尝到的美食。

美食小吃

●三合汤

三合汤是十堰的一道名吃，名为汤，实际上并不清淡。食材有鲜香滑嫩的牛肉片、水灵晶亮的红薯粉条、状似小船的肉饺，撒上名贵滋补的中草药，浇上大火煮沸小火慢熬的牛骨汤。看起来色彩斑斓，但是吃起来香、辣、酸俱全。入口时辣味全散，感觉腹内起火，但是稍作回味，便会口中生津，胃口大开，忍不住还要再来一碗。

三合汤

●酸浆面

酸浆面是郧阳人十分喜爱的一种风味小吃，特别是在夏、秋季节，更是大家爱不离口的佳品。酸浆面不凉不烫，蒜香扑鼻，味美爽口，老少咸宜，是开胃食品之上选。在郧阳各处，几乎都有卖，古时即有，直到现在，仍经久不衰。

酸浆面

●凉虾

凉虾并不是冰镇后的小虾米，而是以大米、玉米等为原料，红糖水为调料，小火熬制成汤，米状物呈颗粒。凉虾清凉解渴，夏季勾兑冰水后饮用风味更佳，作为降火神品，深受当地人喜爱。

凉虾

●竹溪碗糕

竹溪碗糕的主要原料是大米和黄豆。甜糯可口，米香与豆香完美结合在一起，味道沁人心脾。碗糕有热吃、冷吃两种吃法。热吃用薄竹片将碗糕切成小块，根据个人爱好不同，蘸蜂蜜或辣酱同吃。冷吃，则用薄竹片于碗边旋转一周，米糕可整块取出，取出后，放凉即可食用。

竹溪碗糕

●瓦块鱼

瓦块鱼是郧阳最具特色的一道名菜，因鱼块状似土瓦而得名，已有几十年的历史。瓦块鱼有清蒸、炸烩两种吃法，风味各异。清蒸的瓦块鱼鱼色泛白，肉嫩、味鲜；炸焦灌汁的瓦块鱼色黄、肉绵软而不烂、味鲜香而不腻，具有色、香、味、形俱佳的特点。

瓦块鱼

美食去处

●李二鲜鱼村

李二鲜鱼村在十堰十分有名，可以说是无人不晓，几个连锁店里的人都非常多。店里的鱼现抓现宰，保证鱼最本真的鲜味，而且作料酸菜十分正宗，吃起来很是爽口香脆。

总店地址车城路98号　0719-8240505

购物

十堰的土特产品丰富，商业网点遍布城区。这里的生漆、桐油、矿泉水、木耳、香菇、茶叶、绿松石工艺品、名贵药材等畅销国内外，其他土特产还有魔芋、杜仲、木瓜等。

五堰步行街是十堰城区发展最早、规模最大、人流量最多、商业体系最完善的商业街，也是十堰城区唯一一条集购物、休闲、文化、娱乐、餐饮、商务、居住为一体的综合性商业步行街。这里的商铺鳞次栉比，小吃摊位更是到处都是，无论是购物，还是吃喝，到这里逛一逛准没错。

●杜仲

杜仲为一种落叶乔木，目前多作药用，是一种稀有药材。杜仲在十堰也是一种十分著名的土特产，五县一市都有种植，面积现发展到18.2万亩，其中郧西县黑山杜仲场为全国最大的成片林基地之一。

杜仲

●木瓜

木瓜在我们的日常生活中十分常见，而十堰的木瓜就十分有名。十堰郧县有“中国木瓜第一大县”之美名。木瓜是一种营养丰富、有百益而无一害的果之珍品，常食木瓜具有平肝和胃、舒筋活络、软化血管、抗菌消炎、抗衰养颜、抗癌防癌、增强体质的功效。

木瓜

●魔芋

魔芋精粉被称为“东方魔粉”，是重要的食品和医药。竹溪县被誉为“中国魔芋之乡”，这里的魔芋品种优良，药用价值极高，而“双竹”牌魔芋面条更是被评为湖北优质产品，荣获中国国际农业展览会优质奖。

●竹山绿松石

绿松石因其形状似松球且色近松绿而得名，是深受古今中外人士喜爱的古老玉石之一。远在新石器时代，绿松石就为人们所饰用。竹山绿松石玉质温润，色泽饱满。

绿松石饰品

●郧县草毯

郧县草毯，俗名“门口席”“擦脚垫子”，为郧县一大特产，用当地的龙须草编织而成。该草草质柔软、细长。郧县草毯的制作工艺繁复，有长方形、椭圆形、菱形等10多个款式、30多个花色。

●房县黄酒

房县黄酒历史悠久，古代曾称为“封疆御酒”“帝封黄酒”。有史料记载，绍兴黄酒最早产于公元前492年越王勾践时期，而房县黄酒早在公元前827年西周时期就已成为“封疆御酒”。房县黄酒属北方半甜型，色玉白或微黄，酸甜可口，具有活血祛寒、美容护肤、保健等功效。

房县黄酒

娱乐

十堰市依托武当山的旅游资源，很多娱乐活动也围绕着武当山展开，如一年一度的武当山国际旅游节，还有每年的三月三、九月九庙会。

武当山国际旅游节：武当山国际旅游节为期三天或一个月，在每年的9月或者10月举办，除了宣传武当山的道教文化、名胜风景外，还会展示古老美丽的凤凰灯舞、竹溪的茶歌、武当山的武术等。

火狮子：火狮子是郧西县上津镇古老的民间舞蹈之一，当地人用铁皮做成狮子头，玩狮子时喷撒火药，以示祛病消灾（火药中有硫黄），彩狮就变成了火狮，狮毛也变成了火红色，火狮子舞蹈一直流传至今。

跑旱船：亦称彩船、采莲船。地处鄂西北边陲的竹山县，逢年过节或有喜庆之事，旱船“跑”得是多姿多彩。旱船的主体结构是用竹子和麻秆做材料，拉起“船”的框架，以竹钉穿榫或用细铁丝交接，辅之以篾片、篾丝等攀连而成。船的主体框架用皮纸裱糊，白纸衬面，彩色点染、描绘。竹山的旱船计有龙船、凤凰船、渔船、轿顶船4种。

跑旱船

武当山武术表演

发现者旅行指南

宜昌

概览

亮点

三峡人家风景区

融合三峡文化、巴楚文化之精髓，巴风楚韵、峡江今昔，一览无余，让人徜徉其中，如痴如醉。

三峡大坝

当今世界最大的水利枢纽工程，全国首批5A级景区之一，全方位展示三峡工程文化和水利文化。

清江画廊

古代巴人的发祥地、土家人的母亲河，有诗形容为“三百里清江美如画，三百里长阳似画廊”。

屈原故里景区

景区毗邻三峡大坝，高峡平湖美景尽收眼底，同时也可近距离缅怀一代文豪的诗人情怀。

三峡人家

西陵峡口

景区据三峡之门户，扼川鄂之咽喉，山峰雄峙、滩险水急、壑幽洞奇，被誉为“山水画廊，活的巴风楚韵”。

三峡大瀑布

景区以天然瀑布群和峡谷丛林风光闻名，主体瀑布从陡峭山崖飞泻而下，蔚为壮观，被誉为“中国第四，湖北第一”。

三游洞

三游洞山水秀丽，洞奇景异，从唐宋起，更有诸多文人墨客到访，留下无数赋诗题字。

线路

宜昌经典二日游

第一天早上前往三峡大坝，在坛子岭可以远眺大坝，俯瞰长江。观泄洪，体验波澜壮阔、雷霆万钧的惊心动魄的场面。

第二天早餐后前往西陵峡景区，看峡谷奇观。午后前往三峡人家，走进峡江吊脚楼，体验别样风情。

宜昌南部二日游

早餐后前往清江画廊景区，赏美景，体验土家风情。随后前往天柱山景区，看道家洞天福地美景。第二天前往柴埠溪大峡谷，观赏峡谷风光，品尝土家族美食，体验刺激的漂流。

三峡大坝

为何去

玉泉寺宝塔

屈原故里

宜昌是巴楚文化发源地，历来被称作“川鄂咽喉，鄂西重镇”。这里有风光旖旎的长江三峡、让人迷醉的清江画廊，还有屈原故里、昭君村、关陵等丰富的人文遗迹。三国古战场历史遗风、三游洞的文采风流也为宜昌神奇浪漫的画卷增添了几笔浓重的色彩。

何时去

三峡奇石

宜昌春光

宜昌属于亚热带季风性湿润气候，四季之中，春、秋两季时间跨度较长，冬季短暂暖和，因此，一年四季到宜昌旅游都会有不同的收获。若是想要体验漂流，那么夏天无疑最为适合；若是端午节期间来到宜昌，还能观看到精彩的龙舟竞赛。

区域解读

区号：0717

面积：约21 227km²

人口：约410万人

地理 GEOGRAPHY

区划

宜昌市辖5个区（夷陵区、西陵区、伍家岗区、点军区、猇亭区）、5个县（远安县、兴山县、秭归县、长阳土家族自治县、五峰土家族自治县）、3个县级市（宜都市、当阳市、枝江市）。

地形

宜昌市境内地形复杂多样，山区、丘陵、平原都有。地势自西北向东南倾斜，西北部是大巴山，中部是巫山，西南部是武陵山，其中兴山县仙女山海拔2 427米，为全市最高峰。宜昌城以东的宜都、枝江、当阳等地属丘陵山区和平原，宜昌城以西的兴山、秭归、长阳等县属于山区。境内水能资源丰富，除长江、清江外还有数十条河流。

气候

宜昌位于中亚热带与北亚热带的过渡地带，属亚热带季风性湿润气候，有四季分明、水热同季、寒旱同季等气候特征。年平均气温17℃，雨水丰沛，且多在夏季，比较长的降水过程都发生在6、7月份。

险冠三峡的西陵峡

西陵峡因宜昌市的西陵山而得名，西起巴东官渡口，东止宜昌南津关，全长120千米，是长江三峡中最长的峡谷，也是自然风光最为优美的峡段，北宋著名文学家欧阳修还留下了“西陵山水天下佳”的千古名句。

西陵峡可谓大峡套小峡，峡中还有峡，如兵书宝剑峡、白狗峡、牛肝马肺峡、灯影峡等。西陵峡两岸有许多著名的溪、泉、石、洞，屈原、陆羽、白居易、欧阳修等众多的历史名人都在这里留下了足迹，众多千古传颂的名篇诗赋，更让西陵峡多了几分动人的人文色彩。

西陵峡素来以滩多水急著称，是长江三峡最险处。这里礁石林立、怪石横陈、滩多流急。这些险滩有的是两岸山岩崩落而成，有的是上游砂石冲积所致，有的是岸边伸出的岩脉，有的是江底突起的礁石。滩险处，水流湍急，汹涌激荡，惊险万状。

西陵峡风光

高坝洲风光

如今的西陵峡，经过对川江航道的多年治理和葛洲坝水利工程的建造，水势已趋于平缓，但其绮丽的景观依然如旧。江中千帆竞发，两岸橘林遍坡，黄绿相映间微风阵阵，果香怡人，西陵峡以其奇险的景观和深厚的人文沉淀让无数游人流连忘返。

历史 HISTORY

历史大事记

●远古文明

宜昌历史悠久，据史书记载，宜昌已有2 700多年的历史。境内数十处新石器时代遗址的发现，证明了七八千年前中华民族的祖先就在这块土地上繁衍生息。

●古代

秦始皇二十六年（前221）置郡县，宜昌市大部分地域属南郡。

东汉建安十三年（208）改夷陵为临江郡，后又改临江郡为宜都郡。

三国蜀汉章武元年（221）七月，刘备以替关羽报仇为由，东征东吴。孙权派陆逊率军应战。陆逊于次年八月在夷陵一带打败蜀汉军，东吴取得夷陵之战的胜利。

隋大业三年（607）改硖州为夷陵郡，夷陵县为郡治，隶属荆州都督府。

五代时，硖州与荆州、归州为南平国。北宋复称硖州（北宋元丰年间改“硖”为“峡”），属荆湖北路，仍辖原夷陵四县。

元至元十七年（1280）升峡州为峡州路，领原四县，属河南行省荆湖北道。明初改峡州路为峡州府。洪武九年（1376），改峡州为夷陵州，领宜都、长阳、远安三县，治所夷陵，隶属湖广布政使司荆州府上荆南道。

清顺治四年（1647），夷陵州隶属荆州府。顺治五年（1648），改“夷陵”为“彝陵”。

猇亭古战场

●近现代

光绪二年（1876），中英《烟台条约》签订，宜昌被辟为通商口岸。次年，宜昌设立海关，正式对外开放。

1943年5月，石牌保卫战打响，中国军队取得胜利，粉碎了日寇觊觎重庆的美梦。

1949年11月15日，今宜昌市全境解放。

夷陵之战

夷陵之战又称彝陵之战、猇亭之战，是三国时期蜀汉昭烈帝刘备对东吴发动的大规模战役，也是中国古代战争史上一次著名的积极防御的成功战例。

公元219年，东吴大都督吕蒙袭取荆州，擒杀关羽，吴、蜀两国结仇。公元221年，刘备于益州称帝；同年，刘备为夺回荆州，并且为关羽报仇，亲率大军攻打东吴。孙权遣使求和不成后，一面向曹魏求和，一面派陆逊率军应战。陆逊用以逸待劳的战法，阻挡了蜀汉军的攻势，后于章武二年（222）八月在夷陵一带火烧连营，大败蜀军。

夷陵之战的失利让蜀汉这个新建的政权遭到沉重的打击，一代枭雄刘备也因这场战争的失利而一蹶不振，后于白帝城病亡。东吴虽然守住了荆州，但实力也受到很大影响，这也为两国日后消除矛盾、共同抗魏奠定了基础。

石牌保卫战旧址

夷陵之战以后的近40年时间，三国互相之间的疆域基本保持不变，吴、蜀的联盟关系再也没有发生动摇，因此彝陵之战也被认为是前、后三国的分界点之一。正因为有着这样巨大的影响，夷陵之战与官渡之战、赤壁之战并称为三国三大战役。

石牌保卫战

石牌保卫战，是中国军队以弱胜强，且最终以较小的代价取得胜利的一次著名战役。其意义极其重大，是抗战的重大军事转折点，被誉为“东方斯大林格勒保卫战”，对中国抗日战争的最后结局也产生了深远的影响。

在今宜昌市夷陵区境内西陵峡中有一类似令牌的巨石，高40米，重达4 300余吨，长江因它在这里突然右拐，构成据守长江的天险，战略位置十分重要。石牌也是当时的军事重镇，六战区前进指挥部、江防军总部等均设于此。1938年10月，日军侵占武汉，中央被迫迁都重庆，险峻的长江三峡成为陪都的天然屏障，石牌也成为拱卫重庆的第一道门户。

为防止日军西侵和拱卫陪都，中国海军于1938年冬就在石牌设置了第一炮台，安装大炮共10尊，为长江三峡要塞炮台群的最前线。日军对石牌要塞也早有觊觎之心，1941年3月就曾以重兵从宜昌对岸进攻过石牌正面的平善坝，遭到守军的严重打击。因此，此次日军采取了大兵团迂回战术，企图从石牌背后攻而取之。

这场决战，中国军队投入兵力15万人，日军投入10万兵力，最终中国军队取得战争胜利，日军伤亡兵力25 000余人，损失辎重不计其数。石牌保卫战的胜利，挫败了日军入峡西进的美梦，粉碎了日军攻打重庆的部署，遏制住了日军肆意践踏的罪恶铁蹄。

在这场战役里置之死地而后生的胡琏，也成为了石牌最有名的将军。他的英名从此在三峡沿岸流传。三国之后的岁月，三峡的战火停息了很多年，也恰在没有烽烟的年代，这里成了诗人和散文家们的天下。荡气回肠的石牌保卫战终于又为三峡续写了一段铿锵之史，成为世界军事史上中华民族反法西斯取得胜利的著名战役。

文化 CULTURE

长阳巴山舞

长阳巴山舞是20世纪80年代兴起的一种新型自娱性的集体舞蹈，它是由土家族民间古老的“跳丧”经民间舞蹈工作者收集整理、创新发展而来。这种舞蹈一经问世便深受人们青睐，从土家山寨传进县城，甚至在现代舞厅也能看到，大有与外来迪斯科一争高下之势。

长阳巴山舞打破了原始跳丧许多旧程式和流行区域的界限，广泛吸取各地舞蹈的精华，通过重新建构，组合成“巴山摇”“半边月”“四合”“风摆柳”“双龙摆尾”“喜鹊登枝”6个种类。其动作姿态各异，但都具有身体上下颤动和胯部左右摇摆的特色。

长阳巴山舞在音乐上只保留了原始跳丧鲜明的节奏和特色鼓点，选用当地人们所熟悉的山歌、民歌为基调，并加进了弦乐伴奏，使舞蹈音乐具有浓郁的民族特色和地方色彩。

长阳巴山舞除保存跳丧舞原有的歌、舞、鼓、乐的形式和鲜明的节奏以及粗犷原始的风格外，在许多方面进行了改革创新。原始的“跳丧”只有男人能跳，而长阳巴山舞却让过去只能旁观的女性进入了舞台，成为男女成双成对、载歌载舞的一种舞蹈。长阳巴山舞还将“跳丧”从窄小的灵堂前的有限空间，搬到了千百人聚会的群众文化广场和文艺表演舞台，成为一种艺术品位独特、感染力强、简单易学、参与面广的集体广场歌舞。同时，长阳巴山舞的舞蹈动作也更为欢快，抛弃了“跳丧”中的压抑感，姿态亦更加优美。

长阳巴山舞

经过几十年的传播，长阳巴山舞已成为一种新型的民间舞蹈，在三峡地区广为流传。在清江、三峡等景区内都可以看到长阳巴山舞的表演。同时在一些地方，巴山舞已经成为群众文化活动的重要内容。2008年，国家体育总局将长阳巴山舞作为一种全民健身舞蹈向全国推广。

宜昌丝竹

宜昌丝竹亦称“细乐”，是宜昌民间器乐艺术的代表体裁，主要流行于夷陵区的鸦鹊岭、龙泉，并以鸦鹊岭为中心，辐射毗邻的枝江、枝城、当阳等地。宜昌丝竹以其细腻、婉转、吉祥的演奏效果，被广泛用于民间吉庆、盛典等各种红事场合。

作为一种古老的汉族民间音乐，宜昌丝竹已经有2 000多年的历史，北宋欧阳修任夷陵县令时，对当地民风民俗作了“腊市鱼盐朝暂合，淫祠箫鼓岁无休”的描述；苏轼也留有“庙前行人拜且舞，击鼓吹箫屠白羊”的诗句。

宜昌丝竹传承至今已近200年，历经七代乐人，在当地民间长期演奏于各种民俗活动之中，主奏乐器为丝弦和竹管。该乐种的曲牌有明显的丝竹曲牌特点，曲调优美，表现细腻，加上打击乐器的轻敲细打，给人以典雅、清新之感。其旋律则较为华丽，板式也较为规范，曲牌、小调与本地民歌交融，形成特有的风格。

宜昌丝竹的乐班或8人或4人。8人班主要用于红喜事类，其中打击乐2人，丝弦2人，弹拨2人，竹笛、竹箫2人；4人班的应用为鼓手1人，笛和箫1人，弹拨1人，弦乐1人。所用乐器有二胡、月琴、竹笛、竹箫、花鼓、小锣等。

宜昌丝竹现有60余首乐曲，仅鸦鹊岭一镇就有60多个乐班，700余名乐人。常见曲目有《水龙吟》《戏球》《小起堂》《小开门》等。

宜昌丝竹因传承的断层和艺人的老龄化而逐渐走向衰落，亟待抢救和保护。总结、研究宜昌丝竹的乐曲技法，对民族音乐创作、弘扬民族优秀传统文化都有着十分重要的作用。2006年5月20日，宜昌丝竹经国务院批准列入第一批国家级非物质文化遗产名录。

屈原故里赛龙舟

龙舟竞渡作为端午节的重要习俗，一直流传至今。关于其起源，流传最广的说法无疑是为了纪念战国时期的爱国诗人屈原。据南朝人宗懔《荆楚岁时记》记载："五月五竞渡，俗谓屈原投汨罗日，伤其死，故并命舟楫以拯之，至今为俗。"

作为龙舟竞赛的发源地之一，秭归龙舟赛历史悠久，被称为"中国龙舟之乡"。当地民间还有"宁荒一年田，不输一次船"的说法，人们对其重视程度可见一斑。秭归龙舟赛有祭庙（即祭屈原，含祭龙头）、祭江（含招魂）、竞渡（含夺标）、回龙4个程序，还有一整套的锣鼓和唱腔，这也是它与其他地方龙舟赛的最大区别。

龙舟竞渡正式开始之前，首先要"祭庙"，人们将龙头抬进屈原祠，整齐地排列在祠内的屈原铜像前，并设花台、焚香火，献上鲜花，行叩拜礼，主祭者吟唱祭辞，场景肃穆庄严。屈原铜像旁悬有"楚大夫屈原之灵""魂兮归来回故里"的招魂幡。《招魂曲》是秭归的"龙船调"，歌词悲怆，声调哀戚，十分感人。

唱完《招魂曲》，正式竞渡比赛开始。参赛龙舟并排排列在岸边，龙舟上的艄木搭在岸上，名曰"拖艄划"。竞赛以夺标为准评判胜负，标为红布或红绸。随着裁判一声令响，选手奋力齐划，龙舟如离弦之箭直冲"红标"。其间锣鼓紧催，呐喊助威声不绝于耳。竞赛结束后，便是龙舟竞渡的最后一个程序——回舟。各龙舟的划手们，在江面往返环游，表演赛技，又是一番别样的精彩。

秭归龙舟赛包含着丰富的文化内涵，已经不单单是一项竞技活动。为了更好地传承和发扬这一优秀的传统文化，2006年屈原故里端午习俗（含赛龙舟）被列入全国非物质文化遗产保护名录，2009年又被公布为世界非物质文化遗产。

屈原故里

景点推荐

宜昌市区景点

三游洞 AAAA

文人足迹众多的溶洞

宜昌市西陵区南津关路8号

宜昌市内乘10路公交可到景区

三游洞是西陵山北峰峭壁上的巨大山洞，它背靠长江三峡的西陵峡口，面临下牢溪，洞奇景异，山水秀丽。三游洞地势险峻，形如覆蓬，洞室开阔，呈不规则长方形，深约30米，高约9米，是古代地下水沿岩层岩面不断溶蚀，并经塌陷而形成的石灰岩溶洞。

三游洞风景秀丽，历史悠久。从唐宋起，许多名家及文人墨客都曾相继来此，赋诗题字刻于洞壁上。现存洞内外的诗文摩崖、碑刻，数以百计；名家书法楷、隶、篆、行、草各体皆备。主要景点有至喜亭、楚塞楼、张飞擂鼓台、陆游泉等。

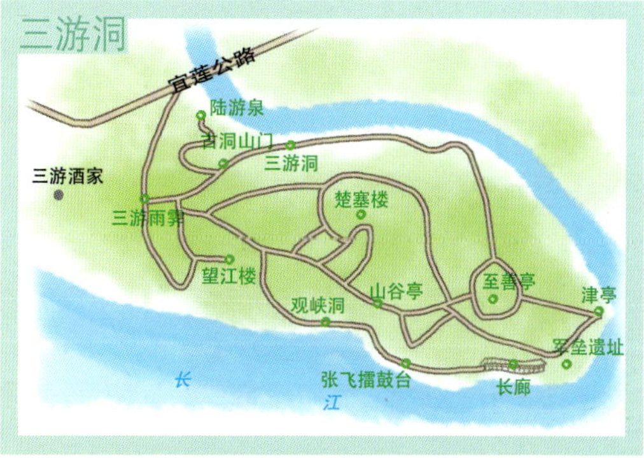

玩家攻略

在三游洞中除了可以欣赏文人大家们的书

法石刻外，这里还是看江景的好地方。在“至喜亭”和“张飞擂鼓台”处都能看到不错的江景，在“张飞擂鼓台”处还有一个“三峡起始点”的石碑。游玩三游洞最好是在晴天，如果能见度理想，在三游洞的小山上能看到西陵峡的壮美风光。

玩家 解说

相传唐元和十四年（819），白居易、白行简、元稹三人在夷陵（今湖北宜昌）相会，同游洞中，各赋诗一首，并由白居易作《三游洞序》，写在洞壁上，三游洞即由此而得名，人们称之为“前三游”。到了宋代，著名文学家苏洵、苏轼、苏辙父子三人也来洞中游览，各题诗一首于洞壁之上，人们称之为“后三游”。

至喜亭

始建于宋代，因为小船在三峡中历经千难万险，出峡到达宜昌，至此江宽阔已无险而喜，故得名“至喜亭”。公元1036年，宋代文豪欧阳修贬任夷陵县令，上任为此亭写了《峡州至喜亭记》。

楚塞楼

楚塞楼是一座重修的古建筑，楼高3层。在一楼大厅可以欣赏到古乐器——编钟演奏的音乐。登至3楼，峡口风景尽收眼底。

张飞擂鼓台

据《三国志·蜀书》记载，建安十五年（210），刘备任命张飞为宜都太守。张飞任职期间在此擂鼓练兵，因此而得名。

陆游泉

陆游泉是一方形小石潭，潭边崖壁石

三游洞石刻

天然塔

缝间，一股清泉涓涓入潭，潭水清澈。因南宋诗人陆游来三游洞在此取水煮茶，饮后味极美，乃题诗于潭边岩石上，而得名“陆游泉”。

天然塔

造型精美的古塔

宜昌市伍家岗区沿江大道

可乘坐b1或b9到达

天然塔位于长江北岸，相传为晋代郭璞始建，清乾隆五十七年（1792）重修。塔身八棱七层，为砖石叠砌，高约42米，层层出檐，其下皆有斗拱装饰。塔座八角，有石雕八大金刚负塔，形象生动。底层塔门西向大江，石额刻“天然塔”3字，边框饰二龙戏珠及云纹图案，门楹刻“玉柱耸江干，巍镇荆门十二；文峰凌汉表，雄当蜀道三千”。塔内有145级石梯盘旋至顶。

登临塔顶，俯瞰宜昌港，只见舳舻相接，帆桅如林；对江五龙山，五峰连峙，苍翠欲滴，状若五龙蜿蜒临江。每当朝阳初起时，塔光山影倒映江面，宛如一条巨型钢鞭，压在五龙之上，因而又有“鞭打五龙”之称。

鸣翠谷

意境如诗的景区

宜昌市点军区紫阳村 ¥40元

鸣翠谷因其“野鸟鸣翠谷，流水唱欢歌”的意境而得名，景区内鸟鸣啁啾，泉声潺潺，风景如画，是一处大型的生态旅游度假景区。

鸣翠谷中的紫阳龙洞、天官庙、矿泉泳池、金龟湖等景点让人心醉神迷，其自然生态之奇妙，让人想起古诗里“珍禽妙唱协笙笛，悬壁飞泉响石琴”的佳句。这里两岸树木葱茏，山奇水秀，崖壁峻峭，野花丛丛。尤其是紫阳龙洞的千年蟒藤、音乐钟乳石、千层梯田等奇观，最是罕见，让人流连忘返。

玩家 解说

鸣翠谷里的紫阳龙洞度假区是明朝两京御史、晋位少宰王篆的故居。王篆官至吏部左侍郎，加之其为官清廉，对母孝敬，被老百姓尊称为“王天官”。《宜昌府志》中就曾记载：“王篆，字绍芳，嘉靖乙卯举人，壬戌进士，初知吉水县事，历官两京都御史，晋位少宰，扬历中外三十余年，固有‘铁御史’之号。”

车溪民俗旅游区 AAAA

因水车众多而得名

宜昌市点军区土城乡车溪村 ¥90元

8:00～17:00

车溪毗邻三峡，因其水车众多而得名。车溪山灵水秀，民风古朴，这里雄峰、异石、奇洞、飞瀑、清泉等景观随处可见。在3 000米长的微型峡谷里，还保存有第四纪冰川时期遗迹，3 000多亩古生蜡梅群落世界罕见，被誉为“三峡植物奇观”。天龙云窟是车溪自然景观精品，特别是莲花洞内天然形成的莲花瓣，堪称“三峡一绝”。溯溪而行，沿途有水车博物馆、古作坊展示群落、农家博物馆等景区。

车溪旅游区

玩家 攻略

景区有八大特色之旅：农耕稼作展示、古代作坊表演、土家歌舞欣赏、篝火野趣晚会、蜡梅峡植物科考、天然森林浴、特大溶洞猎奇探险、忘忧谷溯溪探源。

游客可以在古作坊展示区观看北宋造纸作坊、土陶作坊、酿酒作坊的生产工艺，了解古代手工作坊的神奇之处。在景区的“三峡民俗第一村”内，还可以欣赏到土家歌舞和原生态民俗表演。

玩家 解说

车溪民俗风景区是三峡黄牛岩生态旅游风景区的南大门，景区以“梦里老家”为主题建造而成，区内田园风光优美，土家族民俗风情浓郁。游人在这里可以体验到古老的巴楚民风，徜徉在清山秀水之中，亲近自然，放松休闲。

水车博物馆

这是中国首家水车博物馆，也是全国第一家以水车为题材、动态展示水车演变史的博物馆，是古代农业科学技术的综合展示。博物馆内实地集中展现了中国2 000多年来经常使用的8大类32种水车，让人大开眼界。

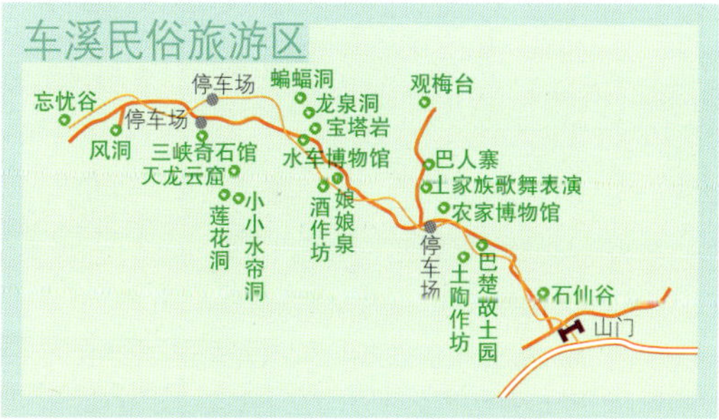

车溪水车

农家博物馆

农家博物馆集静态与动态展示于一体，馆内陈列着上万件车溪先民劳作和生活起居的用品。在这里您可看到击石取火、结绳记事、木榨榨油、碾米磨面等生产生活情景。铁匠铺里的叮当声，伴随着您追寻中国远古的农耕文明，重温流逝的岁月，了解农业生产进步的历史。

古作坊展示群落

这里有中国最大的古作坊展示群落，是承载历史与文化的家园。在此可以亲眼目睹“竹子变成纸，花生变成油，泥巴变成陶，苞谷变成酒、棉花变成线……”的全过程，并可亲自动手，体验其操作过程，全身心感受劳动人民别样的生活和劳作之美。

袁裕校家庭博物馆

中国首家平民家庭博物馆

宜昌市点军区五龙村五龙河街

袁裕校家庭博物馆是中国首家平民家庭博物馆，于2011年9月开馆，建筑面积4 500平方米，馆展实物收藏品达2万余件、图文史料1万余件，其中包括了逾200万字的《家庭档案》及近60万字的《袁裕校家志》。馆展内容涵盖了袁裕校家庭自19世纪末至21世纪初的百余年历史，印证了历史和时代的进步，是宜昌文化事业美丽画卷上的又一道亮丽风景。

玩家解说

宜昌作为楚文化的发源地之一，文化内涵厚重深沉。袁裕校家庭博物馆作为中国首个平民家庭博物馆，收藏了袁家4代自清末到新中国建立以来的生活生产实物和非物质的家庭文化遗产，并整理出家庭档案，编撰成《袁裕校家志》，记录了百余年来宜昌的变化发展，是一部活生生的历史档案，填补了中国方志史上家庭志书的空白，有重要的历史和现实意义。

猇亭古战场

三国吴蜀大战的遗址

宜昌市猇亭区猇亭大道6号

市内乘坐公交37路到“大桥宾馆”站下可到

猇亭临长江西陵峡口北岸，处于沿长江西上的荆门、虎牙二山之间，在三国时是进入长江上游、攻入蜀国的咽喉之地，地势险要，礁石交错，江流汹涌澎湃。猇亭之战留下了赵望山、逃出冲、滚钟坡、上马墩、下马槽和古栈道等10多处历史遗址。

玩家 解说

猇亭虽为弹丸之地，却因地势险要，自古即为兵家必争之地。历史上发生在猇亭的战争颇多，杨素伐陈的江关之战、西晋伐吴的索桥之战等数十次战争均发生在这里，但是最著名的莫过于三国时期的夷陵之战。此役刘备军被“火烧连营700里”，溃不成军，退守猇亭。这也是中国古代以少胜多的著名战役之一。猇亭古战场现已建成大小景点百余个，其中有代表性的为：楚塞楼、休闲兵营、水寨阁、擂鼓台、古栈道等，尤其是在虎牙山之巅的反映楚之开塞的标志性建筑“楚塞楼”，造型古朴典雅，颇为别致。

金狮洞 AAAA

奇幻的喀斯特溶洞

宜昌市夷陵区金狮洞乡杨家冲村七组

在三峡游客中心乘景区散客班车前往

¥ 60元　8:30～17:00

金狮洞位于著名的长江西陵峡口，属于典型的喀斯特溶洞，距今已有100万年的历史。洞宽48米，深1 800余米，呈“丁”字形，分上、中、下3层。其石质之嫩润、物象之奇美、景点之密集、布局之精巧，实属国内少见。

金狮洞内长廊迂回，厅堂开阔，石钟、石乳、石柱、石笋等高低错落，千姿百态。洞中的金狮宫内有一高约2米的巨大石笋，外形颇似一头威风凛凛的雄狮，惟妙惟肖，金狮洞也由此得名。洞外，有异态纷呈的“怪石园”、幽静宜人的“樱花寨”、风景秀丽的“蜡梅峡”和碧水涟涟的“消夏滩”，徜徉其中感觉无比舒适惬意。

玩家 攻略

金狮洞内迂回曲折，景点布局巧妙，溶岩造型奇特，堪称一座巨型的艺术迷宫。洞内水深及膝，石笋成林，在水中恰似岛屿。珊瑚礁在岸边呈簇状分布，千姿百态，有的如荷花含苞待放，有的似雪莲洁净雪白，有的如水中灵芝，漂托水中。更加奇特的是大面积的边石坝，形成一个个的锅状圆池，池壁薄似钢片，直至底部。洞内厅堂宽阔高敞，钟乳石大小参差，高低错落，在彩灯照射之下，洞景尤为绮丽。

猇亭古战场

玩家解说

金狮洞色彩绚丽，气势恢宏，可以和全国知名的溶洞媲美。漫步洞中，只见洞内玉柱挺立、金钟倒悬、亭台叠起，令人目不暇接。长年不干的神水井、栩栩如生的金公鸡、载歌载舞的仙舞厅、云雾缭绕的五指峰、金枝玉叶的灵芝树、层次分明的镇妖塔、火焰四射的八卦炉令人如痴如醉。

中华鲟园

全国农业旅游示范点

宜昌市夷陵区集锦路2号

宜昌市内乘坐34路公交到“神仙湾”站下

48元

7:00～18:30

中华鲟园坐落在美丽的黄柏河江心岛上，是旅游定点单位，园内设鲟鱼馆、标本馆、鳄鱼馆、水族长廊等场馆。鲟鱼馆内展示有古生物“长江鱼王”——中华鲟，以及美国匙吻鲟、俄罗斯鲟、黑龙江史氏鲟和最具生长优势的杂交鲟。鳄鱼馆有国家一级保护的爬行动物扬子鳄、大型野生动物湾鳄等。此外，园内还有国家二级保护水生动物娃娃鱼、胭脂鱼，是一处集科研、科普、旅游观光于一体的生态环保型景区。

链接

中华鲟

中华鲟是国家一级重点保护动物，是地球上最古老的脊椎动物，是鱼类共同的祖先古棘鱼的后裔，距今已有1亿4 000多万年的历史。

中华鲟在长江中孕育，大海里成长，其个体硕大，形态威武，成年鱼体长可达5米，体重超过千斤，寿命长达百岁。从它身上可以看到生物进化的痕迹，具有很高的科研价值，是长江中的瑰宝，是实至名归的“水中活化石”。

中华鲟生活习性独特，是典型的咸水、淡水都能生存的洄游性鱼类。每年夏、秋，成群结队的中华鲟由长江口外的浅海域洄游到长江，历经溯流搏击，回到金沙江一带产卵繁殖。待幼鱼长大到15厘米左右，成年中华鲟又携带儿女们顺流而下，游回大海。正是由于这种执著的回归、寻根的习性，所以人们称它为“中华鲟”。

《中华鲟》邮票

西塞国森林公园

原始森林景观独特

宜昌市夷陵区樟村坪镇境内

从宜昌市区乘车前往　40元

西塞国森林公园景区总面积约14 600公顷，区内最高海拔1 970米，公园内有保存完好的原始森林8 000余公顷。原始森林中生长着十分罕见的高山杜鹃群落和大面积的高山草甸，更有多种珍稀动植物。

公园主要分为九砦湾、圈椅淌、黑良山和望江山4个景区，有石头城、云台观、藏兵洞等历史古迹以及一线天、百蛇岩、龙王洞等自然景观。

九砦湾：位于雾樟公路20千米处，是进入西塞国森林公园的唯一通道。这里怪石林立，瀑布重重，古树名木遮天蔽日，是旅游接待中心和主要的餐饮住宿场所。

圈椅淌：位于樟村坪林场西侧，平均海拔1 400米，有迷宫、石林、天池等景点。这里是野生动物的乐园，也是滑雪场和滑草场所在地。

黑良山：黑良山大峡谷长12千米，依地形地貌分为上游、中游和下游三个景段，有燕子崖、百蛇岩、峡谷悬棺、西塞国仙境等十多处景点，也是西塞国森林公园景区的精华所在。

望江山：主峰1 970米，建在峰顶的云台观是著名的佛教圣地。此外还有神剑峰、百草园、自然博物馆等景点。天气晴朗时登山远眺，依依长江隐约可见。夜晚还可欣赏灯火辉煌的宜昌夜景。

景点推荐

长江三峡东段

三峡人家风景区 AAAAA

融三峡文化之精髓

宜昌市夷陵区峡州路5号　180元

乘坐10路公交可达

7:00~17:30

三峡人家风景区面积14平方千米，地处三峡大坝和葛洲坝之间，跨越秀丽的灯影峡两岸。三峡人家石牌之美，美在“湾急、石奇、谷幽、洞绝、泉甘”，它包括蛤蟆泉、灯影洞、抗战纪念馆、杨家溪漂流等景区，其旅游内涵可以用“一二三四”来概括，即一个馆（石牌抗战纪念馆），两个特别项目（三峡人家风情项目和杨家溪军事漂流项目），三个第一（三峡第一湾——明月湾、中华第一神牌——石令牌、长江第一石——灯影石），天下第四泉——蛤蟆泉。其中三峡人家风情项目又分为水上人家、溪边人家、山上人家等。

三峡人家风景区融合三峡文化之精髓，巴楚文化在这里交融、发展，巴风楚韵，峡江今昔，一览无余，徜徉其中，令人流连忘返。

玩家 攻略

1.在巴王宫内，可以欣赏到具有古巴人风情的仿古表演。此外，矗立在悬崖绝壁之巅的“灯影石”，也是拍照留影的好地方。

2.在水上人家内有“船工号子”的表演，号子既有雄壮激越的音调，又有悦耳抒情的旋律，十分值得一听。

3.龙水溪边的山坡上有很多阁楼，楼内展示了当地溪上人家的日常生活，还有精彩的抛绣球、抢亲和纤夫拉纤的表演，不少演出还会邀请游客亲自参与，比如扮演新郎等。

玩家 解说

三峡人家依山傍水，风景如画。传统的三峡吊脚楼点缀于山水之间，久违的古帆船、乌篷船安静地泊在三峡人家门前，溪边少女挥着棒槌在洗衣服，江面上悠然的渔家在撒网打鱼……古往今来，无数文人骚客在此写下了许多优美

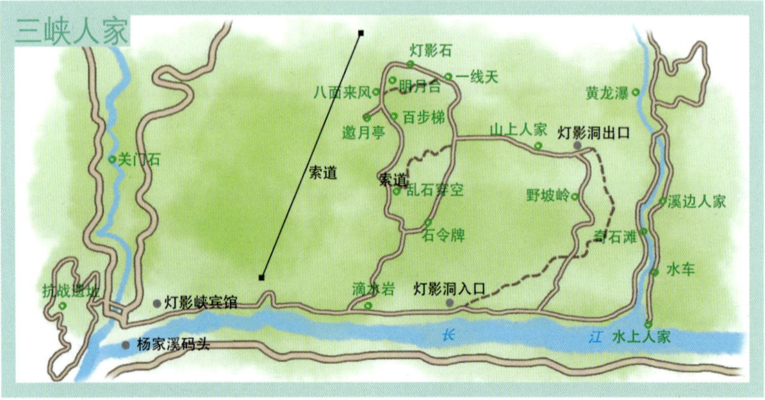

的诗文。诗人们用他们的生花妙笔，或写三峡人家，或写橹声帆影，或写蛤蟆甘泉，或写青山飞瀑。吟诵诗篇，赏三峡美景，恍若置身仙境。

杨家溪漂流

杨家溪因宋朝杨家将的后裔曾移居于此而得名。神秘的杨家溪漂流以军事漂流为主题，充满了浓厚的军训色彩，它分为动水漂流和静水漂流。在这里漂流，坐军车、穿军服、唱军歌，仿佛水上军训，一路既可领略冲浪闯滩的刺激，又可感受平湖荡舟的悠闲。

石令牌

石令牌高32米，重达4 300余吨，远观之雄伟壮观，气势非凡。当地有人说石令牌是大禹治水时用神斧劈成。也有人说石令牌是玉皇大帝降临人间的圣牌，用于保佑当地百姓。它十分灵验，求财得财，求福得福，成为当地老百姓敬拜的对象。

石牌抗战纪念馆

石牌抗战纪念馆修建在当年抗战的军事遗址之上，是三峡地区第一个综合性抗战纪念馆。纪念馆占地面积440平方米，由凭吊缅怀大厅、多媒体展览厅、图文展览厅、实物展览厅4部分组成，收藏珍贵实物200余件、珍贵图片近100幅。

灯影石

四块兀立山巅的奇石，酷似《西游记》中唐僧师徒西天取经的形象，每当夕阳西下、晚霞映衬峰顶时，远远望去，它们仿佛灯影戏幕上的人物造型，惟妙惟肖，“灯影石”即由此得名。灯影石中最负盛名的是沙僧石，被誉为“万里长江第一石”。它矗立在悬崖绝壁之巅，呈蘑菇状，重达100余吨，平均每平方厘米承载近半吨的重量，堪称世界奇观。

三峡人家景区巴王寨

明月湾

浩浩长江奔涌至石牌河段时，在这里向左急转弯110度,改向东去，形成一个巨大的月牙形，这就是“长江三峡第一湾”——明月湾。船过明月湾，置身于游船之上，眺望远方江面，便会发现两岸连绵不绝的山峦仿佛阻塞了滚滚长江，但船进山退，路转峰回，旋即又豁然开朗。

灯影洞

灯影洞幽深狭长，洞内岩溶地貌景观奇特，洞道地形多变。洞内的“五色奇音石”色彩丰富，五色交织，用手敲击可闻鸣锣击鼓之声，令人叹为观止。洞内一条落差达30米的地下河，水流或缓缓无声，或潺潺悦耳，或悠如琴鸣，令人心醉神迷。

蛤蟆泉

灯影峡南岸扇子山下原有一大石豁然挺立，好似一只张口吐舌、睁眼鼓腮的蛤蟆，其背后的一股泉水四季长流不息，水清味甘，是烹茶、酿酒的上好水源，这就是著名的蛤蟆泉。“茶圣”唐代陆羽品尽天下名泉后饮此泉，誉之为“天下泉中第四泉”。

山上人家

分布在孤亭的橘园处，几栋石屋散布在山间，里面陈设着三峡人的起居生活用具，屋上盖着青石板，到此喝一杯山里茶，与三峡老人家拉起家常，看原始的歌舞表演，俨然世外桃源。

溪边人家

溪边人家的“吊脚楼”被现代建筑学家称为“干栏式建筑”。其独特之处是前低后高，侧面有走廊，后面有阳台，俗称“走马转角楼”。它体现了峡江人民的乐观、风趣和对生活的热爱。走上吊脚楼，曲廊盘绕，举目四望，风景如画，大有空中楼阁之诗画意境。

水上人家

水上人家是一幅精彩的西陵画卷，是两坝之间风景最为奇秀、风情最为淳朴的地方。在龙进溪与长江的交汇处，橹声帆影，渔歌唱晚，世代居于峡江的人们，以一种靠山吃山、靠水吃水的状态繁衍生息，延续着古老的渔家文化。

石牌要塞旅游区 AAAA

有世界首例军事主题漂流项目

宜昌市夷陵区三斗坪镇石牌村　免费

在宜昌城区黄柏河的“两坝一峡”石牌旅游专用码头乘船前往

石牌要塞旅游区位于三峡大坝与葛洲坝的中部，其地名就是因江边那块兀立的巨石而得。景区由杨家溪军事漂流、石牌抗战纪念馆、石牌抗战纪念碑3部分组成。

杨家溪军事漂流，是世界首例军事主题漂流项目，为“新三峡旅游十景”之一，具有漂流探险、军事训练、亲水休闲等功能，漂流河段分为动水漂流和静水漂流。在这里漂流，游人穿着迷彩色服装，划着迷彩色皮艇，编成部队连、排建制，由推选的连长、排长指挥，一路唱军歌，搏激流，过险滩，仿佛水上军训，两岸风光在身旁飞掠而过，不尽浪花在眼前飞珠溅玉。幽谷藏俊秀，人在画中游，既可领略冲浪闯滩的刺激，又可感受平湖荡舟的悠闲。

链接

石牌抗战

1943年5月，为保卫陪都重庆，15万中国军队围绕石牌与10万日寇展开了殊死拼杀，取得了被誉为“中国的斯大林格勒保卫战”的辉煌胜利，粉碎了日寇觊觎重庆的美梦。在石牌抗战纪念馆外，就是高耸的石牌抗战纪念碑。在旅游区内还能看到一些炮台、防空洞等当年的军事设施。

三峡大坝旅游区 AAAAA

世界最大的水利枢纽工程

- 宜昌市夷陵区三斗坪镇
- 门票免费，游船和观光车需要另外购票
- 宜昌市区的三峡游客中心（沿江大道142号）每天有两班车发往景区
- 8:00～16:30

三峡大坝距葛洲坝水利枢纽工程38千米，是当今世界上最大的水利枢纽工程，也

三峡大坝

是全国首批5A级景区之一。大坝旅游区拥有三峡展览馆、坛子岭园区、185园区、近坝园区及截流纪念园5个园区，总占地面积约15.2平方千米。旅游区以世界上最大的水利枢纽工程——三峡工程为依托，全方位展示三峡工程文化和水利文化。

在坛子岭可以远眺大坝，俯瞰长江。泄洪观景区则是波澜壮阔、雷霆万钧。而在185

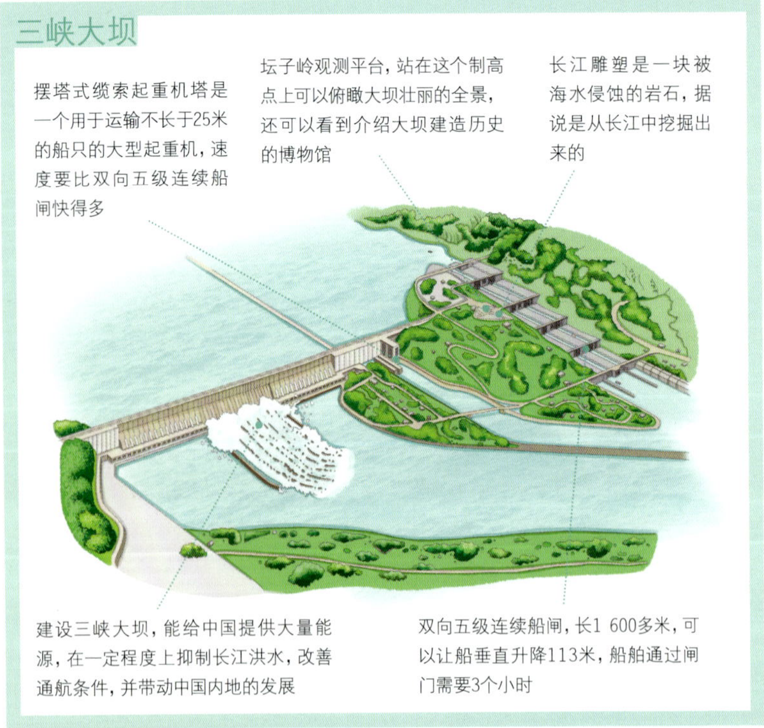

米水位线观景区，大坝上游的高峡平湖与下游滔滔江水形成鲜明的反差。截流纪念园有丰富多彩的歌舞及其他节目表演，同时也是景区内部交通的中心。

玩家 解说

三峡大坝是当今世界上最大的水电站，包含主体建筑工程和导流工程两部分，于1994年正式动工修建，2006年全线完工。

大坝为混凝土重力坝，坝顶总长3 035米，正常蓄水位175米，总库容393亿立方米，能够抵御百年一遇的特大洪水。三峡大坝建成后，形成长达600千米的水库，成为世界罕见的新景观。

双向五级永久船闸是三峡工程的主要通航建筑物，号称"长江第四峡"，是世界上最大的船闸。船闸全长6.4千米，上下落差达113米，船舶通过船闸要翻越40层楼房的高度。

链接

三峡工程的世界之最

三峡工程创造的世界之最：世界上防洪效益最为显著的水利工程、世界上最大的电站、世界上建筑规模最大的水利工程、世界上工程量最大的水利工程、世界上施工难度最大的水利工程、施工期流量最大的水利工程、世界上泄洪能力最大的泄洪闸、世界上规模最大和难度最大的升船机。

坛子岭

坛子岭因其顶端观景台形似一个倒扣的坛子而得名，是三峡坝区最早开放的景区。该景区所在地为大坝建设勘测点，是观赏三峡工程全景的最佳位置，在这里不仅能欣赏到三峡大坝的雄浑壮伟，还能观看壁立千仞的"长江第四峡"双向五级船闸。

185观景点

185观景点位于三峡大坝坝顶公路的左岸端口处，因与三峡坝顶齐高，同为185米而得名。站在平台上向下俯看，就如同身临坝顶，可以感受到大坝的高度；同时，现在海拔135米的水位也使我们能在这儿领略到平湖的感觉。这里也是参观船过升船机的理想地点。

截流纪念园

截流纪念园位于三峡大坝右岸下游800米处，园区背倚青山，面朝大坝，由截流记事墙、演艺广场、亲水平台、幻影成像、大型机械展示场、攀爬四面体、平抛船等十几个景观组成，是游客在三峡大坝全景拍照留念的绝佳场所。

三峡竹海 AAAA

三峡地区的天然氧吧

宜昌市秭归县茅坪镇泗溪村　88元

乘三峡8路专线至终点转面的到景区或到宜昌市云集路乘车直达景区

三峡竹海生态风景区又名泗溪生态旅游区，地处长江南岸，距长江三峡大坝坝址和秭归县城12千米，以大溪等四条溪流而得名。景区沿大溪水系呈树枝状分布，中心区域面积9平方千米。景区内幽篁修竹，重峦叠嶂，飞瀑倾泻，植被茂密，以山、树、洞、竹、水、瀑见长。区内有猕猴、野山羊等几十种野生动物繁衍栖息，为景区增添了无限生机。这里地理区位独特，气候温暖湿润，自然生态环境优美，风景独特，是不可多得的生态旅游区，也被誉为"三峡地区的天然氧吧"。

三峡竹海

玩家 解说

景区内有大溪、小溪、芭蕉溪和顺阳溪四条小溪，因而取名为“泗溪”，总面积20平方千米。这里山景奇特，有玉兔峰、枫竹岭、金鸡报晓等；水景优美，竹海浴场泛竹排，藤桥上面看怪水，碧水长阶赏水花，土地岩边找迷泉。泗溪竹类繁多，有竹字竹、斑竹、撑麻青竹、实心竹、高节竹等300多个品种，面积10 000多亩。泗溪溶洞比较发育，有龙王洞、白岩洞、鱼泉洞等近10个洞穴。

景区最有特色的景观是三吊水高山瀑布，总落差389米，共分五级飞流直下，跌落悬崖下深潭之中，水花乱琼碎玉般迸溅开来，化作缥缈的水雾，令人置身于一种虚幻的仙境之中。

西陵峡口 AAAA

神奇壮丽的峡谷

宜昌市西陵区夜明珠路西陵峡口 ¥60元

宜昌市内乘10路公交可到景区

西陵峡口风景名胜区东起葛洲坝，西至三峡大坝，总面积142平方千米，是国家4A级旅游区和“中国十大风景名胜”之一。

西陵峡口风景名胜区据三峡之门户，扼川鄂之咽喉，自1979年开放以来，现已形成了嫘祖庙、桃花村、白马洞、仙人溪等景区。风景区内山峰雄峙、滩险水急、壑幽洞奇。身临其境可赏花草、游峡谷、识鸟音、饮清泉、观巴舞、览大坝，中外游客誉之为“山水画廊，活的巴风楚韵”。

玩家 攻略

西陵峡口风景区的快乐谷、下牢溪以娱乐、探险为主，有蹦极、攀岩、滑索、空中飞车、天然浴场、漂流等娱乐活动。

在西陵峡口风景区内可品尝到当地的风味特产，有峡口豆花、熏腊肉、踏豆饼、南津关豆腐、峡口明珠汤、三游神仙鸡等。

西陵峡口风景名胜区是著名的休闲疗养胜地，景区内有多处别墅、宾馆供游人住宿。

嫘祖庙

即西陵山庙，位于西陵山巅，为纪念黄帝正妃嫘祖而修。嫘祖庙的主体建筑重檐黄瓦，雄伟壮观。殿内供奉嫘祖，仪态端庄，神情安详，是中国最早的“第一夫人”。

桃花村

桃花村是以收集、保存桃花品种资源以使多样性为基础的旅游景区，村内现有供游人观赏的桃花50多种、8 000多株，人称“桃花五仙子”（五彩桃、日月桃、绯桃、人面桃

西陵峡

和碧桃）的观赏桃傲立群桃，最为著名。

白马洞

白马洞以相传连通汉中、宜昌，有两地白马过往其中而得名，洞深2 000余米，洞中有洞，笋立乳悬，千姿百态，非常壮观。

仙人溪

仙人溪全长约7千米，植被丰茂，风光秀丽，景观众多，步行其中，有移步换景之妙。三大瀑布、四大深潭、巴人岩屋、洞壑神宫掩映其中，谷幽水秀，令人心旷神怡。

三峡观坝旅游区 AAAA

三峡大坝最佳观景点

宜昌市夷陵区三斗坪镇

三峡观坝旅游区位于三峡大坝下游南岸，以全天候观坝为主要功能，全面展示三峡大坝功能、三峡工程渊源和大禹治水文化。该景区是面对三峡大坝视线最清晰、视角最全面的坝景最佳观景点。立身此处，高峡平湖和巍峨大坝一览无余。若是在星光璀璨的夜晚，更可欣赏到三峡灯火辉煌的大坝夜景。

玩家 攻略

欣赏大坝雄姿之余，游人还可观赏大型“新老三峡风貌对比”图片展和“三峡工程重大历史事件回放”纪录片，了解三峡工程的历史渊源。游客也可以走进农家和茶园观光，观摩采茶、制茶流程，感受品茶之乐，亲身体验农家生活情调。

玩家 解说

景区集治水工程之大观，建有“江南第四楼”——禹王阁、观坝廊道、影视厅、茶楼等项目。景区内的观坝平台海拔650米，是三峡大坝的最佳观景点。此外悠悠白云横亘，莽莽山脊腾舞，观光游船在长江上往来穿梭。长达3 000多米的三峡大坝，犹如一座横跨长江的“水上长城”，将其雄姿完整无余地展示给游客。

三峡大瀑布

三峡大瀑布 AAAA

瀑高、景秀、山险、水清

宜昌市夷陵区黄花乡 ¥138元

可乘宜昌至小溪塔100路公共汽车，再转雾渡河、小峰方向的中巴车，太山庙下车即到

8:30～17:30

三峡大瀑布景区占地6 000多亩，以天然瀑布群和峡谷丛林风光闻名，是集迷人风光、民俗文化、水上娱乐、旅行探险等多功能于一体的神奇峡谷。峡谷内植物覆盖率达90%以上，空气新鲜。峡谷幽幽绵延10余千米。

三峡大瀑布以瀑高、景秀、山险、水清见长，是由主体瀑布和若干条分支瀑布形成的气势磅礴的瀑布群。主体瀑布宽60米、高102米，从陡峭山崖上飞泻而下，荡起数十米的水雾，蔚为壮观，即使久旱不雨，这里依然是飞泉不绝，被誉为“中国第四，湖北第一”。

玩家 攻略

穿过三峡大瀑布，在峡谷尽头的绝壁上，可以看到一尊高70多米的天然石佛——水袈裟大佛，一股山泉从大佛的额头处流下，直冲谷底，为大佛披上了一袭圣洁的“水袈裟”，让景区多了一层庄严的宗教气息。

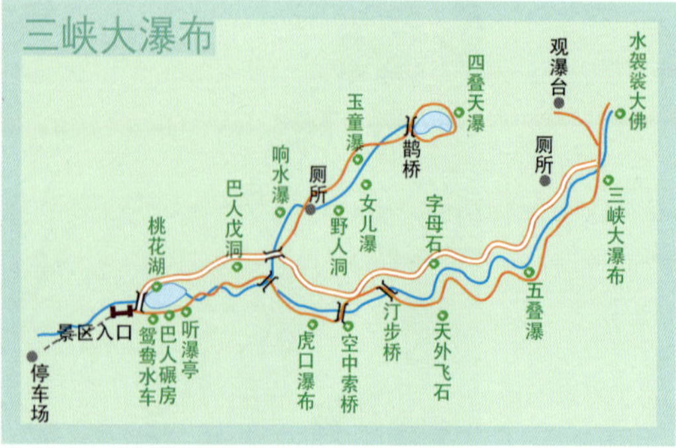

三峡大瀑布景区内还可以欣赏到数量众多的桥梁建筑，这些横跨峡谷的桥梁设计精巧，造型别致，与景区的灵山秀水融为一体，构成了秀美的山峡溪瀑风光。

玩家 解说

三峡大瀑布景区是展示震旦纪、奥陶纪、寒武纪等多个地质年代的天然地质博物馆，景区内空气清新，如同一个天然的大氧吧，夏天这里尤为凉爽宜人。

三峡大瀑布溪流全长5千米，沿途分布着30多道瀑布。游客沿着景区内的游客步道逆水而上，虎口瀑、一线瀑、珍珠瀑、丫瀑、连环瀑、五扇瀑等形态各异的瀑布接踵而来。这些瀑布，有的宽大舒缓，骤然跌落，"汩汩"有声；有的狭窄湍急，顺着岩壁倾泻而下；有的环环相扣，瀑瀑相连，形成了罕见的连环瀑。

屈原故里文化旅游区 AAAAA

屈原的出生地

宜昌市秭归县茅坪镇　80元

可乘三峡游船直达秭归县城

8:00～16:30

屈原故里文化旅游区毗邻三峡大坝，占地面积约500亩，在此高峡平湖美景尽收眼底，同时以屈原祠、江渎庙为代表的24处峡江地面文物集中搬迁于此。主要有以屈原祠为主的屈原纪念景区，以新滩古民居、峡江石刻、峡江古桥等为重点的三峡古民居区，以及屈原文化艺术中心、滨水景观带等景点。

屈原祠

如今的屈原故里文化旅游区内，核心景点就是原物搬迁过来的屈原祠。原屈原祠位于秭归与香溪之间的一块沙滩上，传说这里是屈原遗体安葬处，后取名"屈原沱"，沱上建有屈原祠，修建葛洲坝工程和三峡工程时两次搬迁。如今景区内的屈原祠，面向东南，与三峡大坝正面相对，由碑廊、前殿、乐舞楼、正殿、享堂等建筑组成。

玩家 攻略

游客在景区内还可参观龙舟博物馆、端午习俗馆、高峡平湖观景平台等景点。景区内还复制了屈原出生地的一些景点，如香炉坪、照面井、玉米三丘等，这些景点根据传说都和屈原有着密切的联系，保留了当年屈原的生活遗迹。

玩家 解说

秭归是屈原的故乡，也是楚文化发源地之一。它位于长江北岸的卧牛山麓，四周城墙环绕，形似一个倾斜的葫芦，故有"葫芦城"之称。秭归的名胜多与屈原有关，秭归县城东门外矗立一高大的牌坊，上书"屈原故里"4字，系郭沫若手书。旁边还有两块石碑，分别刻"楚大夫屈原故里"和"汉昭君王嫱故里"。

链接

屈原小传

屈原（约前340—前278），我国伟大的爱国诗人。他曾在楚国做过左徒和三闾大夫，后来因受权奸排挤而被放逐，浪迹江湖间。当楚都为秦兵攻破时，他愤而以身殉国，投汨罗江而死。其《离骚》《九章》《九歌》等诗篇，声贯古今，在世界文化史上享有崇高的地位。

屈原祠

屈原祠又称清烈公祠，为纪念屈原而建。屈原祠与三峡大坝遥相呼应，主体建筑由山门、前殿、大殿等组成，屈原墓、名人石刻、山门等均从原有建筑迁移而来，新祠的装饰、灰塑、彩绘均继承老屈原祠的地域特色和传统工艺。

屈原墓

屈原墓随屈原祠迁徙而建，占地120平方米，为屈原衣冠冢。墓上青狮白象，鳌鱼翘角，墓前拜台正中有一香炉，供凭吊屈原燃烧香火之用。墓前三排六柱八字开扇，外石柱镌有“汨水怀沙千古遗恨，归山枕岫万世流芳”楹联。上柱间嵌着一块《重修楚大夫墓碑记》。墓前两侧一对明代大石狮。墓中有一通道，透过石门可见一红漆古棺悬吊其内，俗称“屈原吊棺”。

链子崖

山上布满裂缝

宜昌市秭归县屈原镇西陵峡村　¥ 58元

链子崖屹立于兵书宝剑峡和牛肝马肺峡之间，山上布满裂缝，据《归州志·山水》记载：“峡南石壁中折，广五尺，相传有神力关锁，历久不坠，谓之锁山。”后根据“链子锁崖”改名链子崖。

链子崖危岩高耸、奇峰挺拔、绝壁摩天、怪石嶙峋。崖上从猴子斜坡到雷劈石，破碎的岩石不计其数。从下仰望链子崖，可见纵横交错的裂纹。顶部最大的裂缝宽达7米，深100多米，给人以摇摇欲坠之感。立足崖上，西陵峡风光、高峡平湖胜景尽收眼底，十分壮美。

九畹溪 AAAA

集探险、休闲、观光为一体

宜昌市秭归县九畹溪镇　¥ 270元

11:00–16:00

九畹溪景区距三峡大坝20千米，集探险、休闲、观光为一体，是三峡大坝库首第一旅游风景区。九畹溪曾是爱国诗人屈原进京为左徒前开坛讲学、植兰修性之地，以其奇山、秀水、绝壁、怪石、名花而闻名。游乐区分为水路和陆路两段旅游区，即峡谷观光和漂流。

九畹溪

九畹溪峡谷全长7千米，沿途有仙女山、情侣峰、神牛泉、将军岩等10余处自然景观。有极具科学研究价值与观赏探秘价值的古悬棺群；有人迹罕至、完全处于原始状态的干溪沟，以及天下奇观、鬼斧神工的青钟地缝。此处景观由“杨林堂鼓”“亲水龙舟竞渡”“千年悬棺”“峡谷风光”“问天地缝”“水上舞台剧《礼魂》”“高空绝技”7部分组成。

九畹溪漂流景区山峻水清，被中外游客誉为“中华第一漂”。全长13.2千米的漂流河道分上、下两段，上段6.4千米为动水里的惊险刺激漂流，下段6.8千米为静水里的休闲漂流，水深70～80米，可观两岸40余座姿态各异的山峰。

玩家 攻略

九畹溪漂流全年皆可体验，但洪水期出于安全考虑会暂时关闭。上段惊险刺激漂流仅限于14岁以上至55岁以下身体健康的中青年游客，7~14岁儿童如要坚持漂流，可履行相关手续，由景区安排专业水手护送。

当地特产有九畹兰、九畹橘、九畹茶、九畹石等，游客在游玩之余可以按需购买，赠送亲朋好友。

五龙温泉

离宜昌城区最近的温泉

宜昌市秭归县郭家坝镇庙垭村

五龙温泉度假区地处鄂西生态旅游圈黄金区位，是离宜昌城区最近的温泉。这里群山环抱，山峦如巨龙冲天而起，有渔王寨、系马桩等“仓平八景”。五龙温泉资源独特，环境幽雅，景色宜人，是秭归旅游开发项目中的亮点工程。

高岚朝天吼漂流 AAAA

拥有独特的“双子漂河道”

宜昌市兴山县水月寺镇　¥ 180元

在兴山县包车前往

高岚朝天吼漂流位于宜昌至神农架的中途，属“一江两山”黄金旅游通道的重要结点，交通便利。景区拥有独特的“双子漂河道”，孔子河和夏阳河两条漂流河道可以供游客选择。孔子河位于高岚内十里画廊景区，全长4.5千米，沿途可观太公钓鱼、孔雀岭、骆驼峰等景观，河内自然风光原始，景观秀美。

夏阳河位于高岚自然风景区外十里画廊区，全长5千米，途经卧佛山、八缎锦、将军柱、朝天吼等景观，开敞大气，是偏爱冒险、运动的年轻人的选择。两条漂流河道起点不同，但殊途同归，在全国绝无仅有。漂流区内自然风光旖旎，可同时开展户外拓展、宿营等项目。

昭君村

王昭君的故乡

宜昌市兴山县昭君镇　¥ 60元

乘坐兴山县开往景区的班车

昭君村位于香溪河畔，因王昭君生长于此而得名。村中有粉黛林、浣纱处、彩石滩等胜迹。昭君纪念馆收藏陈列着昭君村出土的汉唐文物，昭君书院内珍藏着各个版本的古典书籍，记载着几千年来人们对昭君的

高岚朝天吼漂流

昭君村

评价。

村内王家崖云雾缭绕，香溪河蜿蜒曲折，梳妆台花荫满地，昭君像亭亭玉立。特别是昭君村多美女的千古传说，更引得八方游客纷至沓来，流连于斯，乐而忘返。昭君村中仍保留着西汉时代的生活习俗和劳作方式，婚丧嫁娶等习俗原始古朴，被誉为“绝无仅有的汉代历史文化景观”。

链接

王昭君小传

王昭君，名嫱，字昭君，我国古代四大美女之一。晋时因避司马昭讳改称明君或明妃。汉元帝时被选入宫，竟宁元年（前33），匈奴呼韩邪单于入朝求和亲，昭君自愿请行，远嫁匈奴，为民族间的亲善友好作出了贡献。入匈奴后，被称为阏氏（皇后）。后呼韩邪死，成帝又命她“从胡俗”，改嫁复株累单于。在她的影响下，其子女及周围的人都努力维护与汉的通好关系，以致“三世无犬吠之警，黎庶无干戈之役”。

■ 昭君宅

昭君宅占地200平方米，主体建筑砖木结构，面阔5间，轩朗明洁，朴素大方。内部装饰古雅多致，玉石雕刻的昭君像端庄秀丽，极为精工。院内花木扶疏，左右邻舍错落，小径盘旋。其后奇峰幽谷，屋前曲岸枕波，一派迷人景色。

■ 昭君台

昭君故里对面的妃台山相传是昭君幼年拾柴劳作之处。入宫前她留恋家乡，登山回眺。昭君入宫后，乡人在此筑台而望，至今犹存台基遗迹。据记载，汉时在此立有昭君祠，唐建有昭君院，明永乐十三年（1415）曾重修昭君院。清光绪十年（1884）秋，在此重立昭君故里碑，如今碑文尚存。新中国成立后，重修了昭君亭、昭君坊和昭君故里碑，建筑风格古朴雄健。

■ 昭君井

又称楠木井，井水清澈碧绿，四季不竭，清甜可口。井台瓷石筑成，中嵌楠木，旁立石碑，上刻“楠木井”3字。相传此井为昭君当年汲水之处。井水温度冬季可达30℃，夏凉如冰，用以冲泡昭君村出产的白鹤茶，清香可口，人称龙泉茶，深受游人喜爱。

景点推荐 宜昌北部景点

情人泉
溶洞奇观

宜昌市夷陵区黄花乡 ¥35元

情人泉是湖北唯一的地下飞瀑和罕见的白云岩溶洞。据说，情人泉是中华大地唯一集洞、泉、瀑为一体的原始白云岩溶洞标本和地下河景区。3道十分罕见的地下瀑布群穿于美轮美奂的钟乳石溶洞之中，形成“瑶宫三叠”的世界奇观。情人泉寄托着人们对美好坚贞爱情的向往，这里不仅是一处游览胜地，更谱写着一曲人间美好爱情的颂歌。

玩家 解说

景区由天趣盎然的情人渡、情人谷、情人河、情人宫四大景观组成。进入景区需在情人渡坐船，随着渡船的驶入，情人瀑的轰鸣声也隐隐传来；再往里，便能看到情人泉的点睛之笔——连体成双、体态婀娜的钟乳石，它们如情人相拥，在这里一站千万年。情人宫千姿百态、风光无限，素有“中国最浪漫的地下河”之美誉。

枝江博物馆
馆藏文物近万件

宜昌枝江市城区南岗路50号

乘坐1路公交到“沿江大道三阳路”站下车

枝江博物馆为汉唐风格建筑，馆藏文物近万件，其中国家一级文物11件、二级文物300多件。“枝江历史文物陈列”通过“远古的枝江”“楚文化发祥地”“汉砖艺术”“陶塑奇葩”“古瓷集锦”等专题，系统地展示了长江中下游及三峡地区著名的大溪文化、楚文化、巴文化文物和东汉画像砖及历代艺术品，颇具特色。

玩家 解说

“远古的枝江”介绍枝江近年发现的旧石器、大溪文化关庙山类型的各种典型器物等；“楚文化发祥地”展示境内的西周至战国文物及楚、巴、徐、越各国铜器；“汉砖艺术”介绍一组东汉晚期画像砖，内容涉及拱桥技术、车马礼仪、楚风乐舞、巴渝舞姿及汉代民俗；“陶塑奇葩”陈列西汉早期至宋明时期的陶塑艺术品；“古瓷集锦”从历代瓷器的角度反映古代商道上的商贸繁荣。

链接

馆藏精品

铜金工：春秋时期文物，为宫殿建筑构件。器体呈方筒形曲尺状，中空，一端弯曲，四角有铆钉眼，通体装饰细密的云雷纹和变形夔龙纹。

虎纹巴式剑：战国时期文物。通体泛绿，保存完整。扁平式，剑身似柳叶，剑格两侧分别饰有栅栏纹和勾连纹，剑身双面雕刻虎纹和巴文字符号。

陶魂坛：宋代时期文物。是一件四灵魂坛。肩部塑灵堂、孝子和佛教道场僧人。坛腹部塑青龙、白虎、朱雀、玄武“四灵”，十分精美。

十殿图：民国时期道教神画，共十幅，分别为十殿阎君及其司职图解。

沙浪奇观

景观奇妙的沙洲

宜昌枝江市董市镇

乘坐1路公交到“沿江大道三阳路”站下车

沙浪奇观景区即董市沙洲，据《荆州府志》记载：“蜀江自此分为诸洲，自江陵而九十九洲起，此间如乔木之有条枝焉。”董市沙洲即为九十九洲之一，占地2 000余亩，西与三峡大坝相接，顺江东下可直达荆州。董市沙洲呈现出多种沙浪奇观，有的似江心旋涡，有的似蜿蜒起伏的古栈道，有的似鱼鳞，有的像盛开的山茶花，如诗如画，美不胜收，是回归自然、愉悦身心的理想去处。

玩家 攻略

游览沙浪奇观自然景色的同时，还可以观赏和参与“原始淘金场”“江滩沙雕”“沙海宝藏”“沙滩军事探险”等游乐项目。

长坂坡

长坂坡

赵子龙宣威之地

宜昌当阳市端直街

当阳市内乘坐公交2路到“长坂坡宾馆”站下

长坂坡，即三国古战场长坂坡，乃三国时代赵子龙宣威之地。这里属荆山余脉，古曰“当阳长坂”。明万历十年（1582），为纪念赵子龙在长坂坡大战中的功业，当地人民在此树立“长坂雄风”碑，供世人凭吊。1936年，当阳人民又在此兴建长坂坡公园，隆其观瞻，以彰先民尚武精神。

玩家 解说

长坂坡公园于1979年重修，三开大门旁屹立着青石雕琢的雄狮、大象，威武壮观。园内正中矗立着高大的青石古碑，其上“长坂雄风”4个大字格外醒目。满园百年老树苍劲挺拔，亭榭建筑古色古香。公园外兴建了街心花园，中间耸立着高约8米的赵子龙彩陶塑像。

据史料记载，长坂公园周围5千米的地方，都属长坂坡古战场遗址。长坂坡周围，还保存有子龙街、子龙畈、太子桥和娘娘井等遗迹。据说当年糜夫人抱着阿斗就是在太子桥下避难，娘娘井则以糜夫人投此井自尽而得名。

玉泉风景名胜区 AAAA

以名山、名寺、名塔而闻名

玉泉村二三零县道当阳玉泉风景区

当阳市乘专线巴士可以直接到达

玉泉风景名胜区中心景区面积8.9平方千米，是一个以森林景观为基础、佛教文物为主体、三国遗迹为依托、融自然景观和人文景观于一体的综合性景区。

玉泉寺

玉泉山有良好的生态环境和丰富的旅游资源，景区森林覆盖率达85%以上，动、植物品种繁多，并有大量珍稀物种。玉泉山素享“三楚名山”之盛誉；玉泉寺建于东汉末年，为我国历代著名的佛教寺院，以“荆楚丛林之冠”著称；珍珠泉是我国三大著名珍珠泉之一。此外，景区内还有全国最早的关庙显烈祠等三国遗迹，是访古探奇、休养身心的好去处。

玩家解说

玉泉山的三国遗迹是山中的一大特色。根据小说《三国演义》里面的描述，关羽被杀害后，曾多次在玉泉山显圣，如今在山脚有一个明代所立圆柱形石碑，上面写着“关公首次显圣处”几个大字，旁边还有一块巨大的“关羽磨刀石”，在上山的石阶上，依次还有多处“关公显圣处”。

玉泉寺

玉泉寺是我国最早的佛教寺院之一，与栖霞、灵岩、天台并称“天下丛林四绝”。现存天王殿、大雄宝殿、毗卢殿、藏经楼等建筑，寺前有北宋所建如来舍利塔。玉泉寺是国家对外开放的宗教活动场所，寺内的隋代铁镬、唐代吴道子石刻观音像等佛教文物弥足珍贵，月月桂、并蒂莲、唐代银杏等奇花异木独具特色。

玉泉铁塔

玉泉铁塔原称如来舍利塔，造于1061年，为生铁浇成，八角十三层，高约18米。塔身每层皆铸有八仙过海、二龙戏珠、海山、海藻等图案。台座八角又各铸有披盔束甲、足踏仙山的托塔力士一尊。精美的宝塔与青山绿水、碧瓦红寺相辉映，更显迷人。

珍珠泉

珍珠泉位于玉泉寺左侧的翠寒山下，相传是关羽遇害后“显圣”的地方。泉水附近的方形石柱为明万历年间所立，上面刻着“汉云长显处”。泉水由山根涌出，色如碧玉，形如串珠。泉上架着一座珍珠桥，其泉中倒影，小巧玲珑，时隐时现，饶有情趣。

百宝寨
以丹霞地貌为特征的风景区

宜昌当阳市玉泉青龙村

当阳有直达百宝寨的客车　¥ 80元

百宝寨核心景区30余平方千米，是中国中部地区唯一一处以丹霞地貌为特征，融山水、人文、奇观为一体，生态优良的大型风景区。主要景点有夜长山、灵观殿、中武当等。百宝寨山奇水秀，融和生辉，紧傍当阳两大湖泊之间，巩河水库是全国百座大型水库之一；青龙湖虽容量较小，但水域生态十分优良，草滩、湿地丰富，是各种野生鸟类的理想栖息地。

湖畔以丹霞地貌为特征的百宝山峰千姿百态，山不高而奇，石不险而怪，鬼斧神工，让人叹为观止。景区内的千余亩野生红果林神奇壮观，如绸似火，是深秋时节观景的绝佳去处。

链接

百宝寨古崖居

百宝寨古崖居是国内十分罕见的大型古崖居群，堪称华夏绝景。目前已探明的古崖居达3 000余个，多分布在青龙湖（沮河）临水的峭壁上，洞连洞、洞叠洞，数十个一群，成群成片，蔚为奇观。这些古崖居究竟由何人、何时、用何物而凿无从考证，相传为春秋战国鬼谷子师生相授而凿。如今这些古崖居成为游客最感兴趣的探秘处。另这里还发现有东汉末绿林军的大型古兵寨，包括寨墙、寨舍、寨洞等。

当阳关陵 ㊡

中国三大关庙之一

✉ 宜昌当阳市关陵路147号

当阳关陵，是我国三国时期著名将领关羽的陵寝，埋葬着关羽的无头之躯。当阳关陵为一处宫殿式庙宇群落，是历代祭祀关羽的地方，它与洛阳关陵、山西解州关帝庙合称中国三大关庙。

庙宇建筑面积4 000多平方米，坐西向东，分为五院四殿，护以内外宫墙。现有的20多座建筑对称地分布在东西中轴线上的两侧。中轴线上建有仿明清门阙、神道碑亭、石牌坊、正殿、寝殿、陵墓等。当阳关陵为典型的“中轴对称式”建筑，整体建筑前后贯通、左右平衡，红墙黄瓦，金碧辉煌，是中国古建筑中的一颗明珠，也是中国传统文化的具体体现。

玩家解说

历史上的关陵原址与现址相同，原名漳乡，东汉建安二十四年（219），孙权葬关羽身躯于此，南宋时始建祭亭于陵前。明代罗贯中的小说《三国演义》将关羽显圣地说成为当阳，更使此地声名显赫。明成化年间，庙宇规模大体落成，及至清代更发展成为全国三大关庙之一，祀田千亩，信徒无数，是各地关庙的祖庙。

链接

义薄云天关云长

关羽（？—220），字云长，河东解良（今山西运城）人，东汉末年名将。早期跟随刘备辗转各地，曾于白马坡斩杀袁绍大将颜良，称为“万人敌”。关羽一生战功显赫，威震华夏，即便是一代枭雄曹操也曾想迁都以避其锐。后东吴吕蒙偷袭荆州，关羽腹背受敌，兵败被杀。

当阳关陵

关羽去世后逐渐被民间神化，被尊为“关公”。历代朝廷多有褒封，清代奉为“忠义神武灵佑仁勇威显关圣大帝”，崇为“武圣”，与“文圣”孔子齐名。《三国演义》尊其为蜀国“五虎上将”之首，毛宗岗称其为“《演义》三绝”之“义绝”。

鸣凤山风景区 AAAA

与武当山齐名的仙山

✉ 宜昌市远安县鸣凤镇凤山村

🚗 在远安县城乘坐出租车前往景区

鸣凤山风景区面积6.6平方千米，袁中道形容此山“如凤之将啸”，是与武当齐名的仙山。鸣凤山虽然海拔不高，但其山势险峻，通往山顶有南、北两路。北路凿石为梯，窄而且陡，直通云端，人称天梯；南路则更为险峻，只能攀壁而上，稍不小心即坠入万丈深渊，故素有“武当远，鸣凤险”之说。

山上的鸣凤山道观始建于南朝梁武帝年间，距今已有1 500多年的历史，与武当山全真派一脉相传。道观建筑面积3 000多平方米，由三大宫组成。正宫为紫皇宝殿，又称祖师殿，供奉玉皇大帝和真武祖师；东大宫称“元鹤楼”，即雷公殿；西大宫为观音殿，供奉送子娘娘。此外还有明月楼、炎帝庙、清风亭等建筑。殿顶正中镶嵌一颗玉珠，光芒四射，耀眼夺目，更为鸣凤山增添了几分光彩。

玩家解说

鸣凤山是一处集丹霞地貌景观和神秘的道教文化为一体的风景名胜，是三峡地区典型的“红石公园”。其特点可以用“一、二、三、四、五”来概括，即一峰高耸，两面朝阳，三面环水，四面断崖，五龙拱顶，是典型的风水宝地。

链接

鸣凤山的传说

传说，有一只得道的凤凰翱翔九天之上，俯瞰茫茫尘世，想寻找一个栖息之地。当它飞临鸣凤山上空时，见这里一派丹山秀水，灿若明霞，山不高而精巧，水不深而清澈，宛若世外仙境，顿时心生畅快，于是长空歌鸣，收翅落于鸣凤山顶，一时整个鸣凤山光芒四射，光芒上达天眼，玉帝惊问左右，全真长老奏报玉帝，此乃鸣凤山是也。于是鸣凤山正式被玉帝载入金册，从此扬名天下。

景点推荐

宜昌南部景点

天龙湾

休闲度假胜地

宜昌宜都市红花套镇鄢沱村　¥ 128元（含游船票、景点门票、高尔夫球体验）；168元（含车费、游船票、景点门票、高尔夫球体验）

在宜昌长途汽车站乘坐宜昌—长阳客车至清江天龙湾旅游度假景区门口下车

天龙湾旅游度假区集休闲、度假、观光、户外拓展等功能为一体，景区占地面积240余亩，依山傍水，风景秀丽，开设有清江观光环岛游、水街观光、沙滩浴场、摩托艇、滑翔伞等项目。

度假区以“两坝一江”为平台，以清江两岸旅游景点为支撑，将天龙湾、愚人岛等景点有效整合，形成“游百岛湖，观愚人岛，品全鱼宴，听土家歌”的特色旅游产品，是娱乐休闲、度假放松的绝佳去处。

潘家湾民俗博物馆

少数民族民俗文化博物馆

宜昌宜都市潘家湾土家族乡石林路134号

潘家湾民俗博物馆占地2 400平方米，展区分为序言、土家民居、土家源流、岁时节令、人生礼俗、生产生活等八大板块，共收集图片400多张、各类实物300多件。展品以展示土家族先民生产生活实物和民族文化为主线，突出反映出土家族的特色文化和生产生活习俗。其中反映土家民俗文化的藏品有油篓、圈椅、纺车、风车、土家服饰等，还包括陶器、铁器、篾器等物品，是了解土家族风俗文化的理想去处。

奥陶纪石林

原生态石林景观

宜昌宜都市潘家湾土家族乡　80元

宜都奥陶纪石林景区是迄今为止国内发现的分布最集中、保存最完好的奥陶纪石林景观。区域内绵延50千米的大悬崖剖面清晰，年轮可辨，奇石高大挺拔，千姿百态，巧夺天工，古生物化石品类繁多，堪称奥陶纪地质博物馆。

景区内石奇林密，曲径通幽，分布着形象逼真的神龟、憨态可掬的石象、险象环生的栈道和暗藏玄机的石门等。石林包括神龟迎宾、悬崖栈道、石林松涛、石林迷宫、四十八门五个小景区，可谓“山青、水碧、石奇”，是一处寻古探险、觅奇览胜的绝佳场所。

玩家解说

奥陶纪是一个地质年代，它排在前寒武纪和寒武纪之后，距今5.2亿至4.5亿年，时间跨度长达7 000万年。在前寒武纪，地球上几乎没有生命，只是到了前寒武纪晚期，才有了肠腔动物和环节动物；在寒武纪底界，地球上有了一定量的三叶虫和软舌螺等，但那都是十分低级的；而到了奥陶纪，可能是由于宇宙中和地球上各种自然能量的相互作用，使生命获得快速繁殖的契机，于是大量的生命在海洋中迅速诞生，因此，古地质学家们把奥陶纪称为生命大爆发的地质年代。

天峡世界鲟鱼博览园

了解鲟鱼知识之地

宜昌宜都市红花套镇荆门山大道369号

天峡世界鲟鱼博览园分为陆上生态养鲟版块、农民地下室养鲟板块和宜昌中华鲟物种抢救与繁殖中心板块3大部分。景区配套有鲟鱼加工车间、旅游纪念品展厅、小影视厅等服务、展示设施，是了解鲟鱼科技知识、享受“室内森林湿地”氧吧的理想之地。

宋山

因宋女升仙而得名

宜昌市宜都市高坝洲镇三八八厂旁　40元

宋山风景区植被丰富，谷幽峡险，泉飞石静，云缠雾绕，被誉为“植物的天堂，动物的乐园，人类的氧工厂”。宋山因宋女升仙而得名，更因张飞在此演练骑兵、宋太祖赵匡胤题有佛寺“圣”匾而在历史上享有盛名。

宋山的竹是它的一大特色，这里共有楠竹、桂竹、粉绿竹、罗汉竹等数十个品种。在法泉寺后有一片50多亩的连片楠竹，四季常青，秀丽挺拔，遇霜雪而不凋，历四时而常茂，是宋山的“竹海”。

古潮音洞

大型石灰岩溶洞

宜昌宜都市聂家河镇　50元　8:00~18:00

古潮音洞旅游风景区由古潮音洞、渔洋河漂流、天河漂流和休闲度假山寨等部分组成，洞内厅壁挂满钟乳石，千姿百态，在灯光

古潮音洞

的照射下，五彩缤纷，变幻莫测，堪称一处旅游、度假、探险之胜地。

古潮音洞是大型石灰岩溶洞，成洞于寒武纪时代，距今约五亿三千万年。上、下水旱两洞，洞叠洞、洞连洞、洞洞相通。上洞内的擎天巨柱高29米，围径37.8米，为国内所发现的岩溶洞穴中最大的石柱，被称为“中华第一柱”。

玩家 解说

洞中有四奇，一奇：洞中的透明鱼为世所罕见，专家定名为水晶鱼，通身晶莹透明，体内五脏清晰可见。二奇：洞内祥云缭绕。每逢夏、秋季节，洞内雾气腾腾，从洞口内向外飘出，如村户人家的袅袅炊烟。三奇：洞内水声如潮。洞分上、下两层，水流相通，水势湍急，落差高达50米。四奇：上、下洞连通有铁梯。

玩家 攻略

古潮音洞距离宋山森林公园很近，可将两景点组合游览。喜爱漂流的朋友，也可以将古潮音洞和柴埠溪结合，一次漂个痛快。

长阳清江画廊 AAAAA

风景如画的旅游景区

宜昌市长阳土家族自治县龙舟坪镇　145元

长阳长途客运站有直达景区的专线车

8:00~17:00

清江是古代巴人的发祥地、土家人的母亲河，有诗形容为“三百里清江美如画，三百里长阳似画廊”，清江画廊也因此得名。清江

长阳清江画廊

水清澈纯净，绿中透蓝，两岸山峦连绵起伏，满目苍翠，风光十分优美。

流经长阳的清江水域长约148千米，1994年建成隔河岩大坝，在大坝下游1千米处的清江上有亚洲最长的铁索桥。从隔河岩大坝游船码头，乘船可游览百岛湖。百岛湖位于隔河岩大坝坝区的上游，最初，这里有许多山峰耸立于清江两岸，由于隔河岩大坝的修建，清江水位上升几十米，使山峰成为湖中岛，故名百岛湖。乘船可游览倒影峡、武落钟离山、天柱山、仙人寨等景区。

玩家 攻略

游览清江画廊，分为A线和B线。A线包括清江大佛、倒影峡、仙人寨、武落钟离山等景点，其中仙人寨和武落钟离山是可以登岸游玩的，其余的景点是通过坐游船或者在江面观看；B线行程与A线基本一致，但不包括武落钟离山景点。

景点武落钟离山中有小食店，可以为参加A线游程的游客提供餐饮服务；参加B线的游客最好自己带一些零食和饮用水。

长阳清江画廊

玩家 解说

清江画廊源远流长，19万年前的“长阳人”在这里点燃了长江流域人类文明的第一堆篝火；4 000年前，向王天子在这里吹响了巴国拓土开疆的第一声号角；2 000年前，土家族在这里诞生。清江作为土家族的母亲河，养育了无数“靠山吃山，靠水吃水”的土家人。绵延数百里的清江画廊，境内重峦叠嶂，翡翠般的岛屿星罗棋布，灿若绿珠；黛江水烟波浩渺，高峡绿林曲径通幽，被称为“桨声灯影里的梦乡”。

倒影峡

倒影峡位于隔河岩大坝北侧，是进入清江画廊的第一个主景点，以“鱼游枝头鸟宿水”的倒影胜景著称。其峡长5千米，水静谷幽，山峰陡峭，处处皆画。两岸的岩石群，形成独秀的天然山石景观。山间林木葱翠，清泉潺潺，是一处融山、水、峡、洞、林木为一体的佳境。其景观清江大佛山天然弥勒佛，高278米，底宽144米，比四川乐山大佛还大两倍，堪称亚洲之最。

仙人寨

位于清江画廊风景区门楼1千米处。这里鸟语花香、碧波荡漾、风景如画。重重叠叠的土家吊脚楼群古色古香。寨中有仙人洞，洞内有奇石名为“长阳人”石。成群的野生猕猴在这里与人相亲，其乐无穷。寨中还有3眼圣泉水井，相传饮用此水可脑清目明。

武落钟离山

由武落山和钟离山两山相连而成，山高约397米，在船码头乘船1小时可抵达山脚。山虽不高却极陡险，历史上记载此处为土家族祖先巴人发祥地。

丹水漂流

清江支流丹水，因其水浅，清澈得可见河床铺满的鹅卵石。两岸山峦起伏，郁郁葱葱，是游人体验漂流的绝佳去处。

武落钟离山

兰草谷

兰草谷是野生动、植物王国，这里有建兰、春兰、夏兰、香樟等数百个珍贵植物品种，野生珍奇动物有猴、獐、娃娃鱼等。这里还是一处名副其实的天然氧吧。景区内有当年香火盛极一时的道观遗址、穆桂英春药处、三国点兵台、兰草谷大坝等景点。兰草谷里的娱乐休闲活动包括兰草谷冲浪、兰草湖划排、兰草溪垂钓、兰草潭野浴等。

长阳天柱山

道教名山

宜昌市长阳土家族自治县龙舟坪镇

长阳天柱山位于清江北岸，自唐开山设观以来，系道教三十六洞天、七十二福地之一。它与武当山南北辉映，同为道教名山，也称中武当。长阳天柱山海拔1 445米，孤峰峙立，拔地耸立，有凌云之势。3座高百米的岩峰突兀并峙，相距仅数米，两桥飞架3峰间，蔚为壮观，犹如擎天石柱。长阳天柱山峰顶平坦，有一眼清泉，泉水四季长流不涸。山上古建筑群宏伟壮观，清同治年间大兴土木，仿武当山修成地母宫、二帝宫、灵官殿、玉虚宫、南岩宫等。千余级上山石阶盘绕于形态各异的山峰之间，一派清雅玄妙的仙山风貌。

玩家 解说

长阳天柱山道教，属湖北武当山道教的支脉，排名中武当，奉北极真武大帝为主神。清光绪年间，宜昌员外郎黄太来和刘名，因信奉真武，广施家财，集无数百姓捐资，仿照武当山的宫观格局，耗时3年建成了地母宫、三帝宫、祖师殿等宏大建筑群，总面积达3 100余平方米。整个建筑庄重雅致、金碧辉煌，一时成为湘鄂川黔道教活动中心，四季香客不断。

麻池古寨

红色旅游景区

宜昌市长阳土家族自治县都镇湾镇　68元

麻池古寨依山傍河，北临清江，是清江画廊的主体景区之一。贺龙曾在麻池地区领导土地革命，并建立了湘鄂边区革命根据地。1929年7月，贺龙在麻池成立中国工农革命军第六军，组建了全国少数民族地区第一支以军为建制的工农红军。1931年3月，长阳土家族自治县委、县苏维埃政府迁设麻池。古寨内现保存的革命旧址有贺龙在麻池建立的“中共长阳土家族自治县委员会”“长阳土家族自治县苏维埃政府”“长阳土家族自治县军事委员会”等。

玩家 解说

麻池古寨核心景区分为4部分，即麻池古寨红色之旅、麻池古寨生态休闲游、清江小三峡观光游、崩尖子原始森林探险。麻池古寨红色之旅重温贺龙的革命足迹，再现波澜壮阔的历史画卷；麻池古寨生态休闲游带游客走进重溪生态农业园和观赏青门峡风光；清江小三峡观光游可以领略青门峡的曲折幽静、巴山峡的壁立千仞；崩尖子原始森林探险可以体验徒步穿越的神奇魅力，观赏“长虹卧波”“南海天池”“双龙戏珠”等奇景。

天门峡 AAAA

国家级自然保护区

宜昌市五峰土家族自治县五峰镇茅坪村2组

8:30~17:00

天门峡景区位于神奇的北纬30°线上，总面积103.4平方千米，是湖北继神农架之后的第二个国家级自然保护区，也是国家确定的华南虎放归自然项目的首选区域。景区内著名的“稀有珍贵树种群落”堪称北纬30°地理圈内孑遗植物的奇观荟萃。

天门峡是稀有珍贵树种群落及华南虎、豹、黑麂等濒危动物的生长栖息地。区域内有维管束植物2 200多种，约占中国植物总数的1/3，其中属国家一级保护的有珙桐、钟萼木、银杏等。天门峡内共有陆生野生脊椎动物300多种，其中属国家一级保护的动物有金钱豹、云豹、林麝、金雕等。

景区内空气负氧离子含量每立方厘米达到10 000个，是养生休闲的绝佳之地。这里神秘莫测的原始气息、秀丽多姿的田园风光、古朴厚重的民族风情以及净洁味纯的土家美食，共同组成了不可多得的人间仙境。

柴埠溪大峡谷 AAAA

典型的峡谷峰林景观

宜昌市五峰土家族自治县渔关镇　100元

在五峰土家族自治县包车或者打车前往景区

柴埠溪大峡谷是一条东西长30千米、南北宽2千米左右的溪谷，与张家界同属武陵山脉，属典型的峡谷峰林景观。柴埠溪自然

柴埠溪大峡谷

风景区总面积80平方千米，有5垴、1嘴、12湾、3垴、1坡、16口。这里山形奇特，沟谷交错，山涧密布，怪石嶙峋，峰奇洞幽，水碧林翠，气候凉爽，是一处风光秀美的天然风景区。景区按景观的自然组合，分为坛子口、大湾口、蛟口、断山口四大景区和一个内口生态保护区，共有景点100多处。大峡谷生态保护完好，景观类型多样，尤以茂林、幽谷、异石、奇峰、险崖、溶洞和云海最为壮观。

玩家 攻略

1.大湾口景区内有海峰假日酒店、土家山寨可供住宿。

2.景区内有十碗八扣、土家妹情丝饼等土家族特色美食可以品尝。

3.来到柴埠溪旅游，漂流是不可错过的项目。此外，景区内还可以欣赏柴埠溪大型民俗剧《列牙毕兹卡》，让你从中领略土家族的民俗风情。

玩家 解说

柴埠溪大峡谷内各色奇妙的山峰和幽深的峡谷构成了奇特的自然景观。溪谷人家喜欢弹唱南曲、喊山歌、跳土家舞蹈，土家风情原始厚重。石林是柴埠溪一绝，其中最为奇特的是大湾口神笔峰，如一支御笔孤傲直立，上粗下细，屹立不倒。蛟口岩壁通天，构成“十字天”“一线天”等绝景。溪谷杜家堡四周千峰矗立，幽奇山石和古老的土家民居浑然一体。此外，柴埠溪漂流路线也是充满野趣，值得一玩。

坛子口

坛子口景区面积约1 088公顷，景观特色为“层峦叠峰险，湖光山色美”。马厂湾水库建成后，库湖泛舟，可欣赏“人于画中游，山在水中浮”的景色，是游览观光、避暑度假、进行水上娱乐等的最佳场所。主要有入门观瀑、古桥故道、海螺峰、燕子洞等景。

大湾口

大湾口区域面积1 500多公顷，景观集山之雄、奇、险、秀为一体，是公园精华荟萃之地和观光疗养、避暑度假的主要场所。全区主要有仙童献花、将军岩、姐妹峰、霸王别姬、落云台等数十处景点。

断山口

断山口景区面积1 044公顷，景观雄奇秀美，充满神秘感。主要有古庙遗址、莲花峰、镇龙塔、仙女坟、蝙蝠洞等景。

蛟口

蛟口景区面积约808公顷，景观以奇、秀为主，伴有湖光山色，为登山戏水、垂钓之佳境。有一线天、灵官老爷、仙人打坐、狮子包、采药老人等景。

内口生态保护区

内口生态保护区神秘幽静，区内山高谷深，人迹罕至，沿小溪上行，充满原始风光和自然生态景观，是珍稀野生动植物生长和繁衍佳地。内有山间小景、上关门岩、下关门岩、响水泉、棒蛙潭、黑水潭、第一蜡烛峰等景点。

柴埠溪大峡谷

攻略资讯

- 交通
- 住宿
- 美食
- 购物
- 娱乐

交通

飞机

宜昌三峡机场位于猇亭区机场路，每日有往返上海、北京、深圳、成都、重庆的航班，也有定期往返广州、昆明的航班。

机场大巴往返于机场与市区清江大酒店之间，距离约40千米，票价20元，沿途就近各大车站、码头停靠。

火车

宜昌火车站：位于西陵区东山大道107号，每天有始发北京、上海、广州、西安、太原等方向的直达列车，市内乘1路公交可直达。

宜昌东站：位于伍家岗区城东大道，既是长江三峡最大的火车站，也是宜昌市重要的交通中心，主要发往上海、成都、杭州等地的高铁、动车，市内乘坐9路公交可到。

汽车

宜昌和省内的交通主要依靠宜黄高速公路，因此乘坐为适应高速公路的运营而出现的一大批豪华快车成为人们的主要选择。宜昌市内主要有大公桥客运站、长途汽车客运站、海通客运站3个汽车客运站。

宜昌公汽长途客运站：位于伍家岗区沿江大道011号，有发往湖北其他县市的长途客车以及宜昌市内各县市的班车，也有发往部分宜昌著名景点的直达班车，如柴埠溪景区、鸣凤山景区、玉泉寺等。

长途汽车客运站：位于西陵区东山大道126号，以省内外长途班线为主，北京、上海、广州、重庆等大城市均有直达长途班车。市内乘坐6路公交车可抵达，电话：0717-6445314。

海通客运站：位于西陵区东山路，以宜昌地区内的短途班线为主，也有开往汉正街、大堰等地的班车，电话：0717-6444123。

轮船

宜昌至重庆段航线是长江航道上最重要的客运和旅游航线，葛洲坝水利枢纽工程和清江隔河岩水利枢纽工程的建成，大大

宜昌火车站

新外滩风光

改善了宜昌市内的航运条件，现已开通至重庆、万县、奉节等地的客游轮。

宜昌港客运中心：位于伍家岗区沿江大道9号码头。

住宿

宜昌住宿

作为热门的旅游城市，宜昌的住宿十分方便，从星级宾馆到特色的庄园旅店、家庭旅馆，乃至充满少数民族风情和特色的民居一应俱全。住宿集中的区域主要集中在市中心、葛洲坝船闸景区附近。南部沿江地带的宾馆住宿条件也不错。

●丽橙酒店·晶智（宜昌五一广场店）

丽橙酒店·晶智紧邻宜昌东站，交通方便。酒店拥有千余册经典书籍可供随意取阅、千余幅三峡区域人文摄影作品可供欣赏，是一家充满人文气息的精品酒店。伍家岗区伍临路3号，宜昌火车东站附近，近五一广场 0717-6929888

●宜昌瑞都酒店

宜昌瑞都酒店位于沿江大道与云集路交汇处，毗邻滨江公园，距离步行街仅百米，邻近时代广场及美食街，周边美食、休闲、娱乐皆备，环境闹中取静。西陵区沿江大道98号，滨江公园云集路大门斜对面 0717-6378666

●葛电宾馆

宾馆坐落在宜昌市西坝葛洲坝船闸景区内，西临雄伟壮观的葛洲坝水利枢纽工程，与繁华的市区隔江相望，交通便利，闹中取静，是旅行下榻的理想场所。西陵区西坝路8号 0717-6956199

宜昌城市街景

美食

宜昌的饮食不仅有内河肥鱼的大餐，也有很多民族风味的小吃，其菜品的主要风格是原汁、偏辣，具有浓厚的地方特色。白剎肥鱼、峡口明珠汤是宜昌菜肴中的经典美味，不可错过。

解放路步行街夜市是宜昌市知名夜市排档，在这里不仅能品尝到有名的湖北卤鸭制品、各种烧烤小吃，还能品尝到极具宜昌特色的鸭掌、虾球等美味，是消夜的好去处。

●峡口明珠汤

是根据西陵峡口雄伟壮观的景色构思制成的美味佳肴，用鸡蛋清蒸制成西陵峡口群山峰岳状，浮于鸡汤汤面上，三色鱼丸作明珠漂浮于群山之间，其形象逼真，富有诗意。此菜被列入湖北名菜之一，并收入《中国菜谱》。

●满篮橘红

满篮橘红是根据宜昌市蜜橘丰收的景象构思制作成的花色冷盘。用熟蛋黄、橘子汁、番茄酱和拌后做成16个蜜橘，用蜇皮、萝卜丝、火腿、香肠、蛋黄糕、樱桃等做成花篮形，将16个蜜橘装入花篮内即成。此菜既可食用，又可观赏。

●虾仁酿香菇

虾仁酿香菇采用宜昌市南津关到虎牙滩一带出产的白壳大虾的虾仁和兴山等地产的香菇，加上蛋清、湿豆粉以及葱、姜等调料搅拌后蒸制而成。此菜色味俱佳，是夷陵风味菜肴之一。

虾仁酿香菇

●白剎肥鱼

是宜昌的一道地方传统名菜。肥鱼又称回鱼，主产于宜昌虎牙滩到南津关一带，刺少肉多，肥嫩鲜美，是宜昌的特色鱼种。白剎肥鱼即是采用这种肥鱼同肥膘肉同蒸，鱼肉肥嫩，鱼汤鲜美，香气四溢，实为肴中极品。

●凉拌鱼腥草

以鱼腥草为主料，配姜、蒜、葱段、味精、麻油等，脆嫩清香，有清热、解毒、消炎之功效，不仅是宜昌市民的一大嗜好，也深受欧美食客的喜爱。

凉拌鱼腥草

购物

宜昌地处长江中上游地区，境内多山多丘陵，特产较为丰富，如水果类的柑橘、猕猴桃，茶叶有五峰茶、宜红茶等，中药产品乌红天麻以及风味食品三峡苕酥等。

宜昌商业步行街曾名为解放路、宜昌第一街。这里商铺林立，200余家国际、国内知名品牌商户入驻。市民、游客在一览步行街优美景致的同时，也可尽情享受购物的乐趣。

●五峰茶

人间珍品处处有，最难忘却五峰茶。五峰是中国名茶之乡，山间终年云雾缭绕，雨水充沛，土壤肥沃，气候温和，形成了五峰“云雾山中出好茶”的得天独厚的自然条件。

五峰茶

●宜红茶

宜红茶又称宜昌功夫茶，是我国主要功夫红茶品种之一。宜红茶条索紧细，色泽乌润，香味鲜爽，为国家农产品地理标志保护产品。

宜红茶

●三峡茗酥

三峡茗酥是以三峡地区土家民间传统食品"茗丝糖"为基础，精选三峡地区沙土鲜红苕、优质鲜糯米、鸡蛋为主要原料，采用土家民间传统工艺精制而成，酥香可口。

三峡茗酥

●草编

宜昌草编工艺品颇有名气。草编工艺制品不仅美观大方，而且能给居室增添雅致的色彩，还实用，它具有冬暖夏凉、透气好等特点。

草编工艺品

娱乐

宜昌是巴楚文化的发祥地，这里的"土歌村舞"现已成为宜昌旅游娱乐中的一个亮点，长阳的土家歌舞、枝江的民间吹打乐、宜都的民间故事和谜语等都已成为宜昌娱乐的新名片，其中长阳巴山舞获得了全国"群星奖"金奖，一曲《土里巴人》更是唱红了全国。此外，这里的各种水上运动也颇受游人青睐。

水上娱乐：宜昌是个"江城"，这里有丰富多彩的水上娱乐活动，如杨家溪军事漂流、九畹溪漂流等。

端午赛龙舟：宜昌是中国龙舟发祥地，秭归县则是"中国龙舟之乡"。宜昌的端午赛龙舟是不能错过的一项活动。端午节分大端午和小端午，宜昌大、小端午节都要划龙舟。小端午节是农历五月初五，主要划无龙头和龙尾的龙舟，五月十五大端午节时才正式竞赛。

九畹溪漂流

发现者旅行指南

神农架

概览

亮点

神农顶

是神农架林区主峰，海拔3 105.4米，是名副其实的“华中第一峰”。这里箭竹丛生，冷杉挺立，杜鹃吐艳，四季常青，民间又称它为“四季山”。

大九湖

是神农架山脉西端的起点，有“神农江南”之称。四周高山环绕，森林密布，九个湖泊粼光闪闪，风景绝佳。

风景垭

又名“神农谷”，景观以峰奇谷秀为特色，站在垭口极目四眺，只见山峦起伏，气象万千，又有“神农第一景”之誉。

金猴岭

是金丝猴的主要活动区，山势高峻，森林茂密，箭竹如海，岭间藤葛攀挂，叠瀑高悬，山花野果漫山遍野，是神农架数十万亩原始森林的典型代表。

大九湖

燕子垭

燕子垭是一处海拔2 200米的垭口，崖上松杉吐翠，红桦披锦，远看山崖旁两翼山岭，似飞燕展翅，邻近有著名的燕子洞可观。

神农祭坛

是炎黄子孙祭祀先祖的圣地，香溪由此缓缓南流，区内青山环抱，美丽幽静。

线路

神农架精华一日游

早上前往红坪景区，漫步在画廊里，体验一种清幽的感觉。午后来到燕天景区，走进燕子洞，看洞内水流潺潺。之后前往神农顶，欣赏艳丽的杜鹃林带，感受美丽的爱情故事。

神农架全景三日游

第一天早上先去红坪画廊，之后前往燕子洞。在野马河体验惊险刺激的漂流。

第二天早餐后前往神农顶，观雄伟的华中屋脊。随后前往板壁岩，寻找野人踪迹。之后去小龙潭。下午去大九湖湿地公园。

第三天前往香溪源，看古木参天，山花烂漫。午后前往神农祭坛，祭拜神农，感受神秘的神农文化。

红坪画廊

为何去

蝴蝶标本

相传神农氏在此架木为屋，遍尝百草。林区境内群峰耸立，主峰神农顶被誉为“华中屋脊”。神农架还是一座天然的动植物大观园，至今未解的野人之谜更是为这座大观园增添了几许神秘色彩，令人心驰神往。

神农顶风光

何时去

古生物化石

每年的4月中旬至10月中旬，神农架林区苍山滴翠，飞瀑倾泻，泉流清澈，原始而天然的美景纷呈眼前，加之此时气温稳定，登高而览，四季之美皆可一网打尽，是避暑、寻幽、探秘的最佳出行时间。

五彩大九湖

每年的10月到次年的4月，是神农架林区的冰霜期，此时的神农架显得更加神秘而富有魅力，选择冬日里出行，也会有意想不到的惊喜。

神农架旅游示意图

区域解读

区号：0719

面积：约3 253km²

人口：约7.7万人

地理 GEOGRAPHY

区划

神农架林区辖6个镇（松柏镇、阳日镇、木鱼镇、红坪镇、新华镇、大九湖镇）、2个乡（宋洛乡、下谷坪土家族乡）。

地形

神农架林区地貌复杂多样，重峦叠嶂，沟壑纵横，河谷深切，地势西南高东北低。神农架山脉横亘于林区西南，神农顶海拔3 105.4米，为林区最高点。林区最低点为下谷坪乡的石柱河，海拔398米。根据区内地貌形态特征和成因类型，可分为构造溶蚀地貌、溶蚀侵蚀地貌、剥蚀侵蚀地貌、堆积地貌4种类型的地貌单元。

气候

神农架林区山脉起伏绵延，拥有大小山峰400余座，平均海拔多在1 700米以上，山高林密，气温随山体海拔的递增而降低，表现为亚热带、暖温带、中温带、寒温带等多种气候类型并存的高山垂直气候特征。夏无酷暑、冬无严寒，年平均气温为12℃，年降水量900～1 000毫米。

神农架

神农架地处湖北西部边陲，位于我国地势第二、第三级阶梯交界处，为大巴山脉东延的余脉。神农架东与湖北省保康县接壤，西与重庆市巫山县毗邻，南依兴山、巴东而濒三峡，北依房县、竹山且近武当，地理位置得天独厚。

远古时期，神农架林区是一片汪洋大海，经燕山和喜马拉雅运动逐渐提升成为多级陆地，并形成了神农架群和马槽园群等具有鲜明地方特色的地层。神农架区内山体高大，由西南向东北逐渐降低，平均海拔1 700米，其中海拔3 000米以上的山峰有6座，最高峰神农顶海拔3 105.4米，为华中第一峰，神农架也因此有“华中屋脊”之称。

板壁岩

神农架山脉

神农架是长江和汉水在湖北境内的分水岭，境内有香溪河、沿渡河等水系。由于该地区四季受湿热的东南季风和干冷的大陆高压的交替影响，加上高山森林对热量、降水的调节，因此形成了夏无酷暑、冬无严寒的宜人气候。当南方城市夏季普遍高温时，神农架却是一片清凉世界，堪称一方避暑胜地。

神农架林区立体气候十分明显，“山脚盛夏山顶春，山麓艳秋山顶冰”是林区气候的真实写照。这里保留了珙桐、鹅掌楸、连香等大量珍贵古老植物，是世界同纬度地区的一块绿色宝地，对于森林生态学研究具有全球性意义。

独特的地理环境和立体小气候，使神农架成为中国南北植物种类的过渡区域和众多动物繁衍生息的交叉地带。神农架拥有各类植物3 700多种，其中有40种受到国家重点保护；有各类动物1 000多种，其中有70种受到国家重点保护，几乎囊括了北自漠河，南至西双版纳，东自日本中部，西至喜马拉雅山的所有动植物物种。

神农架还有着优美古老的传说和古朴而神秘的民风民俗，川鄂古盐道、土家婚俗、山乡情韵都具有令人神往的诱惑力。这里峡谷雄伟壮观，河湖风光绮丽，洞景令人叫绝，飞瀑、云海也皆为大观，让人醉心其中，流连忘返。

历史 HISTORY

历史大事记

神农架作为中华大地上的高山长林，历来被视为畏途，人迹罕至，就连现代人也称这里为“中国大地的深处”。但在这片古老的土地上，出土的新、旧石器时代文物证明距今300万年前这里就已有人类活动。

相传，距今5 000年前的原始部落首领、中华民族的伟大始祖炎帝神农氏，曾在这里尝草采药，架木为梯，以助攀缘；架木为屋，以避风寒；架木为坛，跨鹤升天。后人遂以神农架名其地。炎帝神农氏的传说在现代考古中得到充分的佐证。1986年，湖北省考古工作者在神农架红坪地区，发现了神农架远古人类旧石器时代遗址。1989年，又在神农架发现了原始人类的早期石器数枚，估计有

神农祭坛

近200万年的历史。这说明比神农氏更早的时期，这里就有了人类的活动。

文化 CULTURE

创世史诗——《黑暗传》

《黑暗传》被称为汉族首部创世史诗，它以民间歌谣唱本的形式，从明、清时代开始流传。作为远古文化的“活化石”，《黑暗传》对于研究我国古代神话、历史、文艺、宗教、民俗等都具有重要意义。2011年，《黑暗传》被列入第三批国家级非物质文化遗产名录。

据《黑暗传》记载，天体之初只是一团气体、一片混沌，弥漫在黑暗之中。经过无数代的神人的努力，终于造出水来。于是，天开始萌芽，长出一颗露水珠。但露水珠又被一个名叫“浪荡子”的神吞掉了。“浪荡子”吞掉露水珠不久就死了，其尸体分成五块，是为五行，于是地上开始有了实体，出现了昆仑山。后来昆仑山诞生了盘古，盘古开天辟地，死后躯干化成大地上的一切：五岳山脉、日月星辰、江河湖海、草木森林等。盘古死后，大地上的草木、禽兽又化成各种神，神们互相争夺，闹得天昏地暗，直到滔天洪水淹没了一切罪恶。洪水中又有黄龙和黑龙相斗，后来昊天圣母帮助黄龙打败了黑龙，黄龙产蛋相谢。昊天圣母吞下龙蛋，孕育了三个新的神，他们一个主天，一个主地，一个主冥府。洪水中又来了五条龙，它们捧着一个大葫芦在东海漂流。圣母打开葫芦，见里面有一对兄妹伏羲和女娲，兄妹二人在圣母的劝说下成了亲，成了人类的始祖。

由《黑暗传》的内容可以看出，汉民族的创世史诗和世界其他民族的创世史诗有很多相通之处，尤其是“洪水灭世”。据查，《黑暗传》在明代有了木刻本，神农架的老人有的见过这种木刻本，可惜现已失传。但有的老歌师说《黑暗传》远在唐代就开始流传了，虽然它的年代还不能确实，但它悠久的历史已毋庸置疑了。

1987年，湖北省文化厅和省文联等四家单位为发现、整理、注释《黑暗传》的胡崇峻颁发了“屈原奖”，他也被誉为“中国的荷马”。《黑暗传》的出版，标志着汉民族结束了没有自己的神话创世史诗的历史。

堂戏

堂戏又称唐戏，是流传于长江北岸、神农架山区的汉族戏曲剧种。关于它的名称来历有两种说法：一说起源于唐朝，故名唐戏；一说它是群众在婚嫁喜庆或劳动之余的汉族民间娱乐活动，因演出场所一般在农家堂屋，所以称为堂戏。

堂戏的剧目大多是演唱传统的古装戏，也有民间艺人自编自演、反映汉族民间生活的现代戏。其唱腔间域宽广，旋律起伏大，节奏有快有慢，拖腔很长。演奏的乐器也较简单，主要有锣、鼓、竹板、二胡等。曲谱较单

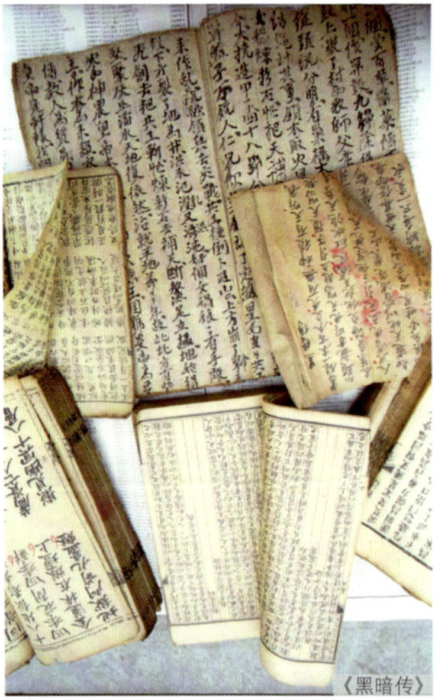

《黑暗传》

堂戏

调。演唱风格具有典型的地方色彩和浓厚的乡土气息。

堂戏的唱腔分“大筒子”和“小筒子”两种。“大筒了”是用较大的四胡（或二胡）伴奏的唱腔，因琴筒大而得名。“大筒子”唱腔糅合了当地土家花鼓调、竹枝歌等民间曲调，地方色彩鲜明，流传地男女老少都能哼唱几句。“小筒子”腔用类似京胡的小筒胡琴伴奏，与汉剧、湘剧、川东的灯戏有相近之处，音乐中既有汉味，又有川味，多演取材于各朝代历史故事的袍带戏，唱法比“大筒子”的难度要大。

堂戏以唱“太和调”为主，“杨花柳”为辅。“太和调”原系皮影戏音乐，被吸收到堂戏里加以改造，成了堂戏的主腔。“杨花柳”唱腔仅存一支，分为生、旦、丑腔，其旋律明快活泼，近似民歌。

堂戏的剧目主要取材于汉族民间传说和历史故事两个方面，特别是对歌颂忠臣良将、追求个性解放以及婚姻自由等内容的传统剧目有所偏重。以“杨花柳”为主腔音乐的花戏有《滚花灯》《南山捡子》《丁癞子讨亲》等。以“太和调”为主腔音乐兼有“杨花柳”唱腔的正戏有《四将争亲》《杀四门》《唐僧出世》《董永招亲》以及现代戏《白毛女》《红色娘子军》等。

数百年来，堂戏仅流传于巫峡北岸的沿渡河（现属神农架林区的下谷乡）、官渡口一带。由于这里地处偏僻，交通闭塞，使这个流传范围很小的地方剧种几近失传。近年来，随着农民生活水平的改善，人们对精神文化生活的要求也在不断提高，在一些老艺人的带动下，古老的堂戏又重新兴起。神农架林区政府组织老艺人以老带新，成立了业余演唱队。现今下谷乡不仅有充满希望的堂戏班子，而且老艺人手中有不少珍贵的戏曲唱本。游客若是来到了神农架，一定别忘了一睹堂戏的风采。

景点推荐

神农顶片区 AAAAA

神农顶片区以原始洪荒著称，是一个以保存完好的原始森林自然生态系统为背景、以生态多样性为主题的自然生态旅游区。景区面积105.7万亩，6座海拔3 000米以上的山峰构成了华中屋脊，成为长江和汉水在湖北境内的分水岭。最高峰神农顶海拔3 105.4米，终年雾霭茫茫，被称为“华中第一峰”。

神农顶景区植被垂直分布特征明显，有箭竹林带、冷杉林带和高山杜鹃林带。景区内主要有神农第一景风景垭、金丝猴活动区金猴岭原始森林、高山石林板壁岩等景点。主要景观有高山草甸、高山杜鹃林、原始冷杉林、原始生态高山湿地、珍稀动植物等。

神农架林区西南部，木鱼镇以西

神农顶景区：140元
官门山景区：120元
神农坛景区：60元
天燕景区：60元
红坪画廊谷：40元
香溪源风景区：30元
天生桥景区：60元
野人谷：50元 联票（含神农顶景区、神农坛景区）；200.00元 联票（含神农顶景区、神农坛景区、天生桥景区）；260.00元

0719-3452143 夏季（4月-10月） 06:30-17:30 冬季（10月-次年4月）07:00-17:30

玩家攻略

1.游览神农顶景区，一般是先到神农架林区的木鱼镇，再从木鱼镇出发，前往景区。可以

乘坐木鱼镇到松柏镇的班车，在景区门口下车，班车约30分钟一班，车程约30分钟；也可以租车或者和其他游客拼车，从镇上前往景区。

2.景区内部会提供交通车，车费90元，一般坐满开车，运营时间配合景区开放时间，以当日景区公告为准。运营区间：游客中心—天子垭（冬季下雪后只到达瞭望塔）。在景区内游客可以多次上下车。

3.神农顶海拔较高，一定记得带上保暖的厚衣物，最好带上水壶，在山上想喝热水不是件容易的事。

玩家 解说

神农顶景区又被誉为地质博物馆，这里不仅有喀斯特地貌和古冰川侵蚀遗迹，还能在崇山峻岭中找到地球历次造山运动的痕迹。这里有元古纪、震旦纪的标准地质剖面，有古生代、中生代、新生代各地质时期的动植物化石群。境内的山峰、峡谷高低悬殊，最高峰与最低点高差达2 700余米，是最具特点的地质地貌景观汇集地。

链接

神农顶的爱情传说

据说古时神农顶的山脚下有一对青年男女，男的英俊勇敢，女的美丽勤劳，他们彼此相爱。山上的匪徒马皇垂涎姑娘的美貌，欲抢回来做压寨夫人。两人闻讯后逃跑，马皇带人追至山顶，用毒箭射杀了他们。这时神农恰好经过这里，他撒下一把箭竹的种子，将马皇困在竹林里变成了蚂蝗，又抚摸青年男女的尸体，于是男的变成挺拔的冷杉，女的变成娇艳的杜鹃，从此生生世世永不分离。

大九湖

有“神农江南”之称

神农架林区九湖乡大九湖村

大九湖又名九湖坪，地处大巴山脉东麓，是神农架山脉西端的起点，有“神农江南”之称。九湖坪四周高山环绕，形成一道天然屏障，最高峰海拔2 800米。在东、西有九个大山梁，梁上森林密布，气势雄伟。山梁间九条小溪犹如九条玉带从云雾中飘舞下来。在这高山平原上也恰好有九个湖泊粼光闪闪。大九湖自古号称“巴山前哨”，是“薛刚反唐”的基地和“刘体纯联明抗清”的盟誓地，有洗马池、娘娘坟、卸甲套等遗址古迹。大九湖景区有保存较好的冰川地貌，如冰斗、冰窖、角峰、刃脊等。本区还有高山湿地、岩溶漏斗、落水孔、暗河等景观。

梅花鹿场

梅花鹿场是来到大九湖必去的地方。梅花鹿体态玲珑，为国家级保护动物，十分招人喜爱。1986年，由国家科委和湖北省科委联合立项，在这里修建起5万平方米的梅花鹿圈养场。1987年10月10日，神农架在宜昌市接受由吉林省双阳鹿场赠送的22只良种梅花鹿，这些梅花鹿经过精心喂养，一直在大九湖繁育后代，如今成为大九湖一道亮丽的风景。

大九湖

枯木逢春

大九湖景区内有一棵400多岁的老栎树，与梅花鹿场东西相望。此树本已在50年代枯死，80年代却萌出新芽，长出新枝，焕发了新生，当地百姓把这称为大九湖腾飞的吉兆，将它命名为“枯木逢春”。

阅兵台

传说大九湖曾是薛刚反唐的屯兵地，至今仍保留阅兵台、一至十帅字号营地。其景之美，令人迷而忘返。而今的大九湖更是影片《情癫大圣》的外景拍摄地，其影视建筑树立在原始森林中，别有一番味道。

神农顶

华中第一峰

神农顶为神农架主峰，面积约2平方千米，海拔3 105.4米，是名副其实的“华中第一峰”。神农顶过去在地图上只有标高，没有名称，因而被称作“无名峰”。1981年神农架林区人民政府将其正式定名为“神农顶”。清代《兴山县志》称这里为“神农山”，因相传神农氏曾在此采尝百草。神农顶亦有“木城”之名，这里箭竹丛生，冷杉挺立，杜鹃吐艳，四季常青，因此民间又称它为“四季山”。

风景垭

有“神农第一景”之誉

风景垭又名“神农谷”，位于神农架主峰西侧。风景垭的景观以峰奇谷秀为特色，站在垭口极目四眺，只见山峦起伏，气象万千，景色十分壮丽。风景垭久负盛名，有“神农第一景”之誉。来到有“神农谷”大字的巨石旁，上不太高的石级，就可临近垭口。景区怪石累累，曲峰处处，不可名状。从垭底至近顶处，涧谷含幽，小径回旋，山花遍缀，葱茏树木间以青藤缠绕，潺潺泉声伴以唧唧鸟鸣，一路景致，美不胜收。

风景垭

南天门

山势巍峨、风景壮美之地

南天门海拔约2 602米，位于神农架西部探险区。这里山势巍峨，山口雄壮，风景壮美，人行其上，好似登临南天。南天门属于高山类植被带，是“野人”经常出没的地方，神出鬼没的“野人”为这里增添了几分神秘的色彩。

板壁岩

原始森林中的高山石林

板壁岩是原始森林中的一片高山石林，也是传说中野人出没的地方。板壁岩海拔2 160米，壁岩上下箭竹林漫山遍野，密不透风。箭竹林间，时见怪石突兀而起，或高或低，千姿百态，无论观其整体或局部，无论观其正面或侧面，形象神姿皆不相同，又都栩栩如生。最惹人注目的是北坡的一尊巨石，远看如抱藤跳跃，如母子相偎，如恋人细语，画家、摄影家往往流连于此，不忍离去。

玩家解说

板壁岩景区内的石林姿态万千，从不同角度观看，形象和神姿都不相同。最惹人注目的是北坡的一尊巨石，远看似骆驼，近看像一群猴在树上嬉戏，细看又像母子相偎，栩栩如生。

板壁岩除了有形态各异的怪石外，还素以“野人”的出没地而备受世人关注。在板壁岩密不透风的竹林里，经常能够发现“野人”的踪

板壁岩

迹，其中最令人惊叹的是用20多根箭竹扭成的"野人窝"。经过多方面验证，这个"作品"并不是猎人所为，更不可能是猴类等动物所为，它的制造与使用者有可能是介于人类和高等灵长目之间的"野人"。

瞭望塔

视野绝佳的观景地

瞭望塔建于大神农架南坡的望农亭上，塔高14米，钢筋水泥结构，原为自然保护区护林防火和森林病虫害观测的配套设施，现也为游客提供服务。登上瞭望塔的塔顶，神农群峰、千里林海可尽收眼底。

金猴岭

金丝猴的主要活动区

金猴岭平均海拔2 500米左右，是金丝猴的主要活动区，其最高处为"华中屋脊"的6大支柱山峰之一，海拔3 019米。金猴岭山势高峻，森林茂密，箭竹如海，岭间藤葛攀挂，叠瀑高悬，山花野果漫山遍野，是神农架数十万亩原始森林的典型代表。站在金猴岭的原始森林里，可以看到参天的古木、闻到清新的空气，一派如画的风景。人们在欣赏美丽风光的同时，还能目睹金丝猴的真面目，十分有趣。

玩家 攻略

景区有很多猴子，不要把贵重物品如相机、钱包等放在外边，食物也要放在背包里，并且看管好，不然可能会被调皮的猴子抢走。

金猴岭下的小龙潭幽静凉爽，景色宜人。这里汇聚了神农药材馆、"野人梦园"、野生动物救护站、夏令营基地等，第一个金丝猴人工驯养繁殖基地也在这里，非常值得一去。

太子垭

因唐中宗曾游历此处而得名

太子垭因唐中宗李显曾游历此处而得名，海拔约2 600米，属亚高山暗针叶林带。景区内绿意深浓的原始森林与山花烂漫的浅绿高山草甸间，梅花鹿与锦鸡或隐或现，野趣横生，令人有登临人间秘境之感。

金猴岭

景点推荐

天燕片区 AAAAA

天燕原始生态旅游区总面积约926.24平方千米，以原始森林风光为背景，以神农氏传说和纯朴的山林文化为内涵，集奇树、奇花、奇洞、奇峰与山民奇风异俗为一体。

景区内林海茫茫，物华天宝，风景美不胜收。由于独特的地理位置和复杂多样的气候类型，这里汇集了南北不同自然地带的动植物资源，区内自然植被可分为针叶林、阔叶林、竹林、山地草丛、草甸、沼泽等系列植被类型，丰富的动植物资源极具观赏性，加之空气清新、环境静谧，是开展绿色旅游的良好场所。主要景点有天门垭、燕子垭、燕子洞、红坪画廊等。

神农架林区红坪镇209国道旁　包含在神农顶联票内　6:30~18:30　0719-3372136

玩家攻略

天燕旅游区范围很大，特别对于非自驾游客或者没有包车（神农架林区包车300~500元/天）的游客来说，玩起来比较辛苦。游客可以根据自身的情况，选择性地游览旅游区内的景区和景点，如果只能选择部分景区游览，建议选择燕子垭景区。

每年的12月~次年1月，天燕旅游区内的常规景区会因为下雪而短暂关闭，此时可以去旅游区内的天燕滑雪场游玩。此外，景区以南几千米处是红坪画廊，也值得一去。

天燕旅游区内没有住宿和餐饮服务，饮用水和干粮需要游客自备。游客可以根据次日的游览方向，选择木鱼镇、红坪镇或者松柏镇住宿。

燕子垭 AAAA

景色秀丽的垭口

燕子垭是一处海拔2 200米的垭口，209国道穿崖纵贯，崖上松杉吐翠，红桦披锦，远看山崖旁两翼山岭似飞燕展翅，因邻近有著名的燕子洞，因而得名"燕子垭"。

燕子垭与天门垭南北相望，垭口西侧的半壁上有会仙桥、观景台等建筑，专供游人观赏。会仙桥相传为神农与太上老君相会、劝老君改炼丹为冶金炉之地，桥头香柏，迎风傲霜。桥下森林原始古老，生机盎然。沿小径登临燕舞亭，可领略原始森林的特有风貌，凭石栏俯瞰塔坪村，又可饱览云海佛光的壮丽景观。燕子垭绿色步游道沟通燕子洞、牛鼻子洞等景点，沿途古木参天，藤萝蔓绕，鸟鸣兽啼，给人一种重返自然乐园的欣喜之感。

燕子洞

燕子洞位于燕子垭峡谷的右侧山壁间，洞口宽大可容千人。洞内钟乳下垂，石笋峭立，滴水不绝，叮咚作响。更为奇异的是，这里不论春夏秋冬，常年栖息着千万只燕子，其窝密布洞顶与崖壁。洞内非常黑暗，进去最好带着手电筒或用手机照明。

飞云渡桥

飞云渡桥是亚洲海拔最高的一座全钢结构观景桥。此桥设计独具匠心，不仅桥体外观精巧别致，而且与周围的景观融为一体，成为燕子垭一处极美的景观。

飞云渡桥造型新颖、气势恢宏，如一道七彩缤纷的彩虹横亘于燕子垭隺口上，在青山、蓝天、白云的映衬下显得格外亮丽，故又被称为"彩虹桥"。远处群山连绵，林木葱郁，山谷间云雾缭绕，犹如仙境。游人或穿桥而过，或伴桥而升，颇有一种临空飞渡的感觉，被誉为燕天美景中的"燕垭飞云"。

燕子垭

牛鼻子洞

牛鼻子洞，因洞的石梁形似牛鼻而得名。牛鼻子洞边有一悬崖绝壁，绝壁上有一岩龛供奉山神。岩龛下凿有石步，攀铁链可上岩龛敬奉山神。

天门垭

四季皆有奇景可观

天门垭位于燕子垭南面约2千米处，海拔2 328米。两侧山峰拔地而起，中间显出一道通向南北的山口。山口西侧，岩石危耸，松杉青翠。垭口东南刘享寨翘首挺立，鸟瞰西北，则把塔坪村、紫竹河、山宝洞等美景尽收眼底。天门垭奇峰异态，时有云雾缭绕，四时更有撒云收雨、碧霞吐垛、端阳晨霜等奇景可观。

玩家 攻略

天门垭10月积雪，次年5月消融。每当雨后初晴，天门垭下的紫竹河谷会云雾升腾，将天门垭装点成波澜壮阔的云海，十分壮观。

天门垭是山腰上的一个观景台，观景台的下方有一个野人展览馆，通过栈道可以下去参观。天门垭有客房可供游客住宿，房间视野不错，在房间就能看到山野美景。

刘享寨

刘享寨山势逶迤，石峰耸立，灰白色的

天门垭

石柱在阳光照耀下光彩夺目。相传明末清初，联明抗清的原李自成部将、果毅将军刘体纯的儿子曾在这里立寨设防以抵御清军。这里地势险要，可控房县而扼兴巴。除在该山上设主寨外，西面的东沟、西沟，北面的塔坪、紫竹河都驻有人马，并设卡房盘查行人，设号房警报敌情。因山路崎岖，行走艰难，运粮入寨时，由兵丁列队以手传粮包的方式搬运，足见人多势众。

紫竹河原始森林

紫竹河原始森林位于天燕风景区塔坪民俗村内，这里民风淳朴，散发着浓郁清新的山乡气息，体现出山林深处神秘古朴的风韵。

神农架滑雪场

体验雪上运动的好地方

神农架林区红坪镇牛场坪　180元

神农架滑雪场位于海拔2 200米至2 500米的神农架腹地红坪镇，可同时容纳3 000人进行雪上娱乐活动。滑雪场内建有初、中、高级滑雪道，配置有大小拖牵索道和进口的人工造雪系统、压雪设备、雪地摩托车以及滑雪用具。滑雪接待中心面积3 000平方米，设有雪具房、咖啡屋、快餐厅、雪上用品店、医疗急救室等服务设施，并有专业滑雪教练。区内开设有滑雪、雪地摩托车、雪橇、雪地自行车等丰富多彩的雪上项目，是一处旅游观光、休闲度假的胜地。

红坪画廊

四时景色各异

神农架林区红坪镇以北约6千米　40元

红坪画廊又称神农天梯，位于天门垭南麓，是一小块峡谷盆地，绵亘15千米。主要景点有七姊妹树、登云梯、红坪三十六峰、塔坪原始森林、湘江河峡谷奇观等。

相传周昭王伐楚时途经此地，引得神龟动怒，将昭王宝剑晨抛长空，落插岩缝中。周昭王被迫退军后，神龟变一巨石，长卧于此，故得名乌龟石，后来此地建有红坪林场又改名红坪。红坪峡峡谷盆地两边奇峰林立，嶙峋峻峭，一年四季溪泉流淌，且四时景色各异，故被誉为“红坪画廊”。此地有一河、两溪、三瀑、四桥、五潭、六洞、七塔、八寨、九石、三十六峰，互相映衬，布局紧凑，一步一景。区内奇峰洞石林立，寨岭险秀，颇值得一游。

玩家 解说

红坪画廊中的山峰和溪流是两道不可错过

红坪画廊

的风景。这里山峰陡峭，满目葱翠，岩缝中生长着一棵棵奇松怪柏，千姿百态。其中便于游客观赏的有剪刀峰、皇冠峰、五指峰、宝塔峰等。峡谷内幽深秀丽，溪水清澈透明，在整块的岩石上冲刷出各种各样的沟壑和水潭。在溪水边游玩，可以感受到难得的宁静和清凉。

野马河漂流

沿途风景如画

神农架野马河漂流开发河段处于神农架红坪画廊核心地段，上码头始于红坪镇温水源头，下码头止于红坪镇铁厂河，全程约为5.5千米，漂流时间约为1.5小时。沿途青山、秀水、险滩、缓流交相辉映，以奇峰、秀水、急流、险滩、怪石、丛林等自然景色吸引着中外游客，加上沿途景点的锦上添花，形成了一种原始、古朴的自然风格。

玩家 解说

野马河位于神农架中部，全长约10千米，河床多石滩，清澈见底，是娃娃鱼的栖息地。穿行其间，白云悠悠，杨柳轻扬，两岸峭岩如削，风景如画。森林草叶的清香，裹着河水的清凉，让人亲身领会到“仁者乐山，智者乐水”的感觉。

古犀牛洞

古人类活动遗址

古犀牛洞景区与红坪画廊相对，也称为“古人类旧石器时代遗址”，据说是目前为止发现的海拔最高的古人类活动遗址，这将使人们对古人类的生存范围、适应能力等问题重新进行认识，因此意义重大。

古犀牛洞之所以出名，是因为在1996年11月，中国科学院和文物管理部门曾对该洞进行过考古发掘，共出土各种动物化石和旧石器实物1 000多件，在出土的动物化石和骨骼残骸中，初步认定的有犀牛、野牛、斑鹿、剑齿象等。洞中发现8具以上的犀牛骨、6具以上的剑齿象骨，出土的旧石器有砍砸器、刮削器、石锤和雕刻器等。旧石器大多以黑色燧石为原料，也有少量以英砂岩为原料的，多为击打加工而成，这些发现对研究鄂西北古人类的活动有着重要意义。

古犀牛洞

景点推荐

香溪源片区

香溪源位于神农架东南部，是以神农文化为内涵，依托神农架珍稀古树资源和古朴旅游小镇，以突出寻根溯源为主题的生态文化旅游区。该区是三峡（神农架至神农溪）的核心区域，主要景点有神农祭坛、杉树坪、香溪源降龙潭、天生桥等。

作为长江支流“香溪”的源头，香溪源水质纯净，水质极佳，含有人体所需多种微量元素，相传为神农氏洗药池，得神农百草之精华。唐代茶圣陆羽曾经用这里的水煮茶，将此水列为“天下第十四泉”。

香溪源古木参天，山花烂漫，沟谷中有巨大漂石，为古代冰川遗迹。穿梭其中，草木散发芬芳，空气清新。远处奇峰林立，山间云雾缭绕，令人心旷神怡。

神农架林区木鱼镇西2千米处，209国道旁

30元　从木鱼镇包车前往景区　8:00~18:00

玩家 攻略

1.香溪源景区为游客提供炒茶、品茶等多种旅游活动项目。

2.香溪源景区距离木鱼镇只有十几分钟路程，游客游览完后可以直接回到镇上住宿。

玩家 解说

据说当年昭君在溪中洗脸时曾掉过一串珍珠入水，从此溪水一年四季芳香扑鼻，故名“香溪”。其实香溪源头的林间野花奇多才是溪水飘香的真正原因。每年3月，当香溪河畔桃花盛开的时候，可以在香溪水中看到一种淡红色的鱼，这种鱼被称为桃花鱼。传说王昭君在出塞前回

乡省亲，正逢香溪两岸桃花开放，临行前昭君弹着琵琶向亲人挥泪告别，桃花也纷纷飘落水中，随着琴声化作桃花鱼。

神农祭坛
瞻仰祭祖的圣地

神农祭坛地处木鱼镇，是神农架旅游的南大门，香溪由此缓缓南流。整个景区内青山环抱，美丽而幽静。

神农祭坛分天、地二坛，依山而建。天坛正中耸立着炎帝神农巨型牛首人身雕像。天坛之下为地坛，辟有可容数千人之众的广场。广场大圆图案代表天；圆心处设正方形，代表地；方形图案中，五彩石分列代表五行。地坛广场的前端，有两根高10米的如华表般的图腾柱分立两边，柱上雕塑也是牛首。图腾柱后是两幅大型浮雕，展现了神农氏一生的丰功伟绩。图腾柱和浮雕之间设有祭坛。祭坛完全按古天子祭坛的规格设置，青铜铸就的祭器九鼎八簋正中排放，香炉、香案、金钟、法鼓坛前排列，庄严肃穆。

玩家 攻略

神农祭坛的特色项目是当地的篝火晚会，晚会上有先民狩猎、娶亲、双花棍舞等表演节目，当地的青年男女还会对唱情歌。在此还可以品尝到野味烧烤，席间当地山妹子会敬上神农黄酒，教你唱山歌，其乐融融。

玩家 解说

从地坛到天坛要经过243个台阶，计分五级，自下而上，第一级为9步，称“明九”；其余四级依次为72、63、54、45步，皆是9的倍数，称“暗九”。这种“九五至尊”的设计，暗含着神农的至尊地位。登高243级台阶，便来到了天坛神农雕像前的瞻仰台。仰望神农塑像，牛首人身，双目微闭，威武古朴，似在静静地思索。塑像不设底座，身躯拔地而起，头顶蓝天，身披彩云，高21米，宽35米，相加为56米，象征中华56个民族欣欣向荣、子孙兴旺之意。

天生桥风光

天生桥
集奇洞、奇桥、奇瀑为一体

神农架南部彩旗村，紧邻209国道

6:30～18:30

天生桥景区位于老君山下，是一个集奇洞、奇桥、奇瀑为一体的休闲健身、探险览胜的生态旅游区。天生桥飞瀑自峭壁倾盆而下，似银河泻地，玉珠飞溅，显出万种风情。天潭、地潭，清澈见底，潭中奇石千姿百态，结伴成群的鱼儿自由穿梭，让人心旷神怡。

玩家 解说

天生桥景区紧邻209国道，海拔1 200米，面积60平方千米，以奇洞、奇桥、奇瀑、奇潭著称。天生桥山岩叠嶂，野花绿树遍野，幽香四溢。岩石上流下的瀑布飞溅，如鼓似笋，奇特非常。穿过树林来到天生桥前，河水冲击着岩石，激起阵阵水花。地潭宛若天然浴盆，池水清澈见底，波光粼粼。

老君山
传说太上老君常在此炼丹

神农架林区宋洛乡，神农架主峰东北

老君山海拔2 900多米，因传说古时太上老君常在此炼丹而得名。每当冬季，山顶皆为冰雪覆盖，山腰又常云雾缭绕，恰如银须白发的老君仙翁端坐云中。由顶至底，10条癸儿山梁若苍龙下扑，梁间9条曲折溪流如银带飘垂。梁间左右，古树密布，药草遍陈，野果满缀，异兽时现。老君山生物资源

老君山

丰富，稀有树木、珍稀药材山间随处可见。奇异动物也不少，如金丝猴、猕猴、金钱豹、野猪等，堪称“生物乐园”，是旅游探奇、科研考察的理想天地。

玩家 解说

老君山上的杉树坪是地球中纬度地区少见的原始森林群落，主要树种是国家三级保护植物秦岭冷杉，另外还散生着篦子三尖杉和红豆杉。杉树坪上树木的株距在3到5米之间，林间许多树并肩而生，称“姊妹树”或“连理枝”。树干上皆遍布青苔，10米以下绝少旁枝侧叶，常有青藤绕树而上。在林间行走偶然还能见到“头顶一颗珠”“文王一支笔”等珍稀药材。

链接

太上老君

太上老君，即老子，姓李名耳，字聃，春秋时楚国苦县人。历史上实有老子其人，为春秋末年的思想家。后来随着道教的发展，北魏时，始出现太上老君的称呼（见《魏书·释老志》），以后太上老君便成为道教对老子的正式尊称，地位崇高，位居“三清”之列。

官门山

神农架“物种基因库”

官门山属于神农架国家级自然保护区和神农架国家地质公园范围，是领略神农架“物种基因库”的最佳场所。景区内两条道路、一条河流贯穿始终，河两侧山峰林立，林木葱郁、遮天蔽日，河内流水潺潺、终年不断。沿线有典型的北亚热带常绿阔叶林、独特的神农架群地质剖面、古老的叠层石、秀美的龙头寨、奇特的地下暗河等自然景观。此外，景区内还建有自然生态博物馆、珍稀植物保护园、野生动物乐园等景点。

自然生态博物馆

自然生态博物馆以其真实性、直观性，向公众展示神农架的生物多样性，由地质馆、生态馆、科考馆和民俗馆4个主题馆和野人洞、接待厅、学术报告厅等部分组成，是神农架生态环境教育、科研教学实习基地。

珍稀植物保护园

珍稀植物保护园是以物种保护、研究和旅游观光为主，兼顾科普教育等多种功能的综合性山地森林植物园。园内收集神农架原生植物2 000余种、特有珍稀植物150余种、神农架本土野生果树100多种、药用乔木160余种。

野生动物乐园

野生动物乐园是集野生动物饲养繁育、科研考察、实地观赏为一体的旅游去处。主要饲养繁育有梅花鹿、白麂、大鲵、金鳟、长江鳜、齐口裂腹鱼、鲟鱼、中蜂等动物。

官门山

景点推荐

玉泉河片区

玉泉河旅游区以玉泉河流域为核心，以区内旅游循环线为依托，以高山湖泊、河川幽谷为特色，以探险挑战为主题。玉泉河景区内分送郎山、玉泉河、樟树坪3个片区，有自然博物馆、夹道河、武山湖、张公祠等数十个景点。其中神农架自然博物馆是华中地区仅此一家的区域性自然博物馆，原国家主席李先念为该馆题名。这里有“野人”秘踪、独具匠心的根雕艺术、承载神农架远古文化的化石文物、目前世界唯一一架复原“中国犀”的化石骨架，堪称一处休闲访幽的佳地。

神农架林区东北部　8:00~18:00

神农架自然博物馆

被誉为“神农架的缩写”

神农架林区松柏镇　30元

到达松柏镇后乘坐当地交通工具前往

神农架自然博物馆建于1996年，是一家区域性自然博物馆，是全面了解神农架的窗口，也被人们誉为“神农架的缩写”。

博物馆内设有综合厅，陈列着神农架的地形模型，四壁悬挂着许多彩色照片，有神农顶雄姿、铁坚杉伟影、枝繁叶茂古梭罗树，有苍莽的林涛、壮阔的云海等，可以帮助人们了解神农架的全貌。

博物馆分为植物和动物两大部分。第一层植物馆内收集有2 000多种植物，是一座丰富的植物基因库。第二层动物馆内按鸟类、兽类、鱼类、昆虫类陈列，有400多种、1 000多号标本。参观完自然博物馆，会发现神农架“野生动物园”“物种基因库”“天然植物园”等诸多称誉真的是名副其实！

玩家解说

博物馆中还专门设有野人展区，有野人模型、介绍野人的图片等，引起人们对野人秘踪的关注。还设有奇石展区，收集了神农架贝壳、海螺、三叶虫等海洋生物化石，还有太阳、月亮、

神农架自然博物馆昆虫标本

狮子、人物等各种象形石，更有目前世界唯一一架复原的"中国犀"化石骨架，奇特的钟乳石、古老的化石、丰富的纹理石、珍贵的玛瑙石等，让人大开眼界。

送郎山

相传为张良隐居之地

神农架林区松柏镇

送郎山坐落于松柏镇的北面，其最高峰张公院海拔2 194米，相传是西汉留侯张良隐居之地。送郎山山势巍峨，山峦起伏如奔马，以其山水之秀、传说之美、石峰之怪、曲径之幽而著名。

六道峡

贯穿神农架的河流

六道峡又名关门河，源自大神农架，经神农顶、风景垭、金猴岭、老君山，由西向东奔流，为贯穿神农架的一条主要河流。沿河有大小浅滩50余个，两岸山峦连绵、山崖陡峭，葱茏的植被、嶙峋的怪石、活跃的鸟兽以及富有神农架特色的乡土人情更为六道峡增添了无穷无尽的魅力。

玩家 解说

六道峡是指龙潭峡、长潭峡、头道峡、阴沉峡、猪槽峡和小龙峡，最具特色的要数头道峡和阴沉峡。头道峡全长约2千米，呈弯曲形，两岸山势开阔，峡中的水或急或缓，或深或浅。阴沉峡长约1千米，最宽处不过15米，最窄处只有5米左右。两岸岩石如刀削斧劈，直上云霄；另外两岸还有无数千奇百怪的钟乳石。漂流六道峡更有看不尽的旖旎风光、道不完的奇情险趣。漂流的中途还可上岸野餐。

武山湖

山光水色令人陶醉

神农架市黄陂区胜景大道77号

武山湖湖面海拔600多米，泛舟湖面，山光水色令人陶醉。湖东端有高耸的拦河大坝，丰水季节，碧水滚坝而下，形成一道壮阔的瀑布，瀑面银丝悬挂，坝底浪花飞溅，数里之外即闻水声。湖南侧有一处温泉，名曰"神汤"，宜人的暖流能洗去一路的疲劳，让人精神抖擞。

月亮洞

有"犀牛望月"之景

神农架林区武山上

在武山上有一座峻峭的山峰，上有一巨大的岩洞穿山而过，透过蓝天，形似一弯月亮，人称月亮洞。在月亮洞对面山上，又有一怪石卓立，形如犀牛，与月亮洞遥遥相对，构成神农架有名的"犀牛望月"之景。

链接

月亮洞传说

相传有一对镇河神牛，不忍百姓为秦始皇修长城受苦，私自下凡帮助驮石运砖，冒犯天规，一被囚禁在大海孤岛上，一被囚禁在深山老林里。两牛相互思念，望穿山石，故形成今日之景观。

武山湖

攻略资讯

- 交通
- 住宿
- 美食
- 购物
- 娱乐

高原草甸

交通

飞机

神农架机场位于神农架林区红坪镇，距离神农架景区旅游接待中心镇——木鱼镇约50千米。机场目前已开通至上海、武汉等地的航线。自助游的游客凭登机牌还可享受神农架景区门票的折扣优惠。

汽车

公路交通是进出神农架林区的重要交通方式，主要从十堰和宜昌两个方向进出。从十堰方向走，先到松柏镇；而从宜昌到神农架，则先到木鱼镇。

神农架林区（景区）内的主要干道有209国道、白果树和红花朵省道，境内公路全长1 300多千米，贯穿全区，并与十堰、宜昌、兴山、巴东等市县公路连成网络。

神农架客运站：位于神农架林区松柏镇神农大道208号，每天有客车开往武汉、十堰、宜昌、兴山、秭归、巴东等地。

内部交通

神农架景区内有一定数量的班车，早上7：30之前发出的各趟内部旅游班车均经过各景区，但是数量不多。由于神农架林区地域辽阔，景区之间、景区之内的距离也较远，因此包车游览不失为一种好办法。在木鱼镇和松柏镇有很多的旅游车可供包租。包车费用

神农架风光

木鱼镇风光

300~500元/天，旅游旺季价钱还要高一些。

住宿

神农架林区木鱼镇的宾馆较为集中，可供游客的选择较多，这里也是神农架最热门的住宿地。此外，松柏镇和红花镇也有大量的旅馆可供住宿。便宜的旅馆大多由当地山民开设，卫生条件一般，但仍可接受。当然，贵一些的宾馆卫生条件要更好一些。神农架住宿淡季和旺季价格相差较大，游客记得提前跟店家确定好价格。

●神农架隐约咖啡客栈

神农架隐约咖啡客栈周边景色宜人，环境清雅静谧。客房布置简洁大气，配设齐全。这里还有咖啡厅，可以在慵懒的午后品一杯咖啡，度过一段美好时光。✉ 木鱼镇香溪街A8，近木鱼大道 ☎ 18772922550

●神农架顺达大酒店

神农架顺达大酒店是按照四星级标准兴建的综合性商务酒店，位于木鱼镇中心繁华地段，位置优越，交通便利。毗邻神农架风情街，距香溪源风景区仅800米，距神农顶自然保护区换乘中心12千米，是旅游度假的理想下榻之所。✉ 木鱼镇楚林路20号 ☎ 0719-3452777

●神农架康帝君兰酒店

神农架康帝君兰酒店地处山林中，周围绿荫环绕，空气清新，就像一个天然氧吧。酒店拥有温馨雅致的观景客房。房内设施高档，柔软的床上用品配以整洁的洗浴间，让你缓解旅途疲劳，安心休息。✉ 神农架林区木鱼路 ☎ 0719-3388888

美食

神农架地区有句顺口溜："吃的洋芋果，烤的疙瘩火，烧酒配着腊肉喝，除了神仙就是我。"神农架林区山高林密，物产丰富，各种源自天然的野味山珍，自然是出行此地的首选饮食。当地较为著名的风味菜肴有香菇炖土鸡、腊肉、懒豆腐等，其中香菇炖土鸡中的香菇、岩耳选料均为野生，风味独特，值得细细品尝。

神农架林区餐馆多集中于松柏、木鱼两镇，镇上街道两边布满各式餐馆。神农架的餐馆中，较出名的有木鱼镇的神农山庄、林中酒楼、席梦酒屋等，其中神农山庄推出的“神农宴”，从菜的命名、造型、选料及口味上讲都具有浓厚的神农架特色，值得一尝。

●香菇炖土鸡

神农架林区的招牌美食，将本地土鸡切成小块，与野生香菇一起放入砂锅拌入作料清炖，出锅后香气扑鼻，味道鲜美，食后回味无穷。

香菇炖土鸡

●懒豆腐

将用水浸泡过的黄豆用磨子磨碎，掺入切细的青菜叶，然后用温火煮熟。此菜虽做法简单，但味道鲜美且营养价值极高，是当地人饭桌上的常见菜。

懒豆腐

●腊肉

腊肉是神农架人过年时的必备佳肴，其种类颇多，有腊猪肉、腊牛肉、腊肠、腊排骨、腊蹄子等。吃时将肉皮火烧水煮，拌大蒜、辣椒炒，或做成火锅，有一丝淡淡的烟熏味，十分可口。

腊肉

●泡菜

将新鲜的白菜、包菜等洗干净放入坛中，加入泡菜水封闭浸泡，一般三四天之后菜即泡酸，捞起可生吃，也可拌炒各种肉类，是当地人很好的一道下酒菜。神农架的泡菜水一般都是祖传，农家的泡菜水超过100年的屡见不鲜。有的农家子女与父母分家时，家中的任何财产都不要，只要一碗泡菜水。

泡菜

●苞谷酒

神农架以农家苞谷酒出名。用自家产的苞谷为原料酿酒，有的加入少量蜂蜜，喝起来香甜可口。有的加入神农架珍贵药材如“头顶一颗珠”、野生天麻等泡成药酒，喝后不仅御寒还能治病。

购物

到神农架旅游，不仅可以领略到大自然的神奇风光，而且还有许多当地的特产可供购买。主要有茶叶、蜂蜜、中草药、野生板栗等。

神农架土特商店很多，主要集中在松柏镇和木鱼镇。两镇当街和各景区商店、摊点众多，主要经营神农架当地旅游商品和土特产。神农架木鱼镇全镇只有一条街，叫作土特产一条街，这里是游客购物的理想场所，销售有神农架茶叶、中草药、旅游纪念品等，并开办夜市服务。

●神农百花蜜

神农百花蜜系本地土蜂采集百花之精华酿造的蜂蜜，含有大量人体所需的氨基酸、维生素和钙、磷、铁、锌等微量元素，长期食用可健身益智、驻颜美容、增强免疫力。

神农百花蜜

●木鱼绿茶

木鱼绿茶是神农架林区木鱼镇的特产，此茶色泽翠绿，栗香持久，汤色黄绿明亮，叶底嫩黄均整，滋味醇厚回甜，是国家农产品地理标志保护产品。

●中药材

原始苍莽的神农架，有“中草药王国”之称，其中药资源丰富，有天麻、延龄草、重楼、鸡爪黄连、桔梗、旱半夏等。

中药材

●野板栗

神农架野板栗生长在大山之中，味好，香浓，没有任何的农药污染，为纯天然绿色产品。

野板栗

●神农架洋芋

神农架洋芋即神农架土豆，在海拔千米上下的山坡地上种植，淀粉含量高，质地细腻，粉甜而香，是当地山民的主食之一。

●神农架刺绣

神农架地处偏僻深山，其民间习俗多保持着固有的淳朴和浓厚的乡土气息，独具特色的刺绣便是一朵充满活力的艺术之花。出自农村妇女之手的民间刺绣品，主要有日常用的枕巾、手帕、头巾、围腰等。这些绣品用比较粗简的各色布料，用多种色线按照图案巧妙地配色刺绣而成，其色调具有浓而不重、艳而不俗、繁而不乱的艺术效果。

娱乐

独具魅力的神农架令人心驰神往，这里古老的文化，既保留了明显的原始文化的痕迹，又具有浓厚的山林特色。在这里，你可以欣赏美景，寄情山水，也可以参加篝火晚会，与山民同乐。或者去滑雪场，与雪地来一次亲密的约会。

篝火晚会：木鱼镇和神农祭坛晚上一般都会举办篝火晚会，游客可观看当地老百姓的歌舞表演，欣赏神农架苗家人演唱的山歌、跳的神农架舞。

滑雪：海拔2 000多米的神农架滑雪场可同时容纳3 000人进行雪上娱乐活动。滑雪场内配有专业的滑雪设施，并有专业滑雪教练指导。此外，这里还开设有雪地摩托、雪橇、雪地自行车等丰富多彩的雪上项目。

篝火晚会

滑雪

发现者 旅行指南

恩施

概览

亮点

恩施土司城

目前国内保存最完整的土家土司王城，是土家族社会文化、物质文化的缩影，有“中华土家第一城”的美誉。

恩施大峡谷

被誉为全球最美丽的大峡谷，峡谷中百里绝壁、千丈瀑布、原始森林、远古村寨等景点美不胜收。

梭布垭石林

形如巨大的葫芦，四周翠屏环绕，群峰竞秀，遍布奇岩怪石。整个石林千姿百态，万种风情，令人叹为观止。

腾龙洞

腾龙洞集山、水、洞、林于一体，以雄、险、奇、幽、秀而闻名于世。洞中有山，山中有洞，景观千姿百态，神秘莫测。

恩施土司城

坪坝营

全国最大的杜鹃群落分布带之一，也是武陵山区最大的野生动物栖息地，素有“鄂西的大兴安岭”之誉。

神农溪

被誉为“鄂西明珠”，分为龙昌峡、鹦鹉峡、神农峡、锦竹峡4个峡段，这里植被葱茏，山花馨香，一派山野情趣。

土家女儿城

现代人工造的土家族小镇，囊括了恩施境内土家族民风民俗，是中国土家文化的缩影，也是夜晚娱乐的好去处。

线路

恩施经典二日游

第一天主要游览恩施土司城和大峡谷，感受土家文化以及原生态气息。第二天游览梭布垭风景区和神农溪，观天然石葫芦，品巴东美食。

恩施南部二日游

早餐后前往坪坝营，观四洞峡，赏杜鹃林。随后前往唐崖土司城，看规模宏大、气势恢宏的土司城遗址。第二天先去唐崖河风景区，随后前往杨梅古寨，体验土家民俗。

神农溪

为何去

西兰卡普

腾龙洞

恩施属鄂西生态文化旅游圈的核心区，是巴文化的发祥地，也是世界优秀民歌《龙船调》的故乡。这里风光旖旎，民族风情浓郁，集中了诸如恩施土司城、腾龙洞、恩施大峡谷、神农溪等一大批精品的旅游景点，让人流连忘返。

何时去

恩施土司城

清江风光

来恩施旅游的最佳时节，应选在每年春暖花开、晴好少雨的4、5月份。此时恩施大峡谷中山清水秀，花团锦簇，非常适合出游。需要注意的是，由于恩施雨多、雾多，所以前往恩施旅游最好避开雨季，并事先了解一下当地的天气状况。

区域解读

区号：0718

面积：约24 111km²

人口：334.51万人

地理 GEOGRAPHY

区划

恩施土家族苗族自治州辖2个市（恩施市、利川市）、6个县（建始县、巴东县、宣恩县、咸丰县、来凤县、鹤峰县）。

地形

恩施位于湖北省西南部，地处湘、鄂、渝三省（市）交汇处，全州地势呈现北部、西北部和东南部高，逐渐向中、南倾斜的状态。境内的山脉主要有大巴山和巫山。全州水能蕴藏量丰富，有清江、酉水、唐岩河等大小河流60多条，开发利用潜力巨大。

气候

恩施土家族苗族自治州属亚热带季风和季风性湿润气候，夏无酷暑，冬少严寒，雾多，雨量充沛。由于地形复杂，海拔高差悬殊，素有“低山称谷，高山为炉”之说。

恩施降水多集中于夏、秋两季，每逢雨季，阴雨连绵，潮湿多雾，加之河水猛涨，时有洪涝、冰雹等自然灾害出现，因此选择到恩施旅游最好避开这段时间。

土司城

历史 HISTORY

历史大事记

春秋为巴子国地，战国为楚地。

元朝，恩施南部少数民族地区实行土司制度。

清雍正十三年（1735）改土归流，置施南府。

民国时，州境部分地区先后属于巴归兴、湘鄂边和湘鄂川黔苏区，并建立了苏维埃政权组织。

1949年11月6日，恩施县城解放。

土司制度

土司是中国古代边疆的官职，元朝始置，用于封授给西北、西南地区的少数民族部族头目。鄂西民族地区推行的土司制度源于唐、宋时实行的羁縻政策，后逐步发展为土司制度。鄂西土司制度随着清雍正十三年（1735）实行改土归流而消亡。

宋朝的羁縻制度，其实是一种松散的统治制度。各羁縻州与宋王朝存在着一种若即若离的关系。由于宋王朝在鄂西土家族设置的羁縻州所统辖的地域不大，这里大部分的地方仍为当地大的宗族所占据，他们趁宋朝衰弱时纷纷崛起，割据一方。后来元王朝为笼络这些豪强，于是设置土司，进行绥抚。明王朝为加强对土司的控制，于洪武二十三年（1390）改施州为施州卫军民指挥使司，以管辖、控制诸土司；同时又实行大土司管辖小土司，形成了层层控制、管辖的隶属关系。

土司制度在承袭、纳贡、征调等方面均有严格的规定。鄂西土司的承袭制度为封建世袭制，同封建帝王一样，子子孙孙世代相传，以保持独家统治特权。土司承袭的年龄也有所规定，明代为18岁，清代改为15岁。明弘治十四年（1501），明孝宗规定土司职官子弟，凡要承袭土职者，必须入学。不入学者，不准承袭。自此，鄂西各土司均办学设馆，请汉学儒师任教，并派子弟去外地学习。

土家族土司在政治上接受中央王朝的印信，在经济上有时也享受减免赋税的优待。减赋优待或因天灾，或因战事，或为示恩宠。

在土司制度下，土司属下的百姓就是农奴，他们没有土地，除为土司提供繁重的无偿劳役和当土兵外，还要向土司缴纳或进贡各种实物，这种封建农奴制，就是土司制度的经济基础。土家族人民深受封建统治和土司盘剥的双重压迫，生活于水深火热之中。

随着清雍正年间“改土归流”的改革进程，世袭的土司改为由朝廷任免的流官，土司制度也随着这次重大的变革渐渐崩溃，最终消逝于历史的长河之中。作为土司制度曾经存在的证据，保存在各地的土司城承载着那一段历史记忆。其中，恩施土司城是目前国内保存最完整的土司王城，被誉为“中华土家第一城”。

文化 CULTURE

哭嫁

土家族婚俗内容十分独特，整套婚俗主要有提亲、认亲、填庚、定期、过礼、喜期、

土家族哭嫁

拦门、发亲、拗礼、拦马车、拜堂及回门等十几道程序，哭嫁即在“喜期”这套程序中。

哭嫁须在新娘离开娘家前半月或一月开始唱哭嫁歌。哭嫁歌的内容丰富，包括哭爹娘、哭哥嫂、哭弟妹、哭祖先与骂媒人等，多为诉说新娘自身遭遇与不平。哭时有新娘独自一人哭的，也有姊妹兄嫂父母与亲友一同陪哭的；有新娘独在闺房哭的，也有众人围着火塘陪哭的；有捶胸顿足号啕大哭的，也有独自低吟浅唱哭的等。因新娘身世境遇不同，其哭嫁内容与形式也各异。“哭嫁歌”歌词大都已成定式的五、七言长短句，并有简单的曲牌。

结婚典礼的头一天，新娘要沐浴全身，行“开脸”的女子成年礼，表示闺女期结束。同时，还须请来未婚女子9人，加新娘共10人，围坐拉歌，多以对唱、联唱、猜猜调等形式，欢娱达旦，热烈祥和，是谓“陪十姊妹”。待次日，新娘梳洗完毕，即由哥嫂等背出闺房，于自家堂屋中的斗上踩脚印后，换上男方家绣花鞋，持“露水伞”，于鼓乐声中由新郎家来人迎去。在婆家“拜堂”后次日“回门”，整个婚礼遂告结束。

哭嫁婚俗随我国《婚姻法》的颁布，男女自由恋爱、结婚受法律保护，自行废止。但哭嫁习俗却被大量用于现代民族民间文艺表演中，其音乐曲牌之“娘哭女”“女哭娘”等仍在结婚仪式中使用。

《龙船调》

《龙船调》原本是群众逢年过节、划彩莲船时常唱的一首民歌，人们最初叫它灯调。又因为其歌词内容是种瓜，所以又叫“种瓜调”或“瓜子仁调”。《龙船调》早在20世纪80年代就被联合国教科文组织评为世界25首优秀民歌之一，在恩施利川市柏杨、谋道、汪营一带传唱，利川也被称为《龙船调》的故乡。

1937年，当时的湖北省政府西迁恩施，江汉平原的一些民间文艺形式也随之在鄂西流传，“采莲船”逐渐盛行于山野之间。由于山里无莲可采，“采莲船”于是在老百姓口中喊成了“彩龙船”，至今如此。1956年，湖北省歌舞剧团和武汉歌舞剧院到鄂西采风，记下了《种瓜调》的旋律，并取名为《龙船调》，随后将其搬上了专业剧团的舞台，《龙船调》从此成名，逐渐流传到全国乃至国外。几十年来，此曲以独唱、合唱、舞蹈等形式广泛地表演于各地文艺团体的舞台上。

《龙船调》积累了当地劳动人民长期的生活经验和智慧，歌词透露出浓郁的生活气息，旋律更是优美动人。歌中描绘了一个活泼的少妇回娘家时途经渡口，请艄公摆渡过河的生动画面。其音乐特色在于旋律起伏较大，节奏较自由，腔调高亢婉转，有很强的感染力。

自《龙船调》创作以来，无数艺术家演绎了许多风格迥异的版本。武汉歌唱家刘家宜最早将她唱的《龙船调》灌成唱片流行全国，王玉珍又将《龙船调》唱到了日本，还有著名歌唱家魏金栋、李谷一、汤灿等人多次传唱。宋祖英更将其唱到了悉尼歌剧院、维也纳金色大厅、美国肯尼迪艺术中心，在全球掀起了《龙船调》的热潮。

土家族的珍宝——西兰卡普

在土家语里，“西兰”是铺盖的意思，

龙船调表演

“卡普”是花的意思，“西兰卡普”即土家族人的花铺盖。西兰卡普被土家族人民视为智慧、技艺的结晶，被称作“土家之花”。过去土家姑娘出嫁时，都要在织布的机台上制作美丽的西兰卡普作为陪嫁物品。

关于西兰卡普的起源和发展，史籍中只有零星的记载。《后汉书·西南蛮夷传》称“武陵蛮”有着“织绩木皮，染以草实”“好五色衣服”“衣裳斑斓”的风俗，其中“武陵蛮”就是土家族在历史上的一种称呼。一般文献上西兰卡普还有着诸种不同的名称，如“峒巾”“土锦”“峒锦”等。

关于西兰卡普还有一段传说。相传西兰是土家山寨里最聪明、最美丽的姑娘，她心灵手巧，尤善女工。从她机子上织出的布，人见人爱。西兰绣遍百花，唯独半夜开花半夜谢的红果花她没见着。于是为了绣出红果花，西兰半夜起床，跑到红果树前等待花开。守了一夜又一夜，西兰终于摘得一朵红果花，兴奋地在织机前绣了起来。好吃懒做的嫂嫂嫉妒西兰，于是在阿爸面前诬陷西兰晚上到后山会情人，行为不检。阿爸连着几晚没见西兰，信以为真。他气得喝了很多酒，醉醺醺地冲到西兰房里，操起身边的剪刀就向西兰甩去。西兰倒在了织机上，鲜血溅到布上，布上开出一串又一串火红的花。阿爸这才看到机头上的鲜花，明白自己错怪了女儿，但后悔已晚。从此之后，土家族的妇女们都学着织西兰姑娘的卡普，把它做成被子盖在身上，表达对她的怀念。

西兰卡普不仅以经久耐用著称，而且是土家族婚俗中的主要嫁妆，在土家族人生活中有着实用、礼俗和审美三方面的意义。土家女儿出嫁时，新娘父母都以精美的西兰卡普陪嫁为荣，娶媳之家也以此来推测新娘针线活的巧拙。

西兰卡普主要以丝线、棉线和毛绒线为原料，沿用古代斜织机的腰机式织法，其画面多彩，用色常借鉴艳丽的鲜花、羽毛、彩虹等，也有的受宗教绘画的影响，具有素雅、古朴的特点。西兰卡普在纹样组织结构上多以菱形结构、斜线条为主体，讲究对称，有传统纹样上百种。

西兰卡普

西兰卡普制作工艺复杂，耗时长，从织锦的编制，到反复翻染，需要耗时半年左右。目前市面上所见的绝大多数西兰卡普都是工厂流水线上的制品，真正的西兰卡普是非常罕见的，也正因为如此，每当有西兰卡普精品出现时，都会引起轰动。

景点推荐

恩施市景点

恩施土司城 AAAA

中华土家第一城

恩施市土司路138号 坐班车从恩施到咸丰县，咸丰县汽车站有车可达

50元 0718-8458166 8:00~17:00

恩施土司城是目前国内保存最完整的土家土司王城，是土家文化的重要标志，有“中华土家第一城”的美誉。

土司城由墨冲楼、廪君祠、土司王府、土司简介碑、爽心园、钟鼓楼等景点构成。虽历经沧桑，饱经风雨，但整个土司王城依然气势恢宏，极具土家特色和艺术价值。

玩家 解说

恩施地区的土司制度起于元朝止于清朝雍正十三年（1735），历经三朝450余年。改土归流后，土司制度便不复存在，但是当年土司王生活、理政的地方今天依然可以看见。游土司城就像穿越时空的隧道，回到当年。走进一间间老房子，土司文化的神秘面纱就一层层被揭开，土司生活的点点滴滴尽收眼底，土家传统的生活习俗被展现得淋漓尽致。

玩家 攻略

土司城每天上午10点和下午3点有两场全新打造后的民族歌舞表演，演出地在九进堂，不容错过。

墨冲楼

墨冲楼，是彰显土家族人文轨迹和土司王权威仪的标志性建筑，为纯榫卯结构的木楼，高25米，宽12米，由200扇雕花戏文门窗、189块镂空雕花木板组成。门楼高4层，由12根通天大柱、24根过梁组成。既体现了土家族的空间观念，又意喻土家人在一年四季、十二个月和二十四个节气里和睦共处。

墨冲楼上有195万年至215万年以前的“建始人”和后世的“巫山人”“长阳人”的遗物，陈列了土家人文始祖廪君至近代生于斯、长于斯，为恩施和中华文明发展作出贡献的各界代表人物的画像、生平。

风雨桥

土司城中的风雨桥，是一座仿古桥，两座桥亭耸立于桥廊之上，飞檐翘角。桥廊两边专设有栏杆和长坐板，以供肩挑背驮的商旅行人歇息纳凉、遮阴避雨，因而称风雨桥。

廪君祠

廪君祠是彰显鄂西南土家族“族脉”文化的圣地，是目前国内土家族敬怀祖先廪君、举行祭祀活动的唯一场所。祠堂为三重三进重檐廊柱式建筑，坐东朝西，雄峙山腰，气势巍峨。这里香火袅绕，雕虎饰文，充满土家子嗣对廪君“泥船争命，盐阳情殇，君乎夷城，魂化白虎”的追思感恩的虔诚氛围。

九进堂

什用殿

什用殿踞土司王城中心，是土司处理军机政务的地方。数百年前，这里曾经是土司计议出征、审判命案、兴农办学、凝思集成的地方。

玩家解说

殿堂的风格非常壮观和独特，飞檐五层，上三层为圆形，下两层为方形，偌大的建筑结构显示着王权的威仪，也传递着土家族“上圆下方”的传统宇宙观，还寓意土司“外世圆融，操守方正”的从政理念。堂中是白虎图腾塑像，上面高悬“仁民爱物”4个遒劲有力的大字，足表土司开物成务、励精图治的胸怀。

九进堂

九进堂即土司理政和生活的王府，集中展示了鄂西南土家族“文脉”文化的无限神韵。整体建筑由低向高递进，有九重九进，故称“九进堂”，且九为极数，象征土司以至尊至贵的身份而居。

九进堂共有333道门、90扇窗户、333根顶梁柱、千余扇雕花门窗等。纵深99.99米，宽33米，建筑总面积3 999平方米。建筑布局别具匠心，错落有致，楼中有阁，阁上有亭，回廊相连，于巍峨壮观中透出富丽、玲珑和神奇。

恩施大峡谷 AAAAA

全球最美丽的大峡谷

恩施市沐抚办事处

恩施市航空路客运站有直达班车可以到达景区，每天班次很多，全程约2小时

旺季8:00～16:00，淡季8:30～15:30

七星寨110元、云龙地缝40元　0718-8542333

恩施大峡谷是清江流域最美丽的一段，被誉为全球最美丽的大峡谷，万米绝壁画廊壮观，千丈飞瀑倾泻，百座独峰矗立，十里深壑幽长，是雄奇秀美的世界地质奇观，与美国科罗拉多大峡谷不分伯仲。

恩施大峡谷已开放七星寨和云龙地缝两

恩施大峡谷

大核心景区，总面积35.2平方千米，天坑、地缝、绝壁、峰丛、岩柱群、溶洞、暗河等地质景观一应俱全，被称为“喀斯特地形地貌天然博物馆”，拥有众多世界级旅游资源。

玩家 攻略

1.游览大峡谷最开始的一段路是最难的，石阶陡而长，一根登山杖可以为你节省不少体力。

2.景区门票一天有效。

玩家 解说

恩施大峡谷是享誉全国的“奇观之峡、古道之峡、森林之峡、科考之峡、康体之峡”，说它是奇观之峡，是因为峡谷之中有世界唯一的“地缝—天坑—岩柱群”复合喀斯特地貌；说它是古道之峡，是因为昔日入蜀进川的古盐道、古官道穿峡而过；说它是森林之峡，是因为大片保存完好的原始森林与峡谷相伴相生、相映成景；说它是科考之峡，是因为峡谷中的一炷香等地质现象曾被央视科学栏目报道过、载入建筑学科书中，有待人类去发掘、考证；说它是康体之峡，是因为登临大峡谷可以像登华山、黄山一样挑战身体极限，锻炼身体，可以呼吸丰富的负氧离子，享受富硒美食。

七星寨

七星寨景区由小楼门、中楼门、大楼门组成，是整个清江大断裂景观的精华。沿着8.5千米长的旅游步道，可以欣赏小楼门群峰、龙门石浪、一线天、绝壁长廊、祥云火炬、迎客松、一炷香、双子塔、玉笔峰、玉女峰、玉屏峰等著名景点。

绝壁长廊：始建于2006年8月。栈道位于山体东侧的直立悬崖绝壁山腰，海拔约1 700余米，全长488米，高差达300米，石阶118个，与山岩绝壁融为一体，行走其间步步惊心，步步是景。

一炷香：是喀斯特石柱，为恩施大峡谷标志性景观，也是同类喀斯特地貌中十分稀有的景观。一炷香高150米，柱体底部直径6米，最小直径只有4米。

云龙地缝

云龙地缝呈“U”形，上下垂直一致，全长3 600米，平均深75米，是奇异独特的喀斯特景观。云龙地缝外部绝壁巨壑环抱，重峦叠嶂，地形多变；地缝内流水淙淙，飞瀑跌落，五彩黄龙瀑布、彩虹瀑布、云龙瀑布、冰瀑、沐抚飞瀑都是观景的好去处。

五彩黄龙瀑布：云龙地缝五大瀑布之一，瀑水顺似钟状的橙红色钙华体飞流直下，落差60余米。由于二叠系煤层中含有的黄铁矿（FeS_2）在地表条件下极易氧化，此瀑布上游溪水刚好源自或历经二叠系煤层，瀑布水体中就富含三价铁，所以由此瀑布中钙质沉淀形成的钙华体因含铁而呈橙红色，加之瀑布长期冲刷，谷底滚石就因铁染而变成了橙红色。在阳光照射下，瀑水飞溅，彩虹显现，加之铁染谷底，岩石色彩缤纷，十分瑰丽迷幻。

云龙瀑布：云龙地缝五大瀑布中的第二大瀑布，其水源来自沐抚集镇周边的地表溪流，地面上有两条大沟与两条小沟，溪流均汇集至此，常年水流不断，落差70余米。瀑布顶部水流直下，冲击地缝岩壁上突出的岩石后转而直泻。因长期溶蚀—沉淀作用，突出的岩石表面就形成了一块巨型钙华体，仿佛将两段不同瀑布对接在一起，视觉上形成了二次跌水现象，每到雨季，水量增大，非常壮观。

链接

恩施大峡谷五大奇观

神秘险峻的恩施大峡谷，2004年才被中法探险队发现，刚刚进入大众视野便引来无数惊叹。2012年4月，美国探险者迪恩•波特在一炷香成功创下悬崖徒手走软绳41米的世界纪录，这次挑战，让恩施大峡谷的五大奇观震撼世界。

一是清江升白云。与大多数名山的云海显得闲散无序不同的是，恩施大峡谷里从清江上升起的云海像一条腾飞的巨龙，蜿蜒曲折，绵延百里，形态丰润，美不胜收。

二是绝壁环峰丛。喀斯特地貌一般情形是有绝壁者无峰丛，有峰丛者无绝壁，恩施大峡谷不仅兼而有之，而且面积大、品位高，有四面绝壁凹陷于峰丛之中的，也有四面绝壁突出似凌驾于峰丛之上的。世界上目前尚未发现类似奇景。

三是天桥连洞群。洞穴群落是大峡谷中又一特点。据不完全统计，大峡谷沿线有大小洞穴200余个。如板桥的热云洞，有石壁相隔形成两个洞口，一洞通热风，一洞出冷风，冷热交融烟雾缭绕；而且洞内的大厅可容纳数万人；更有大桥匹配，水天相谐，人物相映，犹如仙境。

四是地缝接飞瀑。恩施大峡谷内的云龙河地缝全长7.5千米，最深达75米，地缝怪石遍布，五彩斑斓，古木苍翠，碧流潺潺，尤其是地缝两岸的数条飞瀑流泉，令人震撼。

五是地缝配竖井（天坑与地缝相通）。中法探险队历经10年考察于最近宣布，奉节龙桥河至恩施大峡谷的地下暗河全长50千米，为世界之最。仅暗河之上的竖井就有108个，形似著名的新疆坎儿井，非常壮观和罕见。

梭布垭石林

龙麟宫

省内外洞穴景观一绝

恩施市西郊(麒麟溪源头距市中心8公里)

恩施市乘坐3路公交车从舞阳坝直达景区

50元　8:00～18:00

龙麟宫集水洞、迷津洞、十洞为一体，分水陆两界，以雄、奇、神、秀堪称省内外洞穴景观一绝。

由水洞乘舟进入，经“小三峡”，然后登陆入旱洞“迷津洞”。水洞中乳石悬垂，两岸奇峰耸峙，怪石狰狞，河水夏日冰冷彻骨，故此溪又名冷水河。“迷津洞”中钟乳石保存完好，奇形怪状，十分罕见，巨柱擎天、长龙横卧、雄鹰高踞、百步天梯、水镜仙境等景观美不胜收。

玩家解说

由于人自然的鬼斧神工，溶洞叠转迂回，千奇百怪，上洞、中洞、左洞、右洞、水洞、天洞组成了一个庞大的洞穴体系。因洞中“群龙共居”和“俗称宋雍熙年间有麒麟出此”而得名。

梭布垭石林 AAAA

以石林为主的自然生态风景区

恩施市太阳河乡境内　可在恩施硒都广场乘坐梭布垭景区的旅游专线车

60元　8:00～18:00

梭布垭风景区因地质岩溶现象而形成，是以石林为主的自然生态风景区，溶岩景观是其最重要的景观特点。

梭布垭石林形如巨大的葫芦，四周翠屏环绕，群峰竞秀，共有8大景区100多个景点。这八景之中，遍布奇岩怪石，有的形若苍鹰望月，有的神似仙女回眸，有的恰似龙争虎斗，有的酷似莲花朵朵。在石林边缘还有一条长3千米、高10多米的地缝，迂回曲折，犹如迷宫，神秘莫测，在地缝中穿行，头上只见蓝天一线，两耳仅闻泉水淙淙，双眼难觅泉流何处。整个石林，千姿百态，万种风情，令人叹为观止。

铜盆水森林公园
天然氧吧

恩施市屯堡乡车坝桥顶山

铜盆水森林公园森林面积10 263亩，森林覆盖率高达近91%，海拔高度1 100米，素有“天然动植物园”“天然氧吧”的美称，是旅游休闲、度假避暑的理想去处。

公园内飞禽走兽繁多，雉鸡、竹鸡、锦鸡、野猪、野羊、野兔等动物终年可见。公园内山峦逶迤，沟壑纵横，多岩洞、溶洼、伏流断涧，自然景观独特。公园春迟秋早，云雾奇幻，物种繁盛，生机盎然。

玩家 解说

铜盆水森林公园之所以取名为“铜盆水”是有来历的。据当地老百姓讲，早年一位绅士因逃难来到这里，见这里森林茂密，重峦叠嶂，溶洞交错，山间有一股泉水涌流，泉水一年四季不干涸，清澈、凉爽、甘甜，于是在山泉脚下挖了一个小坑，用石块砌成一个圆坑，然后用20公斤黄铜请匠师打了一个和圆坑一般大小的铜盆镶在上面，寓意着凡有过罪过之人到这里喝一口清澈之泉，用山泉洗一把手，所有罪过从此消失，立地成佛。后来人们为了纪念这位绅士，就在铜盆之上建了一座小亭，以保护铜盆之水干净卫生。

枫香坡侗族风情寨
乡村体验好去处

恩施市芭蕉侗族乡高拱桥村

枫香坡侗族风情寨是集休闲、娱乐、乡村体验于一体的旅游景区。片片翠绿的茶园掩映着灰墙白瓦、翘脊飞檐的农居，还与低吟浅唱的林间小溪相映成趣，其间穿插着白墙灰瓦的特色民居，以风雨桥、鼓楼等壮观的标志性建筑和优美的自然风光及淳朴的乡村风俗吸引着南来北往的游客。

饮拦路酒、观风雨桥、拜萨岁庙、品玉露茶、听侗族歌……在枫香坡侗族风情寨，每一位前来的游客可以尽情领略民族文化旅游的魅力。

玩家 攻略

景区内可参观侗族特色的寨门、风雨桥、侗族鼓楼、侗族花桥、萨岁庙、茶园、农家小院、侗乡民寨，还可以参加推磨、舂米、榨油、采茶、制茶、织布、垂钓、打铁、做瓦、水车汲水等农事体验活动，在踩歌堂观看农民艺术团精彩的侗族歌舞表演，在侗族文化走廊体验侗族的文化风情，在茶叶文化走廊品尝“恩施玉露茶”的芬芳，在农家小屋吃可口农家饭，品正宗油茶汤，畅饮侗乡米酒。

柳州城
具有740多年的悠久历史

恩施市七里坪乡椅子山

市内乘坐21路公交车到“柳州城景区”站下车即到

柳州城是恩施土家族苗族自治州境内具有740多年悠久历史、保存现状较好和具有重大历史、科研价值及唯一的古代城址遗址，是湖北省历史文化名城恩施的重要内容。

柳州城内遗址保存较多。城内众多山峰、山岩、沟槽名称，尚有旧施州城之格局，如北门沟、南门槽、将军岩、玄武峰。有云台观遗址，是鄂西南覃氏家族的发祥地。古城

枫香坡侗族风情寨

土家女儿城

西门坎下，还矗立着闻名于世的我国目前唯一一块记载农事的摩崖石刻——西瓜碑。

土家女儿城 AAAA
中国土家文化的缩影

恩施市七里坪马鞍山路41号

乘坐31路公交车可达

土家女儿城是中国八大人造古镇之一，是中国首家集民俗文化、旅游商业为一体的土家族仿古建筑群，是中国最大的土家族文化地标和中国土家文化的缩影。

土家女儿城集娱乐、购物、住宿、旅游、休闲为一体，城中有百余间小商铺、风情客栈，以及众多特色餐厅和美味小吃，另外还有开阔的观草坪、综合运动中心、小吃街、民俗博物馆、酒吧街、中国首创室内情景剧场女儿城大剧院、湖北省内最大的水上乐园。漫步城中，游客不仅可看到优美的风景，还可观赏到土家族的摔碗酒、摆手舞等土家风俗，同时还能吃到各种土家风味菜肴。

玩家 解说

土家女儿城巴人堂民俗风情园，是目前恩施州内摔碗酒文化的集中体现地之一。

"摔碗酒" 源于土家族，在古代是土家儿女上战场前的一种壮行酒。在某个时代，土家族的两个族长或是兄弟之间有了恩怨，为了民族的生存和发展，两人决定尽释前嫌，于是共饮一碗酒，以示今后的友谊与和谐，饮过之后，将碗摔碎，以泯恩仇，也显示了二人的度量和豪气。这就是 "摔碗酒" 的民间传说。

但是从今天的 "摔碗酒" 来看，已经完全转化为一种友情的表达，人与人之间的距离更近了，心与心贴得更紧了。

恩施土家族苗族自治州博物馆
藏品丰富

恩施市金桂大道恩施州文化中心内

市内乘22路公交车到 "硒都茶城" 站下

免费　0718-8222329

恩施土家族苗族自治州博物馆藏品丰富，种类繁多，主要为反映巴文化、崖葬文化、土司文化和民族风情的历史、民俗文物，以及革命文物和各类动植物、矿石标本等，以巴文化的实物最为珍贵，土司文化、崖葬文化和民族文化文物又独具特色。

目前，恩施土家族苗族自治州博物馆举办有 "武陵足音" "恩施记忆" 和 "生态恩施" 等陈列，形成了基本陈列、专题陈列和临时展览互为补充、交相辉映的陈列体系。

链接

恩施土家族苗族自治州博物馆珍贵藏品

双虎钮錞于：土家先民巴人所使用的一种军乐器，该器物是中国唯一具有明确出土时间、出土地点

武陵足音

的双虎钮錞于，特别珍贵。

金凤冠：该凤冠为西王母乘坐凤凰状。凤凰呈展翅飞翔状，凤凰尾部设花卉装饰，西王母盘坐在莲花上，四周环绕金丝飘带。共由29小件组成。

马鞍：贺龙在红三军负责时使用的马鞍。

西兰卡普：色彩艳丽，构图奇特，是土家族标志性的民间美术品。

“武陵足音”陈列

分为人类起源、巴人西迁、唐宋遗风、楚蜀屏翰、民俗风情五个部分，它撷取了最能代表和反映武陵地区人类文明、智慧的历史文化遗产，通过文物及多种辅助展陈手段，展示了从建始直立人到各个历史时期人们的生产生活状况和社会面貌，再现了武陵地区人类形成、发展、壮大的整个历程，构成了一幅绚丽多彩的民族风情画卷。

“恩施记忆”陈列

由山雨欲来、辛亥惊雷、星火燎原、抗战烽火、解放之路五个部分组成，通过大量的实物、图片和文史资料，全景展现了从鸦片战争到新中国成立百余年间，恩施各族优秀儿女为争取国家独立、实现民族复兴英勇奋斗、不怕牺牲的光辉业绩，充分展示了恩施各族人民勇赴国难、不畏强暴的民族精神。

“生态恩施”陈列

围绕鄂西林海、华中药库、能源基地、世界硒都、矿产宝库、恩施特产六大主题，全面而生动地介绍了恩施地区珍贵的自然资源和物产资源。该陈列通过大型模拟景观、数码影像技术等手段，营造了一个极富恩施地域特色的空间氛围，使观众能轻松愉悦地获得相关的自然科学知识。

连珠塔

恩施市的标志性建筑

恩施市五峰山主峰龙首山顶（近六角亭老城东门）

恩施市内乘坐23路公交车在“连珠塔”站下即到

10元　9:00~17:00

恩施连珠塔始建于清道光十二年（1832），坐东向西，是恩施市的标志性建筑。由大、小山门及斋堂、花墙和石坊组成。

连珠塔为八边砖石塔，占地面积250平方米，共分7层，通高34.8米，内有螺旋石梯

连珠塔

129级，由第1层可至第7层。塔刹由7颗大锡珠重叠而成。8个塔角上各雕刻天王大力士一尊，面目狰狞，敞胸露腹，或蹲或站，双手上托，造型各具特点，无一雷同。每层塔各有8个铜风铃，7层塔共有56个。当起风时，风铃嗡嗡直响，声音洪亮，城内居民及塔周附近农户都能听见。站在塔顶，可俯瞰恩施全景。

玩家 解说

夜晚的连珠塔更是美不胜收，它似一颗明珠镶嵌在恩施的东方，在每层楼的窗口，都会闪烁着灿烂的光辉。

叶挺囚居旧址
土木结构民居

恩施市老城西门外高井河西岸　市区坐出租车到景区　10元　9:00~17:00

叶挺囚居旧址背靠红色砂山，面对小河与城墙，与外界隔绝，其地形极易看守。旧址为土木结构民居，中为木构架，围以土墙。正屋3间，东厢房2间，建筑面积共180平方米。叶挺与夫人李秀文、长女叶杨眉住正房，佃户刘贵金住厢房，看守居于西室。

玩家 解说

叶挺1924年加入中国共产党，曾任国民革命军独立团团长、新四军军长。1941年1月在"皖南事变"中被俘后，因第六战区司令长官兼湖北省府主席陈诚与其同为原保定军官学校同窗，为做"转化工作"，于1942年冬，国民党将其转囚于当时的湖北省府所在地恩施。

板桥鹿院坪
世外桃源

恩施市板桥镇新田村往中坝　恩施客运站有到板桥镇的班车

板桥鹿院坪是一个未开发的盆地村庄，是户外徒步爱好者不可错过的旅游点之一。几年前，深闺中的鹿院坪鲜有人知，随着驴

板桥鹿院坪

友的口碑相传，渐渐撩开了她神秘的面纱。

全村三十几户人家，进出村只靠一座搭建在峡谷之间的小木桥。鹿院坪面积约5平方千米，四周的悬崖构成了天然屏障，整个鹿院坪形似一个条形天坑，仅有崖上人工挖凿的小路供当地村民进出。境内平坦开阔、山清水秀，慕名而来的游客称之为"世外桃源"。

玩家 解说

鹿院坪现在有30余户120余人，据说在两三百年前，村里的周姓、朱姓、裴姓先祖为了躲避战乱，从湖南、广东一带，历经艰难跋涉，居然找到了这一小片与世隔绝的乐土。他们在这里开荒垦殖、辛勤耕耘、繁衍生息，一代代过上了自给自足、和谐的生活。

村民的房屋都是以吊脚楼为主，主屋用木板架成，四周用栏杆围拢，非常通风、保暖；上盖瓦顶，楼上住人，楼下关牲畜、堆杂物。这些老式的家居建筑，显示着历史的风貌，是土家族传统建筑的活化石。

村民的食物、生产工具、生活用具至今基本上都是自己生产，村中随处可见人工石磨、水磨、人工凿刻的石缸、独木风箱、风车、木储物器等生产生活工具。它们的古朴，凝固了历史，承载着远古的文化信息。

景点推荐

利川旅游区

腾龙洞 AAAA

中国最美的地方

恩施州利川市城郊6.8千米处

利川市火车站有专门的腾龙洞旅游接送车辆，出站即可看见 ¥150元 0718-7262455

8:30～17:30

腾龙洞集山、水、洞、林于一体，以雄、险、奇、幽、秀而闻名于世。2005年，被《中国国家地理》杂志评为“中国最美的地方”。

腾龙洞景区由水洞、旱洞、鲤鱼洞、凉风洞、独家寨及三个龙门、化仙坑等组成。洞口高72米、宽64米，洞内最高处235米，初步探明洞穴总长度59.8千米，洞穴面积200多万平方米。洞中有5座山峰、10个大厅、10余处地下瀑布。洞中有山，山中有洞，水洞、旱洞相连，主洞、支洞互通。洞内终年恒温14℃～18℃，空气流通。洞中仅象形石就有1 000余种，景观千姿百态、神秘莫测。洞外山清水秀、风光宜人。尤其是水洞口的卧龙吞江瀑布落差40余米，吼声如雷，尽显气吞山河之势，令人叹为观止、流连忘返。

玩家攻略

1.风景区内有最为独特的梦幻激光秀和大型土家族歌舞表演。激光秀在每天的13:00开始表演，节目时间约20分钟；土家族歌舞表演在每天14:00开始，节目时间约1小时。两场表演的费

用包含在门票内。

2.洞中有观光车，建议游客步行进入，游览完毕后坐车出来。观光车的费用包含在门票内。

3.洞中一年四季温度都不高，如果你是夏季前往，也请多带件外衣，以免着凉。

龙船水乡 AAAA

拥有中国最长的天然水洞

恩施州利川市水乡路　利川市南门车站坐利川到凉务专线车

120元　0718-7864888　8:00～17:30

龙船水乡是利川重点旅游景区之一，包含水莲洞和三渡峡两大风景区。八百里的清江经景区蜿蜒而过，顺清江泛舟而下，江水碧绿如缎，风光秀丽，情趣盎然。

水莲洞

水莲洞是中国最长的天然水洞——17千米的观光水洞，被称为“天下第一水洞”。水莲洞大洞套小洞，洞洞有奇观，洞里主要有九洞四桥三厅一亭一宫，布局合理，错落有致，景致奇特。洞内次生化学沉积物发育齐全，石柱、石笋、石花别具一格，或晶莹如玉，或灿烂如金，或粗如浮屠，或细如粉丝，恰似人间仙境。

三渡峡

三渡峡两岸青山如黛，画舫在宽阔的江面随波荡漾，远可见四周青山绿树，近可观两岸田园人家，水乡风景尽收眼底。船上可坐可躺，可娱乐可嬉戏。一江春水一江歌之余，还可以到水面上体验一回精彩纷呈的水上娱乐项目。

佛宝山 AAAA

峡谷幽深，飞瀑成群

恩施州利川市佛宝山生态综合开发区

利川市南门车站坐利川到凉务专线车

180元　0718-7106555　13:00～16:30

佛宝山属于巫山山脉，是清江和郁江两江的发源地。境内峡谷幽深，飞瀑成群，森林茂密，气候凉爽，是休闲避暑、漂流运动、峡

利川风光

谷探险、风情体验的绝佳之地。

佛宝山景区由高洞岩瀑布群观光、大峡谷激情漂流、峡谷探险穿越、佛宝山水库休闲度假、白云寺宗教朝圣、莼菜采摘体验等项目组成。

佛宝山大峡谷漂流

是佛宝山景区的核心项目之一，漂流峡谷全长5.8千米，总落差165米。漂流峡谷内峰峦叠翠、奇峰耸立、峡谷幽深、植被茂密。河道中怪石林立、碧水幽幽、飞瀑成群、风光醉人。漂流时劈波斩浪、有惊无险、跌宕起伏、妙趣横生。

白云寺

白云寺始建于明万历年间，清乾隆四十八年（1783）重修。早年的白云寺香火不断，曾一度成为当时民间从事佛教活动的重要场所；新中国成立后，白云寺香客逐渐减少。后在“文革”中被拆毁，目前恢复重建工作正在进行中。

链接

白云寺传说

相传三国刘备入川，路经此地发现风景秀丽，四周八龙朝山，欲建都于此，但独少一龙，故放弃之。后入成都，孔明知道此事后对刘备说：“您只数了八龙，您自己就是一龙，唯独忘记您自己，其实是九龙归位。”皇叔恍然大悟，再赶到这里时，发现已建了白云寺。

佛宝山水库

佛宝山上，有长干水库、永兴水库、翻身水库、棕树桥水库、三五水库等大大小小10座水库。海拔1 471.5米的佛宝山水库，是其中海拔最高、库容量最大的一座。这座水库于1970年10月动工兴建，1978年竣工，库尾位于大后河上，即郁江的源头。现佛宝山水库是著名的莼菜产区。

玩家 解淌

莼菜是一种名贵的水生蔬菜，口感柔滑，营养价值高，富含天然果胶，古代即为名菜。据《晋书》记载，西晋文学家张翰在北方做官，因思念江南的莼羹鲈鱼，遂弃官回乡。这便是“莼鲈之思”典故的由来。

20世纪70年代末80年代初，佛宝山水库开始探索种植莼菜。80年代后期，日本客户第一次前来考察时，对这里的莼菜品质十分满意，用大桶装走500公斤。此后，佛宝山莼菜的出口量和销售额迅猛增加。

朝阳洞

鄂西南罕见的溶洞奇观

恩施州利川市南坪乡朝阳村

朝阳洞有典型的喀斯特岩溶地貌特征，洞内水洞、旱洞相连，水随路转，路随景移，

佛宝山

景随洞转，洞因水活，景因石奇，一直被誉为“鄂西南罕见的溶洞奇观”。

最具特色的景观有五指石、银河响水、野生峡和戏楼。尤其是“蓬莱仙境大厅”——其石笋、石柱洁白如玉，丰富完整地展现了朝阳洞钟乳石景观的神奇和壮观，给不少游客留下了难忘的印象。

玉龙洞

以小、精、美、绝令人流连忘返

恩施州利川市团堡镇梨树村

65元 8:00~17:30

玉龙洞因洞穴岩溶化学沉积物——方解石洁白如玉、晶莹剔透，洞中一景酷似玉龙腾飞而得名。

玉龙洞以小、精、美、绝令人流连忘返，分上、中、下3层，现游览景点主要有一个主洞和三个支洞，主洞最高处80米，三个支洞左一右二，全长1 630米。洞内石笋、石柱、石钟乳千姿百态，让人称奇。“擎天玉柱”“雨后春笋”“玉龙腾飞”“皇后凤冠”等都是值得一看的景观。

朝阳洞

大水井李氏庄园

土家民居的交响乐

恩施州利川市白杨坝镇水井村

从利川乘坐中巴车前往柏杨坝，再从柏杨坝转车前往

50元 8:30~17:30

大水井坐落于《龙船调》的发源地——利川市柏杨坝镇的莽莽群山之中，为清代晚期至民国的李氏庄园。整个建筑群由李亮清庄园、李氏宗祠、李盖五庄园3部分组成，像一首由土家唢呐、木笛、叶笛、锣鼓加西洋长号奏出的三部曲，演绎着一个家族的荣与辱，凝固了一个民族的建筑文化史。

大水井李氏庄园

景点推荐

恩施南部景点

七姊妹山

宣恩县第一高山

恩施州宣恩县东北部椿木营和长潭河两乡的交界处

在宣恩县包车前往景区

七姊妹山属武陵山脉，为宣恩县第一高山，因七峰依次排列似传说中的七仙女而得名，景区总面积150平方千米，最高峰火烧堡海拔2 014.5米。景区为典型的喀斯特地貌，山体气势恢宏，主要自然景点有大、小七姊妹山和石柱峰、龙马山、仙人洞等。此外，还有道教圣地中武当、县苏维埃政府旧址、张难先隐居旧址等人文景观。区内植被保持完好，动物资源丰富，国家一级重点保护的珙桐，分布面积达一万余亩。景区内孤峰怪石造型奇特，大小瀑布多姿多彩，是原始森林观光探险旅游的胜地。

链接

七姊妹山的传说

传说，玉皇大帝的七个女儿羡慕人间自由，于是结伴下凡，各自找到了自己的意中人。后来被玉帝发现了，强令七姊妹返回，七姊妹违令不返，于是玉帝震怒，将七姊妹化作七座亭亭玉立、相依相伴的山峰，七姊妹山由此而得名。七姊妹山的对面，还有七座貌合神离的小山峰，似七个守望着母亲的少女，与七姊妹山相互依伴，人们称之为小七姊妹山，故有大、小七姊妹山之分。

彭家寨

古建筑类民俗景观

恩施宣恩县沙道沟镇龙潭河

彭家寨属古建筑类民俗景观，寨内土家吊脚楼设计精巧，造工讲究，具有浓郁的土家民族特色，是中国木结构古建筑的亮点。寨内吊脚楼为全木结构，单檐悬山，以三柱五骑或五柱八骑为主。林荫覆盖下的青石板路，古朴雅致，蜿蜒在院落与场坝之间。寨前一道古老的石拱桥横跨龙潭河，是彭家寨与外界沟通的金桥。寨后的群山上石峰横立，林木繁茂，蓬竹清幽。远眺彭家寨，只见土家吊脚楼群掩映在翡翠般的群山中，沿清溪如带的龙潭河岸层层铺展，峭壁挺秀，好似一处美不胜收的人间仙居。这里还是贺龙当年开展革命活动的根据地，宅内保存有湘鄂川黔苏维埃革命遗址红溪坪。

双龙湖

青山环抱，湖水碧绿

恩施宣恩县城西2千米的贡水河

双龙湖景区由双龙湖、峡谷、溶洞等景观组成，这里青山环抱，湖水碧绿、游船、快艇游弋其间，风景如画。峡谷长20千米，有7峡3洞20余个景点，最窄处抬头可见一线天景观。峡谷内花果飘香，迈脚可攀险岩奇峰，“仙女岩”“火烧壁”“腾龙山”“莲花池”等景点引人入胜。溶洞包括“仙神洞”“天门洞”“三艳洞”三洞，洞中石乳遍布，石笋丛生，景致奇绝，让人赞叹不已。

鸳鸯峡

放松身心的佳地

恩施宣恩县沙道沟镇东北

鸳鸯峡位于沙道沟镇西水上游白水河，两壁凌岩腾空飞起，成一线天奇景。传说，鸳鸯峡两岸峭壁分阴阳，白天分开，晚上合拢，如一对恩爱鸳鸯伴侣。峡谷峭壁间流水湍急，薄雾笼罩。远望可见月亮岩佳景，靠近可听流水欢歌。仔细寻觅，还能在清澈的河水中见到娃娃鱼的踪迹。畅游在这里，身心会感觉无比放松。

坪坝营 AAAA

有“鄂西的大兴安岭”之誉

咸丰县南端坪坝营镇坪坝营村　¥180元

在咸丰县乘坐当地交通工具前往景区

坪坝营原生态休闲旅游区面积150余平方千米，森林覆盖率96%，拥有湖北省最大的原始森林群落区，是全国最大的杜鹃群落分布带之一，也是武陵山区最大的野生动物栖息地，素有“鄂西的大兴安岭”之美誉。

景区地处神秘的北纬30°地带，区内群

吊脚楼

山逶迤，沟壑纵横，洞穴繁杂，景致仍保持着较为原始的风貌，目前已开发出四洞峡、乔木杜鹃林、鸡公山原始森林等景区。在这里，可以赏缤纷野花，沐清凉山风，觅珍奇异兽，尽情享受原始的野趣。

玩家解说

坪坝营景区内生物多样性、生态原始性十分典型，是"华中生物避难所"的重要组成部分。这里有千寿杜鹃王和万亩千年古树杜鹃林，生长有红豆杉、珙桐、鹅掌楸、秤锤树等国家级保护植物，生活着华南虎、金钱豹、锦鸡、香獐等120多种珍禽异兽。罕见的穿洞群落、幽深的峡谷沟壑、别致的飞瀑流泉以及宜人的高山气候，让坪坝营成为一处天然的原始风情博览园，深受人们的青睐。

四洞峡

四洞峡位于坪坝营景区东面，是一处极为罕见的穿洞群落景观。一条2千米长的峡谷从四座大山中穿过，形成大小不同、形状各异的四个穿洞，并贯穿成一景，四洞峡因此得名。

乔木杜鹃林

景区因生长着一棵千寿杜鹃王和万亩连片古树乔木杜鹃而得名。这里的杜鹃品种达30多种，其中以云锦杜鹃和似血杜鹃最为独特。原始杜鹃林景区一步一景，溪流、峡谷遍布，野果飘香，还有野菜、野药材和五颜六色的野花、野草等。

鸡公山原始森林

鸡公山原始森林景区主要突出原始生态特色，景观多样而奇特。森林中的山、水、瀑、花、草、树等处处展现着原始的风貌，硕大的古树、粗壮的藤蔓、厚厚的腐殖质层、倒伏千百年的枯木朽树、四散漫布的苔藓（青苔）原始森林的五大特征尽显其中。景区内百鸟欢叫、群兽吼啸，声音在茫茫林海中萦绕回荡，宛若一首森林的交响曲。

唐崖河风景区 AAAA

原生态土司文化旅游区

恩施咸丰县境内

在咸丰县乘坐当地交通工具前往景区　¥ 90元

唐崖河风景区是中国最大的原生态土司文化旅游区。

唐崖河是古冰川故道，它的传奇之处在于其自东向西流动，是一条倒流之河，有"岸转涪江，倒流三千八百里"之说。在唐崖河上游，有中国建筑奇葩、少数民族村寨、羌式吊脚楼山寨——茶海羌寨，有世界上最大的地下峡谷和地下钙化池——黄金洞。景区内吊脚楼群错落，山水风光绮丽，文物古迹遍

唐崖河

布，民俗风情浓郁，是一个资源丰富、结构多元、自然景观和人文景观交相辉映的天然画廊。

玩家 攻略

茶海羌寨的乡民十分热情好客，他们喜爱用原生态的民族歌舞款待嘉宾。游客进入寨子，就会听到此起彼伏的山歌声，此时游客只需开口对歌，歌台就会立马搭起。

黄金洞

黄金洞古时称为黑洞，地处恩施、利川、咸丰交界。据洞穴专家考证，此洞形成于侏罗纪以前，迄今已有1.5亿年。黄金洞地质奇观罕见，蕴含着璀璨的人类文明，堪称世界自然与文化宝库。区内山雄水奇，民风原始，有“武陵百里画廊”之誉。土、苗、羌、侗等民族在此繁衍生息，民族风情浓郁，绘就出一幅浓墨重彩的风情画卷。

茶海羌寨

茶海羌寨位于唐崖河上游，过去是金峒土司的山寨，名为麻柳溪村，是一个多民族聚居的村寨。整个村子里共有300多户人家，还隐居着中国腹地唯一的羌族部落。

这里的村民“依山居之，垒石为室”，营造出土家吊脚楼风格的羌式木屋。他们以种茶为生，过着世外桃源般的生活。这片洋溢着浪漫的诗意的世外仙境，也被誉为“中国中部最后的香格里拉”。

中国地心第一漂

中国地心第一漂，即黄金洞地心漂流，以刺激、神奇和回归大自然的洞穴漂流为特色，峡谷峻美，水流湍急，五彩卵石遍布。漂流全程6 000米，分为地上4 000米激情闯滩和地心2 000米梦幻穿洞，带游客领略一个风景优美、洞穴幽深的神秘世界。游客在享受激情漂流的同时，更能体验地心穿越的神奇魅力。

唐崖土司城

唐崖土司城遗址

奇特的岩溶山地景观

恩施咸丰县尖山乡东3千米处鹤峰县西部

唐崖土司城遗址规模宏大，气势恢宏，占地面积约58万平方米，建有衙署、官言堂和大、小衙门以及书院、牢房等建筑设施。自改土归流200余年来，虽几经损毁，但至今街道、墙垣仍清晰可辨。城周以石砌墙基，上筑土垣，残高1米左右。城内尚存“三街十八巷”、衙署、万兽园等遗迹。部分建筑尚保存完好，是湘、鄂、川、黔边少数民族地区最典型、规模最大、保存最完整的一处唐崖土司城遗址。土司城内外，人文景观遍布，最主要的有石人、石马、石牌坊等大型石雕和土王墓葬及古墓葬群、夫妻杉、妃子泉等数十处景点。

玩家 解说

唐崖土司城始建于元朝至正六年（1346），明天启初年（1621）进行扩建，辟3街18巷36院，内有衙署和大、小衙门以及官言堂、书院、存钱库、左营房、右营房、跑马场、花园和万兽园等。土司城内外还建有桓侯庙、玄武庙等寺院。现在土司城遗址保存最为完整的石牌坊，修建于明朝天启三年（1623），上面还有精美的浮雕图案。牌楼正面的唐崖河畔，存有石倌、石马各两尊，石人仪态庄严肃穆。土司城前临唐崖河，后傍玄武山，地势险要，风光独具。

夫妻杉

玄武山上的一对苍翠挺拔的夫妻杉，相传系覃鼎宣慰使的夫人田氏于明天启年间亲手所栽。两树枝干连理，并峙而立，如夫妻携手。

石牌坊

石牌坊是全石仿木结构、亭阁式斗拱建筑。明朝天启年间，土王覃鼎奉调出征，功勋卓著，朝廷赐建功德牌坊。牌坊正面书“荆南雄镇”，背面书“楚蜀屏翰”，正、反面还有“土王巡游”“渔樵耕读”“云吞雨雾”“哪吒闹海”“槐荫送子”等浮雕图案。大门上两角有象鼻对峙，两侧基石柱各有撑鼓，石柱两侧配有石狮，典雅庄重，古朴壮观，至今保存完好。

杨梅古寨

土家文化大观园

恩施来凤县三胡乡石桥村和黄柏村

杨梅古寨是一处集土家民俗、观光休闲、农耕体验为一体的旅游休闲度假景区。这里自然景观丰富，吊脚楼错落有致，古盐道蜿蜒盘旋，石林溶洞奇特秀美，还有古庙、古戏台等诸多人文景点。

古寨中的石林形成于古生代奥陶纪，其“资历”比云南石林还要老许多。石林四周翠屏环绕，群峰竞秀，石柱高耸，有的形若苍鹰望月，有的神似仙女回眸，有的酷似莲花朵朵。现有“三个岩人”“压大屋”和“送宝藏”等景观和传说。

古老的盐道历史悠久，底蕴厚重。现保存完整的古盐道蜿蜒10余千米，是明、清时期武陵地区运输食盐等生活必需品的生命线，被誉为“南方丝绸之路”。盐道两旁的古寨、古庙、古戏台历史悠久，古朴沧桑。寨中分布有3个古院落，占地面积达1 000多平方米，古色古香，与土家吊脚楼、古戏台紧连成一体，体现了土家文化与汉文化的融合。

仙佛寺

开凿年代久远的石窟寺

恩施来凤县城东7千米的酉水河边佛潭岩上

仙佛寺开凿于东晋咸康元年（335）五月，距今已有1 600多年的历史，是我国开凿年代最久远的石窟寺之一。其开凿年代早于敦煌莫高窟（366年）、云冈石窟（453年）和龙门石窟（493年）。

仙佛寺石窟高约百余米，壁上有佛像3尊，依壁建阁3层，有大小石佛100余尊，神态各异，雕工古朴精湛。在石佛北端的石壁上，刻有“仙佛寺”3字。寺外石级延至秀美的酉水河边，河中有一深潭。每当皓月升空，影映潭中，形成“佛潭映月”之奇景。千百年来，仙佛寺香火兴旺，无数善男信女来此拜佛求神，许多文人墨客也慕名而来。

杨梅古寨

玩家解说

仙佛寺全寺重檐三叠，陷栖崖壁之中。干栏式庙宇直伸河沿，凭栏远眺，远山如黛，丘陵起伏。大佛坐于莲台之上，高约5米。中间的大佛旁有小佛4尊，两侧的大佛伴有小佛2尊。南有石窟群，刻有1米高的小佛19尊。整座石窟全长35米。古寺上依绝壁，下临深潭，寺外古木参天，浓荫蔽日。每当皓月当空，影映清潭，凭栏观赏，更觉景色宜人。

舍米湖摆手堂

古老的土家族舞堂

恩施来凤县百福司镇河东乡舍米湖土家山寨

舍米湖摆手堂始建于清顺治八年（1651）。摆手堂是土家族用于祭祀祖先和庆祝丰收的场所，舍米湖摆手堂是来凤县现存最大、最完整的一处。此堂占地500余平方米，呈长方形，周围石墙环护，大门形似牌坊状。大门与神堂之间有一条石铺甬道，道旁种有高大的古柏。神堂的墙壁是石块砌成，屋面覆盖人字披黑瓦，雕梁画栋，斗檐飞拱，显得朴质厚重。神堂中，供奉土家先祖彭公爵主、向老官人和田好汉塑像。现存石碑系清道光二十七年（1847）和同治二年（1863）维修摆手堂时所立，可见舍米湖摆手堂历史之悠久。

每年新春佳节，舍米湖寨内热闹非凡，人们披红戴绿，男女老少齐到摆手堂。场内松树上张灯结彩，群众围绕松树跳舞，还鸣锣击鼓，通宵达旦，热闹非凡。

五里坪红军遗址

有“湘鄂咽喉小南京”之称

恩施鹤峰县城东南60千米

五里坪有“湘鄂咽喉小南京”之称，其四周群山逶迤，东北部数峰如削，悬崖怪柏覆顶，有“十二翠屏挑五鹤”之说。五里坪集镇一条200米长的老街上，保存有中华苏维埃湘鄂边联县政府、红四军军部、红军被服厂等20余处革命旧址。该旧址群民居均系悬山穿斗结构木质瓦房，也是土家族的民俗文化的集中展示。

鹤峰县风光

玩家解说

第二次国内革命战争时期，贺龙率红二军指挥著名的五里坪围歼战，一举解除川军3 000人的武装，是红二方面军战史上一次集中优势打歼灭战的重要战例。1931年春，中华苏维埃湘鄂边联县政府设在五里坪，这里成了湘鄂边苏区政治、军事中心和反“围剿”斗争的主要战场。

锣鼓圈岩溶石林

奇特的岩溶山地景观

恩施鹤峰县西部

锣鼓圈岩溶石林面积10平方千米，与宣恩县雪落寨林场相连，因景区内悬岩峭壁上布满圆形盘石，远观似锣鼓，故名锣鼓圈。锣鼓圈岩溶石林境内山峦起伏，沟壑纵横，岩峰林立，溶洞天坑密布，景致奇特。其中以锣鼓圈为核心的天生石桥、燕子岩、双狮迎珠、骏马林以及土司古战场等景观最为著名。

锣鼓圈由于自中生代侏罗纪以来受第三、第四纪冰川的影响较小，因此也成为第三纪生物的“避难所”。这里第三纪古亚热带植物区分子遗种分布集中，珍稀濒危动植物种类繁多。境内属国家第一批重点保护的植物有珙桐、红豆杉、连香树、楠木、水青树等10多种，属国家重点保护的动物有林麝、云豹、岩羊、穿山甲、锦鸡等，堪称物华天宝之境。

景点推荐

恩施东北景点

野三峡 AAAA

素有“川鄂咽喉”之称

恩施建始县境内 ¥80元

野三峡景区地跨高坪、景阳、花坪3镇，是建设鄂西生态文化旅游圈“土苗清江”精品旅游线路板块上的重要节点。该景区以清江景阳河峡谷及清江支流野三峡下游为核心景区，分为建始直立人遗址、野三峡峡谷、景阳河画廊（恩施清江景阳段）、黄鹤桥峰林4个游览区和小西湖国际休闲度假中心。其中，野三峡属全国罕见的原生态风貌保存最完整的河谷，景阳河是八百里清江最美河段，黄鹤桥属岩溶地区最秀美的峰林地貌，小西湖则是一个优质的休闲度假胜地。景区集彩峡、奇峰、飞瀑、花树、古关、老街等特色景观于一体，是度假休闲、放松身心的理想去处。

玩家 攻略

民间文艺：景区民间文艺非常丰富，景区内还流行一种戏剧，叫作傩戏。表演时演员佩戴假面具，音乐以民歌为主调，多穿插在跳丧舞之中。吹打乐广泛流行，在清江南岸多流行单钵锣鼓。赶山号子也很有名。

美食：区内的地方传统菜肴有景阳鸡汤、蓑衣圆子、椒麻肉、八宝饭、酸辣肚片等。花坪桃片糕、“益寿牌”猕猴桃果脯等是享有较高知名度的地方风味食品，畅销全国。

特产：景区内的景阳纸核桃、咸丰梨、白柚

均为闻名遐迩的果中精品，景阳、花坪的花背篓做工精巧，美观大方，便于携带。

景阳关

景阳关是恩施最著名的茶马古道遗址，历史上，景阳关是两广、两湖进入四川的重要关隘。天府之国以及建始的桐油、茶叶、中药材等土特产就是从这里流向山外市场，而山里百姓所必需的生产生活物资也从这里源源不断流进。

景阳关海拔1 080米，雄踞隧道之顶，有“建始第一雄关”之誉，为历代兵家重地。关墙高约5米，厚1米有余，全部由长方形大石块砌成，坚固而平整，虽历经百年，至今仍稳固完好。

野三河

野三河全长28千米，蜿蜒在建始与巴东相交的峡谷间，是一条生态环境原始的河流。野三河的“三”字包括“野人、野水、野山”三重含义，河水由下而上依次分为野人峡、野水峡、野山峡。野人峡的上游12千米处有著名的“建始人”遗址，也曾是“野人”出没之地；野水峡景观在于两岸众多的瀑布和澄碧的一河野水；野山峡景观在于两岸众多的奇峰怪石。此外，野三河内还有琴弦瀑布、睡美人山、猕猴保护区等景点。

黄鹤桥石林

黄鹤桥石林地处清江流域景阳大峡谷之北，传说一位仙人在乘黄鹤去天宫的路上，因为被清江流域景阳大峡谷旖旎的风光所陶醉，遂驻足观赏，与黄鹤同留于此。

立足于黄鹤桥石林之上，只见石峰秀美，形态各异，“石人”在雾中羞涩地站立着，“黄鹤”在山间振翅。放眼望去，群山壁立，大江东去，一派山河壮丽之景。

石门河

妙趣横生的山水画廊

恩施建始县高坪镇　180元

石门河属八百里清江的支流，拥有典型的喀斯特地貌特征，景区集“幽、险、奇、秀、古”于一体。现已建成高坪游客接待中心、石门河探幽赏桥游览带、巨猿洞访古怀旧游览带、石柱观道教养生休闲区、八角村农业休闲度假区等功能性区域，景区面积约180平方千米。

石门河河道并不宽广，但隐藏在其峡谷中的自然风景却是一段妙趣横生的山水画廊。深涧幽谷中古道斑驳，在古道上穿行在历史的厚重和现实的旖旎山水风光之中，细细品味，竟胜过人间仙境。

玩家解说

石门河两岸悬崖中架有一单孔石拱桥，古称“石曼桥”。传说此桥为明末农民起义领袖张献忠为摆脱追兵，传令将士各带石头一块，一夜之间修建起来的。也有传说“石曼桥”为仙人所造。这些，都仅仅是传说而已，石曼桥的建造至今还是一个未解之谜。

石门桥南行1千米，石级千回百折而上石门。石门上有绝壁，下有深渊，一夫当关，万夫莫开。步入石门，门中有洞，形如覆盆，阶旁野草青葱，洞壁光滑。对面的白虎山，形似伏虎，雄伟奇特。清嘉庆、道光年间《建始县志》均于“胜迹”中对石门进行了记载。

链接

石门河神树传说

石门河桥北岸边有一棵比桥龄更长的古树，俗称“马灵光”，高大挺拔，树皮红灰相间，被人们传颂为“神树”。传说这棵树树顶长有一株仙草，一农夫听说仙草有起死回生之效，于是用斧头想砍倒神树摘取仙草。岂料顿时乌云密布，雷声大作，一道闪电劈来，农夫被击昏在地。第二天，农夫砍树的消息传扬出去，于是再也没有人敢动神树一枝一叶。人们把当年农夫斧凿的树上的缺口当香台，路过此地时都会在此停留，上香祈福。

朝阳观

明代古寺

恩施建始县业州镇西南约1千米

朝阳观占地面积约500平方米，雄踞凤冠山顶，因凤冠山形似一只向阳欲飞的彩凤，寓丹凤朝阳之意，故名“朝阳观”。又因观外一天然水池曰“天池”，故朝阳观又名“天池寺”。

整个观宇坐东朝西，原由佛祖殿、观音殿、罗汉殿、玉皇楼等建筑群组成，系砖木结构。大门上方，塑有凸面正楷“天池寺”3字。青花石大门框上镌刻对联一副：“池深凭鱼跃，天高任鸟飞。”庙内泥塑神像栩栩如生寺庙气氛肃穆，曾有长老主持，香火兴旺。庙外南侧有天然水池，原来清澈如镜，被称为“天池明镜”。池上建有一座单跨拱桥，俗称“月拱桥”。

朝阳观周围古柏参天、桂荷馨香，每当雨后初晴，满山雾霭，幽雅清静犹如洞天福地。加之观内钟鼓声声，香烟缕缕，所以古人把它誉为“蓬莱仙境”。

蟠龙山石柱观

位于山顶的古庙

恩施建始县蟠龙山

建始县望坪中有一山峰突兀凌空，犹如擎天大柱，人们称为蟠龙山。蟠龙山山势险峻，整个山体是悬崖绝壁，山麓有洞穴，出半山洞口，有石梯盘旋至山顶。山顶苍松横生，山花竞放，石柱观掩映于苍翠的树林之中，蔚为壮观。

石柱观建于明嘉靖年间，现存建筑为清乾隆元年（1736）重修。相传一樵夫上蟠龙山打柴，拾到有“峨嵋”二字的残钟半截，疑

景阳峡谷

是四川峨眉山神仙降灵，于是消息传开后，四方百姓在山顶修建了石柱观。现存主体大殿系清代建筑，高约11米，外形呈六棱四重檐亭阁状，前堂后殿，建筑工艺精湛，值得一看。

景阳峡谷

优美的峡谷风光

恩施建始县景阳镇境内 ¥130元

景阳峡谷风光壮美，清江横贯全境，两岸峭壁如削，铁索大桥飞架南北。江北有景阳关、雾中石人、绝壁驿道等景点，江南有五花暮霭、兴隆古刹、土司大寨等景观。

景阳关：雄立万仞绝壁之间，颇有“一夫当关，万夫莫开”之势，为古代川盐入湘的重要通道。

五花暮霭：江南五花寨之巅高耸五峰，状如怒放的梅花，每当日暮，霞光映照，五彩缤纷，景色绚丽，寨上一片辉煌，妙如仙境。

兴隆古刹：坐落于青龙山首，周围古木参天，藤葛缠连。该寺为清代一举人修建，原为青龙寺，后人为纪念举人，促当地文脉畅达、文运兴隆，便改为兴隆寺。

土司大寨：据传为容美土司的最后据点，境内曾有双虎钮錞于等古巴人青铜器出土。

神农溪 AAAAA

山水、人文皆佳的风景线

✉ 恩施巴东县境内 ¥ 200元

🚌 巴东县城、客运码头均有开往景区的旅游班车和客轮 🕘 8:00~18:00

神农溪是一条山水、人文皆佳的风景线，自溪口上溯20千米，依次有锦竹峡、鹦鹉峡、龙昌洞峡，又称“神农三峡”。

神农溪两岸景观独具特色，集“雄、秀、险、奇”于一体。现已开发利用四个峡段：龙昌峡、鹦鹉峡、绵竹峡、神农峡。其中，龙昌峡以“雄”称奇，鹦鹉峡以“秀”见长，绵竹峡以“险”著称，神农峡以“奇”闻名。三峡工程蓄水之后，水位上升，游客乘环保游船观光龙昌峡，鹦鹉峡，美景尽收眼底。神农峡和绵竹峡仍实行木扁舟漂流，古老朴实的纤夫拉纤及原始的土家族“豌豆角”漂流依然保存完好。两岸有千古之谜的古巴人“悬棺”和岩棺葬群，古栈道遗迹依稀可见，沿途可探寻古巴人的足迹。

神农溪集天地之灵气，峰峦雄伟险峻，鹰燕展翅盘旋，两岸植被葱绿，溪水碧绿清澈，是一处绿色出行、放松身心的绝佳之地。

玩家 攻略

美食：巴东的美食首推烤土豆，烤土豆浑身金黄，外脆内软，一口一个，吃起来特别过瘾。其他如巴东合渣、玉米、巴东羊肉面也值得一尝。

玩家 解说

神农溪以峡谷风光、纤夫文化、土家歌舞等项目为景区主题，颇具特色。其中船工号子、纤夫拉纤在整个长江三峡已绝迹多年，而神农溪上的纤夫拉纤项目因旅游发展的需要被保留至今，堪称三峡地区纤夫“活化石”。

链接

神农溪传说

相传炎帝神农氏走遍神农架茂密的大山、遍尝百草之后，欲取道长江，经洞庭湖，再过湘江。但当他从山顶下来之后，发现一条蜿蜒的溪流挡住了去路。神农不善游水，正当他面对溪流一筹莫展之际，上游突然漂来一架木排。神农大喜，于是一跃跳上木排，顺利漂流此溪，抵达目的地。后来，人们就把神农借以漂流下山的这条溪叫作“神农溪”。

□ 龙昌峡

龙昌峡全长5.78千米，雄峡对峙，峡谷迂回曲折，深若幽巷重门，均宽不足20米，山岩多呈80度至90度斜坡直插溪底，以雄见长。早在唐代，诗人杜甫曾漂流过此峡。龙昌峡峡谷两岸树木繁茂，藤蔓植物攀附其上，

神农溪

遮天蔽日，形似洞穴，故又名龙昌洞峡。

鹦鹉峡

鹦鹉峡长7.5千米，因在我们船的前方有一座山峰形似鹦鹉而得名。此峡重峦叠嶂、植被葱茏、山花清香四溢、鸟叫虫鸣，猴群、獐、羊攀缘嬉戏，好一派山野情趣。在这段峡谷中，您可欣赏到绵竹、高视岩、燕子阡大溶洞等景观。

绵竹峡

绵竹峡，因两岸生长着茂盛的绵竹而得名，它发源于神农架的余脉、海拔2 400多米的仙女山，全长17千米，沿途接了四条溪涧，在余家寨汇入神农溪主流，可航行河段5千米。绵竹峡景观奇特，以“险”著称。绵竹峡仍实行木扁舟漂流。

神农峡

神农峡因峡中有一山峰形似神农而得名，由岩棺峡和破石峡组成。此峡上起小神农架石柱河，下至叶子坝，全长25千米。神农峡中的神农峰、九孔岩、鱼泉瀑布、神农温泉等景点无不让人称奇，故此峡以“奇”著称。在此峡中我们乘小木船游览，感受神农溪原始古朴的纤夫文化，体验力与美的完美结合。

古栈道

在橡皮艇漂流的第一码头对岸的岩壁上，有断断续续一排六十见方、深尺许的方孔，这便是古栈道的遗迹。这个栈道与鹦鹉和龙昌两峡的古栈道在同一条水平线上，开凿此栈道，始于何时，用于何事，众说纷纭，有说是为通往神农架所建，也有人说是闯王李自成的部将刘体纯屯垦红砂陈家坡时，为到盐场河熬盐而凿，无一定论。

神农温泉

神农温泉源于一石洞内，一年四季热气腾腾。传说，古代神农炎帝采药时曾在此用温泉沐浴，并用温泉水为当地百姓治愈过多种疾病。由于神农温泉具有奇特疗效，故称此水为“泉神”“神水”。

清江风景区

土家最美河

恩施州巴东县水布垭镇

8:00~18:00

恩施清江风景区自恩施市汾水河至巴东县水布垭，全长87千米，是清江最美、最深、

神农溪

清江风景区

最具原生态特色的河段。全程共分为红花峡、千瀑峡、蝴蝶峡3个峡段，峡谷两岸屏峦如画，石峰雄奇，绝壁林泉，瀑布飘逸，更有吊脚楼群和土家田园掩映在青山碧水之间，风景迷人，风情醉人，被中外游客赞誉为“中国最美清江，土家最美河”。

玩家 解说

清江，古称夷水，全长八百里，或咆哮奔腾，或飞珠溅玉，或潜伏地心，或激荡明崖，自西向东横贯恩施土家族苗族自治州，哺育了世世代代的土家儿女，被称为土家人的母亲河。

链子溪

原生态旅游景点

恩施巴东县境内

链子溪位于长江巫峡口南岸，因链子崖上400多年的巨型铁链纤夫古栈道而得名，是巴东县继神农溪后开发的第二个原生态旅游景点。

链子溪掩藏在深山峡谷之中，这里山高谷深，偏僻幽静，植被葱茏，鸟语花香。主要有门扇峡、火焰石、送子岩、仙人寨等景点。景区内有野山羊、猕猴、娃娃鱼、水獭等国家级保护动物，还有野木莲、水苔、文母等世界珍稀植物。在此乘舟溯水而上，可尽赏两岸原始秀丽的峡谷风光，感受大自然的雄奇伟岸。

无源洞

人文古迹丰富

恩施巴东县城东部5千米

无源洞又名兀源洞、悟源洞，核心景区为3.5亿年前地质运动形成的一个奇特峡岩，与江水相汇成一个有内外平湖的半岛，其间溶洞密布，泉瀑飞泻，鸟语花香。李商隐在此留下千古绝句《巴山夜雨》。北宋名相寇準任巴东县令时，在此写下巴东诗词120多首。无源洞以其秀美的自然风光和丰富的人文古迹，成为巴东一处风光名胜。

链子溪

攻略资讯

- 交通
- 住宿
- 美食
- 购物
- 娱乐

交通

飞机

恩施许家坪机场距恩施市区4.5千米，每周有航班往返武汉、宜昌、重庆等地。可从市区乘坐2路公交车前往机场。

火车

恩施火车站位于恩施市舞阳街道办事处枫香坪村至小龙潭村一带，距市中心约7千米，每天有开往北京、成都、重庆等方向的动车、高铁以及普通列车。市内乘6路公交可直达。

汽车

恩施公路交通以恩施州政府为中心，辐射所辖各县市、乡镇，连接周边县市。从恩施可到达重庆、长沙、广州、宜昌、温州等国内大中城市。恩施主要有恩施客运站、恩施舞阳客运站两个汽车客运站。

轮船

恩施的水路交通主要以巴东港客运码头为主，可到达长江沿岸的奉节、双江、巫山、宜昌、重庆、上海等城市。

巴东港客运码头：位于西壤坡沿江路新客运大楼。

恩施火车站

恩施风光

住宿

到恩施旅游住宿比较方便，高、中、低档一应俱全，且普遍较为便宜。想要出行方便，可选择在火车站附近住宿。湖北民族学院附近的住宿也比较多，周围还有很多的特色景点和小吃。

●宜尚酒店

酒店紧临施南古城民俗特色商业街、4A景区恩施土司城等景点，交通便利，酒店基础设施完善，环境温馨舒适。恩施市金桂大道武陵国际装饰城 0718-8905777

●恩施奥山雅阁酒店

恩施奥山雅阁酒店靠近金桂大道火车站，紧邻万福国际商贸城，出行、购物都便利。恩施市经济技术开发区火车站一路2号 0718-8985555

恩施夜景

●恩施华龙城大酒店

恩施华龙城大酒店毗邻许家坪机场，交通便利。酒店的装潢极富中式风情，内有亭台楼阁、小桥流水，环境清幽，是理想的休憩地。恩施市施川大道469号，近许家坪路 0718-8904888,8907999

美食

恩施由于其特殊的地理环境，当地餐饮既有蜀地麻辣特色又具潇湘香辣风格，特别是当地颇具土家族和苗族特色的风味小吃如格格、合渣、腊肉等，味道别致，花样繁多，吸引了不少游人前往品尝。

美食小吃

●土家油茶汤

土家油茶汤是一种似茶饮汤质类的小吃，味美适口，提神解渴，是土家人传统的风味食品，有民谚曰："不喝油茶汤，心里就发慌。"同时，喝油茶汤又是土家人招待客人的一种传统礼仪，凡是贵客临门，土家人都要奉上一碗香喷喷的油茶汤款待。

●格格

用辣椒混合其他主料蒸制而成，"格格"的品种有很多，有牛肉格格、羊肉格格、猪肉格格、肥肠格格等。

●合渣

类似一个小火锅，里面放些豆渣、花生渣、肉末等底料，再加上猪肉、牛肉或者羊肉等原料以构成各种口味，在吃合渣的同时还会配有几小碟凉菜，比如花生米、豆干等。

合渣

●腊肉

腊肉是当地的特色之一，你可以在小摊或者小饭馆里品尝到。当顾客挑选好腊肉后，店主或摊主就先把客人挑的肉放到煤炉上去烧，直烧得吱吱流油，不一会儿，一块皮黄肉鲜的腊肉就完工了。

腊肉

美食去处

巴蔓子民俗美食村： 具有浓郁恩施土家文化色彩的美食村，每到旅游旺季，这里都是人山人海，可以在这里唱山歌、看民族汇演，大口吃肉，大口喝酒，感受巴人的豪爽情怀。施州大道612号 0718-8413166

购物

恩施物产丰富，极富民族风情与地方特色，因此，到恩施旅游不要忘记购买当地特产和纪念品带回家。凤头姜、宝石花漆筷、菊花石、银杏以及各种药材都是值得一买的佳品。此外，富硒茶、土家族织锦也是旅游购物的首选。

●富硒茶

恩施所产茶叶无污染且富含人体必需的硒元素，长期饮用富硒茶，具有抗癌防癌、抗高血压、延缓衰老的功效。

富硒茶

●宜红茶

恩施生产的宜红茶远在明代就以“皇后茶”著称于英国。宜红茶条索紧结秀丽，色泽乌润调和，香气醇正持久，滋味浓厚醇和，是红茶中的佳品。

●土家织锦

土家织锦又名“西兰卡普”，是一种用古老的“木腰机”为机器，以棉纱为经、以五彩丝线或棉线为纬，完全用手工织成的工艺美术品。它色彩鲜明、对比强烈、线条对称。图案一般有山水、人物、花卉等，具有很高的欣赏价值。

西兰卡普

● **葛仙米**

又名“珍珠菜”，具有食用和药用双重价值。外形为墨绿色小颗粒，含有丰富的蛋白质、藻类淀粉和人体必需的7种氨基酸。

娱乐

恩施作为古巴文化发源地，文化优势得天独厚。这里聚居了众多的少数民族，民俗民风独特，产生了许多别具一格的娱乐活动。

女儿会：女儿会原是土家族青年男女聚集在一起谈情说爱的日子，农历五月初二在大山顶的响板溪、七月十二在石灰窑举行，被誉为“历史悠久的东方情人节”。

恩施傩戏：傩戏是旧时迎神赛会、驱逐疫鬼的一种仪式，又称地戏、傩堂戏。演唱傩戏的班子称为“坛”，班主则称坛主或掌坛师。演出时以三五人头戴木制面具，一人主唱，众人和之，随着锣鼓的伴奏且唱且跳，虽动作呆板却不失风趣诙谐。剧目大多为劝善、劝孝、劝勤劳等内容，也有打趣解闷的内容。

恩施土家风情表演：表演以土家四道菜为主线，穿插土家山歌和舞蹈，民族韵味醇厚，展示出浓郁的土家民情。

板凳龙：以板凳作“龙灯”的舞蹈形式。两人、三人均可，两人舞是一前一后，三人舞是前二后一。舞蹈动作有“雄鹰展翅”“雪花盖顶”“黄龙缠腰”“猛虎下山”等。活动时间多在农历大年三十至正月十五。

灯戏：灯戏是流行于恩施民间尤其乡村的地方戏种。其服装、道具简单，不择演出场所，院坝、广场皆可。灯戏因演出意义不同而分为“贺新灯”“清明灯”“寿灯”“喜灯”等。

恩施土家风情表演

索引

紫霄宫
武當山道教協會

我们的理念

做发现者，才能走得更远。发现秀美景色、探寻历史痕迹、体验文化脉络、寻找地理起源等深层次的旅行知识，是我们不停脚步的动力。我们不仅是在做一本旅行指南，能为旅途上的行者做出一部内容丰富、态度严谨、值得边走边读的行囊书，是我们永恒不变的追求。

《发现者旅行指南》编辑部

总 策 划 丁海秀

执行策划 李荣强 安颖侠

项目统筹 周国宝 龚道军

内容编辑 刘 挺 王叶青 方明杨 刘秀红 丁天丰 张文齐 商子微 张亚飞 苏雪莹 沈 皓 魏建飞 张灵燕 许晨晨 杨康健 张 鑫 刘晓璐 刘慧慧 王春雪 刘智勇 李荣强

美术总监 左小文

美术编辑 侯心如 王春晓

图片编辑 朱盼盼 马志鹏

插图绘制 尚祖山 李秋红

排 版 水长流 赵媛媛

图片提供 微图网 汇图网 中国图库网 全景网 锐景创意 集成图像 站酷海洛 shutterstock fotoe dreamstime 孙西国 马林宏 徐 行 高应肸 薛 冬 西部老马 钱多多

出炉过程

在编辑部成员的共同努力下，这套耗时两年有余的旅行指南终得以付梓。其间，我们亲历景点，翻遍资料，只为确保撰写的内容准确有效；我们实地考察，联系景区，只求绘得一幅精美的景区图；我们花尽心思，几易版式，只为呈现出前所未有的阅读体验。如今，这套精心打造的旅行指南，能放到您的行囊或书架，我们深感荣幸。我们期待与您一起走向远方，重新发现旅行的价值。

联系我们

我们的成长需要您的支持。您对本书的每一条意见我们都会珍视。同时也欢迎您与我们一起分享旅游体验，稿件一旦被采用，您将会获取相应稿酬。您可以将意见和稿件投递到我们的邮箱（tepfx@163.com）。

丛书策划 丁海秀
责任编辑 陈 志

图书在版编目（CIP）数据

湖北 /《发现者旅行指南》编辑部编. -- 北京：旅游教育出版社，2017. 1（2019.8）
（发现者旅行指南）
ISBN 978-7-5637-3505-1

Ⅰ. ①湖… Ⅱ. ①发… Ⅲ. ①旅游指南—湖北 Ⅳ. ①K928.963

中国版本图书馆CIP数据核字（2016）第320302号

湖 北（第2版）

《发现者旅行指南》编辑部 / 编

出版单位 旅游教育出版社
地　　址 北京市朝阳区定福庄南里1号
邮　　编 100024
发行电话 （010）65778403 65728372 65767462（传真）
本社网址 www.tepcb.com
E-mail tepfx@163.com
印刷单位 北京华联印刷有限公司
经销单位 新华书店
开　　本 905毫米×1100毫米 1/32
印　　张 12
字　　数 408千字
版　　次 2019年8月第2版
印　　次 2019年8月第1次印刷
定　　价 78.00元

特别提醒

本书信息在出版前已经认真核实过。但由于现实发展太快，旅游信息随时可能发生变化，我们无法承诺保证本书信息的准确性和完整性，并只能在法律规定范围内承担责任。如因此给读者带来不便，我们深表遗憾。

中国地图

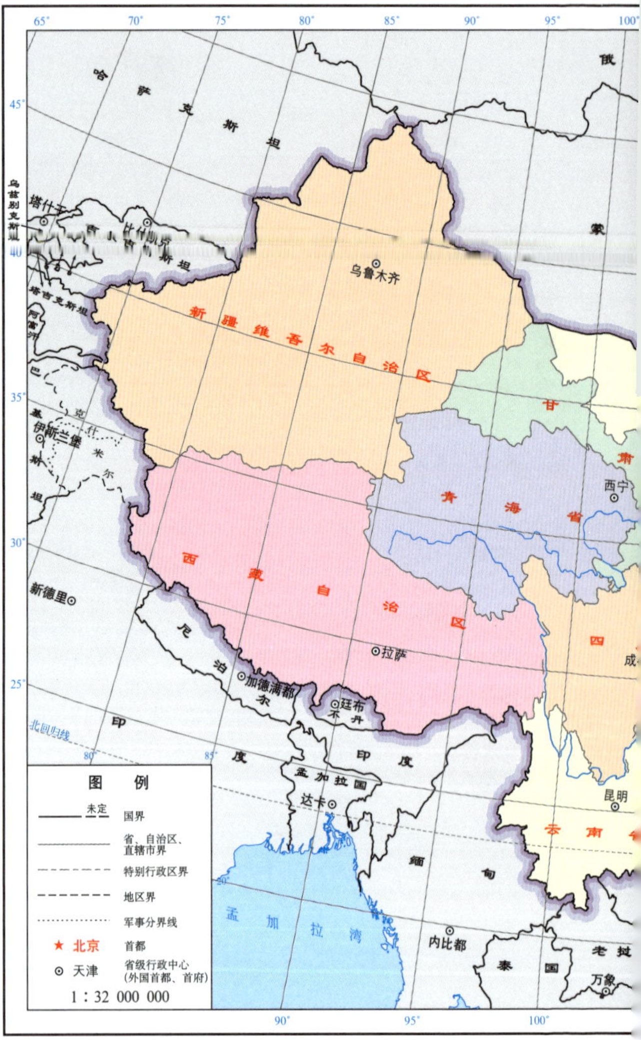

审图号：GS(2016)1582号